普通高等教育“十一五”国家级规划教材

21世纪高职高专国家示范院校物流管理专业工学结合系列教材

物流管理信息系统

WULIU GUANLI XINXI XITONG

（第二版）

别文群　缪兴锋　张　梅　编著

华南理工大学出版社

·广州·

图书在版编目（CIP）数据

物流管理信息系统/别文群，缪兴锋，张梅编著. —2版. —广州：华南理工大学出版社，2009.5（2014.7重印）
（21世纪高职高专国家示范院校物流管理专业工学结合系列教材）
ISBN 978-7-5623-3133-9

Ⅰ. 物… Ⅱ. ①别… ②缪… ③张… Ⅲ. 物流-管理信息系统-高等学校：技术学校-教材 Ⅳ. F252-39

中国版本图书馆CIP数据核字（2009）第061376号

总 发 行：华南理工大学出版社（广州五山华南理工大学17号楼，邮编 510640）
营销部电话：020-87113487　87110964　87111048（传真）
E-mail: scutc13@scut.edu.cn　　http://www.scutpress.com.cn
责任编辑：吴兆强
印 刷 者：广东省农垦总局印刷厂
开　　本：787mm×1092mm　1/16　印张：17.75　字数：455千
版　　次：2009年5月第2版　　2014年7月第9次印刷
印　　数：17 101～18 100册
定　　价：29.00元

“21世纪高职高专国家示范院校物流管理专业工学结合系列教材”

编 委 会

企业专家委员会：

徐隆久（东莞市威特隆仓储设备有限公司总经理）
姜世建（北京易通交通信息发展有限公司 IT 事业部经理）
邵清东（北京络捷斯特科技发展有限公司总经理）
申　昊（深圳市中海资讯科技有限公司教育项目经理）
薛　原（广州微智科技有限公司总经理）
李智杰（广州市智成计算机科技有限公司总经理）
任其林（广西大泽联合商贸有限责任公司副总经理）

参编院校名单：

广东轻工职业技术学院（国家示范性院校）
南宁职业技术学院（国家示范性院校）
南京工业职业技术学院（国家示范性院校）
番禺职业技术学院（国家示范性院校）
广东经济管理学院
广东工程职业技术学院
广东岭南职业技术学院
广东技术师范学院天河学院
东莞南博职业技术学院
湖南科技职业技术学院

前　言

“物流管理信息系统”第2版是普通高等教育“十一五”国家级规划教材，本书紧密结合“高等职业教育物流管理专业紧缺人才培养指导方案”的要求，系统地介绍了物流管理信息系统的基本理论、基本方法、基本技术及管理技巧等内容。学生通过本课程的学习，能够结合供应链横向集成管理思想，了解物流管理信息系统的开发过程，以同步化、集成化生产计划为指导，以各种技术为支持，尤其以全球网络信息共享为依托，围绕企业原材料供应、生产作业、物流、满足需求来采集产品设计、生产制造、物流和采购管理功能的协作信息。通过实践操作和初步开发物流管理信息系统，从而达到对商流、物流、信息流和资金流的有效管理与控制。

“物流管理信息系统”课程建设着眼于学生就业岗位，立足于学生职业技术能力培养，建立了“以工作任务为核心，以业务流程为主线，围绕岗位职业能力”的课程体系，形成了“企业参观认识实习+理论教学+校内虚拟实训（分虚拟企业、模拟软件和模拟硬件平台）+校外顶岗实训”的教学运行模式。

该课程的前导课程是“物流基础”、“计算机网络基础”、“数据库基础”等。通过该课程的衔接，使学生将物流基础知识和物流市场开拓能力与计算机信息处理能力有机地结合起来，提高学生应用计算机知识解决物流信息问题的综合处理能力。

该课程的后续课程是“供应链管理”、“物流系统设计”，通过这些课程的学习，使学生了解任何企业所拥有的资源都是有限的，它不可能在所有的业务领域都获得竞争优势，因而企业要想在竞争中获胜，就必须将有限的资源集中在核心业务上。

“物流管理信息系统”是物流管理专业的核心专业课程，是为物流行业培养高素质、高技能应用型人才设置的。通过本课程的学习，培养学生四大能力：① 根据工作任务的不同需要，去搜寻、获取物流信息的基础能力；② 根据工作任务的不同需要，使用物流信息技术能力；③ 根据工作任务的不同需要，展示组合物流信息的能力；④ 根据工作任务的不同需要，探究开发物流管理信息系统的能力。

本书将紧紧围绕当前物流信息技术的发展动态及企业物流信息系统的建设及实施状况的展开。首先对物流信息及物流信息系统的概念、发展等作概要说明，然后重点围绕物流信息技术、物流信息系统开发过程、物流业务信息系统、物流信息系统的实施及物流信息系统的运行管理与维护等内容深入展开，其中尤其注意实例的代表性。

学生通过本课程的学习，能够对物流岗位获得真实的感受，并能够在不同的物流岗位中，根据企业的业务流程实施信息化的建设。

学生要学好该门课程需掌握十大知识点：① 掌握信息概念的界定，理解信息流对物流的影响；② 掌握物流信息系统的组成要素，熟悉物流管理信息系统的目标；③ 掌握物流信息收集、分类、整理、存储、传输、检索和使用原则；④ 掌握物流信息技术中条码、RFID、GIS、GPS、EDI等先进物流技术的内容和方法；⑤ 掌握物流管理信息系统的体系结构及其功能；⑥掌握使用 ERP、第三方物流信息系统、物流运输信息系统、物流仓储信息系统、物流配送信息系统等虚拟软件进行物流信息的处理；⑦ 掌握企业物流、第三方物流、商业零售物流、物流运输、物流仓储、物流配送等信息系统基本构成，以及各部分的物流及其信息流的关系、特点、功能和流程；⑧ 掌握物流管理信息系统的开发策略、开发方法、开发周期以及开发步骤；⑨ 掌握各种信息技术和工具软件功能，根据不同物流企业设计出不同物流管理信息系统的逻辑流程与需求方案；⑩ 掌握物流管理信息系统的实施和维护方法。

本书第 2 版注意体现以下特色：①内容翔实，在强调理论和方法重要性的同时，突出可操作性、实践性和前瞻性；②结合学生的特点及双证要求，突出了基础理论知识够用，加强应用和实践技能的特色，注重培养实务操作能力；③注重图、表、文的有机结合，形象直观，易学易记；④每章的开头都有引导案例，在内容讲授过程中也配有大量的案例、知识卡片、提示等内容，每章后面都附有复习思考题、综合案例分析及实训题，既增加了内容的可读性，又给学生带来更多的启发和引导；⑤本书可作为大专院校、高职高专院校物流专业及相关专业的学生用书，也可作为企业物流从业人员以及广大物流爱好者学习、培训的参考资料。为了配合教学需要，我们还制作了每章的电子课件及案例光盘，若有教学需要请与责任编辑吴兆强联系：E-mail：zqwu@ scut. edu. cn。

本书第 2 版是由广东轻工职业技术学院的别文群、缪兴锋和张梅在第 1 版基础上完成的。在教材的编写过程中得到了许多院校和研究机构的专家、教授和物流企业领导的大力支持，特别是友好单位及友人：东莞市威特隆仓储设备有限公司总经理徐隆久先生，北京易通交通信息发展有限公司 IT 事业部经理姜世建先生，北京络捷斯特科技发展有限公司总经理邵清东先生，深圳市中海资讯科技有限公司教育项目经理申昊先生等提供了许多实际案例素材与技术支持，在此一并致谢。在编写过程中还参考了大量的书籍、文献，引用了许多学者的资料，在此谨对他们表示衷心的感谢。

由于编者水平有限，书中难免存在疏漏和不足之处，恳请广大读者提出宝贵意见，以日臻完善。

编　者

2009 年 2 月

目 录

第一章 物流管理信息系统概述

【学习目标】

知识目标：

◆ 理解信息与数据的含义和特点；

◆ 理解信息系统的概念、功能和结构；

◆ 掌握物流信息与物流信息系统的概念、基本构成和作用；

◆ 掌握物流管理信息系统的分类、特点和现代物流管理信息的意义。

能力目标：

- 能够区分信息与数据的差别；
- 能够从大量数据中筛选、分类、收集与存储有用的物流信息元素；
- 能够画出物流管理信息系统的组成结构图；
- 能够指出信息流对物流的影响。

【引导案例】

沃尔玛的整合物流体系

沃尔玛在美国本土建立了62个配送中心，整个公司销售商品的85%由这些配送中心供应，而其竞争对手只有50%～65%的商品集中配送。沃尔玛完整的物流系统号称“第二方物流”，相对独立运作。它不仅包括配送中心，还有更为复杂的资料输入采购系统、自动补货系统等。其配送中心的平均面积约10万平方米，相当于23个足球场，全部自动化作业，现场作业场面就像大型工厂一样，蔚为壮观。

沃尔玛公司共有六种形式的配送中心：第一种是“干货”配送中心；第二种是食品配送中心（相当于我们的“生鲜”）；第三种是山姆会员店配送中心；第四种是服装配送中心；第五种是进口商品配送中心；第六种是退货配送中心（其收益主要来自出售包装箱的收入和供应商支付的手续费）。

配送中心的基本流程是：供应商将商品送到配送中心后，经过核对采购计划、进行商品检验等程序，分别送到货架的不同位置存放。提出要货计划后，电脑系统将所需商品的存放位置查出，并打印有商店代号的标签。整包装的商品直接由货架上送往传送带，零散的商品由工作台人员取出后也送到传送带上。一般情况下，商店要货的当天就可以将商品送出。

沃尔玛要求他所购买的商品必须带有UPC条形码，从工厂运货回来，卡车将停在配送中心收货处的数十个门口，把货箱放在高速运转的传送带上，在传送过程中经过一系列的激光扫描，读取货箱上的条形码信息。而门店需求的商品被传送到配送中心的另一端，那里有几十辆货车在等着送货。其十多公里长的传送带作业就这样完成了复杂的商品组合。其高效的电脑控制系统，使整个配送中心用人极少。数据的收集、存储和处理系统成为沃尔玛控制商品及其物流的强大武器。

为了满足美国国内3500多个连锁店的配送需要，沃尔玛公司在国内有近3万个大型集装箱挂车，5500辆大型货运卡车，24小时昼夜不停地工作。每年的运输总量达到77.5亿箱，总行程6.5亿公里。合理调度如此规模的商品采购、库存、物流和销售，离不开高科技的手段。为此，沃尔玛公司建立了专门的电脑管理系统、卫星定位系统和电视高清晰度系统，拥有世界第一流的先进技术。

全球4500多个店铺的销售、订货、库存情况可以随时调出查问。公司5500辆运输卡车，全部装备了卫星定位系统，每辆车在什么位置，装载什么货物，目的地是什么地方，总部一目了然。可以合理安排运量和路程，最大限度地发挥运输潜力，避免浪费，降低成本，提高效率。

沃尔玛正是通过信息流对物流、资金流的整合、优化和及时处理，实现了有效的物流成本控制。从采购原材料开始到制成最终产品，最后由销售网络把产品送到消费者手中的过程都变得高效有序，实现了商业活动的标准化、专业化、统一化、单纯化，从而达到实现规模效益的目的。

讨论题

1. 信息技术给沃尔玛公司的发展带来了什么？
2. 沃尔玛公司利用了哪些信息技术？
3. 企业应该如何进行信息化建设？

管理信息系统是任何组织（机关企事业单位等）都实际存在的一个重要子系统，是为管理与控制工作服务的。它与其他子系统有很大的区别，就像人的神经分布于全身每一个器官一样，信息渗透到组织的每一个部分，联系并协调各部门的活动。组织越大，改进和完善管理信息系统所带来的经济效益也越大。

为了掌握和控制信息流，需要有专门的人员、设备和方法来加以管理，管理信息系统就是为了达到这个目的，而由一定的人员、计算机软硬件、网络通信设备和程序和数据组成的集合。目前，管理信息系统的应用范围越来越广，这主要得益于信息技术的发展，首先是信息技术硬件（计算机及外部设备）性能不断加强，价格日趋便宜；另外，软件产品不断升级换代，不仅功能强而且简单易学，一些实用的应用软件，如财会、教学等软件随处可以买到。因此，管理信息系统的推广应用可以说不存在什么技术问题，关键在于人，即管理者的观念和素质。管理信息系统意味着新的工作方式、新的工作效率、新的工作流程以及内部组织和权利的再分配，同时，对管理者也提出了更高的要求，迫使他们不断学习新的信息技术，提高管理素质。

当今管理信息系统已经成为一门拥有自己的理论和方法的独立学科。它是综合了信息科学、管理科学、决策科学、系统科学、行为科学、计算机科学和网络技术的一门新兴边缘性学科。以管理信息系统为核心的信息产业已成为当今社会中最具发展潜力的产业之一。

第一节 信息的概念

一、信息与数据

信息和数据是我们经常使用的术语，也是信息系统中最基本的概念。信息系统处理的主要对象是大量的各式各样的信息和数据。因此，我们需要首先了解一下数据与信息的概念以及区别和联系。

1. 数据的概念

数据（Data）就是用来反映客观事物的性质、属性以及相互关系的任何字符、数字、图形和图像。但人们通常对数据的概念总是一些数字，例如："会计账上有现金余额1000元"，1000就是一个数据。而在数据处理中此数字1000仅是数据的一种类型，是数值化了的数据。

数据除含数值化的数据，如试验数据、统计数据外，还包括文字数据、图像数据、图形数据和声音数据，以至过程控制中采样后经过模/数转换得到的数据等。总之，数据不应仅仅理解为数值，而应是用各种方法记录下来的事实。

随着计算机多媒体技术的发展，计算机可以处理的数据种类越来越多，也使信息技术应用越来越广。到目前为止，这种广义的数据可分为数值型数据和非数值型数据。其中数值型数据分为整型数和实型数，非数值型数据又分为字符型、图形型、日期型、声音型、图像型、逻辑型和备注型。随着GIS和GPS的应用，数据已经拓展到空间，因此，数据还可以分为空间数据和非空间数据。

2. 信息的概念

信息论的创始人香农对信息的定义：信息是一种对不确定性的消除。事物的不确定性被消除得越大，信息量就越大。现代经济生活中每天都产生大量的各式各样的信息，信息几乎充斥到社会的每一个角落，但是要给信息下一个确切的定义却十分困难。一般认为，信息是关于客观事实的可通信的知识，这可以从三个方面来理解。

（1）信息是客观世界各种事物特征的反映。客观世界中任何事物都在不停地运动和变化，呈现出不同的特征。这些特征包括事物的有关属性状态，如时间、地点、程度和方式等。信息的范围很广，比如气候变化属于自然信息，遗传密码属于生物信息，企业财务报表属于管理信息等。

（2）信息是可以通信的。信息是构成事物联系的基础。由于人们通过感官直接获得周围的信息极为有限，因此，大量的信息需要通过各种硬件设备获得。最普遍的就是诸如手机、电脑等通信工具的使用，使人们之间的信息沟通更加便利和快捷。

（3）信息形成知识。所谓知识，就是反映各种事物的信息进入人们的大脑，对神经细胞产生作用后留下的痕迹，是对客观世界规律性的总结。千百年来，人们正是通过人类社会留下的各种形式的信息来认识事物、区别事物和改造世界的。

3. 信息与数据的关系

信息与数据的概念是不同的，但两者之间又有密切的联系。数据经过处理后，其表现形式仍然是数据。只有经过解释，数据才有意义，才成为信息。可以说，信息是经过加工以后，并对客观世界产生影响的数据。

同一个数据，每个人的解释可能不同，对决策的影响也会不同。决策者利用经过处理的数据作出决策，可能取得成功，也可能得到相反的结果，这里的关键在于对数据的解释是否正确，因为不同的解释往往来自不同的背景和目的。

信息与数据既有联系，又有区别，主要表现在以下几个方面：

（1）信息是加工后的数据。信息是一种经过选择、分析、综合的数据，它使用户可以更清楚地了解正在发生的事情。所以，数据是原材料，信息是产品，信息是数据的含义。

（2）数据和信息是相对的。一些数据对某些人来说是信息，而对另外一些人而言则可能只是数据。例如对某位员工而言：他的收入 = 工时数 × 单位时间报酬，而这个数据对于在核算公司开支的老总来说，是没有任何意义的，只有将所有员工的收入相加求出总和，才能构成整个企业的劳动力成本，这对公司而言才是一个有用的信息。

（3）信息是观念上的。因为信息是加工了的数据，所以采用什么模型（或公式）、多长的信息间隔时间来加工数据，以获得信息，是受人对客观事物变化规律认识的制约，由人确定的。因此，信息是揭示数据内在的含义，是客观上的。

信息与数据之间的相互关系如图 1－1 所示。

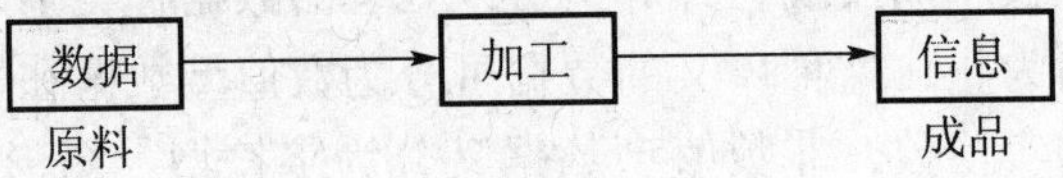

图 1－1　数据和信息的关系图

这里的加工（处理），包括算术运算、逻辑判断、排序、合并、检索、制图、作表等各种操作。数据和信息的关系可看作是原料和成品之间的关系。换句话说，信息处理系统可将数据加工成信息；更确切地说，信息处理系统能将不可利用的数据形式加工成可利用的数据形式；对于接收者来说，这种可利用的数据形式就是信息。

4. 信息的重要属性

（1）信息的结构化程度。有的信息格式很明确，并且组织形式具有严格的规定，这样的信息就比较容易处理。

【相关链接】

> 例如，省市统计部门上报国家的统一表格，条目清楚细致，容易处理。有的信息则没有明确严格的格式，这样的信息就较难处理，例如有些管理水平较低的企业的账目。在使用计算机自动处理时，这种差别就尤为明显了。

（2）信息的准确度。根据需要和可能，合理地确定信息的准确程度是十分重要的。在过程控制和数据处理中它是一个重要的指标。

（3）内部信息与外部信息。在管理信息系统和过程控制系统中，有本系统内部工作所必需的内部信息，还必然会有从本系统之外取得某些信息，由于二者处理原则的不同，对它们应加以区别考虑。

（4）历史信息与当前信息。在管理信息系统中，特别是面向高层管理的决策支持系统中，由于对比分析的需要，除了当前信息之外，还必须存储足够的历史信息。

（5）信息量。指每种信息的日常处理数量、存储数量、高峰期处理量、平均处理量等必须掌握的指标。

（6）信息的使用频率及变更频率。这些数量的差别直接影响管理信息系统的设计。

（7）信息的使用要求。包括响应时间、输出形式等。

5. 信息的作用

随着世界新的技术革命的蓬勃发展及我国改革、开放政策的深入贯彻执行，信息在现代化建设中、在未来社会的发展进步中显得日益重要。但管理信息系统建设是我国比较薄弱的一个环节，其原因在于对信息的重要性没有足够的认识，不大懂得信息的作用，甚至认为信息作用与信息传递的快慢没有多大关系，这是一种糊涂观念。事实上，信息准确灵通，传递快，工作和生产的效率就会大大提高，经济决策才能建立在可靠的基础上。对企业来说，信息的作用至少可归纳为以下三点：

（1）信息是宝贵的资源。在改革开放形势下，各种生产、生活资料市场已经兴起。信息已像机器、能源、劳动力一样成为主要的生产资料之一。企业经营的好坏除占有生产资料外，还决定于信息的占有程度。信息已是提高企业经济效益和社会效益、增加财富、改善人民生活的重要资源。

（2）信息是无形的财富。信息的经济效益，或由于不重视信息而带来的经济危害，常常间接地寓于企业的经营管理中，而往往不被人们所重视。实际上搞好信息管理工作会带来巨大的经济效益。国内外大量企业的实践证明，加强和改进信息管理，特别是应用计算机处理信息后，使信息准确流畅，传递时间缩短，工作和管理效率大大提高。因此，每一个企业，要取得好的经济效益，必须重视信息资源的开发与利用。

（3）信息是决策的依据，是提高企业竞争能力的有力手段。正确的决策取决于多种因素，但最决定性的因素，是人们对客观实际，即对未来行动及其后果的正确判断。而正确的判断又取决于掌握全面的、及时的、准确的信息。所以，信息不充分，决策就失去了根本的依据；信息不灵就可能导致决策的失败。在科技飞速发展的今天，提高企业竞争能力，实现正确的决策，没有大量的信息是不行的。正像国外企业界所说："信息是企业的生命"。在激烈的国际、国内市场竞争的环境中，争分夺秒获得可靠的信息是决定公司和企业以至国家上下沉浮的关键所在。

二、信息的处理

1. 信息处理的内容

将管理信息系统理解为服务于管理领域的信息处理系统（也叫数据处理系统）。它的主要功能是向企业各部门、各生产环节提供有用的信息。它的具体任务是识别使用者的需要，对数据进行收集、存储和检索，将数据转换成信息，对信息的传输加以计划，并将这些信息提供给使用者。根据上述功能和任务，信息处理应包括如下方面的内容：

（1）原始数据收集。这是数据处理的第一步，也是关键的一步。因为收集的原始数据决定着所产生的信息的质量，数据处理中数据收集在工作量和费用方面都占有相当大的比重。到目前为止，在数据收集这个阶段，虽然可以使用一些自动化设备，但靠人工收集目前还不能完全避免。人工收集数据不仅效率低，而且出错的可能性也大，而输出信息的精度完全取决于收集数据的精度，没有可靠的原始数据，要想产生出高精度的信息是根本不可能的。

数据收集是一项很复杂的工作，一般要经过三个步骤：

①识别数据：在得到大量数据时，要选择那些有意义的、能正确描述事件的数据，把这样的数据送入数据处理系统，把那些不能真实地描述事件的数据排除出去。

②数据分类：把所收集的数据按照特征进行分类，以便进一步对数据进行加工。

③数据检验：在数据进入处理系统以前，必须反复核对，不允许错误的数据进入系统。

另外，数据的收集在时间上要有定量的规定，应该什么时候收集，就要做到什么时候收集，不能随心所欲。对某一类数据在规定时间内应收集的数量和次数也要做出明确规定，这一切都要有必要的制度加以保证。

（2）信息加工。信息加工是信息处理的基本内容，它要将数据进行逻辑的或算术的运算。根据数据处理的性质和实际状况的不同，数据处理作业的项目及步骤也不同，但基本处理有下面几种。

① 转换：输入或输出载体的转换处理。例如，将存储在磁盘上的文件通过打印机输出到打印纸上。

② 排序：根据项目中包含和指定的序号或按一定的标志，将文件项目整理成逻辑序列的处理。

③ 核对：将两个不同文件中的同一数据项目进行核对的处理。两个同一数据项目也可以一个在某文件中，一个监视输入。例如，用户登陆时输入口令，计算机将该口令和用户文件中的口令进行核对。

④ 更新：将原文件的数据及时进行追加、删除或修改，成为新数据的处理。

⑤ 抽出（选择）：根据特定的需要，将原文件中有关数据取出作为新文件数据内容的处理。

⑥ 合并：将两个以上文件中的同类数据合并在一个文件内的处理。

⑦ 分配：将文件按照分配条件，分配为两个以上文件的处理。

⑧ 生成：不同性质的文件数据配合在一起产生所需要的新文件的数据处理。

上述处理作业都是服从于某项管理任务的。在处理过程中，常常应用许多经济数学的方法，通过逻辑或算术的处理，生成为符合一定管理决策所必需的信息。

（3）信息的传输。信息的传输是指用数据通信的方式，在终端上的用户与中央计算机或局部网络的用户之间交换数据，分享中央数据库级网络内部各种数据库的信息资源。在传输过程中，传输数据可以是单向的，也可以是多向的。传输过程也会影响到信息的质量。

（4）信息的存储。经过处理后的信息，有的并非立即就要使用，有的信息虽属立即就要使用的，但还要留存，作为日后的参考，因此，必须把它们存储起来。

（5）信息的检索。数据库储存着大量的关于技术、经济、生产、人事等的信息，要查找其中需要的信息，必须拟定一套科学的，既迅速又方便的查找方法和手段，就像图书馆找书一样，这种方法和手段就叫信息的检索。

（6）信息的提供。信息处理完成后，就应按管理工作的要求以各种形式将信息提供给有关单位和人员。在企业中，各种计划、统计报表、技术文件、统计分析图表等都是输出信息形式。

2. 对信息处理的要求

企业管理过程中的每一步都离不开信息。要做出正确的决策和有效的控制，必然会对信息提出一些要求。特别是现代化物流企业，它涉及仓储、运输等多个部门，牵涉到较长的时间和较广阔的空间，信息量大而复杂，因而对信息处理的要求也就更高。这种要求可归结为及时、准确、适用、经济等四个方面。

（1）及时。及时有两层意思：对时过境迁并且不能追忆的信息要及时记录；信息的加工、检索、传递要快。如果信息不能及时提供给各级管理部门使用，就失去它的使用价值。例如，如果供应商能够及时准确地向需求商提供物品的动态情况，那么需求商就无需提前发出订单，从而节省了一定的仓储费用。

生产过程的客观规律，要求物流和信息流同步化，即对物流状态的信息要及时地进行记录、反馈或控制。这个要求实际上是很难达到的，而只能作为一种趋势，努力使信息流与物流接近于同步。这是因为对信息要进行记录、反馈和分析，然后采取相应的措施，对物流的进程加以控制，这中间每一步都要花费一定时间，而在这一段时间内，物流是不能等待的，所以信息流总是落后于物流。这就是所谓的信息滞后性。这样，一方面要求物流与信息流同步化，另一方面信息流又具有滞后性，这就产生了矛盾。解决这一矛盾的办法就是提高管理信息的效率，采用现代化的管理方法和手段，使信息流与物流尽可能接近于同步。

（2）准确。信息不仅要及时，而且要求准确地反映实际情况。有了可靠的原始数据，才能加工出准确的信息，才能保证决策者做出正确的判断。如果信息不准确，就会“假账真算”，不仅不能对生产实际起到指导作用，反而会贻误时机。尤其要坚决反对弄虚作假的现象，假信息比误信息的危害更大，根据虚假信息而做出的决策，必然会造成经济活动的混乱。

企业生产经营活动的各个环节是相互联系和相互制约的，反映这些环节流动的信息也有其严密的相关性，企业中许多信息在不同的管理工作中将共同使用。因此，要求企业的同一个信息具有统一性（惟一性），这也是信息准确性的另一个含义。

企业中出现假信息的现象是个别的，而同一信息不统一的状况则是较普遍的。例如，企业中的技术文件、各类定额资料、原始记录和凭证等，每次管理整顿时都要花很大力量加以整理，以保证它们的同一性。但时间一长，还是容易发生数据重复、互不一致、残缺不全等问题，重新出现混乱。这不仅是因为缺乏科学的管理制度和方法，还因为没有一个可靠的技术手段作保证。

（3）适用。各级管理部门所要求的信息，在范围、内容、详细程度和使用频率等方面都是不相同的。因此，管理信息不在于多，而在于实用。必须设法提供适用的信息，使各级管理部门能得到与本部门工作有关的主要资料、数据，以便做出相应的决策。如果让各级领导去查阅大量重复的、无关紧要的资料，势必会浪费时间，使工作遭受损失。

（4）经济。信息的及时、准确和适用性必须建立在经济性的基础上，企业的一切工作都要考虑其经济性，信息处理工作也不例外。信息在管理现代化中起着重要的作用，但信息处理也是现代企业中一项劳动量大、复杂而又投资较大的工作。因此，对信息处理的方法和技术手段必须进行技术经济分析，不能盲目地追求自动化水平，必须符合及时、准确、适用和经济的全面要求。

上述对信息处理四个方面的要求，在不同类型的管理中都是共同的，但不同类型的管理对信息在及时、准确、适用的程度上是有差别的。因此，为了满足不同类型管理的具体要求，必然会引起管理信息系统的差别，越是为高级管理服务的管理信息系统，其管理越是困难。目前，以业务管理为中心的管理信息系统（EDPS）和以管理控制为主的管理信息系统（MIS）已取得了不少成功的经验，而对以战略决策为主的管理信息系统（DSS）正在进行积极探索。

三、信息与管理的关系

现代信息管理具有以下几个特征：

（1）强调信息管理不能单靠技术因素，必须重视人文因素。

（2）突出在企业中发挥信息资源的作用。

（3）在管理组织上设立重要的岗位（例如：企业信息总监 CIO）和独立的部门。

（4）把信息管理提升到战略高度，把信息视为战略资源。

（5）利用计算机通信网络技术，建立有效的管理信息系统。

信息与管理的关系体现在以下几个方面：

（1）信息是企业管理活动的基础。

（2）信息处理是企业管理活动的基本内容。

（3）信息管理是企业管理的重要组成部分。

（4）信息能够减少不确定因素，从而改变决策中预期结果的概率，因此，对决策过程是很有价值的。

四、信息管理的定义

信息管理（数据管理）就是管理企业信息资源，包括制定信息政策，定义信息需求，进行数据规划，编制数据字典，维护数据质量标准，组织、控制信息处理等活动（收集、加工、传输、存储、检索、提供）的一整套特别的组织功能。

（1）信息政策：有关信息分享、传递、需要、标准、分类、存储等的规则。

（2）信息需求：明确企业各级管理人员在进行管理决策和开展日常管理活动过程中何时、何地以及需要哪些信息。

（3）数据规划：从企业的战略高度，对数据资源的管理、开发、利用进行长远发展的计划，用以指导数据库和数据库的设计。

（4）数据字典：对企业数据流图中的所有数据元素进行规范定义的一份详细清单。

（5）数据质量标准：为满足信息需求而应达到的时间、精度、格式、可得性等方面的具体要求。

（6）信息处理：识别使用者的信息需要，对数据进行收集、存储和检索，将数据转换成信息，对信息的传输加以计划，并将这些信息提供给使用者。

第二节 物流信息

一、物流信息及其特点

不管是传统物流系统还是现代物流系统，物流信息始终是物流系统形成的必要条件，尤其在网络经济时代，物流信息的作用更是传统物流时代不可比拟的。在某种意义上，现代物流系统国际化和远程化一个最重要的支撑因素，就是物流信息。新型的物流系统，无论是第三方物流、供应链物流、准时物流、零库存系统等，物流信息都起着主导作用。通过有效的物流管理，灵活应用物流信息，再加上一个强有力的物流硬件系统，是造就今天物流奇迹的原因。

1. 信息流与物流、商流、资金流的关系

商流、物流、资金流和信息流是从流通内部结构描述流通过程而提出的概念，统称为商品流通过程中的“四流”。

四流之间的关系极为密切，它们是互为存在的前提条件，又是互为存在的基础。但是，从其本身的结构、性质、作用及工作方法来看，四流各有其特殊性，各有其不同独立存在的特点，又各有其本身运动的规律。

商流、物流、资金流和信息流之间的关系可以大体作如下表述：商流是物流和资金流的动力，因为有了商流，就出现了物流的需求，同时有了资金流的结果；而信息流则是商流、物流和资金流的沟通和传递，它是商流、物流和资金流的共同支撑力量和联系力量。信息流在四流中起融会贯通的作用。

2. 信息流的种类

流通过程中的信息流，从其信息的载体及服务对象来看，又可分成物流信息、商流信息和资金流信息三大类。商流信息主要包含进行交易的有关信息，如货源信息、物价信息、市场信息、资金信息、合同信息、付款结算信息等；物流信息则主要是物流数量、物流地区、物流费用等信息。商流中交易、合同等信息，不但提供了交易的结果，也提供了物流的依据，是两种信息流主要的交汇处。物流信息中库存量信息，不但是物流的结果，也是商流的依据，是两种信息流的交汇处。所以，物流信息不仅作用于物流，也作用于商流，是流通过程中不可缺少的管理及决策依据。

物流是一个集中和产生大量信息的领域，由于物流不断运动的性质，所以，这种信息也随时间不断发生变化，其信息量比一般的相对运动性较差的领域大得多。这么多的信息出现往往容易产生混乱，人们也很难从中发现和取得对管理和决策的有用的那一部分，因此，物流信息的处理方法和处理手段便是物流信息工作的重要内容，否则物流便难以做到十分顺畅。

物流和信息关系如此密切，物流从一般活动成为系统活动也有赖于信息的作用，如果没有信息，物流则是一个单向的活动，只有靠信息的反馈作用，物流才成为一个有反馈作用的，包括了输入、转换、输出和反馈四大要素的现代系统。

3. 物流信息特点

与其他领域信息比较，物流信息特殊性主要表现在三个方面：

(1) 信息量大。物流信息随着物流活动以及商品交易活动的展开而大量发生。多品种少量生产和多频度小数量配送使库存、运输等物流活动的信息大量增加。零售商广泛应用销售时点管理信息系统（POS）读取销售时点的商品品种、价格、数量等即时销售信息，并对这些销售信息加工整理，通过电子数据交换系统（EDI）向相关企业传送。同时为了使库存补充合理化，许多企业采用电子自动订货系统（EOS）。随着企业间合作倾向的增强和信息技术的发展，物流信息的信息量在今后将会越来越大。

(2) 更新快。物流信息的更新速度快。多品种少量生产、多频度小数量配送、利用POS系统的即时销售使得各种作业活动频繁发生，从而要求物流信息不断更新，而且更新的速度越来越快。

(3) 来源多样化。物流信息不仅包括企业内部的物流信息（如生产信息、库存信息等），而且包括企业间的物流信息和与物流活动有关的基础设施的信息。企业竞争优势的体现需要各供应链与企业之间相互协调合作。协调合作的手段之一是信息即时交换和共享。许多企业把物流信息标准化和格式化，利用EDI在相关企业间进行传送，实现信息分享。另外，物流活动往往利用道路、港湾、机场等基础设施。因此为了高效率地完成物流活动，必须掌握与基础设施有关的信息，如在国际物流过程中必须掌握保管所需信息、港湾作业信息等。

4. 物流信息网络的基础条件

物流信息网既可以是低水平信件、文件传递式的，也可以是自动化的计算机网络式的，但无论采取哪种方式，建立信息网都需要创造一些基础条件。

(1) 标准化。形成信息网标准化的项目有以下几种：

① 分类及编码。

② 统一物流专业词汇。

③ 单据、账票、卡片的标准化。包括统一格式及核算、记录项目。

④ 信息传递的标准化。包括网络互连、统一软件、统一传递方式等。

【特别提示】

> 物流用语常常因地区不同、因人不同而有不同的含义，在传递信息时可能引起误解和发生差错，统一专业词汇是沟通系统内信息交流的重要前提。

(2) 基础设施。现代物流系统信息量大，因此，收集、汇总、储存、处理、发布信息必须有与之相适应的手段。与一般科技信息不同，科技信息可以大量利用影视、微缩等信息手段。物流信息主要是数据，可以方便地利用电子信息传输系统。选择电子计算机，建立相应的通讯和网络基础设施是建立健全的物流管理信息系统必须进行的工作。

(3) 通信系统。现代信息的收集、汇总、储存、处理，都离不开信息传递和交换，要进行信息传递及交换，就必须有合适的通信系统，否则，信息就是"死"的。通信系统可采用现有的邮电平台所提供的各种通信方式，还可以利用最现代化的卫星通讯和光缆通讯。基于Internet平台的网络信息传递，是现在应用范围最广的信息传递系统。

二、物流信息的分类

处理物流信息和建立物流管理信息系统时，对物流信息进行分类是一项基础工作。物流信息有以下若干种。

（1）按信息领域分类。按信息产生和作用的领域来分类，物流信息分为物流活动所产生的信息和提供物流使用的其他信息源产生的信息两类。一般而言，在物流信息工作中，前一类是发布物流信息的主要信息源，不但可以知道下一个物流循环，也可提供给社会，成为经济领域的信息。后一类信息则是信息工作收集的对象，是其他经济领域、工业领域产生的对物流活动有作用的信息，主要用于指导物流。

（2）按信息的作用不同分类。按信息的作用不同可分成以下几类。

① 计划信息：指的是尚未实现的但已当作目标确认的一类信息，如物流量计划、仓库吞吐量计划、车皮计划、与物流活动有关的国民经济计划、工农业产品产量计划等，许多具体工作的计划安排等，甚至是带有作业性质的，如协议、合同、投资等信息。只要尚未进入具体业务操作的，都可归入计划信息之中。这种信息特点是带有相对稳定性，信息更新速度较慢。

计划信息对物流活动有非常重要的战略性指导意义。其原因在于，掌握了这个信息之后，物流活动便可进行自身的战略思考：如何在这种计划前提下规划自己战略的、长远的发展目标？计划信息往往是战略决策或大的业务决策不可缺少的依据。

② 控制及作业信息：指的是物流活动中发生的信息，带有很强的动态性，是掌握物流现实活动状态不可缺少的信息。如库存种类、库存量、载运量、运输工具状况、运价、运费、投资在建情况、港口发运情况等。这种信息的特点是动态性非常强，更新速度很快，信息的时效性很强，往往是此时非常有价值的信息，瞬间就变得一文不值。

物流活动过程中，在不断作业中产生的信息，都是上一阶段作业的结果信息，但并不是此项物流活动最终结束后的信息。这种信息的主要作用是用以控制和调整正在发生的物流活动和指导下一次即将发生的物流活动，以实现对过程的控制和对业务活动的微调。这是管理工作不可缺少的信息。

③ 统计信息：指的是物流活动结束，对整个物流活动的一种终结性、归纳性反映的信息。这种信息是一种恒定不变的信息，有很强的资料性，虽然新的统计结果不断出现，从总体上来看具有动态性，但已产生的统计信息都是一个历史性的结论，是恒定不变的。诸如上一年度发生的物流量，物流种类，运输方式，运输工具使用量、装卸量以及与物流有关的工农业产品产量、内外贸易数量都属于这类信息。

统计信息具有很强的战略价值，它的作用是用以正确掌握过去的物流活动规律，以指导物流战略发展和制订计划。物流统计信息也是经济中非常重要的一类信息。

④ 支持信息：是指能对物流计划、业务、操作产生影响的有关文化、科技、产品、法律、教育、民俗等方面的信息，例如物流技术的革新、物流人才的需求等。这些信息不仅对物流战略发展有价值，而且也对控制、操作起到指导、启发的作用，是可以从整体上提高物流水平的一类信息。

（3）按信息的加工程度不同分类。物流空间广泛、时间长，决定了信息发生源多，且信息量大，以致使人无法容纳、无法收集、无法从中洞察和区分有用信息，无法有效利用信息。为此，需要对信息进行加工。按加工程度不同可对信息分成两类：

① 原始信息：指未加工的信息，它是信息工作的基础，也是最有权威性的凭证性信息，一旦有需要，可从原始信息中找到真正的依据。原始信息是加工信息可靠性的保证。有时候，人们只重视加工信息而放弃原始信息，而一旦有争议、有疑问，无法用原始信息核对时，加工信息便毫无意义，所以，忽视原始信息是不应该的。

② 加工信息：指对原始信息进行各种方式、各个层次处理之后的信息，是原始信息的提炼、简化和综合，可大大缩小信息量，并将信息梳理成规律性的东西，便于使用。加工信息需要各种加工手段，如分类、汇编、汇总、精选、制档、制表、制音像资料、制文献资料、制数据库等。同时还要制成各种用于指导使用的资料。

（4）按广义和狭义物流信息分类。物流信息包含的内容可以从狭义和广义两方面来考察。从狭义范围来看，物流信息是指与物流活动（如运输、保管、包装、装卸、流通加工等）有关的信息。在物流活动的管理与决策中，如运输工具的选择，运输路线的确定，每次运送批量的确定，在途货物的跟踪，仓库的有效利用，最佳库存数量的确定，订单管理，如何提高顾客服务水平等，都需要详细和准确的物流信息，因为物流信息对运输管理、库存管理、订单管理、仓库作业管理等物流流动具有支持保证的功能。

从广义范围来看，物流信息不仅指与物流活动有关的信息，而且包含与其他流通活动有关的信息，如商品交易信息和市场信息等。商品交易信息是指与买卖双方的交易有关的信息，如销售和购买信息、订货和接受订货信息、发出货款和收到货款信息等。市场信息是指与市场活动有关的信息，如消费者的需求信息、竞争者或竞争性商品的信息、销售促进活动信息、交通通信等基础设施信息。

在现代经营管理活动中，物流信息、商品交换信息相互之间有着密切的联系。例如，零售商根据对消费者的预测以及库存状况制定订货计划，向批发商或直接向生产厂家发出订货信息；批发商在接到零售商的订货信息后，并在确认现有库存水平能满足订单要求的基础上，向物流部门发出发货配送信息；如果发现现有的库存水平不能满足订单要求，则马上向生产厂家发出订单；生产厂家在接到订单以后，如果发现现有库存不能满足订单要求，则马上组织生产，再按订单上的数量和时间的要求向物流部门发出发货配送信息。从广义上看，物流信息不仅连接从生产厂家到最终的消费者，而且在整个供应链上与物的流动起着相辅相成的作用。

（5）按活动领域分类。物流各个分系统、各个不同功能要素领域，由于活动性质有区分，信息流亦有所不同。按这些领域分类，有运输信息、存储信息、装卸信息等，甚至更细划分成集装箱信息、托盘交换信息、库存量信息、火车运输信息、汽车运输信息。

按物流的不同领域分类的信息是具体指导物流各个领域活动，使物流管理细化所必不可少的信息。

三、物流信息的作用

物流信息是把各种物流活动与某个一体化过程连接在一起的通道。一体化过程建立在这几个功能层次上：业务操作、管理控制、决策分析，以及制定战略计划系统。图 1－2 从业务操作、管理控制、决策分析和制定战略计划四个层次来分析物流信息的结构。

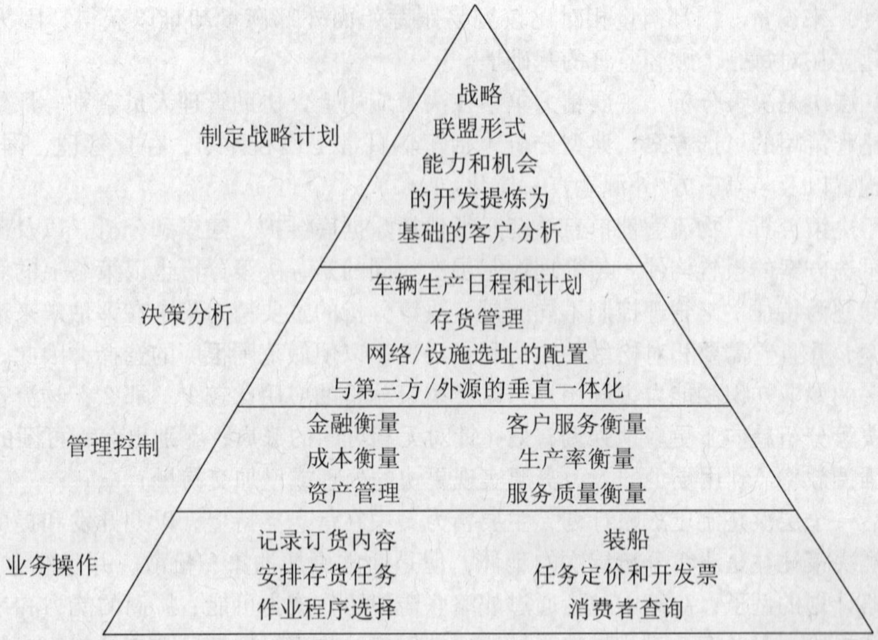

图1-2　物流信息的结构

第一层次是业务操作，是用于启动和记录个别物流活动的最基本的层次。业务操作包括记录订货内容、安排存货任务、作业程序选择、装船、任务定价和开发票以及消费者查询等。例如，当收到的消费者订单进入管理信息系统，就开始了第一笔交易。按订单安排存货，记录订货内容意味着开始了第二笔交易。随后产生的第三笔交易是指导材料管理人员选择作业程序。第四笔交易是指挥搬运、装货，以及按订单交货。最后一笔交易是打印和传送付款发票，在整个过程中，当消费者需要而且必须获得订货状况信息时，通过一系列管理信息系统交易，就完成了消费者订货功能的循环。交易系统的特征是：格式规则化、通信交互化、交易批量化和逐日化。结构上的各种过程和大批量交易相结合主要强调了管理信息系统的效率。

第二层次是管理控制，要求把主要精力集中在功能衡量和报告上。功能衡量对于提供有关服务水平和资源利用等的管理反馈来说是必要的。因此，管理控制以可估价的、策略上的、中期的焦点问题为特征，它涉及评价过去的功能和鉴别各种可选方案。普通功能的衡量包括金融、顾客服务、生产率以及质量指标等。作为一个例子，特殊功能的衡量包括每磅的运输和仓储成本（成本衡量）、存货周转（资产衡量）、供应比率（顾客服务衡量）、每工时生产量（生产率衡量）以及顾客的感觉（质量衡量）等。

当物流管理信息系统有必要报告过去的物流系统功能时，物流系统是否能够在其被处理的过程中鉴别出异常情况也是很重要的。管理控制的例外信息对于鉴别潜在的顾客或订货问题是很有用的。例如，有超前能力的物流管理信息系统应该有能力根据预测的需求和预期的入库数来预测未来的存货短缺情况。

某些管理控制的衡量方法，如成本，有非常明确的定义，而另一些衡量方法，如顾客服务，则缺乏明确的定义。例如，顾客服务可以从内部（从企业的角度）或从外部（从顾客的角度）来衡量。内部衡量相对比较容易跟踪，而外部衡量却难以获得，因为它们要求的是建立在对每一个顾客监督的基础上。

第三层次是决策分析，主要精力集中在决策应用上，协助管理人员鉴别、评估和比较物流战略和策略的可选方案，典型分析包括车辆日常工作和计划、存货管理、网络/设施选址的配置以及与第三方/外源垂直一体化。

对于决策分析，物流管理信息系统必须包括数据库维护、建模和分析，以及范围很广的潜在可选方案的报告构件。与管理控制层次相同的是，决策分析也以策略上的和可估计的焦点问题为特征。与管理控制不同的是，决策分析的主要精力集中在评估未来策略上的可选方案，并且它需要相对松散的结构和灵活性，以便做范围很广的选择，因此，用户需要有更多的专业知识和能力去利用它。既然决策分析的应用比较少，那么，物流管理信息系统的决策分析趋向于更多地强调有效（针对无利可图的账户，鉴别出有利可图的品目），而不是强调效率（利用更少的人力资源实现更快的处理或增加交易量）。

最后一个层次是制定战略计划，主要精力集中在信息支持上，以期开发和提炼物流战略。这类决策往往是决策分析层次的延伸，但是通常更加抽象、松散，并且注重于长期。作为战略计划的例子，决策中包括通过战略联盟使协作成为可能、厂商的能力和市场机会的开发和提炼，以及客户对改进的服务所作的反应。物流管理信息系统的制定战略计划层次，必须把较低层次的数据结合进范围很广的交易计划中去，以及结合进有助于评估各种战略的概率和损益的决策模型中去。

第三节　物流管理信息系统

一、物流管理信息系统概述

物流管理信息系统（logistics mange information system）是把物流和信息结合成一个有机的系统，用各种方式选择收集输入物流计划的、业务的、统计的各种有关数据，经过有针对性、有目的的计算机处理，即根据管理工作的要求，采用特定的计算机技术，对原始数据处理后输出对管理工作有用的信息的一种系统。

从物流管理信息系统来说，信息和物流是同时进行的，其关键是两者内容相一致。为此，必须信息先行，信息跟不上，就什么都谈不上。

1. 物流管理信息系统所要解决的问题

（1）缩短从接受订货到发货的时间。

（2）库存适量化（压缩库存并防止脱销）。

（3）提高搬运作业效率。

（4）提高运输效率。

（5）使接受订货和发出订货更为省力。

（6）提高接受订货和发出订货精度。

（7）防止发货、配货出现差错。

（8）调整需求和供给。

2. 建立物流管理信息系统的意义

现代物流管理以信息为基础，因而建立物流管理信息系统越来越具有战略意义：

（1）在企业日益重视经营战略的情况下，建立物流管理信息系统是必要的、不可缺少的。具体来说，就是为确保物流竞争优势，建立将企业内部的销售管理信息系统、物流管理信息系统、生产供应信息系统综合起来的管理信息系统势在必行。

（2）由于信息化的发展，各企业之间的关系日益紧密。如何与企业外部销售渠道的管理信息系统、采购系统中的管理信息系统以及运输管理信息系统连接起来，将成为今后重点研究解决的课题。

（3）企业物流已经不只是一个企业的问题，因为企业进入社会系统的部分将日益增多，在这种形势下，物流管理信息系统将日益成为社会管理信息系统的一个重要组成部分。

二、物流系统的组成

物流系统是由运输子系统、储存子系统、装卸搬运子系统、包装子系统、配送子系统、流通加工子系统、物流信息子系统组成。物流子系统既是一个独立的子系统，又是为物流总系统服务的一个辅助系统。它的功能贯穿于物流其他各子系统业务活动中，或者说是物流管理信息系统支持着物流各项业务活动。通过信息传递，把运输、储存、包装、装卸搬运、配送、流通加工等业务活动联系起来，协调一致，以提高物流整体作业效率，取得最佳的经济效益。当然，物流管理信息系统又有一些子系统，如运输管理信息系统、储存管理信息系统，都分别配合该系统的业务活动进行活动，发挥其应有的作用。在设计物流管理信息系统时，应了解物流系统的各个组成部分。

1. 运输子系统

运输是指“用设备和工具，将物品从一个地点向另一地点运送的物流活动。其中包括集货、分配、搬运、中转、卸下、分散等一系列操作”。它是在不同地域范围间，以改变“物”的空间位置为目的的活动，对“物”进行空间位移。

运输是物流的主要功能要素之一。按物流的概念，物流是“物”的物理性运动，这种运动不但改变了物的时间状态，也改变了物的空间状态。而运输承担了改变空间状态的主要任务，运输是改变空间状态的主要手段，运输再配以搬运、配送等活动，就能圆满完成改变空间状态的全部任务。

在现代物流观念诞生之前，甚至就在今天，仍有不少人将运输等同于物流，其原因是物流中很大一部分工作是由运输担任的，是物流的主要部分。

2. 储存子系统

储存是指“保护、管理、储藏物品”。储存是包含库存和储备在内的一种广泛的经济现象，是一切社会形态都存在的经济现象。在任何社会形态中，对于不论什么原因形成停滞的物资，也不论是什么种类的物资在没有生产加工、消费、运输等活动之前或在这些活动结束之后，总是要存放起来，这就是储存。与运输的概念相对应，储存是以改变“物”的时间状态为目的的活动，从克服产需之间的时间差异而获得更好的效用。

在社会生产与生活中，由于生产与消费节奏的不统一，总会存在现在用不上或用不了，或有必要留待以后用的东西。如何在生产和消费或供给与需求的时间差距里妥善地保持物质实体的有用性，是物流中储存环节所要解决的问题。

储存在物流体系中是惟一的静态环节，也有人称之为时速为零的运输。随着经济的发展，需求方式出现了个性化、多样化的改变，生产方式也变为多品种、小批量的柔性生产方式。物流的特征由少品种、大批量变为多品种、少批量或多批次、小批量，仓库的功能也从重视保管效率逐渐变为重视流通功能的实现。储存是物流体系的一个节点。在这里，物质实体在化解其供求之间的时间上的矛盾的同时，也创造了新的实践上的效益。因此，仓储是物流中的重要环节，储存功能相对整个物流体系来说，既有缓冲与调节的作用，也有创造价值与增加效益的功能。

3. 装卸搬运子系统

装卸是物品在指定地点以人力或机械装备装入或卸下运输设备。搬运是指在同一场所，以对物品进行水平移动为主的物流作业。在实际操作中，装卸与搬运是密不可分的，两者是伴随在一起发生的。搬运的“运”与运输的“运”的区别之处在于，搬运是在同一领域的小范围内发生的，而运输则是在较大范围内发生的，两者是量变到质变的关系，中间并无一个绝对的界限。

装卸搬运的基本作业可分为六个方面：①装卸，指货物装上或卸下运输工具；②搬运，指货物在短距离移动的作业；③堆码，是将物品按品种、发货方向、顾客要求等进行分类；④取出，指从保管场所将物品取出；⑤分类，是将物品按品种、发货方向、顾客要求等进行分类；⑥集货，是将物品备齐，以便随时装货。

4. 包装子系统

包装是指为了在流通过程中保护商品、方便储运、促进销售，按一定技术方法而采用的容器、材料及辅助物等的总体名称。也指为了达到上述目的而采用容器、材料和辅助物的过程中采用一定技术方法等的操作活动。

在现代物流观念形成以前，包装被天经地义地看作生产的终点，因而一直是生产领域的活动。包装的设计往往主要从生产终结的要求出发，因而常常不能满足流通的要求。物流的研究认为，包装与物流的关系，比之与生产的关系要更加密切，其作为物流始点的意义比之作为生产的关系更加密切，其作为物流始点的意义比之作为生产终点的意义要大得多。

5. 流通加工子系统

流通加工是指物品从生产地到使用地的过程中，根据需要施加包装、分割、计量、分拣、刷标志、拴标签、组装等简单作业的总称。

流通加工是流通中的一种特殊形式。流通加工重视在物品从生产领域向消费者领域流动的过程中，为了促进销售、维护产品质量和提高物流效率，对物品进行加工，使物品发生物理、化学或形状的变化。

6. 配送子系统

配送是指在经济合理区域内，根据用户要求，对物品进行拣选、加工、包装、分割、组配等作业，并按时送达指定地点的物流活动。

（1）配送在现代物流中的地位。无论多么庞大、复杂的物流过程，最终与服务对象（或者称为物流服务需求者）“见面”的就是那一小段配送。服务对象满意与否，也只是通过对这段配送的直观感受的评价，即只有在他所希望的时间内，以他所希望的方式，配送到达他所需要的物品，他才会认同整个物流过程。至于之前的运输是否混乱，库存是否合理，信息处理是否有效，他是不会理会的。

可以说，配送功能完成的质量及其达到的服务水平，直观而具体地体现了物流系统对需求的满意程度。整个物流系统的意义和价值的体现，最终完全依赖于其终端——配送功能的价值实现程度。

（2）配送的现代化趋势。配送由一般送货形式发展而来，通过现代物流技术的应用来实现商品的集中、储存、分拣和运送，因此，配送过程集中了多种现代物流技术。建立现代化的高效的配送系统，必须以信息技术和自动化技术为手段，以良好的交通设施为基础，不断优化配送方式，而配送现代化又必然推动物流新技术的应用和开发，促进科学技术的不断进步。

现代配送正朝着信息化、自动化、数字化的方向发展。配送系统可以直接利用计算机网络技术构筑，如建立 EDI 系统，以快速、准确、高效地传递、加工和处理大量的配送信息；利用计算机技术，建立计算机辅助进货系统、辅助配货系统、辅助分拣系统、辅助调度系统、辅助选址系统等。另外，在配送系统中利用自动装卸机、自动分拣机、无人取货系统和搬运系统以及相应的条码技术，与管理信息系统相配合，可以使配送中心的效率发挥到最大。

三、物流管理信息系统的分类

根据物流信息的功能和服务对象，可以把物流管理信息系统分为以下几类，这些系统实际上也是管理信息系统的几个主要研究方向。

1. 电子数据处理系统

电子数据处理系统（EDP）是最早发展起来的一个管理信息系统分支，EDP 的主要功能就是应用计算机技术进行数据处理，一般不涉及预测和控制功能。例如，合同管理、计划管理、统计系统、工资管理系统、数据更新系统、状态报告系统都属于此类系统。EDP 的主要目的是手工作业自动化，提高工作效率，节省人力，而不具备辅助决策功能。EDP 是管理信息系统发展初级阶段的产物。但是，由于分布式数据库系统和互联网技术的应用，EDP 处理问题的能力大大提高，系统的结构更加合理，实现了任务分布、数据分布、资源共享、节点自制、远程更新等功能。在国外，一般大学、研究机构和政府机关的 EDP 都与 Internet 连接，信息资源打破了地域和国界，为所有网上用户共享，例如上网用户可以通过网络进入其他学校的图书馆查阅资料，下载最新软件来试用或参加热门话题的讨论。所以现在 EDP 的功能早已突破了早期的应用范畴。

2. 管理信息系统

管理信息系统（MIS）是对一个组织进行全面管理的管理信息系统。它将电子数据处理与经济管理模型的仿真、优化计算结合起来，具有预测、控制和决策功能。它与 EDP 的最大区别就在于具有辅助决策功能。但是，MIS 主要解决的是结构化决策问题（所谓结构化决策是指决策过程和决策方法可以用明确的语言和模型加以描述），如用线性规划来求最短运输路线，用经济批量模型来求订货批量。而组织中的高层管理人员面临的绝大多数属于非结构化决策问题（非结构化决策是指决策过程和决策方法无规律可循，决策效果取决于决策者的经验、直觉、个人偏好等主观因素）和半结构化决策问题（介于结构化和非结构化之间的一类问题)，如新产品开发、企业兼并等。在这方面 MIS 无能为力。所以尽管 MIS 可以对组织中的各级管理者提供信息并辅助决策，但是重点在中层和操作层，这也正是决策支持系统产生的原因。

3. 办公自动化系统

办公自动化（OA）系统是应用各种自动化办公设备（如文字处理设备、轻印刷系统等）支持办公业务活动的管理信息系统，目的是改善办公环境，提高办公效率和质量。OA 系统主要服务于机关行政人员和各类办公室工作人员，主要功能包括文字处理、数据处理、图像处理、声音处理、信息通信等。传统的 OA 较少涉及管理模型和管理方法，侧重点是先进的、智能化的办公设备的应用。在 OA 系统中主要的硬件设备有计算机、程控电话交换机、传真机、扫描仪、网络设备等，软件设备包括各种文字处理软件和数据库软件，例如微软公司提供的办公自动化 OFFICE 系列软件、金山软件公司制作的 WPS 文字处理软件等。

4. 决策支持系统

决策支持系统（DSS）是能够综合运用各种数据、信息、知识、人工智能和模型技术，辅助高层管理者解决半结构化和少数非结构化决策问题的管理信息系统。DSS 的目标是支持决策而非取代决策，是为了提高决策效能而非提高效率，因而它与 EDP 和 MIS 有明显差别。DSS 旨在建立一种决策环境，使决策者可以充分利用自己的经验、知识，在系统的帮助下详细了解和分析决策过程中的各种主要因素及其影响，激发其思维和创造力，从而在系统的帮助下最终作出决策。由于大多数决策者不熟悉计算机技术，为了使他们能与计算机协同工作，DSS 系统必须拥有非常友好的人机界面；另外，由于该系统主要解决的是半结构化决策问题，决策过程和方法都有很多不确定因素，因而，DSS 设计的关键在于模型库的设计，模型库不仅能提供丰富的模型，还可以根据实际情况做动态调整。

5. 电子数据交换和电子商务系统

（1）电子数据交换系统。电子数据交换系统（EDI）是对信息进行交换和处理的网络自动化系统，是将远程通讯、计算机及数据库三者有机结合在一个系统中，实现数据交换、数据资源共享的一种管理信息系统，这个系统也可能作为管理信息系统和决策支持系统的重要组成部分。

电子数据交换系统是物流领域非常重要的管理信息系统。它的主要功能是利用计算机广域网，进行远程、快速的数据交换和数据的自动处理。对于物流领域而言，通过电子数据交换系统，很容易对远程的物流数据及时得到认知，从而大大推动了物流管理水平的提升。在物流国际化趋势下，这个系统成为支撑经济全球化背景下物流国际化的重要手段。

国际数据交换协会（IDEA）对于电子数据交换的定义是：通过电子方式，采用约定的报文标准，从一台计算机向另一台计算机进行结构化数据传输的计算机网络系统。

电子数据交换系统在物流领域有特别重要的作用，这是因为，物流系统大而泛的特点，使之很难建立大系统的信息网络。有时候，这个大系统各个局部之间分界较明显，且实际运行的各个局部，往往早就有其纵向的系统，其纵向系统已经较为完善，各个局部自成系统的例子也不乏见，如铁道系统、港口系统、仓储系统等，所以，物流系统带有一定的“横跨”性质。物流系统的信息完全可由各个局部领域的信息交换和共享而形成，这就是物流系统特别需要电子数据交换系统的原因。

还有一点，物流系统与外部也有必需的信息交换关系，如外部的工业部门、工业企业、用户、商店、海关、银行、保险公司等，也需要实现网络的联结，进行电子数据交换。

采用电子数据交换系统之后，信息交换便可由两端直接进行，而越过很多中间环节，这就使物流过程中每个衔接点的手续大大简化，由于减少甚至消除了物流各个过程中的单据凭证，不但减少了差错，而且大大提高了工作效率。

（2）电子商务系统。电子商务系统（EC）是20世纪90年代初随着国际互联网和EDI技术的发展而产生和发展起来的。它的主要应用领域是商务活动。EC是指商务活动的各方（包括生产厂家、商家、顾客、银行、政府等）利用计算机网络技术全面实现在线交易电子化的过程，它可以使商家与供应商之间的联系更加紧密，更快地满足用户的需求，也可以让商家在全球范围内选择最佳供货商，在全球市场上销售产品，同时它给消费者也提供了更多的消费选择。电子商务是未来商业发展的必然趋势，当然，电子商务要真正实施还有许多问题需要解决，如消费者消费观念的改变、计算机安全技术的提高以及相应政策法规和技术标准的制定。

6. 其他系统

大量、快速采集信息的条形码及POS系统；射频及标签系统；地理信息及全球卫星定位系统；交通安全信息监督及卫星搜寻系统；智能运输系统以及货物跟踪系统等。

7. 各类管理信息系统的相互关系

上述各种系统是目前管理信息系统研究和应用的几个方向，它们的对象和系统结构是有区别的，但随着信息技术的发展和应用，它们之间的关系与当初人们设想的关系已有所不同。比如：DSS并非仅仅作为MIS的一个子系统而存在，而是一个独立的发展分支；OA和MIS的界限也逐渐模糊，例如，有些智能化的OA系统已包含了辅助决策功能，而有些OA作为MIS的一个子系统而存在。因此我们可以认为，EDP、MIS、OA、DSS和EC之间是相互独立又相互依存的关系，EDP是其他系统的共同基础。判定某个管理信息系统到底属于什么类型的系统时，要从它提供的主要功能去考虑，其实在实际应用过程中，一个管理信息系统可能因为需要而包含了上述几种系统的功能，叫什么名称并不重要。

四、物流管理信息系统特点

物流管理信息系统具有一般管理信息系统的结构，在开发过程等方面也比较相似。物流产生的一个重要原因就是降低成本，而物流的跨度比较大，涉及的关系方比较多，信息含量比较大，这就要求物流管理信息系统必须具备如下的特点：

（1）可得性。物流管理信息系统必须具有容易而又始终如一的可得性（Availability）。即在需要的时候能方便及时地获得有关信息和数据，并且以数字化的形式获得。目前的实际情况则是，当物流供应商或客户有可能获得有关物流活动的重要数据时，这类数据往往是以书面为基础的，或者很难从计算机系统中重新得到。

迅速的可得性对于客户的响应以及改进管理决策是有必要的。因为客户不断地需要存货和订货状态方面的信息，所以这一点是至关重要的。可得性的另一个方面是存取所需信息的能力，例如订货信息的存取能力，无论是管理上需要的还是消费者需要的。物流作业分散化要求对信息具有较强的存取能力，并且能从国内甚至世界范围内的任何地方方便地对信息进行更新，以便借助于较强的信息可得性来减少作业上和制订计划上的不确定性。

（2）准确性。物流信息必须精确地反映当前的状况和定期活动状态，以衡量顾客订货和存货的水平。精确性可以解释为物流管理信息系统的报告与实际状况相比的差异程度。例如，平稳的物流作业要求实际的存货与物流管理信息系统报告的存货相吻合的精确性最好在99%以上。当实际存货和管理信息系统存货之间存在较低的一致性时，就有必要采取缓冲存货或安全存货的方式来适应这种不确定性。正如信息可得性那样，增加信息的精确性，也就可以减少不确定性，进而减少为安全存货而增加的需要量。

（3）及时性。物流信息必须及时地提供快速的管理反馈。及时性就是指一种活动的发生与该活动在管理信息系统内的反应之间所存在的时间差。例如，在某些情况下，系统要花费几个小时或者几天才能将一个新的订货看作是实际的需求，因为该订货往往并不能及时地直接进入现行的需求数据库。结果，在认识实际需求量的时候就出现了耽搁，这种耽搁会使计划制定的有效性降低，而使存货量增加。

另一个有关及时性的例子是，产品从“在制品”进入“制成品”状态时存货量更新的及时性。尽管实际存在着连续的产品流，但是，管理信息系统的存货状况也许是按每小时、按每工班，甚至是按每天进行更新的。显然，相比之下，采取实时更新或立即更新更具及时性，但是它们将会导致记账工作量的增加。编制条形码、扫描和EDI有助于及时而有效地更新记录。

物流管理信息系统的及时性指系统状态（诸如存货水平）以及管理控制（诸如每天或每周的功能记录）的及时响应。所谓及时的管理控制，是在还有时间采取正确的行动或使损失减少到最低程度的时候提供及时的信息支持。概括地说，及时的信息减少了不确定性，并帮助识别各种问题，由此，减少了存货需要量，并提高了决策的精确性。

（4）灵活性。物流管理信息系统必须具有灵活性，以满足系统用户和顾客两个方面的需求。管理信息系统必须有能力提供能迎合特定顾客需要的数据。例如，有些顾客也许想要把订货发货票跨越地域或部门的界限进行汇总。特别是，例如零售商A也许想要每一个店的单独的发票，而零售商B却可能需要所有的商店汇总的总发票。一个灵活的物流管理信息系统必须有能力处理这两类要求。

（5）适当的形式化。物流报告和显示屏应该具有适当的形式，这意味着它们用正确的结构和顺序包含正确的信息。例如，物流管理信息系统往往有一个配送中心存货状态的显示屏，每个显示屏可以列出一个产品和配送中心。这种形式要求一个顾客服务代表在试图给出存货状态以满足某个特定顾客的订货时，可以检查每一个配送中心的存货状况。换句话说，如果有5个配送中心，就需要检查和比较这5个计算机的显示屏。更好的形式应该是提供单独的一个显示屏，来包含所有这5个配送中心的存货状况。这种组合方式的显示屏能够使顾客代表更容易地识别产品的最佳来源。

五、现代物流管理信息系统

（一）现代物流行业的特点

（1）网络化：物流的本质是物体物理位置的移动，在地理上，物流企业的业务一定是网状的、跨地域的，在相应的项目完成后具有远程处理的能力。

（2）业务的多样性：一个完整的物流过程是由许多物流活动共同完成的，一般都会经过运输、储存、保管、装卸、配送、加工等多个环节。项目完成后这些物流活动将作为一个整体来运作。

(3) 柔性化：客户的物流需求是多种多样的，管理信息系统要能适应客户个性化的需求。

(4) 标准化：物流活动涉及供应链上的各方，只有实现标准化，才能提高物流的整体效率，系统将尽可能采用国际化的标准。

(5) 智能化：智能化的仓库、智能化的运输调度系统等要求物流管理信息系统必须能和多种物流技术紧密结合，系统将采用最先进的IT技术。

(二) 现代物流管理信息系统研究内容

现代物流管理信息系统可以划分成三大部分。

1. 物流业务管理系统

物流业务管理系统主要对物流企业的内部运作实施管理，系统共由12个子系统组成。

(1) 仓储管理系统——实现异地仓库的数字化管理，集成条码技术、射频标识(RFID) 技术等先进物流技术。

(2) 运输管理系统——集成全球定位系统/公用数字移动通信网 (GPS/GSM)、地理信息系统 (GIS) 技术，实现车辆的自动定位和调度，通过动态规划技术实现运输路线的最优化。

(3) 配送管理系统——根据配送计划，制定配送任务，实现准时制 (Just In Time, JIT) 配送。

(4) 货代管理系统——通过对多式联运的管理，实现门到门、一票到底的货物运输服务。

(5) 统计管理系统——各种业务的统计查询和分析，结果以图形的方式进行显示，形象直观。

(6) 结算管理系统——实现各种费用的自动计算，支持多币种的国际结算。

(7) 财务管理系统——实现对历史数据的分析，制定财务预算，实施财务控制。

(8) 行政管理系统——对办公、人事等进行管理，实现无纸化办公。

(9) 合同管理系统——规范合同的签署，跟踪合同的执行，并对合同的执行情况进行评估。

(10) 客户关系管理系统——管理客户资料，对客户进行分析，提高客户忠诚度，并适时增添新的客户。

(11) 决策支持系统——通过运筹模型的建立，对数据进行分析，为领导决策提供依据。

(12) 数据交换管理系统——通过WEB-EDI方式实现供应链上各方的数据交换。

这12个系统被划分成四个层次：

(1) 作业层——由仓储管理、运输管理、配送管理等系统组成，是对物流作业实施管理的系统。

(2) 管理层——由结算管理、合同管理等系统组成，是企业管理部门运行的系统。

(3) 决策层——由统计管理、决策支持等系统组成，是辅助企业高层领导决策的系统。

（4）客户层——由客户查询、客户管理等系统组成，是为客户服务的系统。

这12个系统对各个物流活动和物流管理进行了系统的总结和概括，实现物流企业业务的完全管理。

2. 电子商务管理系统

物流企业需要把自己为客户提供服务的情况及时地向客户进行反馈；客户则需要及时了解和掌握物流企业为他们所提供的服务状况。电子商务系统的主要功能有：

（1）实时查询——客户在网上实时查询库存情况、货物运输情况。

（2）清单录入——通过EDI系统实现双方系统的数据对接。

（3）服务需求——客户可以将他们对物流的需求直接发送到系统中。如订仓业务、配送计划、运输需求等。

（4）信息反馈——客户对所提供的物流服务，包括服务方式、业务流程、服务态度和服务质量提出建议或投诉。

3. 客户服务管理系统

处理客户以各种方式提出的服务要求。

以上三个部分的有机结合，实现企业物流供应链全过程的信息采集、交换和处理，构成一个物流行业完整的信息管理系统解决方案。

（三）物流管理信息系统的地位和作用

1. 提高管理效率，降低成本

信息管理系统的主要特点是提高信息处理的效率，及时提供各类经营管理所需的信息，从而提高经营效率，降低成本。例如，库存管理系统的应用，可以减少库存积压，加快资金流转速度；计划管理系统的应用，可以及时调整生产计划，提高设备利用率；质量管理系统的应用，可以及时掌握质量状况，加强质量控制，降低质量成本。另外，信息管理系统还可以改善工作条件，减轻信息处理人员的劳动强度，减少人员开支。

2. 加强与外部环境之间的联系

自20世纪90年代开始的信息化和市场全球化，从根本上改变了企业的内外关系，能否适应外界环境的变化，关系到一个企业的生存和发展。信息管理系统可以加强企业与外部环境之间的信息交流，帮助企业及时了解政策法规，研究竞争对手，加强与客户和供应商的联系，可以随时根据环境的变化调整策略，从而获得竞争优势。

3. 开发新产品和新服务，创造更高效益

计算机和网络通信技术缩短了企业与客户之间的距离，使服务得以延伸。如TAM自动取款机就是金融机构运用管理信息系统提供的新服务。信息管理系统不仅在市场调查和市场预测方面可以大显身手，还可以直接获取客户需求，以便满足每一个客户的特殊需要。例如，美国的一家公司，在自选商场配备一种称为“自配合”的系统，允许顾客自己设计合体的牛仔裤，当顾客把自己的尺寸要求输入计算机以后，数据通过网络传回工厂，生产线便可以加工出满足客户特殊要求的牛仔裤。这种服务深受顾客欢迎。总之，信息管理系统使企业在降低仓储、搬卸成本，降低运营成本，提高其工作效率、管理水平，对客户提供优质服务，保证供应链畅通等方面具有竞争力，是企业实现物流价值的关键。

复习思考题

1. 简述信息与数据有何区别与联系?
2. 简述管理信息的定义。
3. 简述信息的作用及信息处理的内容。
4. 简述信息流与物流、商流、资金流之间的关系。
5. 如何理解物流信息的基本概念?物流信息有何特点?物流信息的基本功能是什么?
6. 阐述物流系统的组成部分,以及所要解决的问题。
7. 物流管理信息系统具有什么特点?

【实训项目】

我国企业物流信息化现状调查与分析

1. 实训目的

通过实训使学生对我国物流信息化的现状有一定的了解,对本章涉及的知识点有更深的理解和把握;并能把学到的知识运用到提高能力水平中来,锻炼学生分析和解决问题的能力。

2. 实训内容

通过走访企业以及网络查询(某公司网站),调查生产企业、商业企业、物流企业当前物流信息化的现状以及存在的主要问题;通过分析有针对性地提出建设性意见。

3. 实训安排

(1) 学生按照企业的类型,如生产企业、商业企业、物流企业等分组。

(2) 拟订实训提纲,确定调查的方式,走访企业以及网络查询。

(3) 通过调查,收集、整理和分类相关物流资料。

(4) 通过讨论,找出当前三类企业物流信息化建设中存在的主要问题,并提出初步的解决意见。

【课后案例】

宝供物流企业的信息化建设

1. 背景介绍

提起中国的第三方物流企业,业内许多人士会提及宝供物流,摩根士坦利给宝供物流下的评语,是“中国最具价值的第三方物流企业”;同样,麦肯锡也有类似的评价。宝供物流缘何这样引人注目呢?主要是其在遵循现代物流发展理念这一前提下的成功运作,在短短不到十年的时间内,宝供物流完成了从储运、物流到供应链服务的三级跳,一跃成为国内领先的现代化物流企业集团。在近年来中国物流发展热潮的推动下,宝供物流的发展历程和经验无疑成了国内传统物流企业发展转型的参照样板。

宝供物流的总裁刘武先生把宝供物流企业集团的发展大致分为三个阶段：1994 年到 1997 年，宝供从一家传统储运企业转变为提供一体化物流服务的专业公司；1997 年到 2000 年这一期间，宝供逐步发展成为一家较为成熟的第三方物流企业；2000 年至今，则是宝供向提供供应链一体化物流服务转型的阶段，并取得了良好的效果。

2. 独立的第三方

宝洁对宝供的发展起了非常重要的作用，正是与宝洁这样的一个国际性大公司合作，宝供才学到了不少有用的东西，这为宝供物流以后的发展打下了良好的基础。宝供与宝洁的合作始于 1994 年，当时，刘武在广州承包经营一家铁路货物转运站，而刚刚进入中国市场的宝洁公司正在为产品不能及时、快速地运送到全国各地而犯难，经人介绍，宝洁找到了刘武。与宝洁合作的第一笔业务，是 4 个集装箱的货物运输，宝洁公司的要求非常苛刻，不仅要准时送达，而且还有许多附加要求。这些在现在看来再正常不过的事情在当时却被看作是天方夜谭，宝洁此前也曾与多家储运企业有过接触，但都没能谈成。为了完成这笔业务，刘武亲自对货物进行全程跟踪，在这单业务结束后，刘武主动给宝洁写了一份报告，对整个过程中各环节可能遇到的问题及解决办法都详细地做出了说明。虽然这笔业务刘武基本上没赚到钱，但却赢得了宝洁的信任。

此后，刘武注册成立了宝供储运公司，而宝洁也加大了与宝供的合作力度，到 1996 年，宝供成了宝洁铁路运输的总代理。宝洁对于宝供发展的重要性是不言而喻的，在很长的一段时间里，来自宝洁的业务都占据了宝供的绝大部分。作为较早来到中国的跨国公司，宝洁是一家系统和理念都很先进的企业。事实上，宝洁公司把供应商和服务商的能力和水平看成自己的一部分，虽然要求是十分"苛刻"的，但却能逼着你不断进步。可以说，与宝洁公司的合作，让宝供储运公司获益匪浅，并直接推动了宝供向现代物流企业的发展。随着宝供储运公司业务的不断规范和扩大，宝供逐步走出了过去"宝洁公司储运部"的影子，其服务的客户也开始越来越多，如飞利浦、TCL 等几十家国内外著名企业，甚至宝洁公司的竞争对手联合利华也将物流业务交给宝供打理。

随着业务的不断扩大，为了打破当时分块经营、多头负责的模式，宝供开始在全国铺建业务网络，刘武将这一网络分为"天网"和"地网"。"地网"的建设是指在全区域中心城市建立分公司，并以此为依托铺设全国网络；"天网"是指不断改进的物流信息系统，早在 1997 年，宝供就在全国同类企业中率先实施了基于 Internet/Intranet 的物流管理信息系统，凭借这一系统，宝供实现了对全国范围内物流运作信息实时动态的跟踪管理。此后，宝供又累计投入 1000 多万元对这套系统进行完善和升级，通过这个系统实现与客户的电子数据交换，并为客户提供诸如报表、运作咨询等个性化的物流信息服务，于是，宝供与客户之间的业务变得更为便捷和富有效率。

1999 年，在多方努力和争取下，宝供储运有限公司更名为宝供物流企业集团，宝供物流成为国内第一家注册的物流企业。至此，在当时国内工商部门的"字典"里还没有"物流"这个词时，宝供物流已经基本上完成了向第三方物流企业的转变，并在内部建立了相对比较完善的业务运作管理体系（SOP）和质量保证体系（GMP）。

3. 以物流基地建设推进供应链服务

在完成向第三方物流的转变后，近年来，宝供物流开始向提供增值化的供应链一体化物流服务方向努力，并将物流基地的建设作为提高供应链服务能力的重要突破点。近期，宝供把他们的物流基地发展规划作了修改，规划在全国兴建物流基地的数量由原来的10个扩充为15个。按宝供的规划，这15个基地将主要分布在东南沿海地区，同时兼顾华中、西南和西北地区。目前，宝供苏州物流基地一期工程已经完工并投入运营，广州基地也已进入收尾阶段。广州基地是宝供投资规模最大的一个基地，占地面积约70万平方米，总投资为8亿元到10亿元。

宝供建设中的物流基地，将是集配送、分拣、拼装和简单加工等功能为一体的一站式物流中心。同时，还附加了基于进出口业务的保税、通关、检验检疫和国际金融结算等功能。另外，由于生产商和供应商的产品都在宝供的基地集散，基地也是一个采购平台。利用这些基地，宝供为客户减少了大量的搬运环节，降低了物流成本，自身也通过增值服务获取更多的利润。宝供之所以花这么大力气在物流基地的建设上，是因为随着物流市场竞争的激烈，企业对物流服务的要求也越来越高，小批量、多批次、多品种的配送方式和快速反应的能力越来越被看重，这就要求对物流的各环节进行高度整合，提高效率，宝供建设物流基地就是为了适应这种需要。实际上，物流基地建设这么受重视，还在于宝供将此作为其向供应链一体化服务提供商转型的重要载体。

2002年，宝供向外界宣称与IBM合作进军供应链服务领域。向供应链方向转型，意味着宝供的主要业务变成了两个方面：一是与需要服务的企业一起制定合理的供应链解决方案，不仅涉及它们的产品物流，还要将其销售、生产、采购的各个环节的物流业务作综合性的规划，提供整体优化方案；二是通过物流服务来确保这个方案的实施。这表明，宝供以前主要靠整合社会资源提供物流服务来赚钱，今后则主要通过提供和实施供应链解决方案来赚钱。截至目前，宝供的转型已取得了一定的成绩：联合利华整个工厂的仓库管理都由宝供来做，像飞利浦照明、红牛饮料的整个供应链业务更是都交给了宝供物流。

讨论题

1. 你认为宝供物流的成功经验在哪里？
2. 宝供物流为什么向供应链服务领域挺进？
3. 宝供物流的成功经验对国内物流企业的启示有哪些？

第二章　物流信息系统技术基础

【学习目标】

知识目标：

◆ 了解计算机网络的基本知识及其在物流管理信息系统中的应用；
◆ 了解数据库的基本知识及其在物流管理信息系统中的应用；
◆ 掌握物流企业内部网络规划的一般方法；
◆ 掌握数据库的特点以及数据挖掘的作用。

能力目标：

• 能够对某物流企业信息化建设进行网络规划；
• 能够对某企业的数据进行分类；
• 能够根据企业对数据的需求进行数据库产品的选型。

【引导案例】

中海物流信息化进程

中海物流1995年注册成立时，只是一家传统的仓储企业，其业务也仅仅是将仓库租出去，收取租金。此时物流管理信息系统的建设对公司的业务并没有决定性的影响。1996年，公司尝试着向配送业务转型，很快发现客户最为关心的并不是仓库和运输车辆的数量，而是了解其物流管理系统，关心的是能否及时了解整个物流服务过程，能否将所提供的信息与客户自身的信息系统实现对接。可以说，有无信息系统，是能否实现公司从传统物流向现代物流成功转型的关键。另外，公司在提供JIT配送业务过程中所涉及的料件已达上万种，没有信息系统的支撑，仅凭人工管理是根本无法实现的。因此，信息系统的实施成为中海物流业务运作的需要，是中海物流发展的必然选择。

中海物流信息系统的实施经历了三个阶段：第一个阶段为1996—1997年实施的电子配送程序，以实现配送电子化为目标，功能比较单一；第二阶段为1998—1999年实施的C/S结构的物流管理系统，实现了公司仓储、运输、配送等物流业务的网络化；第三阶段始于2000年，以基于Internet结构的物流电子商务化为目标，开发出了目前正在运行的中海物流管理信息系统，并专门成立了中海资讯科技公司进行该系统的商品化工作。

中海物流管理信息系统的总体结构由物流管理系统、物流业务系统、物流电子商务系统和客户服务系统4个部分组成。物流管理信息系统主要应用于物流公司的各个职能部门，实现对办公、人事、财务、合同、客户关系、统计分析等的管理；物流作业系统应用于物流操作层，主要功能有仓储、运输、货代、配送、报关等；电子商务系统使客户通过

Internet 实现网上数据的实时查询和网上下单；客户服务系统为客户提供优质的服务。

中海物流管理信息系统运行在 Internet/Extranet/Intranet 结构的网络系统上，整个网络系统分为外网、内网和中网。与国内外的众多物流软件产品相比，中海物流管理信息系统具有以下特点：集成化设计、流程化管理、组件式开发、数据库重构、跨平台运行、多币种结算、多语言查询、多技术集成（如条形码技术、GIS 技术、GPS 技术、动态规划技术、RF 技术、自动补货技术、电子商务技术等）、多种方式的数据安全控制（身份识别、权限控制、数据库操作权限控制、建立在 Java 安全体系结构上的加密技术、认证和授权技术以及 SSL 技术）。

通过信息化的实施，中海物流在管理、业务范围、经营规模、服务能力、服务效率、经济效益等各方面均发生了巨大的变化，目前信息系统已成为中海物流的核心竞争力，对公司物流业务的发展起着支柱作用。

讨论题

1. 画出中海物流公司的物流管理信息系统的结构图。
2. 说明中海物流公司的网络结构。

物流信息技术基础是现代化物流核心系统的坚实后盾，也是物流现代化的标志。没有现代信息技术作为依托，现代物流服务效率难以提高。要用信息化、高新技术整合传统产业，通过建立现代化物流体系，使企业生产经营的全过程实现运行的信息化、数字化、高效化，提升产业水平。引导现代物流企业积极利用互联网、EDI 等技术，通过网络平台和信息技术将企业经营网点连接起来，实现信息资源的共享和互通，对物流各环节进行实时跟踪、有效控制和全程管理。

第一节 计算机网络技术

一、计算机系统

计算机系统由硬件和软件两大系统组成。

（一）硬件系统

计算机的硬件系统可分为五大部件，即中央处理器（CPU）、存储器、输入设备、输出设备和通信设备。

（1）中央处理器。中央处理器是计算机系统的最主要部件，它由控制器和运算器两部分组成。控制器，具有控制计算机各个部件按顺序工作的功能，是整个计算机的指挥中心。运算器，担负计算机中的运算工作。

（2）存储器。存储器是计算机的记忆装置，存放运算的数据和程序，好比人的大脑。存储器又分外存储器和内存贮器，简称外存和内存。外存储器有磁带、磁盘（软盘、硬盘）、光盘等。内存储器有随机存储器（RAM）、只读存储器（ROM）等。

（3）输入设备。输入设备是计算机输入信息的装置，是人机对话的工具。早期计算机的输入设备主要是纸带输入机，现在的输入设备有键盘、磁带机、软盘驱动器、语音读入、扫描仪、光电识别、手写输入、自动接收设备、触摸屏等。

（4）输出设备。输出设备是用来输出计算机处理结果的装置。目前使用较普遍的有显示器、打印机、外存设备（磁带、磁盘、光盘）、绘图仪、多媒体设备等。

（5）通信设备。随着计算机网络的迅速发展，通讯设备已成为计算机系统的必要部件。通信设备包括 MODEM、HUB、网络线路、路由器等。通信线路可选用公共电话线或专用通讯线等。

除了上述五大部件以外，为了解决计算机系统的自身电源对瞬时的断电和交流电网的跳动无法控制的缺陷问题，一般要配备不间断供电设备（UPS）。当交流供电暂时中断时，UPS 可以继续向主机供电（供电时间和 UPS 的功率有关），这样能保证系统操作人员有足够的时间进行妥善处理，不致造成信息丢失或设备损坏。

（二）软件系统

计算机软件包括机器运行时所需要的各种程序及其有关资料，例如汇编程序、编译程序、诊断程序、操作系统、程序库、数据库管理系统、各种应用软件和程序维护使用手册等。它可以扩大计算机系统的功能和提高计算机的运行效率，是计算机系统必不可少的组成部分。软件系统一般由系统软件、编程语言和应用软件三大类组成。

（1）系统软件。系统软件合理地组织待处理问题的步骤，简化机器操作，为用户编制程序提供方便。它由以下四部分组成。

① 操作系统：负责对中央处理器（CPU）、所有联机的系统外部设备、内存及系统和用户的信息进行管理、调度和控制。在计算机系统中，各种程序和数据以文件的形式存放在磁盘或磁带中，需要时，只要向操作系统提出将它们装入内存的要求后即可实现。所以，操作系统使计算机硬件的功能得到了充分的发挥，使用计算机亦更加方便。根据不同用途，操作系统又分为单用户、多用户（分时）和多任务等。

目前微机上用得的比较多的是 Windows 2000 操作系统或者 Windows XP 操作系统。

② 编译系统：当使用高级语言编制的应用程序送入计算机后，由编译系统将这些程序编译成机器能识别的语言（机器语言）。

③ 汇编语言：在系统软件中提供的机器固有的汇编语言，这是用符号形式表示的机器语言。

④ 常用服务程序：这类程序有编辑程序、装配程序、外部介质转换服务程序、库管理程序以及诊断程序等。

（2）编程语言。编程语言是用户编制程序时使用的语言。目前高级语言用得较多的有：BASIC、COBOL、C 语言、PASCAL、FORTRAN、LISP 和 PROLOG 等。

（3）应用软件。与计算机辅助管理有关的应用软件主要有：

① 数据库管理软件：在微机上使用具有代表性的 DBASE，Foxbase，FoxPro 都是数据库管理软件，在高档微机、小型机上使用功能较强的有 Informix、SQL 等，大型数据库系统有 ORACLE 系统、SYBASE 系统、DB2 系统等。

② 实用性的应用软件：这些软件一般是一个辅助企业管理的应用软件，用户可根据需要自行开发，也可直接向软件公司购买。

③ 办公室自动化（OA）应用软件：企业在实现计算机辅助管理的同时，对办公室的各种文件、档案处理和报表编制等都要逐步用计算机来完成，因此，OA 的应用软件越来越被人们重视。目前常用的有 Office 2000（Word，Excel，PowerPoint，Access 等），WPS

2000 等。

④ 非直接管理性质的应用软件：这类应用软件包括计算机辅助设计（CAD）、计算机辅助制造（CAM）、计算机辅助测试（CAT）和计算机集成制造系统（CIMS）等。

二、计算机网络技术

1. 计算机网络的概念

按资源共享的观点，计算机网络就是利用通信设备和线路将分布在地理位置不同的、功能独立的多个计算机系统连接起来，以功能完善的网络软件（网络通信协议及网络操作系统等）实现网络资源共享和信息传递的系统。

按照计算机网络界权威人士特南鲍姆（Andrew S Tanenbaum）的定义，计算机网络是一些相互独立的计算机互连的集合体。若有两台计算机通过通信线路（包括无线通信）相互交换信息，就认为是互连的。而相互独立或功能独立的计算机是指网络中的一台计算机不受任何其他计算机的控制（如启动或停止）。

2. 计算机网络的功能

网络的主要功能是向用户提供资源的共享和数据的传输，它包括：

（1）数据交换和通信。计算机网络中的计算机之间或计算机与终端之间，可以快速可靠地相互传递数据、程序或文件。例如，电子邮件（E-mail）可以使相隔万里的异地用户快速准确地相互通信；文件传输服务（FTP）可以实现文件的实时传递，为用户复制和查找文件提供了有力的工具。

（2）资源共享。计算机网络可以实现网络资源的共享。这些资源包括硬件、软件和数据。资源共享是计算机网络组网的目标之一。

①硬件共享：用户可以使用网络中任意一台计算机所附接的硬件设备。例如，同一网络中的用户共享打印机、共享硬盘空间等。

②软件共享：用户可以使用远程主机的软件，包括系统软件和用户软件。既可以将相应软件调入本地计算机执行，也可以将数据送至对方主机，运行其软件，并返回结果。

③数据共享：网络用户可以使用其他主机和用户的数据。

（3）系统的可靠性。通过计算机网络实现备份技术可以提高计算机系统的可靠性。当某一台计算机出现故障时，可以立即由计算机网络中的另一台计算机来代替其完成所承担的任务。例如，空中交通管理、工业自动化生产线、军事防御系统、电力供应系统等都可以通过计算机网络设置，以保证实时性管理和不间断运行系统的安全性和可靠性。

（4）分布式网络处理和均衡负荷。对于大型的任务或当网络中某台计算机的任务负荷太重时，可将任务分散到网络中的其他计算机上进行，或由网络中比较空闲的计算机分担负荷。这样既可以处理大型的任务，使得某一台计算机不会负担过重，又提高了计算机的对用性，起到了分布式处理和均衡负荷的作用。

3. 计算机网络的构成

计算机网络由计算机网络系统和软件部分组成。

计算机网络系统在逻辑功能上可以划分为两部分，一部分的主要工作是对数据信息的收集和处理，另一部分则专门负责信息的传输。ARPANET 把前者称为资源子网，后者称为通信子网，如图 2－1 所示。

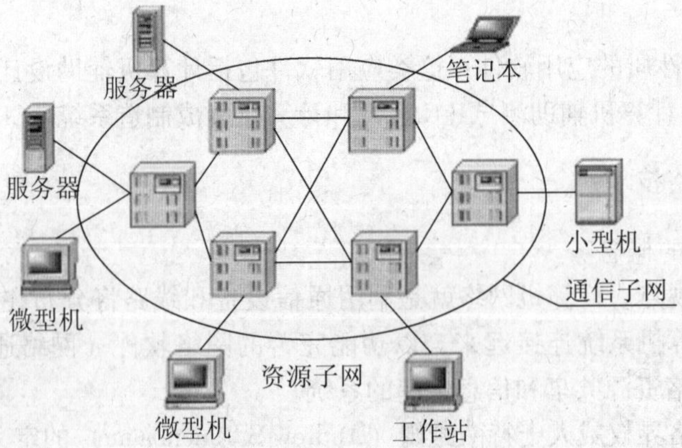

图 2-1 计算机网络的一般结构

（1）资源子网。资源子网主要是对信息进行加工和处理，面向用户，接受本地用户和网络用户提交的任务，最终完成信息的处理。它包括访问网络和处理数据的硬、软件设施，主要有计算机主机，终端和终端控制器，计算机外设、有关软件和共享的数据等。

① 计算机主机（Host）。网络中的主机可以是大型机、小型机或微型计算机。它们是网络中的主要资源，也是数据资源和软件资源的拥有者，一般都通过高速线路将它们和通信子网的结点相连。

② 终端和终端控制器。终端是直接面向用户的交互设备，可以是由键盘和显示器组成的简单的终端，也可以是微型计算机系统。终端控制器连接一组终端，负责这些终端和主计算机的信息通信，或直接作为网络结点。在局域网中它相当于集线器（HUB）。

③ 计算机外设、有关软件和共享的数据。计算机外设主要是网络中的一些共享设备，如大型的磁碟机、高速打印机、大型绘图仪等。

（2）通信子网。通信子网主要负责计算机网络内部信息流的传递、交换和控制，以及信号的变换和通信中的有关处理工作，间接地服务于用户。它主要包括网络结点、通信链路、信号变换设备等软、硬件设施。

① 网络结点：一是作为通信子网与资源子网的接口，负责管理和收发本地主机和网络所交换的信息，相当于通信控制处理机 CCP（在 ARPANET 中称为接口信息处理机 IMP——Interface Message Processor）；二是作为发送信息、接受信息、交换信息和转发信息的通信设备，负责接收其他网络结点传送来的信息并选择一条合适的链路发送出去，完成信息的交换和转发功能。网络结点可以分为交换结点和访问结点两种：

交换结点主要包括交换机（Switch）、网络互联时用的路由器（Router）以及负责网络中信息交换的设备等。

访问结点主要包括连接用户计算机（Host）和终端设备的接收器、收发器等通信设备。

② 通信链路。通信链路是两个结点之间的一条通信信道。链路的传输媒体包括：双绞线、同轴电缆、光导纤维、无线电、微波通信、卫星通信等。一般在大型网络中和相距较远的两结点之间的通信链路，都利用现有的公共数据通信线路。

③ 信号变换设备。信号变换设备的功能是对信号进行变换以适应不同传输媒体的要

求。这些设备一般有：将计算机输出的数字信号变换为电话线上传送的模拟信号的调制解调器、无线通信接收和发送器、用于光纤通信的编码解码器等。

（3）软件组成。从系统组成的角度来看，计算机网络由计算机网络硬件和计算机网络软件两部分构成。在网络系统中，除了包括各种网络硬件设备外，还应该具备网络的软件。因为在网络上，每一个用户都可以共享系统中的各种资源，系统该如何控制和分配资源、网络中各种设备以何种规则实现彼此间的通信、网络中的各种设备该如何被管理等等，都离不开网络的软件系统。因此，网络软件是实现网络功能必不可少的软环境。通常，网络软件包括以下几种：

① 网络协议软件：实现网络协议功能，比如TCP/IP、IPX/SPX等。

② 网络通信软件：用于实现网络中各种设备之间进行通信的软件。

③ 网络操作系统：实现系统资源共享，管理用户的应用程序对不同资源的访问。常见的网络操作系统有：UNIX，Linux，Windows 98，Windows 2000，Windows 2003，Windows XP，Netware等。

④ 网络管理软件和网络应用软件：网络管理软件是用来对网络资源进行管理以及对网络进行维护的软件；而网络应用软件是为网络用户提供服务的，是网络用户在网络上解决实际问题的软件。

4. 计算机网络的类型

对计算机网络的分类有多种形式，其中主要有：

（1）按跨度分类。网络的跨度是指网络可以覆盖的范围。根据网络覆盖的范围，网络可以分类为广域网、局域网、城域网等。

① 广域网（WAN，Wide Area Network）。广域网有时也称远程网，其覆盖范围通常在数十公里以上，可以覆盖整个城市、国家，甚至整个世界，具有规模大、传输延迟大的特征。广域网通常使用的传输装置和媒体由电信部门提供；但随着多家经营政策的落实，也出现其他部门自行组网的现象。在我国除电信网外，还有广电网、联通网等为用户提供远程通信服务。广域网的主要技术特点：广域网覆盖的地理范围从几十公里到几千公里；其通信子网主要使用分组交换技术，可以利用公用分组交换网、卫星通信网和无线分组交换网；需要适应：大容量与突发性通信、综合业务服务、开放的设备接口与规范化的协议以及完善的通信服务的要求。

② 局域网（LAN，Local Area Network）。局域网也称局部区域网络，覆盖范围常在几公里以内，限于单位内部或建筑物内，常由一个单位投资组建，具有规模小、专用、传输延迟小的特征。目前我国绝大多数企业都建立了自己的企业局域网。局域网只有与局域网或者广域网互连，进一步扩大应用范围，才能更好地发挥其共享资源的作用。局域网的主要技术特点：局域网覆盖有限的地理范围，一般属于一个单位；提供高数据传输速率（10～1000Mbps）；决定其特性的主要技术要素为网络拓扑、传输介质与介质访问控制方法。

③ 城域网（MAN，Metropolitan Area Network）。城域网也称市域网，覆盖范围一般是一个城市，介于局域网和广域网之间。城域网使用了广域网技术进行组网。城域网的主要技术特点：介于广域网与局域网之间的一种高速网络；其设计目标是要满足几十公里范围内的大量企业、公司的多个局域网互联的需求；实现大量用户之间的数据、语音、图形与

视频等多种信息的传输功能。早期的城域网主要产品是FDDI。

【特别提示】

必须分清广域网、局域网和城域网的技术特点。

随着网络技术的发展，新型的网络设备和传输媒体的广泛应用，距离的概念逐渐淡化，局域网以及局域网互联之间的区别也逐渐模糊。同时，越来越多的企业和部门开始利用局域网以及局域网互联技术组建自己的专用网络，这种网络覆盖整个企业和部门，范围可大可小。

（2）按网络采用的传输技术分类。按网络所使用的传输技术可以将网络分为点对点传播方式网和广播式传播结构网。

在采用点到点线路的通信子网中，每条物理线路连接一对结点，其分组传输要经过中间结点的接收、存储、转发，直至目的结点。从源结点到达目标结点可能存在多条路由，因此需要使用路由选择算法。采用点到点线路的通信子网的基本拓扑结构有4种：星型、环型、树型、网状型。

在采用广播信道的通信子网中，一个公共的通信信道被多个网络结点共享。采用广播信道通信子网的基本拓扑结构主要有4种：总线型、树型、环形、无线通信与卫星通信型。

采用路由选择或分组存储转发是点到点式网络与广播式网络的重要区别。

（3）按管理性质分类。根据对网络组建和管理的部门和单位不同，常将计算机网络分为公用网和专用网。

① 公用网。由电信部门或其他提供通信服务的经营部门组建、管理和控制，网络内的传输和转接装置可供任何部门和个人使用；公用网常用于广域网络的构造，支持用户的远程通信。如我国的电信网、广电网、联通网等。

② 专用网。由用户部门组建经营的网络，不容许其他用户和部门使用；由于投资的因素，专用网常为局域网或者是通过租借电信部门的线路而组建的广域网络。如由学校组建的校园网、由企业组建的企业网等。

利用公用网组建专用网。许多部门直接租用电信部门的通信网络，并配置一台或者多台主机，向社会各界提供网络服务，这些部门构成的应用网络称为增值网络（或增值网），即在通信网络的基础上提供了增值的服务。如中国教育科研网——Cernet、全国各大银行的网络等。

三、物流企业内部网络的结构

物流网络是物流过程中相互联系的组织与设施的集合。它是为了填补供需之间的时间和空间的距离，或者是为了从生产地点向市场配送货物，把空间分散的据点作为网络连接起来。计算机网络的类型虽然有多种，但对于物流企业来讲，经常用到的还是局域网。因此，有必要对物流企业内部网络的结构、组建及功能作进一步的介绍。

1. 物流企业内部网络的拓扑结构

网络的拓扑结构是指网络连接的结构形式。在计算机网络中，为了便于对计算机网络结构进行研究或设计，通常把计算机、终端、通信处理机等设备抽象为点，把连接这些设备的通信线路抽象成线，并将由这些点和线所构成的拓扑称为计算机网络拓扑结构。计算机网络拓扑结构反映了计算机网络中各设备节点之间的内在结构，对计算机网络的性能、建设与运行成本等都有着重要的影响。因此，无论对于计算机网络的技术实现（如网络通信协议的设计、传输介质的选择），还是在实际组网时，网络拓扑结构都是首要考虑的因素之一。常见的网络拓扑结构有总线型、星型、环型、树型和网状型。在局域网中常用的拓扑结构有总线型、星型、环型三种。

（1）总线型拓扑结构。如图2-2所示，总线型拓扑中采用一条公共传输信道传输信息，所有节点均通过专门的连接器连到这个公共信道上，这个公共的信道称为总线。

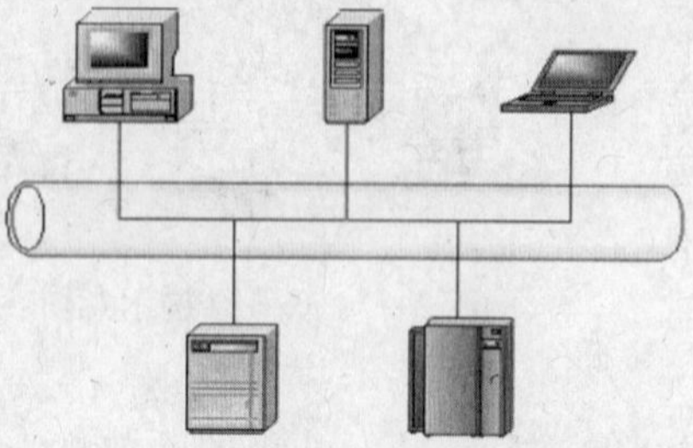

图2-2　总线型局域网的计算机连接

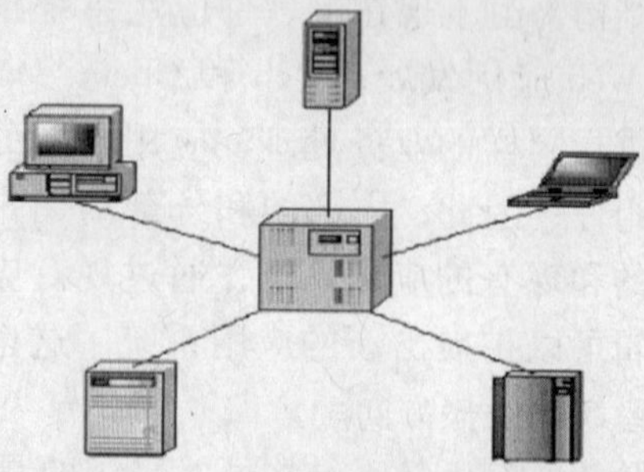

图2-3　星型局域网的计算机连接

任何一个节点发送的数据都能通过总线进行传播，同时能被总线上的所有其他节点接收到。可见，总线型拓扑结构的网络是一种广播网络。总线型拓扑形式简单，节点易于扩充。

（2）星型拓扑结构。如图2-3所示，星型拓扑中有一个中心节点，其他各节点通过点对点线路与中心节点相连，形成辐射型结构。

各节点间的通信必须通过中心节点，如图中的各个支节点之间相互通信都要经过中心节点。星型拓扑的网络具有结构简单、易于实现和管理等特点。但这种结构对中心节点的依赖性大，一旦中心节点出现故障，就会直接造成整个网络的瘫痪。星型拓扑是目前局域网主要的拓扑形式。

（3）环型拓扑结构。如图2-4所示，在环型拓扑中，各节点和通信线路连接形成的一个闭合的环。环中的数据按照一个方向沿环逐个节点传输：发送端发出的数据，经环绕行一周后，回到发送端，并由发送端将该数据从环上删除。任何一个结点发出的数据都可以被环上的其他节点所接收。

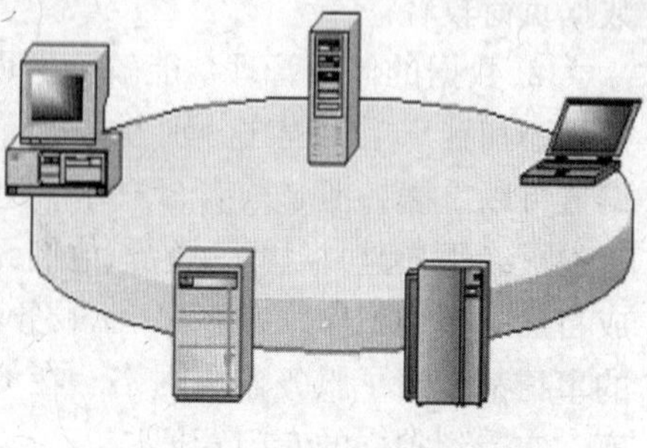

图2-4　环型局域网的计算机连接

环型拓扑具有结构简单、易于实现、传输时延确定和路径选择简单等优点。但是，环型拓扑中任何一个节点及连接节点的通信线路的故障都有可能导致网络瘫痪，并且在这种拓扑结构中，节点的加入和删除过程也比较复杂，需要复杂的维护机制。

2. 物流企业局域网管理平台的模式

目前，构建物流管理信息平台的模式主要采用客户机/服务器（Client/Server，简称C/S）模式、浏览器/服务器（Browser/Server，简称 B/S）模式或两种模式的混合模式。

（1）客户机/服务器模式。C/S（Client/Server）结构，即大家熟知的客户机和服务器结构，美国 Borland 公司最早研发，结构如图 2－5 所示。

它是软件系统体系结构，通过它可以充分利用两端硬件环境的优势，将任务合理分配到 Client 端和 Server 端来实现，降低了系统的通信开销。目前大多数应用软件系统都是 Client/Server 形式的两层结构，由于现在的软件应用系统正在向分布式的 Web 应用发展，Web 和 Client/Server 应用都可以进行同样的业务处理，应用不同的模块共享逻辑组件；因此，内部的和外部的用户都可以访问新的和现有的应用系统，通过现有应用系统中的逻辑可以扩展出新的应用系统。这也就是目前应用系统的发展方向。

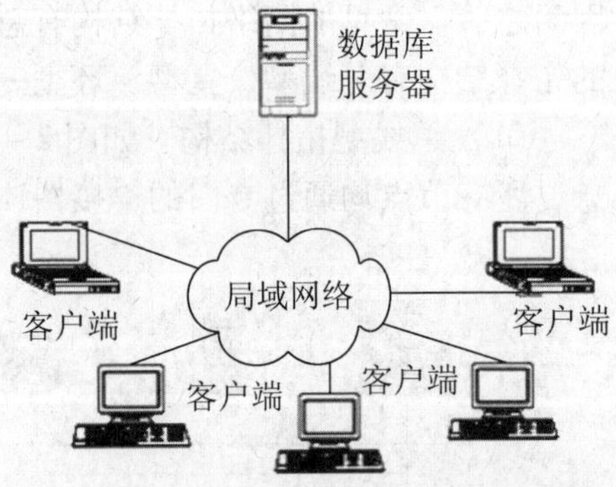

图 2－5　C/S 结构示意图

传统的 C/S 体系结构虽然采用的是开放模式，但这只是开发一级的开放性，在特定的应用中无论是 Client 端还是 Server 端都还需要特定的软件支持。由于没能提供用户真正期望的开放环境，C/S 结构的软件需要针对不同的操作系统开发不同版本的软件，加之产品的更新换代十分快，已经很难适应百台电脑以上局域网用户同时使用；而且代价高，效率低。C/S 架构软件的优势与劣势如下：

① 应用服务器运行数据负荷较轻。最简单的 C/S 体系结构的数据库应用由两部分组成，即客户应用程序和数据库服务器程序。二者可分别称为前台程序与后台程序。运行数据库服务器程序的机器，也称为应用服务器。一旦服务器程序被启动，就随时等待响应客户程序发来的请求；客户应用程序运行在用户自己的电脑上，对应于数据库服务器，可称为客户电脑，当需要对数据库中的数据进行任何操作时，客户程序就自动地寻找服务器程序，并向其发出请求，服务器程序根据预定的规则作出应答，送回结果，应用服务器运行数据负荷较轻。

② 数据的储存管理功能较为透明。在数据库应用中，数据的储存管理功能是由服务器程序和客户应用程序分别独立进行的。前台应用可以违反的规则，例如访问者的权限、编号可以重复，但必须有客户才能建立订单这样的规则。所有这些，对于工作在前台程序上的最终用户是“透明”的，他们无须过问（通常也无法干涉）背后的过程，就可以完成自己的一切工作。在客户机/服务器架构的应用中，前台程序不是非常“瘦小”，麻烦的事情都交给了服务器和网络。在 C/S 体系下，数据库不能真正成为公共、专业化的仓库，它受到独立的专门管理。

③ C/S 架构的劣势是高昂的维护成本，且投资大。首先，采用 C/S 架构，要选择适当的数据库平台来实现数据库数据的真正“统一”，使分布于两地的数据同步完全交由数据库系统去管理，但逻辑上两地的操作者要直接访问同一个数据库才能有效实现，有这样一些问题，如果需要建立“实时”的数据同步，就必须在两地间建立实时的通讯连接，

保持两地的数据库服务器在线运行，网络管理工作人员既要对服务器进行维护管理，又要对客户端进行维护和管理，这就需要高昂的投资和复杂的技术支持，维护成本很高，维护任务量大。

其次，传统的C/S结构的软件需要针对不同的操作系统开发不同版本的软件，由于产品的更新换代十分快，代价高和低效率已经不适应工作需要。在JAVA这样的跨平台语言出现之后，B/S架构更是猛烈冲击C/S，并对其形成威胁和挑战。

（2）浏览器/服务器模式。B/S结构，是随着Internet技术的兴起，对C/S结构的一种变化或者改进的结构，B/S是美国微软公司研发的，结构如图2－6所示。

在这种结构下，用户界面完全通过WWW浏览器实现，一部分事务逻辑在前端实现，但是主要事务逻辑在服务器端实现，形成所谓三层结构。B/S结构利用不断成熟和普及的浏览器技术实现原来需要复杂专用软件才能实现的强大功能，并节约了开发成本，是一种全新的软件系统构造技术。这种结构更成为当今应用软件的首选体系结构。

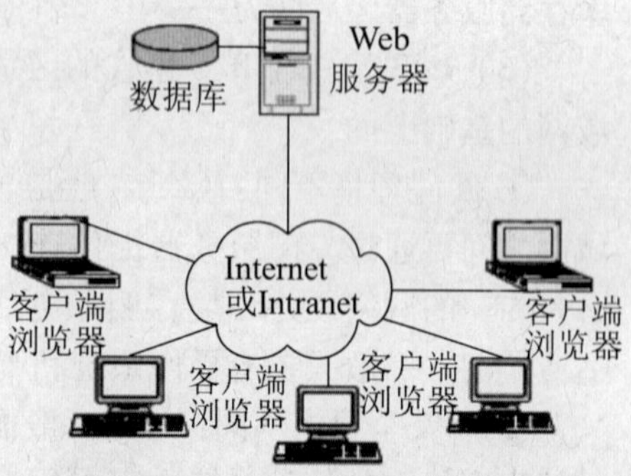

图2－6　B/S结构示意图

以目前的技术看，局域网建立B/S结构的网络应用，并通过Internet/Intranet模式下数据库应用，相对易于把握，成本也是较低的。它是一次性到位的开发，能实现不同的人员，从不同的地点，以不同的接入方式（比如LAN，WAN，Internet/Intranet等）访问和操作共同的数据库；它能有效地保护数据平台和管理访问权限，服务器数据库也很安全。特别是在JAVA这样的跨平台语言出现之后，B/S架构管理软件更是方便、快捷、高效。B/S架构软件的优势与劣势如下：

① 维护和升级方式简单。目前，软件系统的改进和升级越来越频繁，B/S架构的产品明显体现出更为方便的特性。对一个稍微大一点的单位来说，系统管理人员如果需要在几百甚至上千部电脑之间来回奔跑，效率和工作量是可想而知的，但B/S架构的软件只需要管理服务器就行了，所有的客户端只是浏览器，根本不需要做任何的维护。无论用户的规模有多大，有多少分支机构都不会增加任何维护升级的工作量，所有的操作只需要针对服务器进行；如果是异地，只需要把服务器连接专网来实现远程维护、升级和共享。所以客户机越来越“瘦”、服务器越来越“胖”是将来信息化发展的主流方向。今后，软件升级和维护会越来越容易，而使用起来会越来越简单，这对用户人力、物力、时间、费用的节省是显而易见的、惊人的。因此，维护和升级革命的方式是“瘦”客户机，“胖”服务器。

② 成本降低，选择更多。大家都知道Windows在桌面电脑上几乎一统天下，浏览器成为标准配置，但在服务器操作系统上Windows并不是处于绝对的统治地位。现在的趋势是凡使用B/S架构的应用管理软件，只需安装在Linux服务器上即可，而且安全性高。所以服务器操作系统的选择是很多的，不管选用哪种操作系统都可以让大部分人使用Windows作为桌面操作系统，电脑不受影响，这就使得最流行的免费Linux操作系统快速发展起来，Linux除了操作系统是免费的以外，连数据库也是免费的，这种选择非常盛行。

比如说很多人每天上“网易”网，只要安装了浏览器就可以了，并不需要了解“网易”的服务器用的是什么操作系统。事实上，大部分网站确实没有使用 Windows 操作系统，但用户的电脑本身安装的大部分是 Windows 操作系统。

③ 应用服务器运行数据负荷较重。由于 B/S 架构管理软件只安装在服务器端（Server）上，网络管理人员只需要管理服务器就行了，用户界面主要事务逻辑在服务器（Server）端完全通过 WWW 浏览器实现，极少部分事务逻辑在前端（Browser）实现，所有的客户端只有浏览器，网络管理人员只需要做硬件维护。但是，应用服务器运行数据负荷较重，一旦发生服务器“崩溃”等问题，后果不堪设想。因此，许多单位都备有数据库存储服务器，以防万一。

（3）C/S 模式与 B/S 模式的区别。C/S 是建立在局域网的基础上的，B/S 是建立在广域网的基础上的。

① 硬件环境不同：C/S 一般是建立在专用的网络上，小范围的网络硬件环境里，局域网之间再通过专门服务器提供连接和数据交换服务。而 B/S 是建立在广域网之上，不必是专门的网络硬件环境，例如电话上网，租用设备，信息自己管理，有比 C/S 更强的适应范围，一般只要有操作系统和浏览器就行。

② 对安全要求不同：C/S 一般面向相对固定的用户群，对信息安全的控制能力很强。一般高度机密的信息系统适宜采用 C/S 结构，可以通过 B/S 发布部分信息。B/S 是建立在广域网之上，对安全的控制能力相对较弱，面向是不可知的用户群。

③ 对程序架构不同：C/S 程序可以更加注重流程，可以对权限进行多层次校验，对系统运行速度可以较少考虑。而 B/S 对安全以及访问速度的多重考虑，是建立在需要更加优化的基础之上。

④ 构件重用性不同：C/S 程序可以不可避免地有整体性的考虑，构件的重用性不如在B/S要求下的构件的重用性好。而 B/S 要求构件具有相对独立的功能，能够有相对较好的重用性。

⑤ 系统维护不同：系统维护相当重要。C/S 程序由于整体性，必须整体考虑，并且系统升级较难。而 B/S 构件能个别更换，可以实现系统的无缝升级，系统维护开销小，用户从网上下载软件就可以实现升级。

⑥ 处理问题不同：C/S 程序可以处理用户范围的确定，并且在相同区域，对安全性和操作系统要求较高。而 B/S 是建立在广域网上的，面向不同的用户群，地域分散较广，这是 C/S 无法做到的。

⑦ 用户接口不同：C/S 多是建立在 Windows 平台上的，表现方法有限，对程序员普遍要求较高。而 B/S 是建立在浏览器上的，有更加丰富和生动的表现方式与用户交流，并且大部分难度降低，开发成本也降低。

（4）C/S 与 B/S 的混合模式。将上述两种模式的优势结合起来，就形成了 B/S 与 C/S 的混合模式，如图 2－7 所示。

当面向大量用户时采用 B/S 模式，在用户端计算机上安装运行浏览器软件，基础数据集中放在性能较高的数据库服务器上，中间建立一个 Web 服务器作为数据库服务器与客户机浏览器交互的连接通道。而面向系统安全性要求高、交互性强、数据处理量大、数据查询要求灵活时，则使用 C/S 模式。这样能充分发挥各自的长处，开发出安全可靠、灵活方便、效率高的物流管理信息软件。

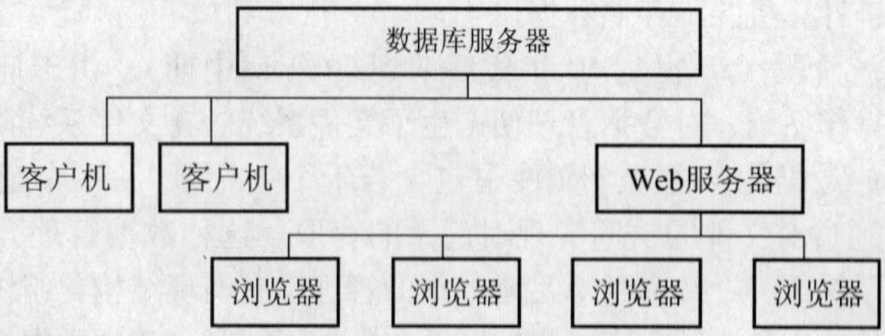

图 2－7　B/S 与 C/S 的混合模式

第二节　数据库技术

一、数据库基本内容

在全球范围内，每天发生着无数笔商业交易，每一笔商业交易后面都发生着物流与信息流。数据库技术产生于 20 世纪 60 年代末，是现代信息技术的重要组成部分，其核心任务是进行数据管理。数据库技术是物流信息化中重要的一种信息技术。一个现代化的物流企业离不开物流管理信息系统，而物流管理信息系统的建立，必须要有数据库技术作为其技术支撑。

1. 数据库的概念

在日常工作中，需要处理的数据量往往都很大，为便于计算机对其进行有效的处理，我们可以将采集的数据存放在磁盘、光盘等外存媒介的“仓库”中，这个“仓库”就是数据库（Data base 或 Data Base，简称 DB）。数据集中存放在数据库中，便于对其进行处理，提炼出对决策有用的数据和信息。这就犹如一个工厂生产出产品要先存放在仓库中，既便于管理，又便于分期分批地销售；又好像一个学校采购大量的图书存放在图书馆（书库），供学生借阅。因此，数据库就是在计算机存储器中用于存储数据的仓库。

数据库的管理与货仓、书库需要管理员和一套管理制度一样，也需要一个管理系统，这个管理系统就称为数据库管理系统（Data Base Management System，简称 DBMS）。以数据库为核心，并对其进行管理的计算机系统称为数据库系统（Data Base System，简称 DBS）。那么，什么是数据库呢？数据库是一个复杂的系统，给它下一个确切的定义是困难的，目前还没有一个公认的、统一的定义。

但具体地，对一个特定数据库来说，它是集中、统一地保存、管理着某一单位或某一领域内所有有用信息的系统。这个系统根据数据间的自然联系结构而成，数据较少冗余，且具有较高的数据独立性，能为多种应用服务。

2. 数据库的发展

数据库的发展经历了三个阶段。

(1) 人工管理阶段（20 世纪 50 年代中期以前）。由于没有软件系统对数据进行管理和对计算机硬件的限制，数据的管理是靠人工进行的，而计算机只能对数据进行计算。当时对数据处理的过程是，先将程序和数据输入计算机，计算机运行结束后，将结果再输出，由人工保存，计算机并不存储数据。

（2）文件系统阶段（20 世纪 50 年代后期到 60 年代中期）。由于计算机外存得到发展，软件又有了操作系统，对数据管理便产生了文件系统。在文件系统阶段，是按照数据文件的形式来存放数据的，在一个文件中包含若干个“记录”，一个记录又包含若干个“数据项”，用户通过对文件的访问实现对记录的存取。这种数据管理方式称为文件管理系统。文件管理系统的一个致命的不足是数据的管理没有实现结构化组织，数据与数据之间没有联系，文件与文件之间没有有机的联系，数据不能脱离建立数据文件的程序，从而也使文件管理系统中的数据独立性和一致性差，冗余度大，限制了大量数据的共享和有效的应用。

（3）数据库系统阶段（20 世纪 60 年代末期以来）。随着计算机技术的发展，为了克服文件管理系统的缺点，人们对文件系统进行了扩充，研制了一种结构化的数据组织和处理方式，即数据库系统。数据库系统建立了数据与数据之间的有机联系，实现了统一、集中、独立地管理数据，使数据的存取独立于使用数据的程序，实现了数据的共享。从 20 世纪 90 年代至今，数据库技术得到飞速的发展。

3. 数据库的特征

作为管理信息中的核心技术，数据库技术在计算机应用中得到了迅速的发展。目前，它已经成为管理信息的最新、最重要的技术。数据库有以下明显特点：

（1）数据结构化。数据库中的数据不再像文件系统中的数据那样从属于特定的应用，而是按照某种数据模型组织成为一个结构化的数据整体。它不仅描述了数据本身的特性，而且描述了数据与数据之间的种种联系，这使数据库具备了复杂的内部组织结构。

（2）实现数据共享。这是数据库技术先进性的重要体现。由于数据库中的数据实现了按某种数据模型组织为一个结构化的数据，实现了多个应用程序、多种语言及多个用户能够对一个库中的数据进行共享，甚至在一个单位或更大的范围内共享，从而大大提高了数据的利用率，提高了工作效率。

（3）减少数据冗余度。在数据库技术之前，许多应用系统都需要建立各自的数据文件，即使相同的数据也都需要在各自的系统中保留，造成大量的数据重复存储，这一现象称为数据的冗余。由于数据库实现了数据共享，减少了存储数据的重复，节省了存储空间，减少了数据冗余。

（4）数据独立性。数据库技术中的数据与操作这些数据的应用程序相互独立，互不依赖，不因一方的改变而改变，这大大简化了应用程序设计与维护的工作量，同时数据也不会随应用程序的结束而消失，可长期保留在计算机系统中。

（5）统一的数据安全保护。数据共享在提供了多个用户共享数据资源的同时，还需解决数据的安全性、一致性和并发性问题。这里安全性是指只有合法授权的用户才能对数据进行操作；一致性是指当多个用户对同一数据操作时不能互相干扰，从而出现操作结果不确定或不一致的情况；在保证一致性的前提下，数据库系统提供并发功能，使多用户同时对数据库的操作有一致的正确结果。

4. 数据库系统的组成

数据库系统（Database System，简称 DBS）是带有数据库的计算机系统，是由计算机硬件、数据库管理系统、数据库、应用程序和数据库用户等部分组成的。

（1）计算机硬件（Hardware）。它是数据库系统赖以存在的物质基础，是存储数据库及运行数据库管理系统（DBMS）的硬件资源，主要包括主机、存储设备、I/O通道等。大型数据库系统一般都建立在计算机网络环境下。为使数据库系统获得比较满意的运行效果，应对计算机的CPU、内存、磁盘、I/O通道等技术性能指标采用较高的配置。

（2）数据库管理系统（DBMS）。数据库管理系统是指负责数据库存取、维护和管理的系统软件。它提供对数据库中数据资源进行统一管理和控制的功能，将用户应用程序与数据库数据相互隔离，是数据库系统的核心，其功能的强弱是衡量数据库系统性能优劣的主要指标。DBMS必须运行在相应的系统平台上，在操作系统和相关的系统软件支持下，才能有效地运行。

（3）数据库（DB）。数据库是指数据库系统中以一定组织方式将相关数据组织在一起，存储在外部存储设备上所形成的、能为多个用户共享、与应用程序相互独立的相关数据集合。数据库中的数据也是以文件的形式存在存储介质上，它是数据库系统操作的对象和结果。数据库中的数据具有集中性和共享性。所谓集中性，是指把数据看成性质不同的数据文件的集合，其中的数据冗余很小。所谓共享性，是指多个不同用户使用不同语言，为了不同应用目的可同时存取数据库的数据。数据库中的数据由DBMS进行统一管理和控制，用户对数据库进行的各种操作都是通过DBMS实现的。

（4）应用程序（Application）。应用程序是在DBMS的基础上，由用户根据应用的实际需要开发的、处理事务的程序。应用程序的操作范围通常仅是数据库的一个子集，亦即用户所需的那部分数据。

（5）数据库用户。数据库用户是指管理、开发、使用数据库系统的所有人员，通常包括数据库管理员、应用程序员和终端用户。数据库管理员（DBA）负责管理、监督、维护数据库系统的正常运行；应用程序员负责分析、设计开发、维护数据库系统中运行的各类应用程序；终端用户是在DBMS与应用程序支持下，操作使用数据库系统的普通用户。不同规模的数据库系统，用户的人员配置可以根据实际情况有所不同，大多数用户都属于终端用户。在小型数据库系统中，特别是在微机上运行的数据库系统中，通常DBA就由终端用户担任。

综上所述，数据库中包含的数据是存储在存储介质上的数据文件的集合；每个用户均可使用其中的部分数据，不同用户使用的数据可以重叠，同一组数据可以为多个用户共享；DBMS为用户提供对数据的存储组织、操作管理功能；用户通过DBMS和应用程序实现数据库系统的操作与应用。

二、数据模型

提到模型，我们自然会联想到建筑模型、飞机模型等。广义地说，模型是现实世界特征的模拟和抽象。在数据库中，用数据模型（Data Model）这个工具来对现实世界进行抽象。数据模型是数据库系统中用于提供信息表示和操作手段的形式构架。数据模型应满足三方面要求：一是能比较真实地模拟现实世界；二是容易为人所理解；三是便于在计算机上实现。数据模型要很好地满足这三方面的要求在目前尚很困难。

在数据库系统中针对不同的使用对象和应用目的，采用不同的数据模型。不同的数据模型是提供给我们模型化数据和信息的不同工具。根据模型应用的目的，可以将数据模型分为两种类型：第一类模型是概念模型，也称信息模型，它是独立于计算机之外的模型，如实体联系模型，这种模型不涉及信息在计算机中如何表示，而是用来描述某一特定范围内人们所关心的信息结构，它是按用户的观点来对数据和信息建模，主要用于数据库设计；另一类模型是数据模型，它是直接面向计算机的，是按计算机系统的观点对数据进行建模，主要用于DBMS的实现，常称为基本数据模型或数据模型。数据库中常用的基本数据模型有网状模型、层次模型和关系模型。

数据模型是数据库系统的核心和基础。各种机器上实现的DBMS软件都是基于某种数据模型的。

图2－8所示显示了把现实世界中的具体事物抽象、组织为某一DBMS支持的数据模型的过程。在概念上我们常常首先将现实世界抽象为信息模型（也称为概念模型），然后将信息模型（概念模型）转换为计算机实现的世界。具体地说，现实世界的现实事务经过信息抽象转化为信息模型，信息模型使用实体－联系模型表示，再通过数据抽象，将信息模型转化为计算机实现，这里计算机实现使用数据模型表示。

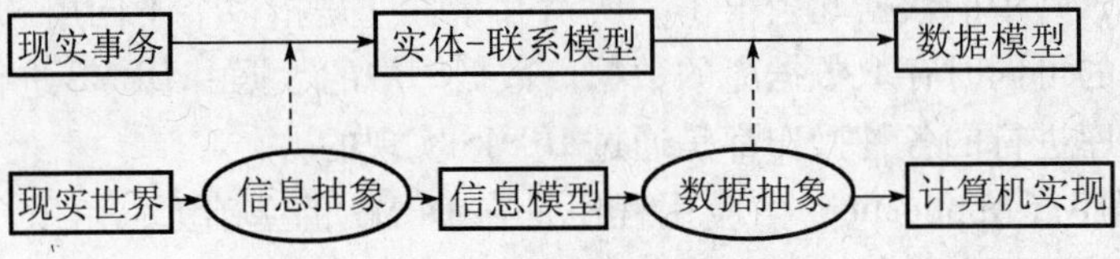

图2－8　数据抽象过程

1. 数据模型的三要素

数据模型是现实世界中的各种事物及其彼此之间的联系用数据和数据间的联系来表示的一种方法。一般来讲，数据模型是严格定义的概念的集合，这些概念精确地描述系统的静态特性、动态特性和数据的约束条件。因此，数据模型通常由数据结构、数据操作和完整性约束三部分组成。

（1）数据结构。数据结构是所研究的对象和对象具有的特性、对象间的联系的集合，它是对数据静态特性的描述。这些对象是数据库的组成部分。如网状模型中的数据项、记录、类型，关系模型中的域、属性、关系等。

在数据库系统中，通常按照数据结构的类型来命名数据模型，如层次结构、网状结构和关系结构的模型分别命名为层次模型、网状模型和关系模型。

（2）数据操作。数据操作是指对数据库中各种对象（型）的实例（值）允许执行的操作的集合，包括操作及有关的操作规则。通常对数据库的操作有检索和更新（包括插入、删除和修改）两大类，这些操作反映了数据的动态特性，因为现实世界中的实体及实体间的联系是在不断变化的，数据模型应能反映出这种变化。

（3）数据的约束条件。数据的约束条件是完整性规则的集合。完整性规则是给定的数据模型中的数据及其联系必须满足给定要求。例如年龄的数据取值不能大于150岁。

2. 概念模型与实体－联系方法

由图2－8可以看出，信息模型（概念模型）实际上是现实世界到机器世界的一个中间层次。

概念模型用于信息世界的建模，是现实世界到信息世界的第一层抽象，是数据库设计人员进行数据库设计的有力工具，也是数据库设计人员和用户之间进行交流的语言，因此概念模型一方面应该具有较强的语义表达能力，能够方便、直接地表达应用中的各种语义知识；另一方面它还应该简单、清晰、易于用户理解。信息世界涉及的概念主要有：

（1）实体（Entity）。客观存在并可相互区别的事物称为实体。实体可以是具体的人、事、物，也可以是抽象的概念或联系，例如，一件具体货物、一辆具有车牌的车辆等都是实体。

（2）实体集（Entity Set）。性质相同的同类实体的集合称为“实体集”，也称为实体整体，如所有的（要运输）货物、所有的汽车、所有的仓库、所有的司机、所有的零件都是实体集。

（3）实体型（Entity Type）。具有相同属性的实体必然具有共同的特征和性质。用实体名及其属性名集合来抽象和刻画同类实体，称为实体型。例如，货物（货号，名称，种类，生产日期，数量）就是一个实体型。

（4）属性（Attribute）。实体所具有的某一特性称为属性。一个实体可以由若干个属性来刻画。例如货物实体可以由货号、名称、种类、生产日期、数量等属性组成。属性有“型”和“值”的区分，如货物实体属性的名称：名称、种类、生产日期等是属性的型，而属性的值是其型的具体内容，如空调、单冷、2008－07－15分别是名称、种类、生产日期的值。由此可以看到，事物的若干属性值的集合可表征一个实体，而若干个属性型所组成的集合可表征一个实体的类型，简称为“实体型”。同类型的实体集合组成实体集。

（5）关键字（Key）。能唯一标识实体的属性或属性集称为关键字（或码）。例如货号是货物实体的关键字（码）。本书将混用关键字和码这两个概念。

（6）域（Domain）。属性的取值范围称为该属性的域。例如，司机的域为8位数字符号，司机年龄的域为小于128的整数，司机性别的域为男、女。

（7）联系（Relationship）。在现实世界中，事物内部以及事物之间是有联系的，这些联系在信息世界中反映为实体（型）内部的联系和实体（型）之间的联系。实体内部的联系通常是指组成实体的各属性之间的联系。实体之间的联系通常是指不同实体集之间的联系。

两个实体型之间的联系可以分为三类：

① 一对一联系（1∶1）。如果实体集A中的一个实体至多与实体集B中的一个实体相对应（相联系），反之亦然，则称实体集A与实体集B的联系为一对一的联系。如一个学校只能有一个校长，一个校长也只能在一个学校任职，则学校与校长的联系即为一对一的联系；还有班长与班、学生与座位之间也都是一对一的联系。

② 一对多联系（1∶n）。如果实体集A中的一个实体与实体集B中的多个实体相对应（相联系），反之，实体集B中的一个实体至多与实体集A中的一个实体相对应（相联系），则称实体集A与实体集B的联系为一对多的联系。如一个班级可以有多个学生，而一个学生只会有一个班级，班级与学生的联系即为一对多的联系。

③ 多对多联系（m∶n）。如果实体集A中的一个实体与实体集B中的多个实体相对应（相联系），而实体集B中的一个实体也与实体集A中的多个实体相对应（相联系），则称实体集A与实体集B的联系为多对多的联系。如一门课程可以有多个学生选修，而一

个学生同时可以选修多门课程，课程与学生的联系即为多对多的联系。

实际上，一对一联系是一对多联系的特例，而一对多联系又是多对多联系的特例。可以用图形来表示两个实体型之间的这三类联系，如图2－9所示。一般地，两个以上的实体型之间也存在着一对一、一对多、多对多的联系。

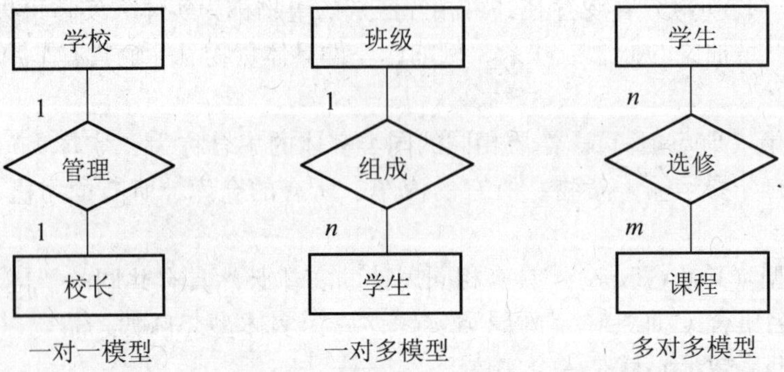

图2－9　实体间的联系

3. 数据模型种类

目前，数据库领域中最常用的数据模型有四种，它们是：层次模型（Hierarchical Model），网状模型（Network Model），关系模型（Relational Model），面向对象模型（Object Oriented Model）。

（1）层次模型。层次模型用树形结构来表示各类实体以及实体间的联系。现实世界中许多实体之间的联系本来就呈现出一种很自然的层次关系，如行政机构、家族关系等。

在层次模型中，每个结点表示一个记录类型，记录（类型）之间的联系用结点之间的连线（有向边）表示，这种联系是父子之间的一对多的联系。这就使得层次数据库系统只能处理一对多的实体联系。

每个记录类型可包含若干个字段，这里，记录类型描述的是实体，字段描述的是实体的属性。各个记录类型及其字段都必须命名。各个记录类型、同一记录类型中各个字段不能同名。每个记录类型可以定义一个排序字段，也称为码字段，如果定义该排序字段的值是唯一的，则它能唯一地标识一个记录值，如图2－10所示为一个层次模型。对于实体间联系是固定的，且预先定义好的应用系统，采用层次模型来实现，其性能优于关系模型，不低于网状模型。

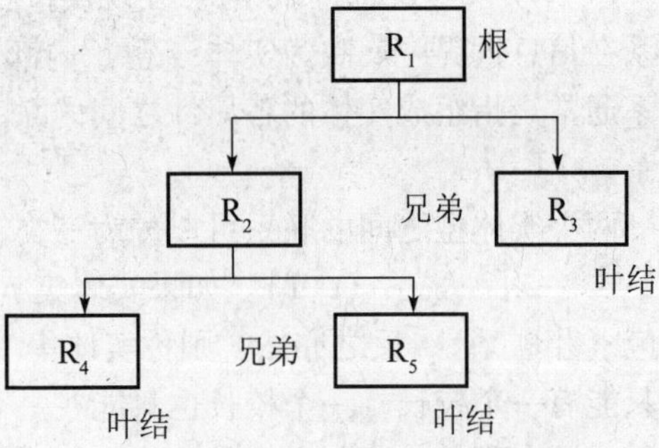

图2－10　一个层次模型示例

（2）网状模型。与层次模型一样，网状模型中每个结点表示一个记录类型（实体），每个记录类型可包含若干个字段（实体的属性）。结点间的连线表示记录类型（实体）之间一对多的父子联系。

层次模型中子女结点与双亲结点的联系是唯一的，而在网状模型中这种联系可以不唯一。因此，要为每个联系命名，并指出与该联系有关的双亲记录和子女记录。两个结点之间有多种联系（称之为复合联系）。因此网状模型可以更直接地去描述现实世界。而层次模型实际上是网状模型的一个特例。图2－11为一个网状数据库模型。

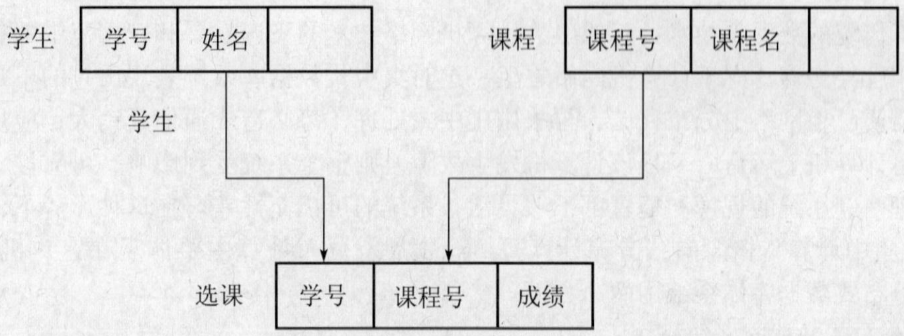

图2－11　学生选课/课程的网状数据库模型

（3）关系模型。关系模型是将数据的逻辑结构归结为满足一定条件的二维表形式，整个二维表叫做一个关系，表中每一行称为元组，代表一个实体，表中每一列代表一个属性。关系中每个元组可以通过一个或一组属性来标志，能唯一标志某元组的属性称为该元组的码（关键字），如表2－1所示，可用学号作为关键字。

表2－1　二维表形式

姓名	学号	性别	成绩
张海	000001	男	85
王艳	000002	女	96

关系数据模型的优点是概念清晰、易懂，程序开发和数据库建立简易，因而得到广泛应用。关系数据库根据表格数据自身的特点定义了三种基本的关系操作。

① 选择运算：在给定的关系中行方向上选取满足一定条件的元组集合，对应select命令。

② 投影运算：在关系的列方向上选取有关属性，再取其分量值得到元组集合，对应copy to命令。

③ 连接运算：一般是在两个关系上，根据共有的属性值应满足的某种条件，连接两关系的有关属性而得到元组集合，对应join命令。

（4）面向对象模型。面向对象模型中最基本的概念是对象（Object）和类（Class）。对象是现实世界实体的模型化，与关系模型中记录的概念相似，但要复杂得多。每个对象都有一个唯一的标识符，把对象的数据（属性的集合）和操作（程序）封装在一起，共享同一属性集合和方法集合的所有对象组合在一起，构成一个类。类的属性定义域可以是任意的类，因此类有嵌套结构。一个类从其类层次中的直接或间接祖先那里继承（Inherit）所有的属性和方法。这样，在已有类的基础上定义新的类时，只需定义特殊的属性和方法，而不必重复定义父类已有的东西，这有利于实现可扩充性。

面向对象模型不但继承了关系数据库许多优良的性能，还能处理多媒体数据，并支持面向对象的程序设计。因此，它已成为目前数据库中最有前途和生命力的发展方向。

三、分布式数据库系统

随着传统的数据库技术日趋成熟，计算机网络技术的飞速发展和应用范围的扩大，数据库应用已经普遍建立于计算机网络之上。这时集中式数据库系统表现出它的不足：数据按实际需要已在网络上分布存储，再采用集中式处理，势必造成通信开销大；应用程序集中在一台计算机上运行，一旦该计算机发生故障，则整个系统受到影响，可靠性不高；集中式处理引起系统的规模和配置都不够灵活，系统的可扩充性差。在这种形势下，集中式DB的"集中计算"概念向"分布计算"概念发展。分布计算主要体现在客户机/服务器模式和分布式数据库体系结构两个方面。

1. 分布式数据库系统概念

随着传统的数据库技术日趋成熟，计算机网络技术的飞速发展和应用范围的扩大，以分布式为主要特征的数据库系统的研究与开发受到人们的注意。分布式数据库是数据库技术与网络技术相结合的产物，在数据库领域已形成一个分支。分布式数据库系统（Distributed Data Base System，DDBS）的研究始于20世纪70年代中期。世界上第一个分布式数据库系统SDD-1是由美国计算机公司（CCA）于1979年在DEC计算机上实现。20世纪90年代以来，分布式数据库系统进入商品化应用阶段，传统的关系数据库产品均发展成以计算机网络及多任务操作系统为核心的分布式数据库产品，同时分布式数据库逐步向客户机/服务器模式发展。

2. DDBS的组成

分布式数据库管理系统是建立、管理、维护分布式数据库的一组软件，一般由四部分组成。分布式数据库系统结构图如图2-12所示。

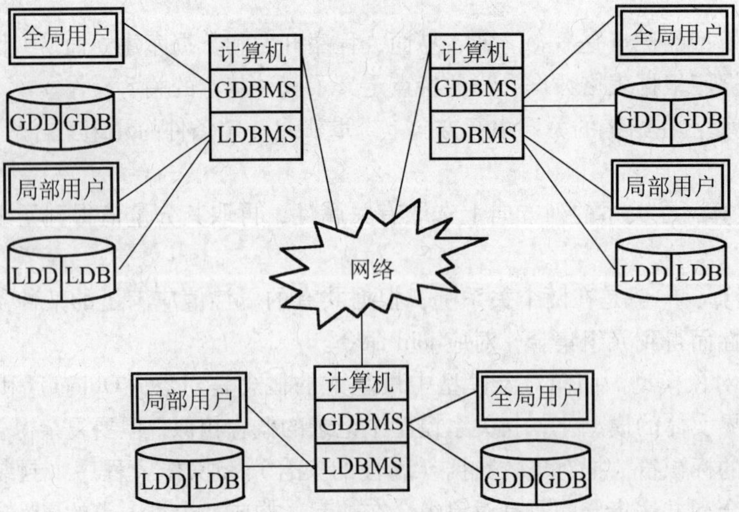

图2-12　分布式数据库系统结构图

（1）LDBMS（Local DBMS）：局部数据库管理系统，其功能是建立和管理局部数据库，提供场地自治能力，执行局部应用及全局查询的子查询。

（2）GDBMS（Global DBMS）：全局数据库管理系统，主要功能是提供分布透明性，协调全局事务的执行，协调各局部 DBMS 以完成全局应用，保证数据库的全局一致性，执行并发控制，实现更新同步，提供全局恢复功能等。

（3）全局数据字典（Global Data Directory，简称 GDD）：用来存放全局概念模式、分片模式、分布模式的定义以及各模式之间映象的定义，存放用户存取权限的定义，以保证全部用户的合法权限和数据库的安全性；另外，还存放数据完整性约束条件的定义，其功能与集中式数据库的数据字典类似。

（4）通信管理（Communication Management，简称 CM）：负责在分布式数据库的各场地之间传送消息和数据，完成通信功能。

3. DDBS 的分类

DDBS 可分为如下三类。

（1）同构同质型 DDBS：各个场地都采用同一类型的数据模型（譬如都是关系型），并且是同一型号的 DBMS。

（2）同构异质型 DDBS：各个场地采用同一类型的数据模型，但是 DBMS 的型号不同，譬如 DB2、ORACLE、SYBASE、SQL Server 等。

（3）异构型 DDBS：各个场地的数据模型的型号不同，甚至类型也不同。随着计算机网络技术的发展，异种机联网问题已经得到较好的解决，此时依靠异构型 DDBS 就能存取全网中各种异构局部数据库中的数据。

4. DDBS 的特点

分布式数据库系统是在集中式数据库系统成熟技术上发展起来的，但不是简单地把集中式数据库分散来实现，它具有自己的性质和特征。集中式数据库系统的许多概念和技术，如数据独立性、数据共享和减小冗余度、并发控制、完整性、安全性和恢复等在分布式数据库系统中都有了不同的、更加丰富的含义。

（1）物理分布性。数据不是存储在一个场地上，而是存储在计算机网络的多个场地上。数据物理分布在各个场地，但逻辑上是一个整体，它们被所有用户（全局用户）共享，并由一个 DBMS 统一管理。

（2）场地自治性。各场地上的数据由本地的 DBMS 管理，具有自治处理能力，完成本场地的应用（局部应用）。

（3）场地之间协作性。各场地虽然具有高度的自治性，但是又相互协作构成一个整体。

（4）数据独立性。主要表现数据分布的独立性，即用户不必关心数据的逻辑分片，不必关心数据的物流位置分布的细节，也不必关心重复副本（冗余数据）的一致性问题。有了分布透明性，用户的应用程序书写起来就如同数据没有分布一样。

（5）集中与自治相结合的控制机制。数据库是供用户共享的，在分布式数据库中，数据的共享有两个层次：一是局部共享，即在局部场地上存储局部用户的共享数据。二是全局共享，即在分布式数据库的各个场地存储可供网络中其他场地的用户共享的数据，支持全局引用。因此，相应的控制结构也具有两个层次：集中和自治。各局部的 DBMS 可以独立地管理局部数据库，具有自治的功能。同时，系统又设有集中控制机制，协调各局部

DBMS 的工作，执行全局应用。

(6) 适当增加数据冗余度。在集中式数据库中，尽量减少冗余是系统目标之一；而在分布式当中却希望增加冗余数据，在不同的场地存储同一数据的多个副本来提高系统的可靠性和性能，当某一场地出现故障时，系统可以对另一个场地的相同副本进行操作，不会造成系统的瘫痪。

(7) 全局的一致性、可串行性和可恢复性。分布式数据库中各局部数据库满足集中式数据库的一致性、可串行性和可恢复性。除此之外，还要保持数据库的全局一致性、可串行性和可恢复性。例如，在银行转账事务中，包括两个节点上的更新操作，当其中一个节点出现故障时，应使全局事务回滚，在一个节点撤销已经执行的操作等。

根据以上特点，DDBS 的优点和缺点如下：

① DDBS 的优点：具有灵活的体系结构；适应分布式的管理和控制机构；经济性能优越；系统的可靠性高、可用性好；局部应用的响应速度快；可扩展性好，易于集成现有的系统。

② DDBS 的缺点：系统开销较大，主要花在通信部分；复杂的存取结构（如辅助索引、文件的链接技术），在集中式 DBS 中是有效存取数据的重要技术，但在分布式系统中不一定有效；数据的安全性和保密性较难处理。

第三节　数据挖掘技术

现代物流系统是一个庞大复杂的系统，特别是全程物流，包括运输、仓储、配送、搬运、包装和物流再加工等诸多环节，每个环节信息流量十分巨大。尤其是现代信息化物流网络体系的应用使原来数据库的规模不断扩大，产生巨大的数据流，使企业很难对这些数据进行准确、高效的收集和及时处理，以此帮助决策者做出快速、准确的决策，实现对物流过程的控制，降低整个过程的物流成本。数据挖掘技术能够帮助企业在物流信息系统管理中，及时、准确地收集和分析客户、市场、销售及整个企业内部的各种信息，对客户的行为及市场趋势进行有效的分析，了解不同客户的爱好，从而可以为客户提供有针对性的产品和服务，大大地提高各类客户对企业和产品的满意度。

1. 数据挖掘技术的内容

数据挖掘是一个利用各种分析工具从大量的、不完全的、有噪声的、模糊的、随机的实际应用数据中，提取隐含在其中的、人们事先不知道的、但又是潜在有用的信息和知识的过程。数据挖掘是一种新的信息处理技术，其主要特点是对企业数据（仓）库中的大量业务数据进行抽取、转换、分析和其他模型化处理，从中提取辅助企业决策的关键性数据。因此，数据挖掘可以描述为：按企业既定业务目标，对大量的企业数据进行探索和分析，揭示隐藏的、未知的或验证已知的规律性，并进一步将其模型化的先进有效的方法。数据挖掘的对象可为数据库、文件系统，或其他任何组织在一起的数据集合。

数据挖掘过程一般由数据准备、数据采集、结果表达和解释三个主要的阶段组成。

(1) 数据准备。数据准备对于数据挖掘的成功应用至关重要，它大致分为三步：数据集成、数据选择、数据缩减和转化。数据集成是从多个异质操作性数据库、文件或遗留系统提取并集成数据；数据选择是在相关领域和专家的指导下，辨别出需要进行分析的数据集合，缩小挖掘范围，避免盲目搜索，提高数据挖掘的效率和质量；数据缩减和转化是选定的数据在挖掘前，加以精炼处理，在专家的指导下得到的数据。

（2）数据采集。作为数据挖掘技术的核心，主要是在确定挖掘任务的基础上，选择适当的数据挖掘技术和算法，并在此基础上反复迭代的搜索，从数据集合中抽取隐藏的、新颖的模式。如神经元网络、决策树、聚类分析技术、关联发现和序列发现技术等，以及ID3算法、BP算法等。

（3）结果表达和解释。是对数据挖掘发现的模式进行解释和评价，过滤出有用的知识呈现给用户。

2．数据挖掘在物流信息系统中的应用

随着集成化物流管理信息系统的建立以及网络技术、EDI、人工智能、条形码与POS等各种先进技术的应用，物流信息的商品化、物流信息收集的数据库化和代码、物流信息处理的电子化和计算机化，把挖掘到的规则与物流管理各方面有机地结合，就能极大地提高企业的竞争力。物流决策系统是一种结合了数据挖掘技术和人工智能的新型经营决策系统，主要通过人工智能对原料采购、加工生产、分销配送到商品销售的各个环节的大量信息进行采集，并利用数据仓库和数据挖掘技术对其进行分析处理，并据此确定相应的经营策略。

（1）数据仓库的建立。数据仓库作为数据挖掘的基础，不同于传统的联机事务处理系统，它具有面向主题的、集成的、不可更新以及随时间变化的特性。各个联机事务处理系统作为数据仓库的原始数据源，以文件方式提供企业在日常活动中收集的包括订货单、存货单、应付账、交易条款、客户情况等在内的大量数据资料和报表，同时还有大量的外部信息等数据。数据仓库通过ETL过程（抽取、转换和加载）处理这些接口文件，并且按不同的主题域组织、存储和管理这些客户数据。通过数据仓库接口，对数据仓库中的数据进行联机分析和数据挖掘。在建立完成企业级的信息数据仓库之后，可以基于这个数据仓库平台进行数据挖掘工作。

（2）基于数据挖掘的物流信息系统的体系结构，如图2-13所示。

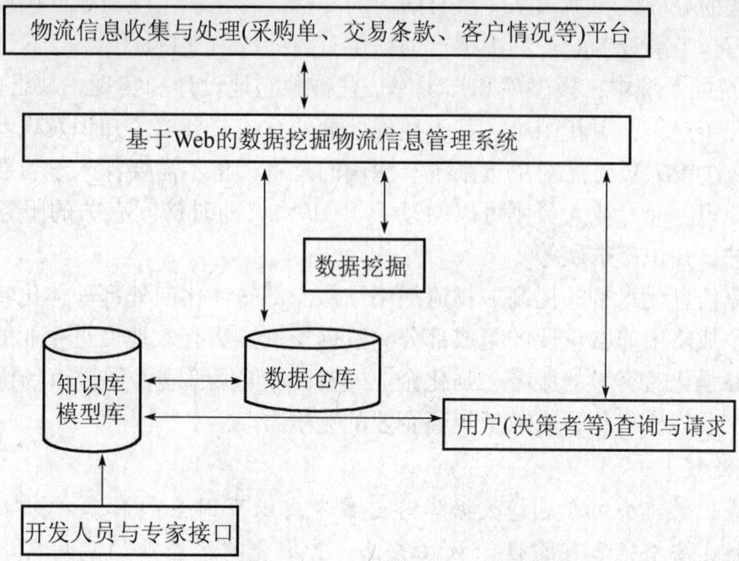

图2-13　基于数据挖掘技术的物流管理信息系统的结构图

① 物流信息收集与处理：记录物流管理活动中的各类信息，对物流活动的各种信息进行采集、处理、传输，并按照统一的格式存入数据仓库。

② 数据挖掘的物流管理信息系统：把收集得到的数据进行汇总并存入数据仓库，再根据数据挖掘送来的数据，为管理决策人员提供最新的和最有价值的信息或知识，帮助他们快速、正确地做出决策。

③ 数据挖掘：根据决策者提出的问题特点，确定挖掘的任务或目的，对数据仓库中的相关数据进行精简和预处理，再从精简后的数据中挖掘出新的、有效的新知识。提供给数据挖掘的物流管理信息系统，由它给决策者提供有效的信息。

④ 知识库：知识库包括基于部门的数据仓库的组成结构、隶属函数等知识。

⑤ 开发人员和专家接口：开发人员和专家通过这个接口对知识库中的知识进行定义和维护。

⑥ 数据仓库：主要存储涉及物流管理的各种数据。

该系统将原材料、采购、运输、配送、储存、包装、订单处理、库存控制等环节联合起来，真正实现货物从生产流水线到消费者这一完整畅通的流通过程，为用户提供高质量的服务。

3. 基于数据挖掘的物流信息系统的特点

与传统的物流管理信息系统相比，基于数据挖掘的物流信息系统具有以下一些特点：

① 传统的物流管理系统一般按功能分为许多功能模块，信息的共享范围与物流管理信息，特别是与供应链管理要求的信息高透明度和快速反应相距甚远。而基于数据挖掘技术的物流管理信息系统，采用数据仓库技术来组织管理数据，能完整一致地刻画各个分析对象所涉及的企业的各项数据，从而将企业各部门及上游制造商、下游零售商等信息联结在一起，最大限度地实现信息共享。

② 为了提高系统的效率，一般的数据库往往尽可能少地保留历史信息。而数据仓库具有一个重要的特征，就是长时间的历史数据存储。存储长时间历史数据的目的就是进行数据长期趋势的分析，预测未来一段时间内的库存量变化，实现前瞻性调拨，增强适应突发因素的能力，为决策者的长期决策行为提供有力的数据支持。

③ 在传统的系统中，模型库和知识库往往被独立地设计和实现，缺乏内在的统一性。知识模型来源于专家，更新困难。基于数据挖掘的系统，分离了知识发现者和知识使用者这两类角色，决策人员无需对决策系统有深刻的理解，也不需要深入学习数据仓库、数据挖掘等相关知识。而专业人员则可以通过 TCP/IP 协议随时访问有关的服务器，对系统进行管理、维护、知识库扩展等。

随着物流信息化水平的提高，物流战略已从内部一体化向外部一体化转变，供应链管理已成为竞争战略中非常重要的组成部分。数据挖掘方法有效地促进企业的业务处理过程重组，改善并强化对客户的服务，强化企业的资产/负债管理，促进市场优化，加速资金周转，实现企业规模优化，有效地提高企业的竞争力。

【相关链接】

经过调查，物流公司在选择数据库时通常考虑以下因素：第三方物流供应商把“数据库的伸缩性、安全性和可靠性”放在首位；其次是“跟企业的应用需求要很接近，如支持多媒体数据类型，分布式数据管道”和“数据库提供商对物流行业要有充分的了解，要在细节上体现积极的服务态度”。

提供全方位综合物流服务的大型集团，都着重强调了数据库运行的稳定性，个别用户表示，数据库运行的通用性也很重要；60%的企业表示，应该考虑“整套数据库产品对于系统资源的占用要合理，投资规模和成本要合算”和“数据库提供商对物流行业要有充分的了解，要在细节上体现积极的服务态度”。

仓储物流企业关注“数据库的伸缩性、安全性和可靠性”；10%的企业侧重考虑“对主流厂商的硬件平台的支持，对操作系统的支持和对主流网络协议的支持”。

货运企业看重“数据库的伸缩性、安全性和可靠性”以及整套数据库产品对于系统资源的占用是否合理，投资规模和成本是否合算。

商业储运企业看重“数据库的伸缩性、安全性和可靠性”以及“数据库提供商对物流行业要有充分的了解，要在细节上体现积极的服务态度”。

另外，第三方物流供应商多表示考虑增加“EDI报关系统”、“EDI划款、转账系统”、“EDI报税系统”；其次是“商贸EDI系统”、“与互联网实现互联”和“与其他EDI网络互联”。

复习思考题

1. 什么是计算机网络？其结构如何？
2. 计算机网络由哪些部分组成？各部分的作用是什么？
3. 总线结构、星型结构和环型结构各有何优点和缺点？
4. 物流企业局域网的常见结构有哪些？
5. 什么是分布式数据库？有何特点？
6. 什么是数据挖掘？其在物流管理信息系统中的作用是什么？

【实训项目】

对第三方物流企业网络规划设计及分析

1. 实训目的

通过实训使学生对第三方物流企业信息化建设中的网络规划和数据库使用的现状有一定的了解，对本章涉及的网络和数据库知识点有更深的理解和把握；并能把学到的知识运用到提高能力水平中来，锻炼学生分析和解决问题的能力。

2. 实训内容

(1) 选择一家第三方物流企业进行调查，了解其计算机网络的规划以及使用情况，数据库的使用情况，选择的是哪种型号的数据库软件系统。

(2) 对了解到的企业网络规划进行合理的分析，给出整改意见或总结其中的合理规划。

(3) 为某第三方物流企业提供网络规划方案。

3. 实训安排

(1) 将学生进行分组；

(2) 拟订实训提纲，确定调查的方式；

(3) 通过调查，收集、整理和分类相关资料；

(4) 通过讨论，找出某企业物流信息化建设中存在的主要问题，并提出初步的解决意见。

【课后案例】

深圳某银行数据仓库的解决方案

金融业务主要分为交易和结算两大部分。随着国内经济发展的持续增长和国民收入的不断提高，金融交易必然会越来越多，造成交易和结算业务数据量的剧增，需要一种信息技术具备可扩展和并行的处理能力，对以往的历史数据和每天生成的新数据可以进行快速的分析，解决各种突发的业务问题，对市场上出现的各种动向进行快速的反应，降低业务风险，提高企业自身的盈利能力。

目前，在线的分析和决策支持系统，成为银行电子化的新热点。而这些都需要依赖于大量的客户信息积累和对大量的交易数据进行分析。但是以往的系统大多属于在线联机事务处理一类，这类系统对日常的业务运转比较适合，对于大数据量的分析和决策支持就不是很合适的了，而且，以前的业务系统大多是在以往的不同时期，专门为某种特定的业务而建立的，各系统之间数据存在着冗余和不一致，这些系统之间数据不能共享，交叉分析的难度很大，因此，只有数据仓库才能对以往的数据进行整合。

可以说，以前的业务系统是将数据放入到计算机的数据库中的系统，而数据仓库则是将数据从数据库中取出并加以充分利用的系统，通过数据仓库的实施，可以将以往的宝贵数据充分利用起来，发挥其最大的效益。

1. 建立数据仓库的步骤

建立数据仓库的构架可以分为多个步骤，从最简单的动态报表系统一直到最复杂的人工智能数据发掘系统，都可以算是数据仓库的实施步骤之一。针对目前国内的应用水平和对数据仓库的认识程度，采用首先建立面向主题的数据集市，然后向全面的数据仓库过渡的方案是一种切实可行的方法。在这种方案中，首先针对已经建立了比较完善的数据库应用系统的部门建立一个面向主题的数据集市，为各部门提供动态的报表和静态的数据分析结果，然后，在此基础上，可以随着应用技术的不断成熟和完善，逐步地过渡到数据仓库的阶段，将所有的数据集成，为业务部门提供各种报表、数据采掘、决策支持。

另外，建立一个数据仓库是一个渐进的过程，在此过程中，数据仓库系统随着用户需求的不断发掘，功能的逐步添加，系统不断升级，最终，成为一个集动态报表和决策分析为一体的在线联机分析处理系统。整个过程可以表示为：需求→设计→实施→维护→新的需求→……这样一个循环往复不断的过程。

2. 数据仓库的解决方案

下面是深圳市某大型国有商业银行做的数据仓库的解决方案。在此系统中，数据流从业务系统中流入到数据仓库中，然后再对这些数据进行加工和处理，最后经过处理的各种数据被放到了用户的桌面上，数据流图如图 2－14 所示，整个数据仓库的网络拓扑结构如

图 2-15 所示。

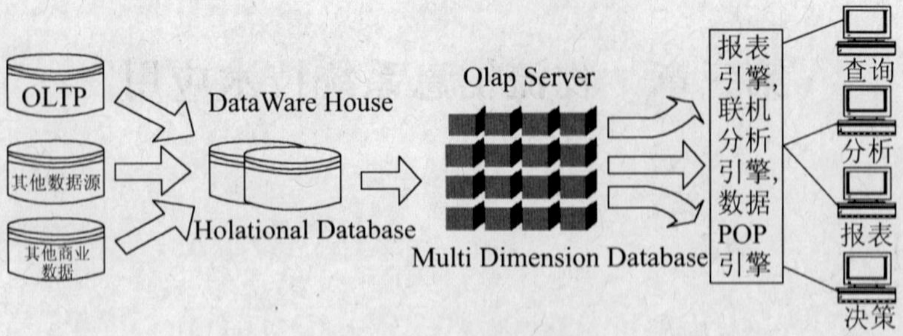

图 2-14　深圳市某大型国有商业银行做的数据仓库的解决方案

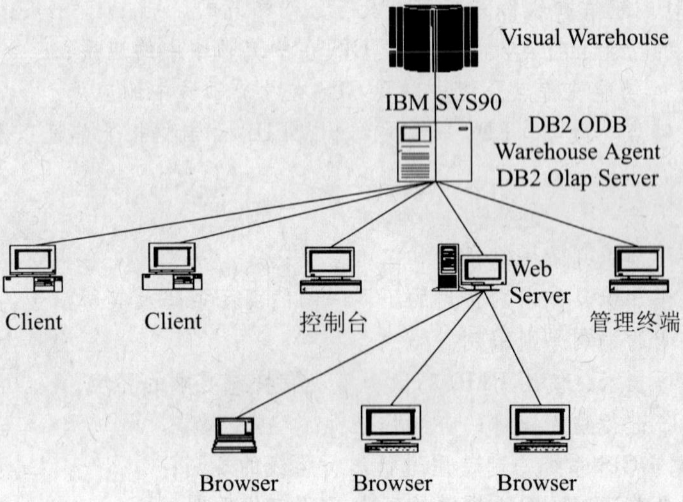

图 2-15　整个数据仓库的网络拓扑结构

讨论题

1. 该银行建立数据仓库系统的目的是什么？
2. 说明该系统中数据挖掘的过程。

第三章　物流信息系统技术应用

【学习目标】

知识目标：

◆ 了解条码的概念和特点，条码的分类、构成、功能以及编制条码的原则；

◆ 掌握条码信息采集在物流领域中的应用；

◆ 了解 RFID 的硬件和软件系统，以及与条码系统的区别；

◆ 掌握 GIS 的功能、特点及组成以及 GIS 在物流领域中的应用；

◆ 掌握 GPS 的功能、特点及组成以及 GPS 在物流领域中的应用；

◆ 掌握 EDI 特点、分类，EDI 系统的结构，EDI 标准和电子单证以及 EDI 在物流领域中的应用。

能力目标：

- 能运用条码知识判断一维条码和二维条码；
- 能运用条码知识具体识别常见的不同码制的商品条码及其所赋予的含义；
- 能运用条码的编制原则编制条码；
- 能对比条码技术，使用 RFID 高效率解决有特殊要求的环境；
- 能使用 GIS 进行物流信息的查询和分析；
- 能把 GPS 与 GIS 系统一起使用进行出行路线的规划；
- 能阅读贸易单证以及能看懂并绘画出 EDI 工作原理图；
- 能用 EDI 教学软件把贸易商业发票转换成 EDI 标准报文。

【引导案例】

条码技术加速邮政物流发展

随着无线网络技术的诞生，特别是以 802.11b 为主的无线局域网技术和以 2.5G 和 3G 技术应用的日益广泛，移动解决方案已经越来越成为一种企业改进业务流程、提高工作效率的技术。移动解决方案目前已经被许多国家的邮政行业广泛地使用。如美国、加拿大、瑞士、德国、澳大利亚等国家邮政公司都采用移动解决方案在实施邮政的物流配送过程。

1. 国内邮政系统业务面临的挑战

现代化的邮政物流配送中心除了具备自动化和省力的物流设备和物流技术之外，还应具备现代化的物流管理系统，这样才能取得最大的效率和效益。但快速物流网运作流程中的各个环节始终存在着一些瓶颈问题。以江苏省邮政物流中心为例，平均每天需要录入 400 多票货物，每票以录入时间为 1 分钟计算，两台机器录入需要 3 个多小时，这大大延迟了上行封发的时间。而省中心接收时需要票据和实物的交接，如果发现货物出现问题，则很难查出是在哪个环节上出了问题，这就影响了接收的效率。在货物投递完成之后的投递反馈环节，反馈人员很难在系统中录入投递到用户的确切时间。以上这些问题都影响着我们的生产过程和服务质量。为了解决这些问题，提高工作效率，江苏省邮政物流中心就特别需要借助于条码技术和手持无线数据采集技术。

2. 邮政业务移动解决方案概览

移动解决方案包括前端数据采集、移动中的数据传递以及集成的系统管理。前端数据采集是指邮政工作人员在收货月台或分拣到堆位时，通过条码扫描器，将货品外包装上的条码采集到移动计算机上。移动中的数据传递，是指操作人员在采集完数据的同时，这条数据就被及时地传送给配送中心的计算机系统，这一过程，没有任何延时，也不需要任何额外的手工操作。集成的系统管理，是将移动计算机、无线局域网和配送中心的计算机系统地整合在一起，构成一个完整的信息流，前端采集的数据在后台数据库系统中进行查询操作，将结果返回到前端工作人员的移动计算机屏幕上。这种双向的、交互式的过程，使操作人员就像在PC机上进行业务流程作业一样，但绝没有线缆的约束。

3. 邮政业务解决方案的实施和效果

江苏邮政物流中心的实施方案是把条码技术与应用软件应用在业务揽收、中心交接和投递反馈三个环节。在业务揽收环节，每辆揽收车需要配置一个PDA，揽收人员携带印制条码的详情单。揽收员填完详情单、验完货物品名之后，给每件货物贴条码，扫描货物的条码，将货物揽收完送到分中心以后，将PDA的数据导入PC机，并将所有的详情单扫描一遍，导入PC机核对，然后将详情单信息上传至中心服务器。在省物流中心交接环节，由两台Symbol工业级4131AP接入点、多台手持无线数据采集终端，建立了无线局域网，并开发了相应的无线应用软件。将货物和详情单送到省中心，接货人员使用无线PDA扫描所有详情单，进行勾挑、核对、堆位等作业。在投递反馈环节，投递人员将客户签收的信息输入PDA，投递完成之后回到中心将信息导入计算机，自动完成每一票反馈工作。

其最终实施成果有效地缩短了揽收、封发、集中、勾挑、核对、堆位的时间，由于采用了条码扫描和无线网络技术，使用方便，大大提高了作业的准确性和时效性，并显著降低了操作员的劳动强度。江苏省邮政物流系统的应用证明，该方案能够把准点下行发车率提高40%以上，能够减轻工人和管理人员的劳动强度，且简单易学，方便实用，受到物流一线员工的热烈欢迎。

移动解决方案这一新兴的计算机产业和技术，将带给我国邮政系统一个全新、高效和准确的业务流程，实现中国邮政物流事业在信息管理方面的一次质的飞跃。

讨论题

1. 条码技术给江苏邮政物流中心的发展带来了什么？
2. 江苏邮政物流中心利用了哪些信息技术？

第一节　物流自动识别技术

物流管理中的一项最基本的工作就是数据的采集，而数据采集应摆脱人工收集的种种弊端，走向自动化的收集，这就与自动识别紧密相关。物流企业计算机管理系统的一个重要特点是基于单品管理的进销调存业务会产生大量的数据，键盘输入的问题是人力成本和差错率很高，而且无法满足业务的实时需求。

一、自动识别系统的种类和作用

自动识别系统指的是不用键盘直接将数据输入到计算机系统、可编程逻辑控制器或者其他微处理器中。它包括条形码、射频标识与射频数据通信、磁条、语音和视觉系统、光学字符识别、生物识别等。

1. 自动识别系统的种类

（1）条形码。条形码（Bar Code，简称条码）是最早的也是最著名和最成功的自动识别技术。在超市购买的各种商品上都有条形码。常用的条形码有 UPC/EAN128 码、Code 39 码、Code 93 码和交叉二五码，其标准由国际标准组织（ISO）制定。线性条形码可用于将数字或者数字字母作为数据库关键字的许多领域。最主要的限制在于条形码储存的数据量有限；另外，打印对比度不够或缺墨时，会降低对条形码的识别能力。

二维条形码是新型的条形码，可在很小的地方存储大量的数据。二维条形码有三种类型，即堆叠式符号（线性条形码彼此堆叠）、矩阵式符号（明暗点、圆点、方点或者六边形组成的矩阵）或层式符号（线性符号随机排列），如 PDF417、Code 49 码、Code16K 码（堆叠式）、Code One 码、Maxi Code 码、Data Matrix 码、Aztec 码（矩阵式）和 Super Code 码（包式）。这些标准大多已提交 ISO 批准。

与线性条形码相比，二维条形码的主要优势是能储存大量的数据：每个符号可储存 7000 个数字或者 4200 个字母数字；还可以利用"结构化附加"的功能用多重符号表示信息，从而提供几乎无限制的储存空间。二维条形码的缺点是需要特殊的扫描器，堆叠式符号可用栅格激光扫描器识别，而矩阵式符号则需要用图形扫描器阅读。

（2）磁卡。20 世纪 60 年代初，交通部门开始使用磁卡，20 世纪 70 年代银行业开始使用，之后磁卡的使用率不断增长，现在已经非常普及。磁卡的主要问题是储存的信息量有限及数据的安全性，目前许多厂商都提供了各种解决方案。虽然许多人士预测磁卡会被其他技术取代，但目前对它的投资还在不断增加。磁卡是非常理想的技术，成本非常低且有许多种用途。随着新的安全技术的出现，磁条技术还会得到广泛的应用。磁条技术的国际标准由 ISO 制定。

（3）智能卡。最早的智能卡专利是 1974 年在法国申报的，智能卡最早也是于 1982 年在法国开始使用。它提供了安全、廉价的离线确认机制，由于欧洲进行交易的在线确认的通信成本很高，这种技术在欧洲被迅速接受。智能卡有两类：一种是仅有记忆功能的"哑卡"，仅用于储存信息，如零售和售货机用的储值卡；另一种是真正的"智能卡"，嵌入的微处理器可以处理所储存的数据，如智能钱包或者多用卡。因为卡上有微处理器，就能够用多种方法来防止对卡上信息的非法访问，从而提供了安全的环境，这是智能卡能替代其他卡的主要理由。微处理器类的智能卡有两种：接触型和非接触型。非接触型智能卡没有镀金的接触点磨损及电击接触点而破坏集成电路的问题，缺点是因卡片和阅读器复杂而加大了成本。虽然今天智能卡的成本有大幅度的下降，但是仍然高于磁卡。智能卡的最大优点是能够储存数据和具有很好的安全性。智能卡的国际标准也是由 ISO 制定的。

（4）光卡。光卡技术与音乐 CD 和 CDROM 相似，卡上镀有的金色光感材料用来储存信息。激光在其上烧出小孔，阅读时低能激光可探测出这些小孔，有无小孔即表示出 1 或

0。光卡是一次写入多次读出的介质，数据可永久保存。目前容量达到4～6.6MB，可储存如照片、指纹等图像。ISO制定了光卡的标准。光卡的主要缺点在于：由于其一次写入的技术特点，写入新数据会用尽可用的储存空间。但在某些应用上这也是优点，因为这样可以记录下完整的变化历史。

（5）射频识别技术。射频识别（Radio Frequency Identification，简称RFID）是目前最热门的技术，虽然已经出现了很长时间，但是各个厂商格式不一致，目前正在由ISO进行标准化工作。RFID提供了不直接接触采集物品信息的手段，读写距离范围在几毫米到几米之间。标签也有各种形式，可以是信用卡大小的卡片、极小的注射到跟踪动物体内的异频雷达收发器或者是火车集装箱上的砖型标签。

RFID技术的实际应用取决于制造商和应用环境，所用频率范围为125kHz～5.8GHz。制定RFID标准有许多障碍，比如全球可用的频率范围。RFID的最大的优点在于非接触性能，阅读距离可达几十米。其缺点也在于此，同时阅读标签需要采取措施来解决。

2. 自动识别系统的作用

自动识别系统提供了快速、精确、低成本的数据采集方法，来代替容易出错并且耗时的手工数据输入；在此基础上，自动识别技术通过对商品或对人进行编码而实现跟踪功能。

自动识别技术包括：①光学。如条形码（包括二维条形码）、OCR和视觉系统等。②磁。如磁条、磁墨字符识别。③电磁。如RFDC。④生物识别。如语言识别、指纹识别、视网膜扫描。⑤触摸。如触摸屏。⑥智能卡。如卡的储存与阅读设备等开发成功的技术。

条形码是最常用的自动识别技术，它可联一个数据文件或者直接附带数据；磁卡常用作身份标识控制访问者；射频标识系统可以远距离识别动态或者静态的对象，而射频数据通信系统则可以将在各处采集到的数据发送到远处的计算机上；智能卡可在嵌入的集成电路上储存信息并进行一定的处理。

自动识别系统可将数据输入工作流水线化、自动化并降低成本，迅速提供电子化的信息，从而为管理人员提供准确和灵活的业务视图。此外，自动数据输入与人工作业相比更精确、更经济。其优点在于：

（1）低成本的数据。自动识别系统可以大幅度降低数据输入的成本并解放劳动力。由于数据成本非常低，可以收集详细数据。

（2）信息可用性。自动识别系统提供了即时的活动报告，从而加快了与信息相关业务流程。例如配送中心在卸车、理货、发货装车时，需要知道包装箱属于哪个采购订单，是按照标准运输步骤发货还是需要特别处理，需要发向何地。如果没有自动识别技术，等待上述信息时货物只能处于静止状态，而使用该技术就可以立即向中央计算机系统报告到达的货物，大多数情况下可将货物直接装车，不需要额外的储存空间，降低通过仓库的货物总量。

（3）精确。除了速度和经济外，自动识别系统还有精确的优点。这不但减少了员工人数，增加了工作吞吐量，还使公司提高了工作质量，从而保证了与关键顾客的关系。

在本节内容中，主要介绍在物流系统中使用比较多的一维条码技术、二维条码技术和RFID技术。

二、条形码技术及其应用

条形码技术是物流管理信息系统的一部分。应用条形码的目的主要是为了实时而准确地获取信息，及时掌握准确的物流相关信息，并对客户的需求做出快速响应，从而最大限度地占有市场份额。通过条形码获取货品的信息比人工抄写或键盘输入速度要快得多，准确率非常高，可以极大地加快货物的流通，减少配送过程中的差错。

1. 条形码概述

（1）条形码。条形码是由一组黑白相间、粗细不同的条状符号组成，人们根据其形状称之为条码。其中，"条"指对光线反射率较低的部分，"空"指对光线反射率较高的部分。这些条和空组成的数据表达一定的信息，并能够用特定的设备识别，转换成与计算机兼容的二进制和十进制信息。条码信息中隐含着数字信息、字母信息、标志信息、符号信息，主要用以表示商品的名称、产地、价格、种类等，是全世界通用的商品代码的表示方法，如图 3－1 所示。

图 3－1　条码示意图

早在 20 世纪 40 年代，美国的两位工程师就开始研究用代码表示食品项目和相应的自动识别设备，并于 1949 年获得了美国专利。1973 年，美国统一代码委员会（Uniform Code Council，简称 UCC）建立了 UPC 商品条码应用系统并颁布了 UPC 条码标准，首先在杂货零售业中试用。1977 年欧共体在 UPC－12 码的基础上，制定出欧洲物品编码——EAN（European Article Numbering，简称 EAN）码。到 1981 年，EAN 组织发展成为一个国际化组织。目前绝大多数商品采用 UPC 码或 EAN 码，包含国别、生产厂商、产品等信息。

在亚洲，几乎所有的国家和地区都参加了 EAN 国际编码协会，加入了 EAN 系统，都成立了物品编码协会。中国于 1988 年 12 月 28 日成立了"中国物品编码中心"，并于 1991 年 4 月 19 日正式加入国际物品编码 EAN 协会。国际物品编码协会分配给中国的前缀码为 690、691、692。许多企业都获得了条码标识的使用权，标志着这些企业生产的产品可以在全世界配备了扫描装置的百货商店、专业商店和超级市场畅通无阻。从而结束了中国出口商品因没有条码不能进入国外自动化零售市场，只能在低价商店卖低价，给国家和企业蒙受巨大经济损失的历史。解决了中国因商品上没有条码而外商拒绝订货，外商以中国商品没有条码更换包装肆意压价引起的纠纷，大大提高了中国商品的国际地位和声誉。条码已成为商品流通和销售的"通行证"。

（2）条码符号的结构。一个完整的条码符号一般由以下部分组成：两侧空白区（也称静区）、起始符、数据符（对于 EAN 码，则含中间分隔符）、校验符（可选）、终止符，其排列方式如图 3－2 所示。

① 空白区（静区）：条码起始符、终止符两端与空的反射率相同的限定区域，是没有任何符号的白色区域，它提示条码阅读器准备扫描。当两个条码相距较近时，静区有助于对它们加以区别，静区的宽度通常应不小于 6mm。

② 起始符：位于条码起始位置的若干条与空，标志一个条码符号的开始。阅读器确认此字符存在后开始处理扫描脉冲。

③ 数据符：是指条码符号中间的条、空结构，它包含条码所表达的特定信息，可允许进行双向扫描。

④ 终止符：是指位于条码结束的若干条和空，标志着一个条码的结束，阅读器确认此字符后停止处理。

⑤ 校验符：是阅读器对条码进行解码时，对读入的各字符进行规定的运算，如运输结果与校验符相同，则判断此次阅读有效，否则不予读入。

图 3-2　条码符号的组成

由于白色反射率比黑色高很多，而且黑白条粗细不同，在用光电扫描器进行扫描后，可通过光电转换设备将这些不同的反射效果转换为不同的电脉冲，从而形成可以传输的电子信息。

（3）条码的编码方法。条码的编码方法就是要通过设计条码中条与空的排列组合来表示不同的二进制数据。一般来说，条码的编码方法有两种：模块组合法和宽度调节法。

① 模块组合法：指条码符号中条与空是由标准宽度的模块组成。一个标准宽度的条模块表示二进制的“1”，而一个标准宽度的空模块表示二进制的“0”。商品条码模块的标准宽度是 0.33mm。EAN 条码和 UPC 条码都属于模块组合型。

② 宽度调节法：指条码中条与空的宽窄设置不同，用宽单元表示二进制的“1”，而用窄单元表示二进制的“0”，宽窄单元之比值一般控制在 2 到 3。39 码、库德巴码和交插 25 码都属于宽度调节型。

（4）条码的优点。条码技术是迄今为止最经济、最实用的一种自动识别技术。条码技术具有以下优点：

① 输入速度快。与键盘输入相比，条码输入的速度是键盘输入的 5 倍，并且能实现“即时数据输入”。

② 可靠性高。键盘输入数据出错率为三百分之一，利用光学字符识别技术出错率为万分之一，而采用条码技术误码率低于百万分之一。

③ 采集信息量大。利用传统的一维条码一次可采集几十位字符的信息，二维条码更可以携带数千个字符的信息，并有一定的自动纠错能力。

④ 灵活实用。条码标识既可以作为一种识别手段单独使用，也可以和有关识别设备组成一个系统实现自动化识别，还可以和其他控制设备连接起来实现自动化管理。

另外，条码标签易于制作，对设备和材料没有特殊要求，识别设备操作容易，不需要特殊培训，且设备也相对便宜。

（5）条码技术的应用范围。条码技术的应用领域很广，如：

① 商业自动化系统：POS（Point of Sales）是一个商业销售点实时系统。该系统以条码为手段，以计算机为中心，实现对商店的进、销、存的管理，快速反馈进、销、存各个环节的信息，为经营决策提供依据。

② 条码技术在仓储管理中的应用：立体仓库是现代工业生产中的一个重要组成部分，利用条码技术，可以完成仓库货物的导向、定位、入格操作，提高识别速度，减少人为差

错，从而提高仓库管理水平。

③ 条码技术还被广泛地应用于交通管理、金融文件管理、商业文件管理、病历管理、血库血液管理以及各种分类技术方面。条码技术作为数据标识和数据自动输入的一种手段已被人们广泛利用，渗透到计算机管理的各个领域。

2. 物流条码的标准体系

条码种类很多，常见的有 20 多种码制，其中包括：Code 39 码（标准 39 码）、Code bar 码（库德巴码）、Code 25 码（标准 25 码）、ITF25 码（交插 25 码）、Matrix25 码（矩阵 25 码）、UPC－A 码、UPC－E 码、EAN－13 码（EAN－13 国际商品条码）、EAN－8 码（EAN－8 国际商品条码）、中国邮政编码（矩阵 25 码的一种变体）、Code－B 码、MSI 码、Code11 码、Code 93 码、ISBN 码、ISSN 码、Code 128 码（Code 128 码，包括 EAN 128 码）、Code 39EMS（EMS 专用的 39 码）等一维条码和 PDF417 等二维条码。

尽管条码的标准很多，但是国际上公认的用于物流领域的条码标准主要有三种，即通用商品条码、储运单元条码和贸易单元 128 条码。一般来讲，通用商品条码用于单个商品的包装箱上；储运单元条码用于储运单元的包装箱；贸易单元 128 条码用于标识贸易单元的信息，如产品批号、数量、规格、生产日期、有效期和交货地等。

3. 通用商品条码

通用商品条码即 EAN，是用于标识国际通用的商品代码的一种模块组合型条码，可以在全球范围内唯一标识一种商品。ENA 码可分为标准版商品条码（13 位）和缩短版商品条码（8 位）。

（1）EAN 标准版商品条码。标准版商品条码符号由左侧空白区、起始符、左侧数据符、中间分隔符、右侧数据符、校验符、终止符、右侧空白区及供人识别的字符组成，从起始符开始到终止符结束共有 13 位数字，如图 3－3 所示。这 13 位数字代码结构由前缀码、厂商识别代码、商品项目代码和校验码组成。

9 401234 567894 >

图 3－3　EAN－13 条码

< 2012 3451 >

图 3－4　EAN－8 条码

在我国，EAN－13 码分为三种结构，每种代码结构由以下三部分组成，如表 3－1 所示。

表 3－1　EAN－13 码的三种结构

结构种类	前缀码	厂商识别代码	商品项目代码	校验码
结构一	$X_{13}X_{12}X_{11}$	$X_{10}X_9X_8X_7$	$X_6X_5X_4X_3X_2$	X_1
结构二	$X_{13}X_{12}X_{11}$	$X_{10}X_9X_8X_7X_6$	$X_5X_4X_3X_2$	X_1
结构三	$X_{13}X_{12}X_{11}$	$X_{10}X_9X_8X_7X_6X_5$	$X_4X_3X_2$	X_1

① 前缀码：EAN 分配给中国物品编码中心的前缀码由三位数字（$X_{13}X_{12}X_{11}$）组成。

目前，EAN 已将“690”至“695”分配给中国物品编码中心使用。当 $X_{13}X_{12}X_{11}$ 为 690 和 691 时，EAN－13 码采用结构一；当 $X_{13}X_{12}X_{11}$ 为 692 和 693 时，EAN－13 码采用结构二；结构三备用。

② 厂商识别代码：厂商识别代码是在前缀码基础上分配给厂商的代码。我国的厂商识别代码是由中国物品编码中心分配给申请的企业，统一分配、注册，实行一厂一码。

③商品项目代码：商品项目代码由厂商自行编码，且必须遵守以下原则：对统一商品必须编制相同商品项目代码，对不同的商品项目必须编制不同商品项目代码，保证商品项目与其标识一一对应，即一个商品项目只有一个代码，一个代码只标识一个商品项目。

④ 校验码：校验码为一个数字，用来校验前面 12 位编码的正确性。校验码是根据前 12 位数字按一定数学算法计算而得。厂商在对商品项目编码时，不必计算校验码的值。该值由制作条码原版胶片或直接打印条码符号的设备自动生成。

（2）EAN 缩短版商品条码。EAN－8 码是 EAN－13 码的压缩版，由 8 位数字组成，如图 3－3 所示，用于包装面积较小的商品上，代码结构如表 3－2 所示。

表 3－2　EAN－8 码的结构

商品项目代码	校验码
$X_8X_7X_6X_5X_4X_3X_2$	X_1

4. 储运单元条码

储运单元条码是专门表示储运单元编码的条码。储运单元是指为便于搬运、仓储、订货和运输等，由消费单元组成的商品包装单元。储运单元条码的基本结构为原印条码，当同一商品的包装数量不同或同一包装中有不同商品组合时，就必须加上储运标识码来识别。

在储运单元条码中，又分为定量储运单元和变量储运单元。定量储运单元是指由定量消费单元组成的储运单元，如成箱的牙膏、瓶装酒、药品、服装、烟等。变量储运单元是指由变量消费单元组成的储运单元，如布匹、农产品、鲜肉类等。

（1）定量储运单元条码标识。定量储运单元条码标识常见有如下几种：

① 14 位数字代码的条码标识：可用 14 位交插 25 条码（ITF－14）标识定量储运单元，也可用 EAN－128 条码标识定量储运单元的 14 位数字代码。ITF－14 码结构如图 3－5 所示。

② 13 位数字代码的条码标识：当定量储运单元同时又是定量消费单元时，应使用商品条码（EAN－13 条码）标识。

0 61 10123 45678 4

图 3－5　ITF－14 条码

当定量储运单元是由不同种类的定量消费单元组成时，其代码的编码可用 EAN－13 码或 ITF－14 码标识。采用 EAN－13 码标识的方法是：在 13 位数字代码前加一位“0”变成 14 位数字代码，然后用 ITF－14 条码的编码规则编码标识。

（2）变量储运单元条码标识。变量储运单元是指由变量消费单元组成的储运单元。如农产品、鲜肉类、液体饮料等数量连续变化的储运单元。变量储运单元编码由 14 位数字的主代码和 6 位数字的附加代码组成。变量储运单元的主代码用 ITF－14 条码标识，附加代码用 ITF－6 标识。变量储运单元的主代码和附加代码也可以用 EAN－128 条码标识。

（3）交插25条码。交插25条码是一种条、空均表示信息的连续型、非定长、具有自校验功能的双向条码。由左侧空白区、起始符、数据符、终止符、右侧空白区组成。其主要应用于运输、仓储、工业生产线、图书情报等领域的自动识别管理。

5. 贸易单元条码

贸易单元128条码是一种可变长度的连续型条码。通用商品条码与储运单元条码都属于不携带信息的标识码，如果需要将生产日期、有效日期、运输包装序号、重量、尺寸、送出地址、送达地址等信息条码化，就可应用UCC/EAN－125条码，结构如图3－6所示。

(01)28880123456788

图3－6　UCC/EAN－125条码结构

三、二维条码

1. 二维条码概述

二维条形码是新型的条形码，可在很小的地方存储大量的数据。二维条码是用某种特定的几何图形，按一定规律在平面（二维方向上）分布的黑白相间的图形记录数据符号信息；在代码编制上巧妙地利用构成计算机内部逻辑基础的"0"、"1"比特流的概念，使用若干个与二进制相对应的几何形体来表示文字数值信息，通过图像输入设备或光电扫描设备自动识读以实现信息自动处理。它具有条码技术的一些共性：每种码制有其特定的字符集；每个字符占有一定的宽度；具有一定的校验功能等。同时还具有对不同行的信息自动识别功能及处理图形旋转变化等特点。其结构图如图3－7所示。

图3－7　二维条码结构图

2. 二维条码的特点

（1）高密度编码，信息容量大。可容纳多达1850个大写字母或2710个数字或1108个字节，或500多个汉字，比普通条码信息容量高几十倍。

（2）编码范围广。该条码可以把图片、声音、文字、签字、指纹等可以数字化的信息进行编码，用条码表示出来；可以表示多种语言文字；可表示图像数据。

（3）容错能力强，具有纠错功能。这使得二维条码因穿孔、污损等引起局部损坏时，照样可以正确得到识读，损毁面积达50%仍可恢复信息。

（4）译码可靠性高。它比普通条码译码错误率百万分之二要低得多，误码率不超过千万分之一。

（5）可引入加密措施。保密性、防伪性好。

（6）成本低，易制作，持久耐用。

（7）条码符号形状、尺寸大小比例可变。

（8）二维条码可以使用激光或CCD阅读器识读。

3. 二维条码的适用范围

（1）单证：公文单证、订购单、报关单、商业单证。

（2）证照：护照、身份证、挂号证、驾驶执照、会员证、识别证。

（3）仓储盘点：物流中心、仓储中心等的物品盘点。

（4）物品追踪：会议资料、生产零件、客户服务、邮购运送、维修记录、危险物品、后勤补给、生态研究。

（5）资料保密：商业机密、政治情报、军事机密、私人信函。

四、物流条码识别技术

条码技术是光电技术、通信技术、计算机技术和印刷技术相结合的产物。把物品用条码符号表示出来，然后转换成计算机可自动识别的数据，这就需要一定的编码技术、印刷技术、光电技术和通信技术。条码扫描器实现了快速、准确而可靠地采集数据的有效手段，为物流管理提供了有力的技术支持。

1. 条码扫描器

条形码扫描器可以说是条形码系统的眼睛，它是从视觉上收集条形码数据，并把它们转换成可用信息。条形码扫描器是一种电光系统，照亮条形码符号来测量反光，然后将模拟形式的光波数据转换到数字形式交给解码器（内置在扫描器内或者作为单独的插件）处理，最后传输给计算机上的应用软件。

扫描器有手持式和固定式两种。手持式扫描器可以阅读固定物品上的条形码。物品可手持或者放在传送带通过固定扫描器来阅读条形码。手持式扫描器有接触笔、CCD 或者激光三种技术方案。

（1）接触笔。接触笔是顶端带光孔的笔状设备，可由用户划过条形码。使用接触笔需要经过练习，才能掌握阅读所要求的合适的斜度（一般为 30°）和适当的移动速度。这是最便宜的条形码扫描器。

（2）电荷耦合器件（CCD）扫描器。CCD 是价格居中的扫描器。它使固定光束（通常是发光二极管 LED）将条形码符号的图像反射给光敏元件阵列。扫描器阅读条形码的最佳距离在（称为景深 DOF）15 cm 以内。CCD 扫描器没有激光扫描精确度高。新型的 CCD 手持式图像扫描器不但能够阅读一维条形码和二维堆叠式条形码，还可以阅读二维矩阵式条形码。

（3）激光扫描器。激光扫描器是最贵的。激光扫描器用迅速移动的镜体将激光二极管发出的光束散射成水平光弧，虽然光束每秒扫描 40 周，但看起来像一条光线（如果在可见光谱内的话）。使用不可见光的红外线光谱激光扫描器采用辅助照明法使用户瞄准激光光束。也可用旋转多边形或者振动镜像产生更复杂的移动光束、交叉阴影或者星形脉冲来提高阅读能力和全向扫描。激光扫描的优点是有更大的视野和景深（平均为 15 ～ 30 cm；但使用特殊的长距离反射标签的话，可达 10 m），因此可识别歪斜的条形码。

2. 条码的印制

条码符号可以通过各种方法生成：由激光蚀刻，喷墨直接印制，或者更多的是将条形码符号印制到单独的标签上。条形码的精确印制极为重要，整个条形码系统的成功依赖于条形码的印制质量。条形码印制有两类：由用户控制的现场印制与由标签供应商控制的非现场印制。

（1）现场印制。现场印制通常是要条形码使用地所编码的数据是可变的，由操作人员键盘输入或者主机下载。最常见的条形码现场印制技术有：

① 热敏式。有选择地加热打印头上的热点，在印制介质上成像。

② 热转式。所用打印头与热敏式相同，只是加热涂有树脂基或者蜡基墨水的色带，然后将色带上图像转印到印制介质上。

③ 点阵式。带成行打印针的打印头在色带上来回移动而生成图像，连续式点阵打印机逐字生成图像，行式点阵打印机每次移动打印一行。

④ 喷墨式。由带有许多喷出墨滴的细孔的打印头在印刷介质上生成图像，喷墨打印机可直接在产品或包装上打印标签。

⑤ 激光式。用激光束在静电硒鼓上生成图像，充电点吸引增色剂微粒并将其熔到印刷介质上。

现场条形码印刷所要求的打印机有多种选择，包括：大批印制时可用大型的行式点阵打印机、喷墨打印机或者热转式打印机；印制量变化较大时可用桌面点阵打印机、激光打印机、热敏式打印机或者热转式打印机；便携的现场直接印制可用无线热敏式打印机或者热转式打印机。用户可根据条形码印制的实际需要进行选择。现场印制除了打印机硬件外，还需要购买标签设计软件。条形码打印机内置的专用程序语言支持所有的标准的条形码符号，能够打印简单的静态数据或者连续的条形码标签，但需要额外样式的文字、图像或有上百种各类平台上的有多种性能的软件包。非程序员可以很方便地使用所见即所得图形界面进行标签设计。

(2) 非现场印制。专业的标签印制商使用凸版印制、平版印制、凹版印制、热冲印、激光照排或者数字化处理等手段，制成的标签比现场印制的质量高。如果使用前知道条形码符号的内容，最好选择专业的标签制造商，向专业的标签印制商订购并保留一定的库存；产品线或者标签频繁变化的企业则要仔细斟酌。

随着20世纪70年代初UPC的发展，条形码已经成为产品包装不可缺少的组成部分，而胶片也成为将条形码印制到包装上的最实用的方法。胶片制作机可将精确的条形码图片制成正片或者负片（依印制的要求），供最终的图版生产。

由于印制、制版、印制油墨及印制介质有多种规格，UCC在1991年制定了《胶片制作手册》，用来指导确定印制工艺的各种规范，并要求误差范围在 ± 0.005 mm以内。尽管这是为UPC码制定的规范，同样也适用于其他条形码的胶片制作工艺。

五、条码在物流中的应用

1. 条码在物流系统中的应用

随着现代物流的发展，信息流在物流管理中发挥着越来越大的作用，因此，物流信息采集的数字化、自动化显得越来越重要，不同物流运作系统间信息无缝对接和交换也显得越来越重要。因此，制定物流信息传输标准以及物流标准条码，借助现代技术使物流信息采集与传输达到自动化与标准化非常重要。条码技术已被广泛应用于物流活动的各个环节，大大提高了物流作业效率和减少差错率。

(1) 在运输中应用。现代交通运输已广泛应用条码技术进行运输管理，用条码技术录入货物的品名、规格、数量等数据，促进了运输管理信息化、自动化。国际运输协会规定，货物运输中，物品的包装上必须贴上条码符号，以利于对所运物品进行自动化统计管理。此外，铁路、公路的旅客车票自动化售票及检票系统，公路收费站的自动化，货运仓库、货场的物流自动化管理等，都必须用条码技术来实现数据采集。

（2）在仓储中的应用。在库存物品上应用条码技术，尤其是在规格包装、集装、托运货物上采用条码技术，入库时自动扫描输入计算机，然后由计算机处理后形成库存信息，并输出入库区位、货价、货位等指令，促进了仓储管理的信息化、自动化。

（3）在配送中的应用。无论是为制造商的零配件、原材料配送，为连锁分店超级市场的配送，还是为消费者的配送，配送中心都要根据配送指令进行物品包装、分色、挑选、捆绑等作业，利用条码技术实行自动化作业，大大提高了配送作业效率和减少差错事故，保证及时准确到位地配送到目的地和消费者。

（4）在商场POS系统的应用。现代零售商场广泛采用POS系统进行商场管理，在商品上贴上条码，通过光电扫描读取数据并输入到POS销售点信息系统，POS系统能提供精确销售、库存数据统计资料，有利于及时补充空货，掌握商品销售、库存情况和实行经济核算。为商场快速反馈商品的进、销、存各环节的信息，为经营决策提供依据。POS系统由若干个子系统组成，其中现金提款机是集个人电脑和译码器为一身，既能自动识别条码，又能进行数据处理，而且能打印购物清单，内容包括商品名称、价格、数量、金额及日期等，顾客还可把它作为购物收据。商场可凭此进行商品销售统计，以确定进货计划，保证经营活动的正常进行，由于使用了条码技术，既方便迅速，又保证了信息准确。

2. 条码技术在物流作业中的应用

随着物流行业在国内日益受到重视，物流信息化建设提上了议事日程，条码在物流企业中的应用前景也逐步显现。具体来说，作为物流管理的工具，条形码的物流应用包括配送中心的订货、进货、存放、拣货、出库等。

（1）订货作业。以超市价格卡与便利店订货簿的方式为例。

在超市的货架上每种商品陈列处都贴着价格卡，其用途有二：一是向顾客告知商品价格；二是可按卡上所注的订货点，指引工作人员计算商品所剩的陈列量是否低于设定的订货量，若需订货，即以手持式条形码扫描器读取价格卡上的商品条形码，就可自动输入商品货号。

连锁总部定期将订货簿发给各便利店，订货簿上有商品名称、商品货号、商品条形码、订货点、订货单位、订货量等，工作人员拿着订货簿巡视各商品以确认所剩陈列数，记入订货量；回到办公室后，用带条形码扫描器的掌上终端机扫描欲订商品的条形码并输入订货量，再用调制器传出订货数据。

（2）配送中心的进货验收作业。对整箱进货的商品，其包装箱上有条形码，放在输送带上经过固定式条形码扫描器的自动识别，可接收指令传送到存放位置附近。

对整个托盘进货的商品，叉车驾驶员用手持式条形码扫描器扫描外包装箱上的条形码标签，利用计算机与射频数据通信系统，可将存放指令下载到叉车的终端机上。

（3）补货作业。基于条形码进行补货，可确保补货作业的正确性。有些拣货错误源于前项的补货作业错误。商品进货验收后，移到保管区，需适时、适量地补货到拣货区；避免补货错误，可在储位卡上印上商品条形码与储位条形码，当商品移动到位后，以手持式条形码扫描器读取商品条形码和储位条形码，由计算机核对是否正确，这样即可保证补货作业的正确。

（4）拣货作业。拣货有两种方式，一种是按客户进行拣取的摘取式拣货；另一种是先将所有客户对各商品的订货汇总，一次拣出，再按客户分配各商品量，即整批拣取，二次分拣，称为播种式拣货。

对于摘取式拣货作业，在拣取后用条形码扫描器读取刚拣取商品上的条形码，即可确认拣货的正确性。

对于播种式拣货作业，可使用自动分货机，当商品在输送带上移动时，由固定式条形码扫描器判别商品货号，指示移动路线与位置。

（5）交货时的交点作业。交货时的交点作业通常分为两种形式，一种是由配送中心出货前即复点数量，另一种是交由客户当面或事后确认。

对于配送中心出货前的复点作业，由于在拣货的同时已经以条形码确认过，就无需进行此复点作业了。

对于客户的当面或事后确认，由于拣货时已用条形码确认过，无需交货时双方逐一核对。

（6）仓储配送作业。其实商品的自动辨识方法还可以采用磁卡、IC 卡等其他方式来达成。但对物流仓储配送作业而言，由于大多数的储存货品都备有条形码，所以用条形码做自动识别与资料收集是最经济、最方便的方式。商品条形码上的资料经条形码读取设备读取后，可迅速、正确、简单地将商品资料自动输入，从而达到自动化登录、控制、传递、沟通的目的。

条形码技术在储存管理的效益上有：登录快速、节省人力；提高物流作业效率；减少管理成本；降低错误率，提高作业质量；更精确地控制储位的指派与货品的拣取；可方便有效地盘点货品，准确地掌握库存，控制存货；可做到实时数据收集，实时显示，并经计算机快速处理而达到实时分析与实时控制的目的。

六、无线射频识别技术（RFID）及其应用

RFID（Radio Frequency Identification）即射频识别技术，俗称电子标签。最早出现于 20 世纪 80 年代，当初被用于无法使用条形码跟踪技术的特殊工业场合，许多行业和公司利用它来定位、确认及跟踪库存产品或其他目标。

RFID 是一种非接触式的自动识别技术，它通过射频信号自动识别目标对象并获取相关数据，识别工作无需人工干预，可工作于各种恶劣环境。RFID 技术可识别高速运动物体并可同时识别多个标签，操作快捷方便。

埃森哲实验室首席科学家弗格森认为 RFID 是一种突破性的技术："第一，可以识别单个的非常具体的物体，而不是像条形码那样只能识别一类物体；第二，其采用无线电射频，可以透过外部材料读取数据，而条形码必须靠激光来读取信息；第三，可以同时对多个物体进行识读，而条形码只能一个一个地读。此外，储存的信息量也非常大。"

射频识别的距离可达几十厘米至几米，根据读写方式，可输入数千字节的信息，具有极高的保密性，已被广泛应用于工业自动化、商业自动化、交通运输控制管理和物流领域；主要用于生产流水线管理、仓储管理、销售管理、商品防伪、证件防伪、汽车防盗、物品防盗、包裹管理、物品跟踪、运输工具和货架识别等。如香港的车辆自动识别系统采用的就是无线射频技术，当装有电子标签的车辆通过装有射频扫描器的专用隧道、桥梁、

高速公路、停车场时，无需停车缴费，可大大提高行车速度，提高了运输效率。

1. RFID的基本组成部分

最基本的RFID系统，在具体的应用过程中，根据不同的目的和环境，其组成会有所不同，但从其工作原理来看，系统一般都由信号发射机、信号接收机、发射接收天线三部分组成。

（1）标签（Tag）。标签也称信号发射机、应答器等，由耦合元件及芯片组成，每个标签具有唯一的电子编码，附着在物体上标识目标对象。在RFID系统中，为了不同的应用目的，信号发射机会以不同的形式存在，典型的形式是标签。标签相当于条形码技术中的条形码符号，用来存储需要识别传输的信息。另外，与条形码不同的是，标签必须能够自动或在外力的作用下，把存储的信息主动发射出去。标签一般是带有线圈、天线、存储器与控制系统的低电集成电路。

（2）阅读器（Reader）。阅读器一般叫做信号接收机，读取（有时还可以写入）标签信息的设备，可设计为手持式或固定式。在RFID系统中，阅读器基本的功能就是提供与标签进行数据传输的途径。另外，阅读器还提供相当复杂的信号状态控制、奇偶错误校验与更正功能等。

（3）天线（Antenna）。天线是标签与阅读器之间传输数据的发射、接收装置。

一套完整的系统还需具备数据传输和处理系统，如图3-8所示。

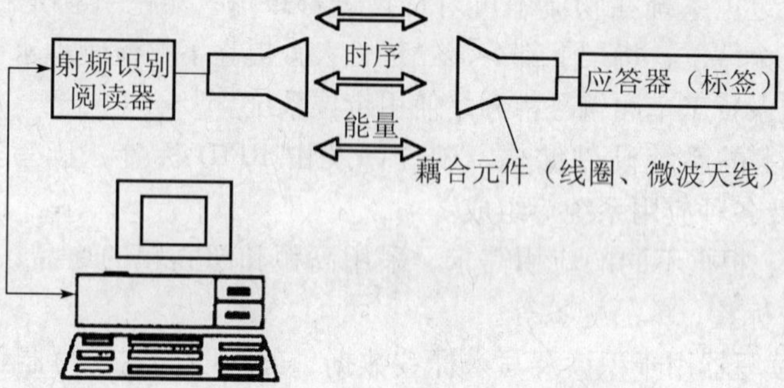

图3-8　RFID系统的组成

2. RFID技术的基本工作原理

RFID技术的基本工作原理并不复杂。标签进入磁场后，接收解读器发出的射频信号，凭借感应电流所获得的能量发送出存储在芯片中的产品信息（Passive Tag，无源标签或被动标签），或者主动发送某一频率的信号（Active Tag，有源标签或主动标签）。解读器读取信息并解码后，送至中央信息系统进行有关数据处理。

3. RFID的种类及特点

（1）无线射频技术。无线射频技术主要类型有：

① 电子门禁系统。电子门禁系统主要用于超级市场、商场、仓库、图书馆等场所，当未被授权的人从这些地方非法取走物品时，系统会发出警报。

② 便携式数据采集终端。是用带有读写器的手持式数据采集器来采集电子标签上的数据。可以在读取数据的同时，通过无线电波数据传输方式定时地向主计算机系统传输数据，也可暂时将数据存储在读写器中，再成批地向计算机传输数据。

③ 固定式读写器。固定分布在一定的位置，与物流管理信息系统相连接，电子标签安装在移动的物品上，当物品移动经过读写器时，读写器自动扫描将信息传输到物流管理信息系统，以达到控制物流的目的。

④ 定位系统。读写器安置在移动的车辆、轮船上或自动化流水线上移动的物料、半成品、成品上，电子标签嵌入到操作环境的地表下面。电子标签里存储有位置识别系统，读写器通过无线或有线的方式连接到物流管理信息系统，达到对车辆、轮船或物品定位管理的目的。

(2) 无线射频技术特点。无线射频技术的主要特点有:

① 数据存储量大。电子标签与传统标签相比，数据存储大，可读可写，可随时更新。

② 扫描方便。不需直线对准物体扫描，看不见也可扫描，扫描速度快，可运动扫描、多目标扫描。

③ 安全耐用。专用芯片，不易伪造，无机械故障，寿命长，抗恶劣环境。

④ 经济实用。价格低，费用省，实用性强。

4. 无线射频技术在物流中的应用

无线射频技术已被广泛应用到物流作业中，如货物入库、出库，通过无线射频技术的电子标签，仓库保管员可直接用读写器掌握物品的入库、出库情况，大大减少货物搜寻时间，提高工作效率。电子门禁系统还很好地保护了仓库、货场、商场的商品安全，减少了商品丢失和被盗。定位系统在物流中可对货物进行跟踪，无论货物是在订购中、运输途中，还是在仓库某个区位、货架上都一清二楚，大大提高了物流管理水平。我国的高速公路收费站、铁路记录货车车厢编号都开始使用定位系统。

(1) RFID 技术的系统硬件结构。硬件系统由 RFID 标签、读写器、固定式天线、RFID 中间系统以及各种应用系统等组成。

① RFID 标签。根据不同的应用需求，采用高频和超高频的产品。RFID 标签分为托盘标签、仓库定位标签、单品标签等。

② 读写器。读写器用于识读及写入标签数据，分为固定式读写器和手持移动式读写器两类。固定式读写器支持四天线并联同时工作，其强大的防冲撞算法允许每秒扫描多达 40 个标签；手持式读写器集成条码和 RFID 读取功能，适用于室外和恶劣工业环境。两类读写器均支持 RS232、以太网和无线局域网等多种通信方式。其主要功能是：查阅 RFID 电子标签中当前储存的数据信息；向空白 RFID 电子标签中写入欲储存的数据信息；修改（重新写入）RFID 电子标签中的数据信息；与后台管理计算机进行信息交互。

③ 固定式天线。天线是标签与阅读器之间传输数据的发射、接收装置。在实际应用中，除了系统功率，天线的形状和相对位置也会影响数据的发射和接收，需要专业人员对系统的天线进行设计、安装。包括超高频全向平板、垂直平板和水平平板天线，能够适应多路径高散射的复杂环境，能够增强接收信号；尺寸较小，构造出无盲区的局域网络。

④ RFID 中间系统。RFID 中间系统是整个系统的运营支撑平台，具有数据采集、过滤、排序、封装和转发等功能。它可以提供数据流、文件和 XML 等多种数据交换方式，可以实现与管理信息系统和仿真系统等的平滑连接，使各不同功能包或流程包的数据在整个平台上平滑流动。它既可以作为单独实施的功能包的数据采集支持平台，也可以作为多个功能包同时运转的支撑平台，也是与仿真系统、管理信息系统和 ERP 系统等外界系统

连接和数据交换的平台。

⑤ 各种应用系统。例如企业的管理信息系统与 ERP 等应用系统相连。

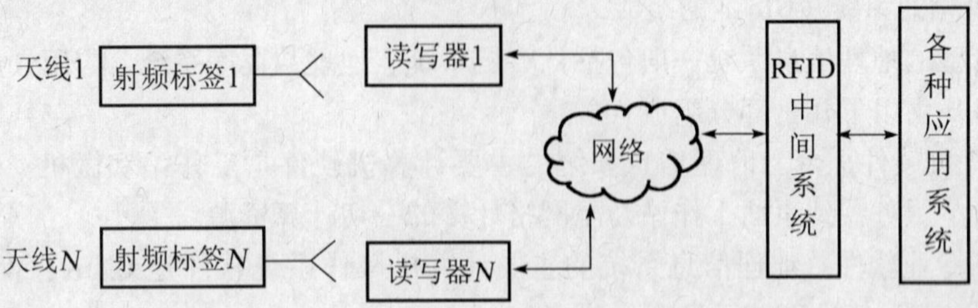

图 3－9　RFID 硬件系统结构示意图

（2）RFID 技术系统的软件结构。它是以收货、入库、盘点、配装、出库等多个流程包为基础组成。各流程包之间可以灵活组合，定制成为新的功能包。

第二节　货物动态跟踪技术

一、地理信息系统

（一）地理信息系统（GIS）技术概述

1. 地理信息系统的概念

地理信息系统（Geographical Information System，简称 GIS）是 20 世纪 60 年代开始发展起来的地理学研究新成果。它以地理空间数据为基础，采用地理模型分析方法，定时地提供多种空间的动态的地理信息，是一种为地理研究和地理决策服务的计算机技术系统。

地理信息系统是用于采集、模拟、处理、检查、分析和表达地理空间数据的计算机信息系统。它将详细的地理信息资料整合成系统的地理资料库，通过地理信息系统的应用软件，将各种相关信息以文字、数字、图表、电子地图的形式，提供给用户使用。

2. GIS 的工作原理

GIS 的基本功能是将表格型数据（无论它来自数据库、电子表格文件或直接在程序中输入）转换为地理图形显示，然后对显示结果浏览、操作和分析。其显示范围可以从洲际地图到非常详细的街区地图。显示对象包括人口、销售情况、运输线路以及其他内容。地理信息系统能解决以下问题：

① 位置，可以是地名、邮政编码或地理坐标等。

② 条件，即符合条件的实体在哪里。

③ 趋势，即某个地方发生的某个事件随时间变化的过程。

④ 模式，即某个地方存在的空间实体的分布模式。

⑤ 模拟，即某个地方如果具备某种条件会发生什么。

⑥ 客户地址定位，包括自动系统和交通定位。

⑦ 机构区域划分。

⑧ 站点选址。

⑨ 投递排序，路线编程。

（二）地理信息系统（GIS）的组成与分类

1. 地理信息系统（GIS）的组成

一个典型的地理信息系统一般包括计算机系统、地理数据库系统、应用人员三部分组成。实际 GIS 由以下几个部分组成：

① 计算机硬件平台。地理信息系统的主要计算机硬件是工作站和微机。GIS 可充分利用包括从主服务器到桌面工作站乃至网络计算的一切计算资源。

② GIS 专业软件。地理信息系统的主要计算机操作系统软件是 UNIX、Windows 9X、Windows NT、Windows 2000、Macintosh 等。

【相关链接】

地理信息系统的主要计算机应用软件是 ARC/INFO、MGE、GeoMedia、GenaMap、MapInfo、AutoDesk Map、ArcView、MapObjects、MapX、Maptitude、MapGIS、GeoStar、MapEngine 等。

GIS 软件提供存储、分析、显示地理数据的功能，其要素包括：地理数据输入工具；空间数据库管理工具；空间查询、分析、可视化表达；图形用户界面。

③ 地理数据。基础地理数据种类为数字线划图（DLG）、数字栅格图（DRG）、数字正射影像图（DOQ）和数字高程模型（DEM）等。GIS 系统必须建立在准确使用地理数据基础上，数据来源包括室内数字和外部采集，以及从其他数据的转换。数据类型分为空间数据、属性数据，并与关系数据库互相连接。

【相关链接】

地理信息系统的主要基础地理数据比例尺为：1∶400 万、1∶100 万、1∶25 万、1∶5 万、1∶1 万、1∶2000、1∶1000 和 1∶500 等。

④ GIS 人员。GIS 应用的关键是掌握实施 GIS 来解决现实问题的人员的素质。这里既包括从事 GIS 系统开发的专业人员，也包括采用 GIS 完成日常工作的最终用户。

⑤ GIS 模型。GIS 专业模型和经验，是 GIS 应用系统成败的至关重要的因素。

2. 地理信息系统（GIS）的分类

根据应用领域的不同，GIS 可分为三大类：

① 传统的“基础型”GIS 软件平台是在测绘领域的应用需求下产生的，主要应用于测绘、国土等部门，设计出发点在于地学领域的应用，所以此类 GIS 系统庞大，结构复杂，但实时性能不好。

②“桌面型”GIS：是以服务商用办公领域为目的的“桌面地图系统”，擅长于小数据量的图形分析和管理应用系统，而在网络协同工作方面能力较为薄弱，难以建设大型的应用信息系统，主要应用于商用领域，如银行、保险、运输、旅游导航、零售客户群分布等。

③ AM/FM/GIS（自动成图/设施管理/地理信息系统）。这是适用于城市供电、供水、

供气、通信、公安报警、交通指挥、医疗急救等公用事业部门，以强调系统运行效率、实时响应速度、海量数据处理，重视对设施进行管理分析的 GIS 系统。

（三）GIS 技术的应用

1. 传统 GIS 系统的应用

传统 GIS 系统开发起源于地学领域的应用，经几十年发展，已演变为以服务地学领域应用为主要目的的“基础型”平台软件，GIS 经过若干年在电力、通信等公用设施产业的应用后，逐渐发展、脱胎于传统 GIS 的一门相对独立的技术分支。它是供电、煤气、通讯、交通等城市公用设施产业（即 PUI）为增强自身竞争能力（降低生产成本、提高服务水平），提高运行、经营科学管理水平必不可少的新一代生产工具。

（1）AM/FM 技术是 GIS 技术发展的崭新分支，是借助于 GIS 的重要技术“电子地图”在 PUI 领域应用的信息化专用技术。

（2）AM/FM/GIS 技术中，应用数据的“结构化组织”是以 PUI 设施网络运行逻辑规则为主体框架完成，实现智能化图纸管理、自动图形信息更新、自动生成工程图纸，其结构更注重实时性和协同工作环境的构筑。

2. GIS 系统在物流分析中的应用

GIS 系统在国民经济许多部门得到了广泛的应用，在物流领域的应用刚起步，主要在物流中以下领域应用。

应用 GIS 系统强大的地理数据功能分析物流活动中的运输路线模型、最短路线模型、网络物流模型、设施定位模型等。

（1）运输路线模型。用于解决货物运输中的起点和终点问题，减少运输，降低运输成本，并保证服务质量。包括决定使用多少车辆，每辆车的运输路线等。

（2）最短路线模型。用于最经济的路线选择问题分析，物流从哪里出发路径最短、费用最低、时间最短。

（3）网络物流模型。用于解决最有效的货物网点布局，寻求最有效的分配货物路径问题。如将货物从多个仓库运往多个商店，每个商店都有固定的需求量，因此需要确定由哪个仓库提货送给那个商店，所耗的运输代价最小。

（4）设施定位模型。用于解决物流设施的布局定位问题，物流仓库、中心应如何布局建设才最经济、最合算。在物流系统中，仓库和运输线路共同组成了物流网络，仓库处于网络的节点上，节点决定着线路，如何根据供求实际需要和经济节约的原则，在既定区域内设立多少个仓库，每个仓库的位置、规模以及仓库之间的关系问题，运用此模型能很好地解决。

3. 在物流信息系统中的应用

（1）应用 GIS 系统解决物流活动的配送、客户服务、货物查询等环节的问题。

（2）通过 GIS 系统辅助物流配送，自动确立客户的位置，以便及时、准确配送到目的地和消费者。

（3）通过 GIS 系统的地图显示于系统，准确计算客户的距离，以便更好地为客户服务。

（4）通过 GIS 系统还可以及时查询货物在运输途中的情况，以提高物流管理水平等。

第三节　全球定位系统

（一）全球定位系统（GPS）的定义

全球定位系统（Global Positioning System，简称 GPS）是美国 20 世纪 70 年代开始研制，历时 20 年，耗资 200 亿美元，于 1994 年全面建成的，具有在海、陆、空进行全方位实时三维导航与定位能力的新一代卫星导航与定位系统。由空间卫星系统、地面监控系统、用户接收系统等三大子系统构成。

全球定位系统是利用若干颗导航定位卫星组成的卫星导航系统。它结合了传统天文导航定位和地面无线电导航定位的优点，相当一个设置在太空的无线电导航台，具有在海、陆、空进行全方位实时三维导航与定位能力，具备全天候、全球覆盖、高程度的特征，能够实时地为全球范围内的各类目标提供三维定位、三维速度及精确的时间信息。可在任何时间、任何地点为用户确定其所在的地理经纬度和海拔高度。

全球定位系统是一种单独系统，用户只接受而不发射信号，因此用户的数量不受限制。

全球三大卫星定位系统为：

（1）美国国防部的 GPS（Global Positioning System）。

（2）俄罗斯的 GLONASS（Global Navigation Satellite System）。

（3）国际海事卫星组织的 INMARSAT（International Marine Satellite）。

经近 10 年我国测绘等部门的使用表明，GPS 以全天候、高精度、自动化、高效益等显著特点，赢得广大测绘工作者的信赖，并成功地应用于大地测量、工程测量、航空摄影测量、运载工具导航和管制、地壳运动监测、工程变形监测、资源勘察、地球动力学等多种学科，从而给测绘领域带来一场深刻的技术革命。

（二）全球定位系统（GPS）的组成

卫星定位系统的三大组成部分（以美国国防部的 GPS 的为例，其他类似）：

（1）空间部分——GPS 工作卫星星座，包括 21 颗工作卫星和 3 颗在轨备用卫星。

（2）地面控制部分——地面监控系统，包括 1 个主控站，3 个住入站和 5 个监测站。

（3）用户设备部分——GPS 信号接收机，包括硬件、软件、GPS 数据的后处理软件包。

结构如图 3－10 所示。GPS 工作卫星及其星座由 21 颗工作卫星和 3 颗在轨备用卫星组成，记作（21＋3）GPS 星座。24 颗卫星均匀分布在 6 个轨道平面内，轨道倾角为 55°，各个轨道平面之间相距 60°，即轨道的升交点赤经各相差 60°。每个轨道平面内各颗卫星之间的升交角距相差 90°，一轨道平面上的卫星比西边相邻轨道平面上的相应卫星超前 30°。

按目前的方案，全球定位系统的空间部分使用 24 颗高度约 2.02 万 km 的卫星组成卫星星座。（21＋3）颗卫星均为近圆形轨道，运行周期约为 11 小时 58 分，分布在 6 个轨道面上（每轨道面 4 颗），轨道倾角为 55°。卫星的分布使得在全球的任何地方、任何时间都可观测到 4 颗以上的卫星，并能保持良好定位解算精度的几何图形（DOP）。这就提供了在时间上连续的全球导航能力。

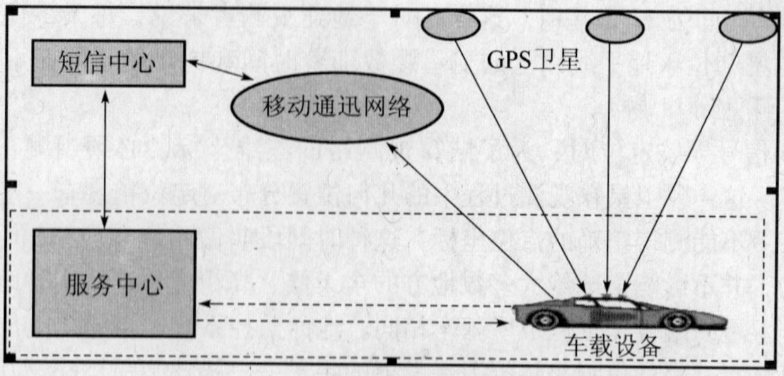

图3－10　GPS系统组成

全球定位系统具有性能好、精度高、应用广的特点，是迄今最好的导航定位系统。随着全球定位系统的不断改进，硬、软件的不断完善，应用领域正在不断地开拓，目前已遍及国民经济各个部门，并开始逐步深入人们的日常生活。

（三）全球定位系统（GPS）的基本功能

1. 全球、全天候工作

能为用户提供连续、定时的三维位置、三维速度和精密时间，不受任何天气的影响。

（1）定位精度高。单机定位精度优于10m，采用差分定位，精度可达厘米级和毫米级。

（2）功能多，应用广。不仅在测量、导航、测速、测时方面广泛应用，而且在汽车自定位、跟踪高度、陆地救援、内河及远洋船航行调度等方面也得到广泛应用。

2. 全球定位系统的物流功能

（1）实时监控功能。在任意时刻通过发出指令查询运输工具所在的地理位置，如经度、纬度、速度等信息，能在电子地图上直观地显示出来。

（2）双向通信功能。通过使用语音功能可与司机进行通话，也可通过安装在运输工具上的移动设备的汉字液晶显示终端进行汉字信息收发。司机通过按下相应的键，可将信息反馈到GPS工作信息的显示屏上，以了解并控制整个运输作业。

（3）动态调度功能。调度人员可在任意时间通过调度中心发出调度指令，指挥和监控运输中的车辆，以减少空车时间和空车距离，充分利用运输工具。

（4）防盗功能。当司机离开车辆，如果有人非法开启车门，车辆会自动报警。此时司机的手机、车辆监控中心会同时收到报警电话并立即向110报警，车辆还会自动启动断油、断电程序。

（5）反劫功能。在郊外如果遇到悍匪劫车，有强大的GPS系统支持，司机只要按下报警开关，车辆监控中心立即会收到遇劫报警，并启动自动跟踪系统，将车辆位置报告110，以便营救。

（6）导航功能。司机只要输入起点和终点，GPS系统立即将两地之间的最佳路线显示出来。

（四）全球定位系统（GPS）如何定位

在两万公里高空的GPS卫星，当地球对恒星来说自转一周时，它们绕地球运行2周，即绕地球一周的时间为12恒星时。这样，对于地面观测者来说，每天将提前4分钟见到同一颗GPS卫星（位于地平线以上的卫星颗数随着时间和地点的不同而不同，最少可见到4颗，最多可见到11颗）。

在用GPS信号导航定位时，为了结算观测站的三维坐标，必须观测4颗GPS卫星，称为定位星座。这4颗卫星在观测过程中的几何位置分布对定位精度有一定的影响。对于某地某时，甚至不能测得精确的点位坐标，这种时间段叫做"间隙段"。但这种时间间隙段是很短暂的，并不影响全球绝大多数地方的全天候、高精度、连续实时地定位。

GPS工作卫星的编号和试验卫星基本相同。地面监控系统对于导航定位来说，GPS卫星是一动态已知点。星的位置是依据卫星发射的星历——描述卫星运动及其轨道的参数算得的。每颗GPS卫星所播发的星历，是由地面监控系统提供的。卫星上的各种设备是否正常工作，以及卫星是否一直沿着预定轨道运行，都要由地面设备进行监测和控制。

地面监控系统另一重要作用是保持各颗卫星处于同一时间标准——GPS时间系统。这就需要地面站监测各颗卫星的时间，求出时差。然后由地面注入站发给卫星，卫星再以导航电文发给用户设备。

静态定位中，GPS接收机在捕获和跟踪GPS卫星的过程中固定不变，接收机高精度地测量GPS信号的传播时间，利用GPS卫星在轨的已知位置，解算出接收机天线所在位置的三维坐标。

动态定位则是用GPS接收机测定一个运动物体的运行轨迹。装载GPS信号接收机的运动物体叫做载体（如航行中的船舰、空中的飞机、行走的车辆等）。载体上的GPS接收机天线在跟踪GPS卫星的过程中相对地球而运动，接收机用GPS信号实时地测得运动载体的状态参数（瞬间三维位置和三维速度）。

（五）全球定位系统在物流中的应用

全球定位系统主要在物流领域的货物运输中被广泛应用，用于汽车的自定位、跟踪调度等，如图3-11所示。随着货物运输的增加，货物和运输工具的调度和管理是物流中的一个极其重要的问题。全球在车辆导航方面的投资平均每年增长60.8%，车辆导航成为全球卫星定位系统应用的主要领域。我国已有数十家公司在开发和销售车载导航系统。

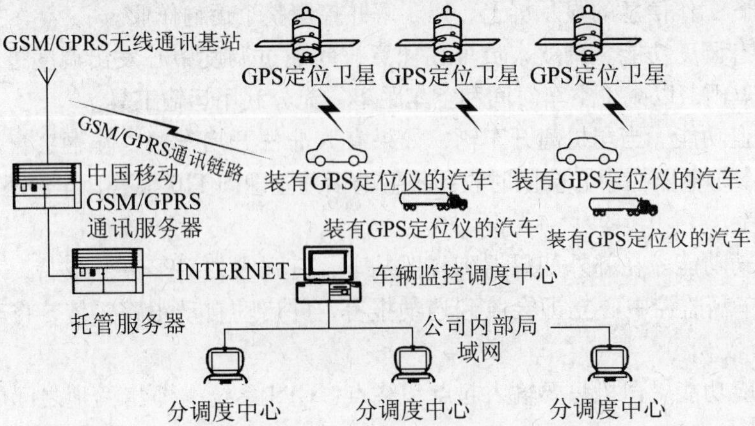

图3-11　GPS在物流货物运输中的应用图

全球定位系统被用于铁路运输管理。我国铁路开发的 GPS 的计算机管理信息系统，可以通过 GPS 和计算机网络实时收集全部列车、机车、车辆、集装箱及所运货物的动态信息，可实现列车、机车、货物的管理。只要知道货车的车种、车型、车号，就可以立即从 10 万公里的铁路网上流动着的几十万辆货车中找到该车，还能得知该车现在何处，以及所有车载货物的发货信息。

全球定位系统配合移动数据库技术，可以用于智能交通管理、货物运输管理。

全球定位系统被用于军事物流。全球定位系统首先是因为军事目的而建的。在军事物流中，特别是后勤装备方面应用相当普遍，尤其是像美国这样的军事大国，在世界各地驻扎了大量军队，无论是战时还是平时对后勤补给的要求很高。在战争中，如果不依靠 GPS，美军的补给将会变得一团糟。GPS 强有力的后勤保障为美军作出了突出贡献，我军也在后勤保障方面运用了 GPS。

安装在车辆上的全球定位系统定位仪可以实时获取车辆的位置信息，包括车辆的经纬度、速度、运行方向等。通过无线数据通信系统，能将车辆的定位信息传送到监控中心，并显示在电子地图上。

利用移动计算机与 GPS/GIS 车辆信息系统相连，使整个运输车队运行受到中央调度系统的监控，可以对运输车队进行优化配置和调遣，极大地提高运输工作效率，并进行成本控制。还可以通过全球定位系统获得的车辆定位信息预先通知下游配送中心或仓库，有利于下游单位合理配置资源，节约物质成本。

将全球定位系统构筑在国际互联网上，更具开放度高、资源共享的特点，客户只要通过互联网就可以随时从网上查询托运货物的实时状况，为客户提供更高的质量服务。

第四节　电子数据交换技术

一、电子数据交换的基本概念

（一）电子数据交换的定义

电子数据交换（Electronic Data Interchange，简称 EDI）是指标准化的商业文件在计算机之间从应用到应用的传送。许多企业选择 EDI 作为一种快速、低费用和安全的方式来传送订购单、发票、运货通知和其他常用的商业文件。

EDI 是信息进行交换和处理的网络化、智能化、自动化系统，是将远程通信、计算机及数据库三者有机结合在一个系统中，实现数据交换、数据资源共享的一种信息系统。这个系统也可以作为管理信息系统（MIS）和决策支持系统（DSS）的重要组成部分。

EDI 是 20 世纪 70 年代发展起来的一种新颖的电子化贸易工具，是计算机、通信和现代化管理相结合的产物。EDI 的应用领域很广泛，涵盖工业、商业、外贸、金融、医疗保险、运输、政府机关等领域，这些领域的应用一般是互为联系的、交叉的，理想的状况是各行各业均通过互通的 EDI 网络联系在一起。目前，EDI 在欧美等发达国家已得到了普遍应用，而在我国的发展还处在起步阶段。据统计，在全球前1 000家大型跨国企业中，有 95% 的企业应用 EDI 与客户和供应商联系。

EDI 的定义至今没有一个统一的规范。但有三个方面的内容是相同的：①资料用统一标准；②利用电信号传递信息；③计算机系统之间的连接。

联合国欧洲经济委员会贸易程序简化工作组从技术上给出EDI的定义：EDI是一种用商定的标准来处理信息所涉及交易式电子数据的结构，实现商业或行政交易事项从计算机到计算机的电子传递。

（二）EDI的构成及标准

1. EDI的构成

一般来说，EDI系统由以下四个方面构成：关于信息传送方式的规定、关于信息表示方式的规定、关于系统动作操作的规定和全球交易业务的规定。这些规定或称为议定书，是利用EDI系统的各方达成的共识，这些规定实际上是对这四个方面涉及的内容进行标准化工作，其中最重要的标准化是信息传送方式的标准化和信息表示方式的标准化。

信息传送方式标准化是指为了在不同的计算机之间传送信息，对通信线路的类型以及传送控制方式等方面进行决策，具体的内容包括：通信速度、数据格式、数据长度、检查方法等方面的标准化。信息传送方式标准化工作还包括应用系统界面与数据格式之间相互转换方式的标准化。信息表示方式的标准化是指对应EDI网络传送的业务类型，确定对该业务信息内容的表示方式并使之标准化。具体内容包括数据代码、信息的格式等方面的标准化。

2. EDI标准

EDI是国际范围的计算机与计算机之间的通信，核心是被处理业务数据格式的国际统一标准。以商业贸易方面的EDI为例，EDI传递的都是电子单证，为了使不同商业用户的计算机能识别和处理这些电子单证，必须制定一种各贸易伙伴都能理解和使用的协议标准。EDI的标准应该遵循以下两条基本原则：

（1）提供一种发送数据及接收数据的各方都可以使用的语言，这种语言所使用的语句是无二义性的。

（2）这种标准不受计算机型的影响，既适用于计算机间的数据交流，又独立于计算机之外。

目前国际上存在两大标准体系：一个是流行于欧洲、亚洲的，由联合国欧洲经济委员制定的UN/EDIFACT标准；另一个是流行于北美的，由美国国家标准化委员会制定的ANSIX. 12标准。此外，现行的行业标准还有CIDX（化工）、VICX（百货）、TDCC（运输业）等。它们是专门应用于某一部门。

3. EDI的工作原理

EDI系统工作原理的实现过程就是用户将相关数据从自己的计算机信息系统传送到有关交易方的计算机信息系统的过程，如图3－12所示。

其中，标准报文、数据元素、数据段称为EDI标准的三要素。

（1）标准报文。一份标准报文可分成三个部分：部首、详细部分和摘要部分。报文以UNH数据段开始，以UNT数据段结束。一份公司格式的商业单据必须转换成一份EDI标准报文才能进行信息交换。其转换步骤为：

① 将公司格式的商业单据转换成平面文件。

② 将平面文件翻译成EDI标准报文。

（2）数据元素。数据元素可分为基本数据元素和复合数据元素。基本数据元素是基本信息单元，用于表示某种有特定含义的信息，相当于自然语言中的字。复合数据元素是由一组基本数据元素组成，相当于自然语言中的词。

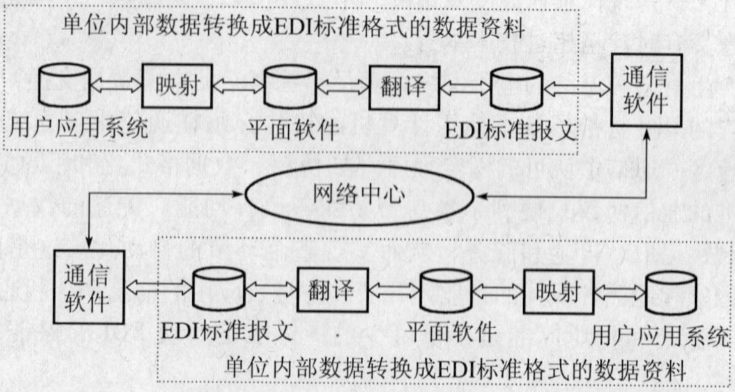

图 3－12　EDI 的工作原理图

（3）数据段。数据段是标准报文中的一个信息行，由逻辑相关的数据元素构成。这些数据元素在数据段中有相应的固定形式、定义和顺序。

（三）EDI 的核心技术

EDI 涉及的技术十分广泛。概括地讲，实现 EDI 的技术主要有三方面，即数据通信网络技术、数据标准化技术和计算机综合应用。

1. 数据通信网络技术

一个计算机数据通信系统可由计算机终端、主计算机、数据传输和数据交换装置四部分组成，它们通过通信线路连接成一个广域网络。计算机及其各类终端作为用户端点出现在网络之中的，它可以访问网上的任一其他节点，以达到共享网上硬件和软件资源的目的。计算机及终端既是资源子网，也是整个计算机网络的端点。而这些节点之间完成通信线路的连接，并在通信线路中完成信息的交换。实现 EDI 的通信功能，受到通信技术的制约，随着通信技术与通信条件的多样化而呈现出多样化的特点，但它最终必然要统一于国际标准。目前最重要的通信协议标准为 ISO—OSI（International Standards Organization—Open System Interconnection，国际标准化组织开放系统互联）参考模型。EDI 的增值通信网络如图 3－13 所示。

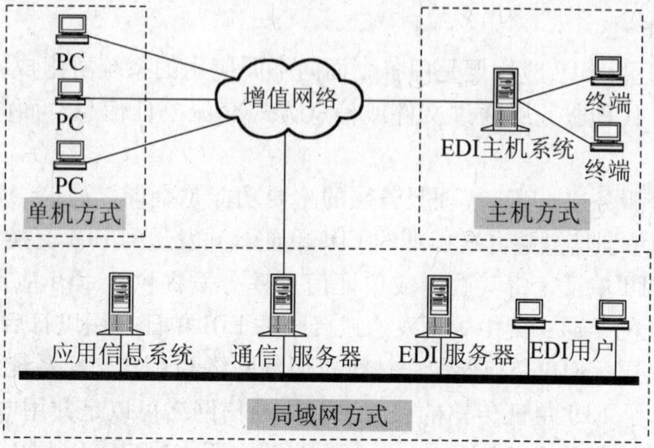

图 3－13　EDI 通信网络

2. 数据标准化技术

数据的标准化，是现代工业高度发达的一个重要保证，是衡量一个国家工业化水平的重要标志，其意义有时甚至超过技术本身。

为了避免产生复杂和混乱的电子网络，满足错综复杂的电子数据交换，必须制定一套大家所共同遵守的EDI标准。各个使用计算机的机构必须在通信中建立统一标准化的电信线路、传送速度。通信中认可的固定程序（如协议、数据格式化和汇总），各种传递的语言规则、标准的通信协议，便利于参与贸易的各语种均能对传递的数据进行接收、认可、处理、复制、提取、再生和服务，从而实现整个环节的自动化。这是因为EDI的实现要在不同的国家和地区、不同的行业内开展，并且要应用的信息系统和通信手段各不相同。统一的国际标准和行业标准是必不可少的。标准是实现EDI的保证，也是EDI的语言。

标准化是实现EDI互通互连的前提和基础，要实现信息在不同的电子数据处理（Electronic Date Process，简称EDP）系统、不同计算机平台上的交换，就必须制定统一的EDI标准。我国有关部门和专家确定采用UN/EDIFACT标准。

3. 计算机综合应用

有了标准和通信网络，就可以开展EDI工作，但EDI应用的成功，还取决于单位、行业乃至整个社会的计算机综合应用水平。必须把EDI和办公自动化、管理自动化、各种MIS和EDP系统、数据库系统以及计算机辅助设计（CAD）、计算机管理信息系统（CIMS）等结合起来，才能更好地应用EDI，发挥其巨大作用。单项的EDI应用，往往是被迫进行的。例如EDI报关系统，或订单接收系统，这是受到外界压力的结果，原来的一套人工工作程序仍然保留。应用单位增加了设备和人力投资，使EDI的优势无从体现。应该把EDI和企业内部EDP系统结合起来，以提高经济效益。

二、EDI系统

（一）EDI系统的组成

1. 三层结构模型

企业之间通过EDI系统传递单证，进行贸易往来，EDI系统中从系统功能的角度可分成三个层次：EDI交换层、EDI代理服务层、EDI应用层，如图3-14所示。

2. 各层的功能

（1）EDI应用层。EDI应用层是由各个面向不同应用的系统所组成，以满足应用需求为目标。它与EDI代理服务层通过文件或信息方式交流单证信息，面向最终的具体应用业务。

（2）EDI代理服务层。EDI代理服务层的主要功能是翻译、通信、管理、协调，即将EDI应用层提供的单证信息翻译成标准的EDI单证，并发送到EDI交换系统，或者从EDI交换系统中接收EDI单证，将其翻译成单证信息并分发提供给EDI应用层中的系统，协调各系统EDI单证的传递；集中管理发送或接收的EDI单证，用以日后查证。

（3）EDI交换层。EDI交换层包含计算机通信网络和EDI交换系统两部分。

EDI通信网络是EDI单证传输的公共平台，通信网络可以是共用电话网PSTN、数字数据网DDN、分组交换网X.25、Internet等。当两个团体决定采用EDI来传送信息时，除了软件、硬件和标准之外，还要决定采用什么方式连接。连接方式可分成直接和间接方式两种。

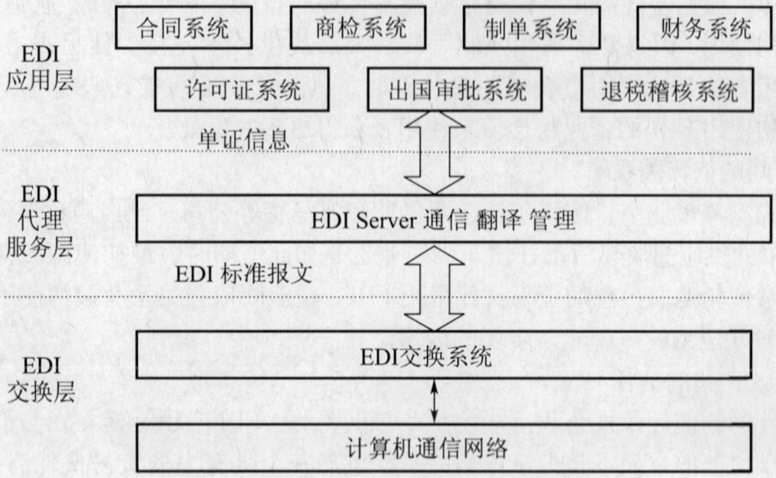

图 3－14　EDI 系统层次结构图

① 直接方式是 EDI 的双方通过数据专线或电话拨号线连接，直接相互传递 EDI 信息。这种方式又称为点对点 PTP 方式。双方除了通信协议、传输速率等必须相同之外，所采用的信息传输标准也必须一致，同时要求对方开机才能建立连接。

② 间接方式指利用增值网络的电子信箱、公告板系统、远程登录、文件传送等方式，相互传递 EDI 信息。

EDI 交换系统的主要功能是收发 EDI 报文，并通过存储转发的方式传输各 EDI 应用系统的 EDI 报文。收发 EDI 报文采用电子信箱的方式最为普遍。

第一层、第二层构成 EDI 应用系统，第三层也称 EDI 传输系统。EDI 应用系统从技术上讲就是将公司单证转换成 EDI 标准报文的计算机信息系统。

第二层及 EDI 交换系统构成 EDI 中心。EDI 中心由政府或大型企业投资建设。

三、应用 EDI 技术的动因

EDI 可以定义为：将组织内部及贸易伙伴之间的商业文档和信息，以直接读取的、结构化的信息形式在计算机之间传输，这些信息的接收者可以直接处理信息而无需重新键入。EDI 技术的应用无论对组织行为还是对个人行为都是一项新技术，有很多因素决定着 EDI 的应用和推广。EDI 作为一项新技术，它受很多因素影响，包括组织、环境、新技术特性等。通过对大范围运输业的研究发现：竞争压力是最经常提到采用 EDI 技术的原因。

（一）环境因素动因

由于 EDI 应用是两个贸易伙伴之间的联合决策，环境因素对 EDI 应用有着重大的影响。各种因素以经济的、社会的和政治的力量影响着两个贸易伙伴之间的组织关系及 EDI 应用决策。在 EDI 应用中，考虑的环境因素主要包括市场结构，环境的复杂性、不确定性和动态性，组织间关系的特性，如力量、依赖性、信任度和气氛。从市场营销和组织行为考虑，影响 EDI 应用的环境因素主要有竞争压力、企业间的依赖关系、贸易伙伴间的信任、支持者的鼓励等。

1. 竞争压力

竞争压力是影响EDI应用的一个重要因素。适度竞争迫使企业采取新的改革措施来保持竞争优势，而竞争优势是靠保持持续技术优势获得的。在建立两个企业EDI连接中，一个企业最初使用EDI，要么采用强制手段，要么提供技术支持，使另一方也采用EDI。当第一个使用者从EDI应用中获得明显收益时，其伙伴企业可能还没有意识到这项技术的益处。最初使用EDI的企业将比后来使用者获得更多的好处。

2. 企业间的依赖关系

在美国大型零售业中，像沃尔玛、西尔斯和凯马特等公司，已经声称要停止与不使用EDI传输订单的供应商贸易活动。汽车制造业也是如此。同时，最初使用EDI的企业可以要求那些非常依赖他们生意的贸易伙伴采用EDI。企业间依赖关系及最初使用EDI企业的力量是决定EDI应用的一个非常重要的因素。

3. 贸易伙伴间的信任

贸易伙伴间的信任及社会政治气候是非常重要的。EDI应用是建立在与消费者很好的合作关系基础之上的，而不是力量依赖关系。虽然一个强有力的贸易伙伴需要电子连接，企业有权根据一系列的标准同意或不同意其加入。贸易伙伴间的相互信任减少了许多安全控制及纸面文件的需求，而这些常在EDI连接中被忽略。企业间应达到这样的信任水平：供应商自动使用消费者计算机产生的订单作为其生产计划的输入而无需任何人工干预，且不需纸面文件或声音方式的订单确认。贸易伙伴还应有信心友好地处理由于任何错误导致的问题，当两个贸易伙伴间存在着一种平衡的力量关系时，信任就成为建立组织间电子连接的重要因素。

4. 支持者的鼓励

支持者的鼓励会大大增加EDI的应用，EDI应用的开创者可以提供鼓励和技术支持来推动EDI应用。那些愿意迅速扩大他们EDI链的企业，必须为没有应用经验的贸易伙伴提供支持，并帮助他们完成实施工作。

（二）组织因素动因

信息技术和组织之间的相互关系是非常复杂的，不仅仅只是管理者决策与否，有许多因素作为两者的中介，例如企业环境、企业文化、企业结构、标准过程、业务流程、产业政策、管理决策和机遇，等等。影响EDI应用的组织因素主要包括高层领导的作用、倡导者的作用和组织规律。

1. 高层领导的作用

高层领导的支持，对EDI的成功应用是非常重要的。高层管理者的战略机遇意识和长远眼光，是EDI应用的关键因素。因为EDI是一个组织间的系统，需要具有广泛的业务兴趣的贸易伙伴间的密切合作。因此必须建立一个有各种贸易伙伴的电子网络，形成一个关键的团体，使得依赖于网络的改革得以顺利进行。

2. 倡导者的作用

倡导者可以描述为有很高热情的人，他们实施新技术改革，并在组织内推动改革的进行，在用户间创建改革意识和增强印象。当需要去说服贸易伙伴时，倡导者就变得更加重要。在与电信有关的项目实施中，项目倡导者对项目的成功实施起着关键的作用。

3. 组织规模

组织规模也是一个重要因素。较大的组织有较强的能力提供EDI应用所需要的资源，而较小的企业更具有灵活性和开放革新思想。技术知识和资源的缺乏妨碍了小企业信息技术的应用，因此小企业采用EDI的可能性也较小。

（三）技术因素动因

EDI作为一项新技术能否被采用，主要有以下四种技术因素的影响。

1. 相对优势

相对优势是指新技术与现有方式比较所具有的优势。在组织决策中，一项新技术所提供的社会效益是一个非常重要的因素。EDI可给组织带来许多益处，如降低交易成本、获得贸易机会等。

2. 兼容能力

兼容能力描述了新技术现有的价值和过去经验的潜在应用的连续性。EDI应用会给工作过程带来巨大的变化，因为采用电子手段代替了许多基于纸介质的手工操作，可能会引起整个部门的业务重组，从而使一些人失去工作或重新定位。一项新技术与现有的工作过程、信念、价值观越兼容，它被采用的可能性就越大。

3. 复杂程度

复杂程度是指新技术被理解和应用的困难程度。如果组织缺少应用新技术的技术力量，组织就会认为这项技术太复杂而不采用它。在EDI应用中，较小的企业由于技术力量相对薄弱，就会把技术复杂性看成是采用EDI的关键因素。

4. 应用成本

应用成本是指采用新技术所需要的投入，包括资金、设备、人员和技术等各方面的投入。如果一项新技术的应用成本太高，而给其带来的效益不很明显且不能在短期内收回投资的话，势必会影响技术的推广应用。EDI应用需要不断的资金投入（包括应用集成费用、入网费用、信息传输费用等），如果这些投入不能给企业带来效益，就会影响EDI的采用。

（四）效益因素动因

随着社会的进步，EDI从激烈的商贸竞争中产生和发展起来，当然要为商家带来巨大的效益，这种效益因素也会带动企业应用EDI技术的热情。当然，使用EDI的效益视所用的规模和深度而定。一般来说，企业采用EDI新技术可产生如下方面的效益：

（1）提高交易效率。由于交易双方的信息由计算机通信网络传输，瞬间即达，可大大缩短业务运作时间。

（2）增加信息处理是在计算机上自动完成的，无需人工干预，所以除节约时间外，也可大幅度降低业务处理过程中的差错率，从而降低资料出错的处理成本。

（3）节省库存费用。由于使用EDI后可大幅缩短供需双方的业务处理时间，因而需方可减少库存，从而降低了库存资金占用。美国火星汽车厂在1992年使用EDI后，每年库存费用降低9亿美元。从而大幅度降低了生产成本，提高了产品的市场竞争力。

（4）节省人事费用。由于使用EDI后不再需要人工填表、制单、装订、打包、邮寄等一系列过程，自然可节省人力。据美国福特汽车公司统计，它在配合EDI来简化对账付款流程后，相关的作业人员由500人减少到150人，成效显著。

（5）降低贸易文件成本。实现贸易无纸化，大幅度节省纸张、印刷、储存及邮寄的费用。

（6）企业国际化。随着企业EDI的应用，企业业务将不再受到地域的限制，能立即走向全球。

我国EDI应用虽然起步较晚，但发展迅速，要使EDI应用真正给企业和组织带来效益，少走弯路，少犯错误，应做如下工作：

①搞好EDI宣传，加深对EDI技术的认识和理解。

②加强企业内部计算机信息系统的建设和改造。这是EDI应用的基础。只有企业内部MIS应用的完善，才能真正做到EDI从应用到应用的信息传输，EDI也才能真正发挥其效能。

③做好EDI应用示范工作。从行业中选择技术优势和资源优势较强的企业，建立好EDI应用的示范，然后带动其他相关企业加入到EDI网络中。EDI应用是一项革新，需要一个过程，绝不能不顾客观条件一哄而上。

④加强宏观管理，强调各行业EDI应用的密切配合，建立贸易链EDI应用网络。

（五）供应链管理的动因

供应链也是一种物流系统，也有相关的信息传输，因而在供应链管理信息系统的应用中，EDI是供应链企业信息集成的一种重要工具，一种在合作伙伴企业之间交互消息的有效技术手段，特别是在全球合作贸易时，它是在供应链中连接节点企业的商业应用系统的媒介。通过EDI，可以快速获得信息，提供更好的服务，减少纸面作业，更好地沟通和通信，提高生产率，降低成本，并且能为企业提供实质性的、战略性的好处，如改进与客户的关系，提高对客户的响应，缩短事务处理的周期，减少订货周期中的不确定性，增强企业的国际竞争力等。

供应链中的不确定因素是最终消费者的需求，必须对最终消费者需求作出尽可能准确的预测，供应链中的需求信息都源于而且依赖于这种需求的预测。利用EDI相关数据进行预测，可以减少供应链系统的冗余，因为这种冗余可能导致时间的浪费和成本的增加。通过预测信息的利用，用户和供应商可以一起努力缩短订单周期时间。

将EDI和企业的信息系统集成起来能显著提高企业的经营管理水平，如美国的福特公司把EDI视为"精细调整JIT的关键"，DEC公司也把EDI和MRP连接起来，使MRP系统实现了电子化，公司库存因而减少80%，交货时间减少50%。通用电器公司通过采用EDI，采购部门的工作效率提高了，节约了订货费用和人力成本。

EDI由于投资大，缺乏开放性等原因，发展很慢，在美国也只是5%左右的大公司能采用，只能在大公司之间使用专用数据交换网。我国EDI应用起步较晚，目前主要在一些沿海省市如广东、上海、江苏、浙江、山东、北京、天津等地试点，还有海关总署、中远集团公司等单位。

基于EDI的供应链信息组织中，其中结算中心是一个连接所有节点的增值网络。包含所有商务信息的EDI数据信息发送到结算中心后，结算中心根据不同节点的要求作出处理，处理完毕后，供应链节点企业之间与有关商务部门之间也实现了一个集成化的供应链。

物流数据交换是指"利用计算机化的网络系统，在企业内部或与供应商、运输企业及客户交换物流信息”。事实上，后勤数据交换是EDI在物流领域中的应用。物流信息包括企业运行中的实时数据，如内部物料流、生产状态、产品库存与运输等。从外部的角度来看，企业需要与供应者、金融机构、运输企业和客户交换信息，互相沟通。企业内部的生产计划、原材料库存、产成品库存、企业部门间的物料运输、计划信息、控制信息往往要进行远距离传输，尤其是当企业的所在地与原料供应地、产品销售地相距较远时。因此，良好的物流数据交换系统可以使企业内外部的信息交换更及时、准确，更有效率。

为了充分发挥物流领域中的电子数据交换的优势，在企业的分销渠道中建立计算机化的通信网络，使供应者和购买者可以进行实时的通信是非常必要的。建立这样的一套系统需要大笔资金，但现代技术迅速发展，设施成本也在迅速下降，尤其是利用公共网络功能，可以很方便地实现简单网络通信。EDI在企业中的应用还包括：物流计划系统、运输控制系统以及仓库信息网络系统（WINS）等。仓库信息网络系统是指在企业与自有仓库或公共仓库之间建立标准化的电子联系系统，它一般是通过计算机相互连接的。

虽然EDI在物流发达的国家得到迅速发展，但仍存在一些问题。物流信息系统缺乏一个公认的标准，物流信息系统使用不同的数据格式、存储方式、解释规则，使物流信息系统难以扩展和移植，多个物流信息系统也无法统一使用。一些组织在标准化方面已经做了尝试，如数据传输协调委员会（TDCC）和美国国家标准化组织（ANSI）等。各企业使用的计算机硬件平台不同也是影响企业间相互联系的重要原因。

总体而言，EDI目前已经变得可行了，许多国家对通信放松了管制，信息产业得到迅猛发展，同时人工智能和专家系统的开发与应用，使企业可以投入较少的成本来组建高效可靠的EDI系统。

四、EDI在物流中的应用

（一）EDI适用范围

企业间往来的单证都属于商业EDI报文所能适用的范围。目前各行业所制定的单证都已转换成商业EDI报文标准。商业EDI－VAN系统是为了协助流通业在相关作业上运用这些报文，所覆盖的范围包括零售商、批发商、制造商、配送中心及运输商，相关作业包括订购、进货、接单、出货、送货、配送、对账及转账作业，如图3－15所示。

具体来说，其应用范围为：

（1）零售商。零售商与其交易伙伴间的商业行为大致可分为订购、进货、对账及付款等四种作业。其间往来的单据包括订购单、进货验收单、对账单及付款凭证等。

（2）批发商。批发商与其交易伙伴间的商业行为大致可分为订购、进货、接单、出货、对账及收付款作业。其间往来的单据包括采购进货单、出货单、催款对账单及付款凭证等。由于批发商兼具买方与卖方的职能，因此同时具有买方与卖方的作业流程。

（3）制造商。制造商与其交易伙伴间的商业行为大致可分为接单、出货、催款及收款等四种作业。其间往来的单据包括采购进货单、出货单、催款对账单及付款凭证等。

（4）配送中心。配送中心与其交易伙伴间的商业行为大致可分为接单、配送、催款及收款等四种作业。其间往来的单据包括出货单、催款对账单及付款凭证等。

（5）运输商。运输商接受托运人的委托，将货物送到收货人处，其与托运人及收货人之间的作业流程包括托运、收货、送货及回报作业等。

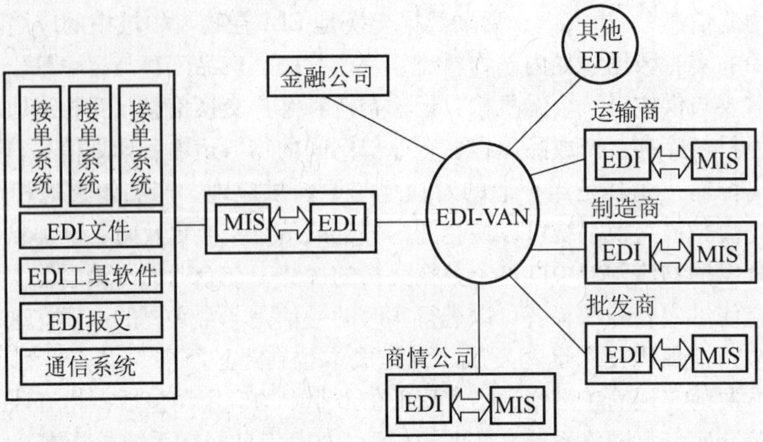

图 3－15　商业 EDI－VAN 系统结构图

EDI 是电子商务过程中很重要的环节，企业只有先实现 EDI，才具备与其他企业沟通的条件，才能使各种商业交易行为实现电子化。企业要实现电子商务，需按照其经济规模设定阶段性的目标。各企业可根据自身的需求，循序渐进地引入各种作业所需的报文，以逐步提高管理技术、降低管理成本。

（二）物流 EDI 应用的流程分析

EDI 最初由美国企业应用在企业间的订货业务活动中，其后，EDI 的应用范围从订货业务向其他的业务扩展，如 POS 销售信息传送业务、库存管理业务、发货送货信息和支付信息的传送业务等。近年 EDI 在物流中广泛应用，被称为物流的 EDI。

所谓物流 EDI 是指货主、承运业主以及其他相关的单位之间，通过 EDI 系统进行物流交换，并以此为基础实施物流产业活动的方法。物流 EDI 的参与单位有货主（如生产厂家、贸易商、批发商、零售商等）、承运业主（如独立的物流承运企业等）、实际运送货主的交通运输企业（铁路企业、水运企业、航空企业、公路运输企业等）、协助单位（政府有关部门、金融企业等）和其他的物流相关单位（如仓库业者、专业报关业者等）。其流程如下：

（1）发送货物业主（如生产厂家等）在接到订货后制定货物运送计划，并把运送货物的清单及运送时间安排等信息通过 EDI 发送给物流运输业主和接收货物业主（如零售商），以便物流运输业主预先制定车辆调配计划和接收货物业主制定接收计划。

（2）发送货物业主依据顾客订货的要求和货物运送计划下达发货指令、分拣配货，打印出物流条形码的货物标签（Shipping Carton Marking，简称 SCM），并贴在货物包装箱上，同时把运送货物品种、数量、包装等信息通过 EDI 发送给物流运输业主和接收货物业主（如零售商），向物流运输业主发出运送请求信息，物流运输业主依据请求下达车辆调配指令。

（3）物流运输业主在向发送物业主取运货物时，利用车载扫描仪读取货物（取货时）标签条形码，并与先前收到的货物运输数据进行核对，确认运送货物。

（4）物流运输业主在物流中心对货物进行整理、集装、制成送货清单并通过 EDI 向收货业主发出送货信息。在货物运送的同时进行货物跟踪管理，并在货物交纳给收货业主之后，通过 EDI 向发货业主发送完成运送业务信息和运费支付信息。

(5) 收货业主在货物到达时，利用扫描仪读取货物标签的物流条形码，并与先前收到的货物运输数据进行核对确认，开出收货发票，货物入库，同时，通过 EDI 向物流运输业主和发送货物业主发送收货确认信息。

物流 EDI 的优点在于供应链组成各方基于标准化的信息格式和处理方法通过 EDI 共同分享信息，提高流通的效率，降低物流成本。例如，对零售商来说，应用 EDI 系统可以大大降低进货作业的出错率，节省进货商品检验的时间和成本，能迅速核对订货与到货的数据，易于发现差错。

应用传统的 EDI 成本较高，一是因为通过 VAN 进行通信的成本高，二是制定和满足 EDI 标准较为困难，因此过去仅仅为大企业因得益于规模经济能从利用 EDI 中得到利益。近年来，随着互联网的迅速普及，为物流信息活动提供了快速、简便、廉价的通信方式，从这个意义上说，互联网将为企业进行有效的物流活动提供方便。

复习思考题

1. 自动识别技术有哪些？
2. 我国商品采用哪些条码？
3. 简述 EAN-13 码的结构、模块构成以及标准长度。
4. 什么情况下使用交插 25 码？
5. 二维条码有何优点？其应用在哪些方面？
6. 与条码技术相比较，RFID 有哪些优点？
7. 什么是 GPS？简述其在物流中的应用。
8. 什么是 GIS？简述其在物流中的应用。
9. 什么是 EDI？简述其在物流中的应用。

【实训项目】

物流信息技术在企业中的应用

1. 实训目的

通过实训使学生对物流信息技术在企业中的应用情况有一定的了解，对本章涉及物流信息技术知识点有更深的理解和把握；并能把学到的知识运用到提高能力水平中来，能够针对企业的不同情况，对其物流信息化建设提出相应技术上的解决方案，锻炼学生的分析和解决问题的能力。

2. 实训内容

(1) 调查目前市场上商品条码、货物包装条码和贸易单元条码的使用情况，并分别指出其的码制。

(2) 了解 RFID 在商场和仓库的使用情况，并说出 RFID 的组成以及使用过程。

(3) 调查物流企业使用 GIS 和 GPS 技术的情况。

3. 实训安排

(1) 将学生进行分组，每组确定一个重点主题；

（2）拟订实训提纲，确定调查的方式；

（3）通过调查，收集、整理和分类相关资料；

（4）通过讨论，找出企业物流信息技术使用过程中存在的主要问题，并提出初步的解决意见。

【课后案例】

二维条码管理系统在海尔专卖店的成功应用

海尔集团创立于1984年，几十年来持续稳定发展，已成为在海内外享有较高美誉的大型国际化企业集团。为应对网络经济和加入WTO的挑战，海尔从1998年开始实施以市场链为纽带的业务流程再造，以订单信息流为中心带动物流、资金流的运动，加快了与用户零距离、产品零库存和零营运成本“三个零”目标的实现。业务流程再造使海尔在整合内外部资源的基础上创造新的资源，目前，海尔物流、商流、制造系统等都已在全球范围内开始社会化运作。海尔集团坚持全面实施国际化战略，已建立起一个具有国际竞争力的全球设计网络、制造网络、营销与服务网络。

在海尔的销售体系中，专卖店的管理是重中之重，这是因为专卖店直接和客户交流，它的所作所为直接关系到海尔的声誉、形象，它所产生的影响也是其他销售方式不可以替代的；通过专卖店的销售可以产生直接的经济效益，加强对其管理可以增大效益，减少投入。一系列的要求促使海尔应用了二位条码技术。海尔选择了一套二维条码管理系统，使得海尔专卖店得以发挥其应有的作用。

二维条码管理系统充分应用了二维条码这一全新的条码技术，发挥其信息容量大、保密防伪性能好、成本低等优点，是针对管理信息化建立的管理系统。

1. 海尔专卖店在运营中所面临的问题

（1）直销员提交销售台账，进行工资核算，核对麻烦。

（2）零售后异地仓储配送的模式，现场无法得到所销商品的条码。

（3）连锁店的货物配送无法得到有效控制，条码分发过程繁琐。

（4）因事先无法掌握对门店的发货数据，无法保证直销员在销售时拿到相应条码。

2. 基于电器直销员控制管理的二维码管理系统

（1）直销员现场提取所销产品附带的条码，粘贴在台账上邮寄总部，总部通过条码扫描后自动核算工资。

（2）根据客户在分中心仓库提货的数据，由总部打印虚拟条码，制作二维条码并发送到对应商场直销员手中，模拟代替实物的流动。

（3）根据现有的业务销售及批发路径，脱离传统的法人组织关系，根据营销渠道，建立连锁店及批发店的总店、子店控制表。结合实际，工资核算每月一次，条码的发放与采集没有实时性要求，可进行事后打印，打印数据可采用后台数据库中的数据。

讨论题

1. 海尔专卖店决定使用二维条码技术的原因是什么？

2. 使用二维条码技术后的效果如何？

第四章　企业物流管理信息系统

【学习目标】

知识目标：

◆ 了解企业物流管理信息的内容、范畴和类型；

◆ 掌握物流信息在企业活动中的流程；

◆ 掌握企业物流管理信息系统的解决方案；

◆ 掌握企业物流管理信息系统的构成。

能力目标：

• 能够对企业物流信息元素进行分类收集与筛选；

• 能够通过理解，绘出企业物流的信息流动图；

• 能针对某个企业设计出它的物流管理信息系统的解决方案；

• 能通过模拟软件的使用，进一步修改和完善设计的某企业的物流管理信息系统的解决方案。

【引导案例】

ERP为一汽-大众增效益

一汽-大众汽车有限公司正式成立于1991年，是由中国第一汽车集团公司和德国大众汽车股份有限公司共同投资89亿元人民币组建的合资企业。1997年一汽-大众捷达轿车的产销量与上年相比增长70%，在全国轿车行业中名列第三。一汽-大众所取得的成功除了在市场的开拓与投入、技术创新等有效举措之外，另一重要的因素就是引入了现代化的计算机管理模式和技术——企业资源计划ERP（Enterprise Resource Planning的英文缩写）。

ERP是在传统的制造资源计划（MRP-Ⅱ，Manufacturing Resource Planning-Ⅱ）的基础上扩展了管理范围，给出了新的结构，把客户需求和企业内部的业务活动以及供应商的制造资源组合在一起，体现了完全按用户需求制造的思想。它将制造企业的制造流程看作是一个紧密连接的供应链，其中包括供应商、制造工厂、分销网络和客户等；将企业内部划分成几个相互协同作业的支持子系统，如财务、市场营销、生产制造、质量控制、服务维护、工程技术等，还包括对竞争对手的监视管理。ERP是一种面向企业供应链的管理，可对供应链上的所有环节有效地进行管理，如订单、采购、库存、计划、生产制造、质量控制、运输、分销、服务与维护、财务管理、人事管理、实验室管理、项目管理、配方管理等。它可以将企业所有的制造场所、营销系统、财务系统紧密结合在一起，实现全球范围内的多厂、多地点的跨国经营运作。

随着改革开放的不断深化，我国的产品市场形势发生了显著的变化，计划经济体制下的一套管理模式已无法适应市场经济的要求，企业正面临着国内外剧烈竞争的大市场，客户对产品需求也越来越趋于多样化，纷纷从单一的生产方式向混合型生产发展，小批量柔性生产势在必行，产品的生命周期日趋缩短，要求交货期亦变得越来越短。在要求准时交货的同时，客户还要求高技术、高质量和低价格的产品。这些要求对传统的管理方式提出了严峻的挑战。

一汽－大众集团正是认识到了现代化管理的重要性和迫切性，为了提高自身的竞争能力，求生存、求发展，在我国汽车整车行业中率先引进了一整套完整的ERP系统来对企业进行管理，为企业管理方式的探索走出了一条新路子。具体表现在以下方面：

采购管理：首先，在采购上根据主计划和物料清单对库存量进行查对，计算机快速计算出所缺物料的品种、数量和进货时间，将采购计划下达到各个厂。然后由采购人员从系统中查看各供应商的历史信息，根据其价格、供货质量、服务等指标来选择供应商。这既能准确、高质量地实现物料采购，又大大缩短了采购周期。

库存管理：采购的准确和及时，使库存量大大降低。以前，库存资金占用严重，仅国产化零部件资金占用量就高达1.2亿元，使用R/3系统后降低到4000万元左右，同时系统对库存量的上限和下限有严格的控制，只要库存量达到了上限，系统就会给出报警信号，则物料无法再进入仓库；而达到下限时，系统也会提醒采购人员立即补充库存，起到了自动提示和监督的作用。在库存盘点方面也节约了大量的人力和时间，以前每天最多可清查四个仓库，而采用计算机管理后，四个仓库的盘点仅用10分钟就可完成。

生产管理：在一汽－大众集团的生产装配线上生产计划一旦形成，就立即下达到各个生产部门，并分解到工位。同时，物料供应部门也根据计划要求准确及时地将各种物料送往各个工位，每一种物料都有各自的条形码作为标识，一旦某个工位的物料低于下限，就立即由计算机发出缺料通知，这样可以边干边等，不至于发生停工待料的现象；而供货部门接到信号后，根据其条形码信息可及时将物料送到所需工位。在生产和组装过程中，每一道工序都由系统严格地进行监控，如每个工位都进行了哪些工作、是否合格等信息都将准确无误地存入计算机内。

质量控制：由于每道工序都记录了工作质量的合格与否，所以系统如实地反映了产品和配套零件的质量情况。当整车下线时所有这些信息都被扫描存储在计算机数据库中。这样，质量管理信息的采集与处理、质保的定期跟踪都变得方便和容易，较好地实现了全面质量管理。

成本核算与控制：在ERP系统中，一汽－大众的每个部门都是一个独立的成本中心，都有一个预算指标，实施严格准确的成本控制。在使用计算机管理系统以前由于汽车的零部件繁多，每一个产品的成本都较难计算得很准确，现在利用R/3系统可对企业业务流程中的每个环节的成本变化进行跟踪，每个工序、每个环节，只要产生增值，就立即动态地进行成本滚加，并可实现对产品的成本按月进行分析，加以控制。整个年度的经营计划都非常好地控制在企业的经营者手中。

财务管理：实现了财务电算化后，及时准确的成本跟踪使成本核算实现了自动化，财会部门的职能和工作重点也发生了重大的转变。过去那些忙于记账、核对、做报表的人员现在的任务是随时对成本进行比较和分析，真正起到了成本控制部门的作用。

由于将财务的分块处理变为工作流管理，有效地控制了资金流的流向，提高了财务工作效率，保证了财务数据的准确性，加强了财务分析功能，大大缩短了财务处理业务量和财务结算周期。以前，完成月报需要一周的时间，年报则更长；而现在标准的资产负债表，从产生到打印出来仅仅需要一分钟的时间。同时，系统中多货币及外汇、汇率的管理也为企业的财务运作提供了有效的工具，一汽—大众每年要动用4~5亿德国马克的外汇，仅在汇率管理上就为企业节约了大量的资金。

一汽—大众自1996年1月开始使用ERP系统，至今已有十多年的时间。在这十多年的学习、掌握和使用的过程中，企业上下已形成了一种新的管理思想和观念，企业员工的素质和精神面貌有了很大的提高，也加强了他们的责任心和责任感，使企业更具凝聚力。同时将管理人员从繁琐的重复劳动中解脱出来，致力于更具创造性和实质性的工作。

讨论题

1. 分析一汽-大众公司如何采用ERP增加效益的。
2. 一汽-大众使用ERP系统取得了成功，其他企业可以复制吗?

第一节　企业物流概述

一、企业物流的定义

企业物流是指在生产经营过程中，物品从原材料供应，经过生产加工到产成品的销售，以及伴随生产消费过程中所产生的废弃物的回收和再利用的完整循环活动，包括物料在仓库与车间之间每个环节的流转、移动和储存（含停滞、等待）及有关的咨询管理活动。它由供应物流、生产物流、销售物流、回收物流等组成，是一个集商流、信息流、资金流、实物流、人才流为一体的供应链。

关于企业物流的内涵及范畴，可理解为企业物流是以企业经营为核心的物流活动，是具体的、微观物流活动的典型领域。

二、企业物流的内涵

企业系统活动的基本结构是投入—转换—产出，对于生产类型的企业来讲，是原材料、燃料、人力、资本等的投入，经过制造或加工使之转换为产品或服务；对于服务型企业来讲则是设备、人力、管理和运营，转换为对用户的服务。物流活动便是伴随着企业的投入—转换—产出而发生的。对生产企业物流的进一步研究又可以将之细分为采购物流、厂内物流、销售物流、退货物流和废弃物回收物流等活动。生产企业物流的结构如图4-1所示。

（1）采购物流。将为生产所需而从供应商处采购的原材料、零部件运回厂内；从销售点回收或采购产品包装用的容器，以及可以重复使用的材料的回收物流。

（2）厂内物流。将所采购的原材料和零部件等放入仓库并加以妥善保管，在生产需要时及时出库送到生产现场；将工厂生产的商品运到物流中心、厂内或其他工厂的仓库入库；物流中心和工厂的仓库对商品进行必要的运输包装和流通加工等。

（3）销售物流。将生产的商品从工厂、物流中心或外单位的仓库送到批发商、零售商或消费者的手中的运输或配送，包括将生产的商品送到外单位仓库的运输和配送。

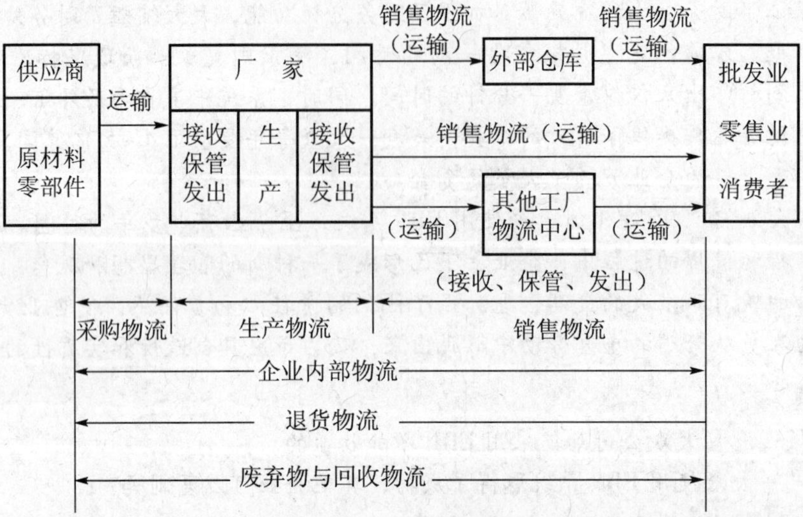

图 4－1　生产企业物流结构图

(4) 退货物流。对已采购但验收不合格的原材料和零部件的退货，以及已售出的商品的退货有关的运输、验收和保管的物流活动。

(5) 废弃物与回收物流。工厂在生产过程中有关的废弃的包装容器和材料，生产过程中产生的其他废弃物的运输、验收、保管和出库，以及企业对在生产过程中排放的无用物包括有害物质进行运输、装卸、处理等物流活动。

由此可见，在企业经营活动中，物流是渗透到各项经营活动之中的活动。

三、企业物流的分类

1. 按企业性质不同分类

按企业性质不同有以下不同种类的企业物流：

(1) 工业生产企业物流。工业生产企业物流是对应生产经营活动的物流。这种物流有四个子系统，即供应物流子系统、生产物流子系统、销售物流子系统及废弃物物流子系统。工业生产企业种类非常多，物流活动也有差异，按主体物流活动区别，可大体分为四种类型：

① 供应物流突出的类型。这种物流系统，供应物流突出而其他物流较为简单，在组织各种类型工业企业物流时，供应物流组织和操作难度较大。例如，采取外协方式生产的机械、汽车制造等工业企业便属于这种物流系统。一个机械的几个甚至几万个零部件，有时来自全国各地、甚至外国，这一供应物流范围大，难度也大，成本也高，但生产成一个大件产品（如汽车）以后，其销售物流便很简单了。

② 生产物流突出的类型。这种物流系统，生产物流突出而供应、销售物流较为简单。典型的例子是生产冶金产品的工业企业，供应是大宗矿石，销售是大宗冶金产品，而从原料转化为产品的生产过程及伴随的物流过程都很复杂，有些化工企业（如化肥企业）也具有这样的特点。

③ 销售物流突出的类型。例如很多小商品、小五金等，大宗原材料进货，加工也不复杂，但销售却要遍及全国或很大的地域范围，是属于销售物流突出的工业企业物流类型。此外，如水泥、玻璃、化工危险品等，虽然生产物流也较为复杂，但其销售时物流难度更大，问题更严重，有时会出现大事故或花费大，因而也包含在销售物流突出的类型中。

④ 废弃物物流突出的类型。有一些工业企业几乎没有废弃物的问题，但也有废弃物物流十分突出的企业，如制糖、选煤、造纸、印染等工业企业，废弃物物流组织得如何几乎决定企业能否生存。

（2）农业生产企业物流。农业生产企业中农产品加工企业的性质及对应的物流与工业企业是相同的。农业种植企业的物流是农业生产企业物物流的代表，这种类型企业的四个物流系统的特殊性是：

① 供应物流。以组织农业生产资料（化肥、种子、农药、农业机具）的物流为主要内容，除了物流对象不同外，这种物流和工业企业供应物流类似，没有大的特殊性。

② 生产物流。种植业的生产物流与工业企业生产物流区别极大，主要区别是：

第一，种植业生产对象在种植时是不发生生产过程位移的，而工业企业生产对象要不断位移，因此，农业种植业生产物流的对象不需要反复搬运、装卸、暂存，而进行上述物流活动的是劳动手段，如施肥、浇水、喷药等。

第二，种植业一个周期的生产物流活动，停滞时间长而运动时间短，最大的区别在于，工业企业生产物流几乎是不停滞的。

第三，生产物流周期长短不同，一般工业企业生产物流周期较短，而种植业生产物流周期长且有季节性。

③ 销售物流。以组织农业产品（粮食、棉花等）的物流为主要内容。其销售物流的一个很大特点是，诸功能要素中，储存功能的需求较高，储存量较大，且储存时间长，“蓄水池”功能要求较高。

④ 废弃物物流。种植业生产的废弃物物流也具有不同于一般工业企业废弃物流的特殊性，主要表现在以重量计，废弃物物流重量远高于销售物流。

（3）批发企业物流。批发企业物流是以批发据点为核心，由批发经营活动所派生的物流活动。这一物流活动对应于批发的投入，是组织大量物流活动对象的运进，产出是组织总量同量物流对象物的运出，但是批量变小、批次变多。在批发点中的转换是包装形态及包装批量的转换。

商物合一型的批发企业和商物分离型批发企业的上述物流过程是同样存在的，只是发生的地点有所区别，一种是商物合一的据点，另一种是独立的物流据点。

不同地位的批发企业，其物流有所不同，主要有两种类型：

① 大型企业销售网络中的批发企业。这种批发企业面对固定的零售网点或固定的生产型、消费型用户，这种批发企业的物流特点是销售物流网络固定，因而网络组织完善，销售物流具有有效的规划和组织，水平较高。

② 独立批发企业。这种批发企业依靠本身经营和市场开拓同步组织物流活动，用户有很强的不确定性，因而销售物流难以形成固定渠道和网络。

（4）配送企业物流。是以配送中心为核心的由配送活动组成的物流。这一物流的主要特点是配送中心内部的分货、拣选、配货等物流活动，这是与生产物流非常不同的有特点的物流活动。关于配送，本书已有详尽的介绍，请读者参阅。

（5）零售企业物流。是以零售商店或零售据点为核心的，以实现零售销售为主体的物流活动。不同零售企业伴随投入、转换、产出的物流活动有一定区别，主要有以下三种类型：

① 一般多品种零售企业。这种类型企业物流重点在于多品种、小批量、多批次的供应物流。这种物流一方面可保证零售企业的销售，保证不脱销，不断档；另一方面则是保证不以库存支持这一销售。所以，供应物流是零售企业突出的物流，企业内部物流的关键则是降低库存以保证最大的售货面积，少占用库存场地，尤其在"黄金地域"，零售企业内物流更要强调这一点。

一般零售企业的销售物流，主要是大件商品的送货和售后服务。大部分零售企业是在销售后由用户自己完成物流，所以销售物流不是这种类型企业的主要物流形态。

② 连锁店型零售企业。这种企业的物流特点集中于供应物流，和一般零售企业供应物流不同，连锁店的销售品种是相同的、有特色的，其供应物流是由本企业的共同配送中心完成的。

③ 直销企业。这种企业的物流特点是，重点集中于销售物流，销售物流决定了销售业绩。由于直销企业通过直销手段的品种不可能多，因而供应物流及企业内部物流较简单。

2. 按物流目的不同分类

按物流目的不同分类，可分为供应物流、生产物流（企业内部物流）、销售物流、废弃及回收物流。

这几种物流形态在本书第一章中已有介绍，请读者参阅。

四、企业物流的特点

由于供应物流及销售物流是企业物流与社会物流的接口处，这两种物流形态虽然是为企业经营服务的，是企业生产物流（或内部物流）两个方向的延伸，但是，其物流特点和社会物流是很相近的，真正反映企业物流特点的、与社会物流有较大区别的是企业内部物流，尤其是生产物流。

本书所论述的企业物流特点，便是指企业生产物流（或企业内部物流）的特点。

1. 实现价值的特点

企业物流和社会物流的一个最本质不同之处，是即企业物流最本质的特点，即企业物流主要是实现加工附加价值的经济活动。而社会物流主要是"实现时间价值和空间价值的经济活动"。

企业物流在一个小范围内完成，因此，空间距离的变化不大，当然，空间转移消耗也不大，其中含有的利润源也不是大的利润源。同样，在企业内部的储存，与社会储存目的大不相同。企业内部储存主要是对生产的保证，而不是一种追求利润的独立功能，因此，时间价值不但不很高，反而会成为降低企业效益的因素。

企业中物流伴随加工活动的发生而运动，是实现加工附加价值，也即实现企业主要目的的活动。所以，虽然物流空间、时间价值潜力不高，但加工附加价值却很高。

2. 主要功能要素的特点

企业物流的主要功能要素也不同于社会物流。如前所述，一般物流的功能要素是运输和储存，其他是作为辅助性或次要功能或强化性功能要素出现的。企业物流的主要功能要素则是搬运活动。

许多生产企业的生产过程，实际上是物料不停地搬运的过程，在不停搬运过程中，物料得到了加工，改变了形态，发生了各种各样的化学的、物理的、机械的变化，变化是在不断"搬"、不断"运"的流动过程中实现的。

即使是配送企业和批发企业的企业内部物流，实际也是不断搬运过程，通过搬运，商品完成了分货、拣选、配货工作，完成了大改小、小集大的换装工作，从而使商品形成了可配送或可批发的形态。

3. 物流过程的特点

企业物流是一种工艺过程性物流，一旦企业的生产工艺、生产装备及生产流程确定之后，企业物流也因而成了一种稳定性的物流，物流便成了工艺流程的重要组成部分。由于这种稳定性，企业物流的可控性、计划性便很强，一旦进入这一物流过程，选择性及可变性便很小。对物流的改进只能通过对工艺流程的优化，这方面和随机性很强的社会物流也有很大的不同。

4. 物流运行的特点

企业物流的运行具有极强的伴生性，往往是生产过程中的一个组成部分或一个伴生部分，这一点决定了企业物流很难与生产过程分开而形成独立的系统，尤其是生产企业内部生产物流更是如此。在研究生产物流时，一些人打算将纯生产和纯物流细分，而单独提取出生产物流系统进行研究和优化，看来是不大可能的。

在总体的伴生性同时，企业物流中也确有与生产工艺过程可分的局部物流活动，这些局部的物流活动有本身的界限和运动规律，当前企业物流的研究大多针对这些局部物流活动而言。这些局部物流活动主要是：仓库的储存活动、接货物流活动、车间或分厂之间的运输活动等。

物流企业内部物流和生产企业内部物流在运行方面则不同，批发企业、配送企业的内部工艺过程，是一个典型的包含着若干物流功能要素的物流活动，而不是伴生性的物流活动。

第二节　企业物流的业务活动

一、物流信息在企业活动中的流程

为了实现企业物流系统服务于企业生产与销售活动的目的，必须由一定的人员、设施、材料、资金、能源、信息等要素构成各种具有特定功能的子系统，并通过这些子系统的相互配合形成系统的整体功能。企业物流系统的组成如图4-2所示。从图中可以看出，物流管理是通过物流信息将各个物流职能子系统联结起来。

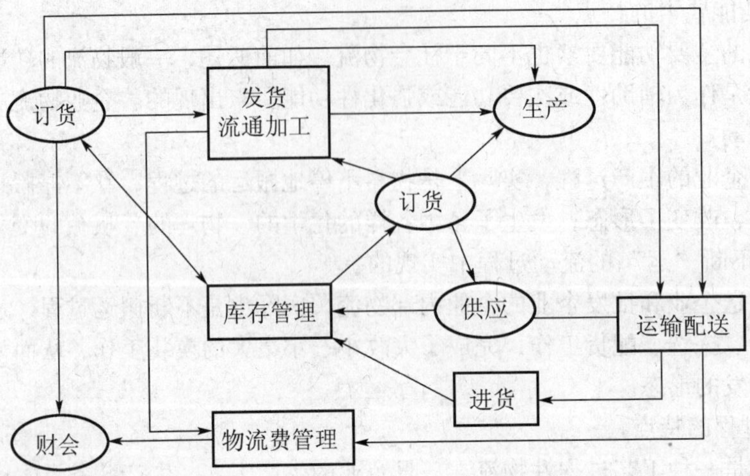

图4-2 物流信息在企业活动中的流程

二、生产企业物流的业务活动

生产企业物流的业务主要是围绕企业生产经营活动中的供应、生产、销售等活动展开，具体包括物料需求计划（MRP）、制造资源计划（MRPⅡ）、分销需求计划（DRP）、物流资源计划（HIP）等信息系统以及延伸的其他资源计划系统（CRP、JIT、ERP）。

（一）物料需求计划

物料需求计划（Material Requiring Planning，简称 MRP）是 20 世纪 60 年代产生的存货管理方法，它是利用计算机编制材料物资需求计划的一种方法。在每一个制造企业中，一种产品往往由多种部件组装而成，每种部件又是由多种零部件和材料制造而成。这样产品和零部件及材料用品之间就构成相互依赖的联动需求关系。物料需求计划就是将这种联动需求关系纳入计算机系统，由计算机系统编制企业的材料物资需求计划。

MRP 系统输入的主要信息是企业的主生产计划（Master Production Schedule，简称 MPS），以及与材料物资相关的存货记录和产品、部件用料清单，输出信息即为材料物资需求计划。输入、输出信息如图 4-3 所示。

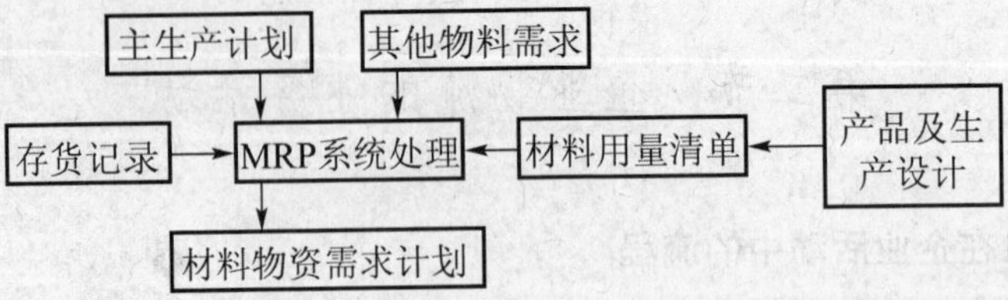

图4-3 企业生产物料需求计划图

根据图 4-3，物料需求计划的实施通常有以下步骤：

（1）预计最终产品的需求量。

（2）列出每种产品生产需要的原材料、零部件的清单。

（3）考虑生产提前期，确定生产和采购的批量和时间。

（4）确定每一生产工序生产的数量和材料的采购量。

（5）最后计算出全部材料采购数量和采购时间计划。

（二）制造资源计划

制造资源计划（Manufacturing Resources Planning，简称 MRPⅡ）是20世纪80年代在物料需求计划的基础上形成和发展起来的生产资源计划管理方法。MRPⅡ是由美国著名生产管理专家奥利夫·怀特（Oliver Wight）在1977年提出来的，是对制造企业全部资源进行系统综合计划的一种方法。其基本思想是将企业的材料需求计划与所有其他与生产经营活动直接相关的工作、资源及财务计划连成一个整体，实现企业管理的系统。

制造资源计划实质上是一个计算机化的信息系统，将企业的经营计划、销售计划、生产计划、主生产计划、物料需求计划和生产能力计划、现金流动计划及物料需求计划、生产能力需求计划等的实施执行，通过计算机的功能模块有机地结合起来，形成一个由企业各功能子系统有机结合的一体化信息系统，使各个子系统在统一的数据环境下运行。这样通过计算机模拟功能，系统输出按实物量表述的业务活动计划和以货币形式表述的财务报表集成，从而实现物流与资金流的统一。制造资源计划是一个封闭的循环系统，它要不断地根据企业的内外环境的变化提供信息反馈，适时做出调整，从而使整个系统处于动态的优化之中。

实施MRPⅡ，在库存管理方面得到很好的效果，缩短了采购和生产周期，杜绝了盲目采购、盲目生产，缩短了库存时间，减少了库存损耗，降低了库存投资，从而大大降低了生产成本。由于采用动态管理，也提高了企业的应变能力。

MRPⅡ也有如下不足之处：

（1）MRPⅡ是在资源无限的条件下进行的，而企业的经营活动经常受到资源限制的约束，因此资源无限的假设前提不符合实际。

（2）MRPⅡ仍需事先确定生产提前期和生产批量。

（3）MRPⅡ对生产操作中出现的突发事件，缺乏控制和处理手段。

（4）MRPⅡ难以处理按订单生产的管理模式。

（5）MRPⅡ难以处理多种管理模式的混合。

（6）MRPⅡ是一个集成电路控制系统，响应速度慢，处理时间长。

由于MRPⅡ的上述不足，所以软件开发商在此基础上又进行了改进，出现了许多新的系统名称，且处于不断地改进之中。例如，很多企业采用的企业资源计划（ERP）就是一种先进的、集管理和信息技术于一体的管理理论和系统，已在实践中取得了较好的效果。

（三）分销需求计划

分销需求计划（Distribution Requirements Planning，简称 DRP）是 MRP 原理和技术在流通领域中的应用。该技术主要解决分销物资的供应计划和调度问题，基本目标就是合理进行分销物资和资源配置，达到既保证有效地满足市场需要，又使得配置费用最省的目的。

分销需求计划的思想实际上是一种“准时”供应的思想，而准时供应的实现以大范围内的物流系统实时控制为基础，是计算机集成物流系统中决策支持系统的主要方法和原则之一。

准时制物流要求将用户所需产品准时保质保量送至用户手上。制定物流计划的关键也就集中在订货需求与库存控制计划上。分销物资资源配送调度计划方法是物流系统管理计划导向的结果。

DRP 的发展经过了如下几个阶段。第一个阶段是物流需求计划（Distribution Requirements Planning，简称 DRP Ⅰ）方法，第二个阶段是物流资源计划（Distribution Resources Planning，简称 DRPⅡ）方法，第三个阶段是物流资源获利能力分析（Distribution Resources Profitability，简称 DRPⅢ）方法。

基本 DRP 就是 DRP I，即分销需求计划，而 DRP 是 DRPⅡ和一些 CAD 系统、专家系统、管理信息系统、管理决策系统集成的系统，一般称为集成分销资源计划。这里只讨论 DRP Ⅰ和 DRPⅡ。

DRP Ⅰ是流通领域进行物资资源配置的技术。它主要在以下两类企业中应用：

（1）流通企业。特别是一些含有物流业务的企业，如储运公司、配送公司、物流中心等。这些企业最基本的特征，是有可能亲自搞销售，也有可能不搞销售，但是必然有储存和运输的业务，也就是有进货或送货业务。为简单起见，一律称之为“物流中心”（配送中心是典型的物流中心，而流通中心就是还具有销售业务的物流中心）。

物流中心一般具有强大的储存能力和运输能力，受生产厂商的委托存货，或者自己从这些生产厂购进货物存放在自己的仓库里，然后为生产厂销售部门或企业订货用户送货。物流中心可能还有自己的下属物流中心，它们分布在各个地区，也从本中心进货在当地进行配送。自己的总费用最省，自己的资源（车辆、仓库等）利用率最高。物流中心的业务模式见图 4－4。

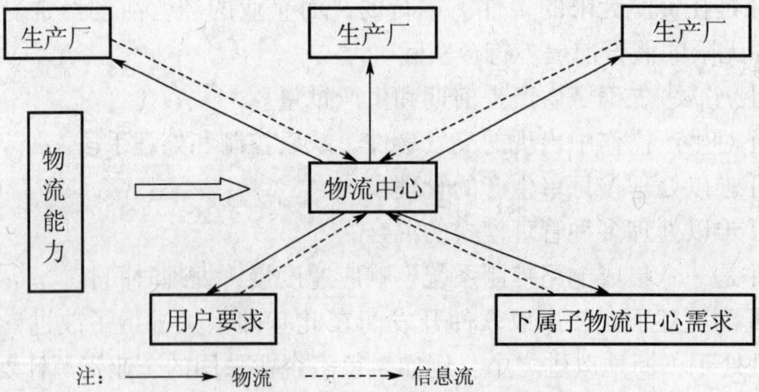

图 4－4　物流中心的业务模式

（2）生产企业。大多数中小企业生产的产品是交给经销商或零售商去销售，自己没有销售网络。但是有的生产企业，特别是大型企业，有自己的销售网络和储运设施。自己生产出来的产品，或完全由自己销售，或部分交流通企业销售。这样的生产企业是面对市场来生产自己的产品，既搞生产，又搞流通。国内的二汽、武汉神龙、TCL 等就属于这一类。他们的分销业务，通常由企业的流通部门承担，具体组织储、运、销活动，而由企业的生产部门提供物资资源。生产企业分销业务模式如图 4－5 所示。

将图 4－4 与图 4－5 相比较，可以发现两者基本情况是一样的。不同点在于：生产企业的流通部门代替了流通企业物流中心的工作，生产企业的生产部门代替了流通企业的生产厂集合（或者说是生产市场）的位置。其共同的基本特征是：

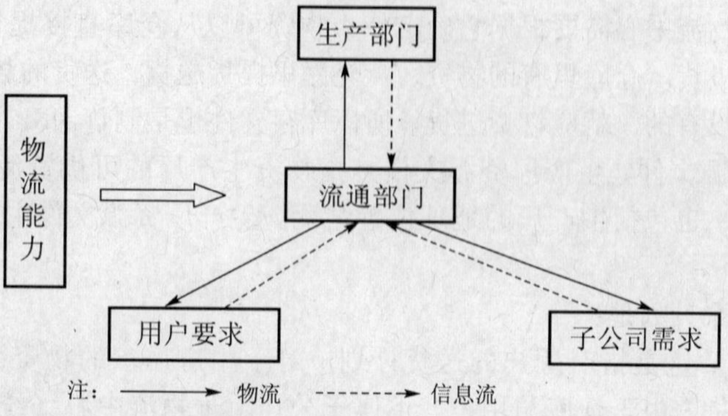

图4-5　生产企业分销业务模式

（1）接受社会需求，并以满足社会需求为本企业全部工作的宗旨。

（2）依靠一定的物流能力（包括仓储、运输、包装、装卸、搬运等能力），以物流活动作为基本手段来满足社会的物资需求。

（3）为满足社会需求要从生产厂（物资资源市场）组织物资资源。

由于两者的基本业务模式相同，在此仅以物流中心为代表来介绍DRP的原理。DRP原理如图4-6所示。

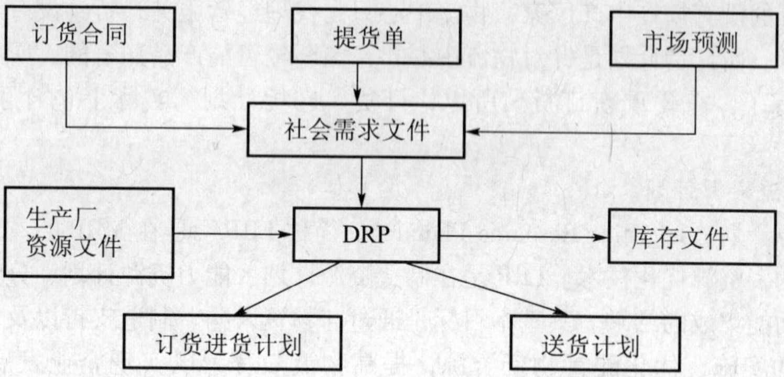

图4-6　DRP原理

DRP在原理上看是很简单的，由图4-6可见，实施DRP时，要输入三个文件，然后根据这三个文件产生两个计划，即一个订货进货计划，一个送货计划。

输入的三个文件是：

（1）社会需求文件。社会需求文件是指所有的用户订货单、提货单或供货合同，也包括下属各子公司、下属各地区物流中心的订货单。将这些需求按品种、需求日期（或周）进行统计构成一个文件，制定出社会需求文件。如社会需求没有这些预先签订好的订货单、供货合同等，则社会需求量就要靠预测来确定。物流中心的人员，根据自己过去的供货记录来预测估计未来每天（或周）的需求量，从而形成社会需求文件。

社会需求文件是进行DRP处理的依据，是DRP处理的最主要的文件，没有这个文件就不可能进行 DRP 处理，因此将其他称之为社会需求主文件。

（2）库存文件。库存文件是物流中心的仓库里所有库存物资量的列表。之所以需要这个文件，是因为物流中心需要根据它确定什么物资可以从仓库直接提货送货、送多少，什么物资需要订货进货。仓库里有的物资，从仓库里提货送货，送货的数量不能超过现有的库存量；仓库里没有的，就应订货进货。所以库存文件也是制订 DRP 计划必需的文件。

（3）生产厂资源文件。生产厂资源文件是指物资生产厂的可供资源文件。该文件包括可供的物资品种，也包括生产厂的地理位置情况。生产厂资源文件主要是为 DRP 制订订货计划用的。

DRP 生成的两个计划是：

（1）送货计划。这是指对用户的送货计划。对于用户需求的物资，如果仓库里有，就从仓库里提货送货。由于仓库与用户、下属子公司、子物流中心（统称为需求者）都有一定路程，所以提货送货需要有一个提前时间，才能保证货物能够按需求时间及时送达。送货分直送和配送。对于大批量需求的需求者实行直送；对于小批量的需求者，实行配送。所谓配送，是对成片小批量用户的依次循环送货，配送方式在保证用户需求的同时，可以减少配送车次，节省费用。

（2）订货进货计划。这是指生产厂的订货进货计划。对于用户需求的物资，如果仓库到时候没有库存量，则需要向生产厂订货进货。因为订货进货也需要花时间，所以也需要设定订货提前期。要根据具体厂家来设定提前期。这由生产厂资源文件提供。

这里订货和进货不是一回事。进货计划是对于生产厂委托储运、委托经营的物资而言的，这些物资的所有权在生产厂家，物流中心只是代理经营服务，货物没有了，就直接到生产厂去进货。而订货计划是针对物流中心自己买断经营的产品而言的，所有权属物流中心，货物没有了，需要重新订货。所以，订货、进货计划，实际上包含了这两种经营方式。

（四）物流资源计划

物流资源计划（Logistics Resource Planning，简称 LRP）是在 MRPⅡ、DRP 的基础上发展起来的物资资源优化技术。LRP 是在制造资源计划、能力资源计划、分销需求计划的基础上进行功能集成的结果。其基本目标是通过与物资采购、制造支持以及实体分销有关的作业计划的实施，优化配置物资资源，提高物流效率，以实现企业发展战略的经营计划。

LRP 的基本思想，是面向大市场，以物流为基本手段，打破生产和流通的界限，为企业生产和社会流通的物资需求进行经济有效的资源配置。其基本原理包含了以下几个基本点。

（1）LRP 的宗旨。其内容如下：

① 站在社会的角度，为市场需求进行经济有效的物资资源配置，满足社会的物资需要。

② 站在大市场的角度，为企业生产和流通的经济高效运行组织资源，包括从社会和企业内部经济有效地组织资源，改善企业内部物流，提高企业生产效益。

通过上述两个方面的操作，最大限度地提高企业经济效益和社会经济效益。

（2）打破生产和流通的界限。生产和流通的界限是在传统经济条件下形成的。商品无论从生产领域流到流通领域，还是从流通领域流到生产领域，都存在着渠道单一、环节增多、手续复杂、流通不畅等问题。其结果使企业资源处在一种束缚状态，不能得到充分有效发挥，因而经济效益上不去。所以，只有打破生产和流通的界限，使得资源处于一种活性配置状态，才能达到资源的优化组合，提高经济效益。

（3）灵活运用各种手段。为达到上述的宗旨，除打破生产和流通的界限外，还要打破地区、部门、所有制界限等多种多样的界限，灵活运用各种手段，包括利用各种经营组织、经营方式等组织企业经营活动。企业集团、跨国公司等组织形式能集中体现这种思想。这种公司，不是单一产品的生产，而是系列产品生产；不但生产，还从事流通和各种服务活动。什么方式能实现资源的有效配置，用什么方式最能提高经济效益，就采取什么方式是 LRP 的指导思想。

（4）资本营运。资本，实际上是企业资源的集中表现形式。资本营运是企业资源营运的关键，它能最有效地配置企业各种资源，为企业创造最大的效益。

（5）树立立足市场抓企业、立足流通抓生产、立足需求抓供应的思想。这并不是否定企业、生产、供应的重要性，而是摆正三者在市场、流通、需求中的位置关系。

（6）树立“统一”、“集成”、“优化”的思想。综合运用各种资源、配置技术、先进管理思想和管理手段，LRP 不是简单地将 MRP 和 DRP 相加，而是将两者进一步融合、优化。

LRP 的处理逻辑原理如图 4－7 所示。

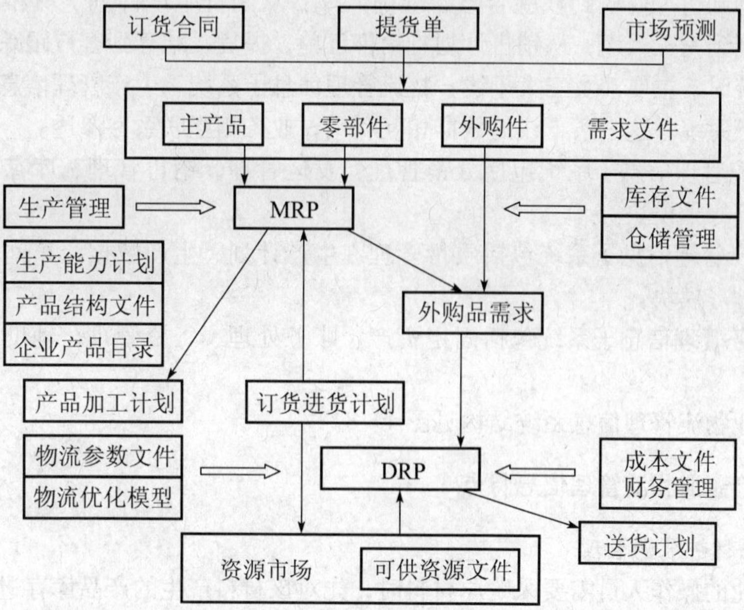

图 4－7　LRP 处理逻辑原理

由图 4－7 可以看出，LRP 实际上是 MRP 和 DRP 的有机结合：在生产厂系统内部，实行 MRP；在生产厂外部，实行 DRP。

其中 MRP 与原 MRP 不同的地方是，原 MRP 主产品需求计划现在由 DRP 的订货进货计划部门来代替。而其社会订货则由 DRP 的输入文件——“需求文件”来记录。社会订货则由 DRP 从库存中予以供应，仓库中不够的再通过 MRP 订货进货。MRP 根据这个订货进货计划进行 MRP 处理，产生的加工任务单交生产部门加工，外购件又返回 DRP 系统的需求文件，进入 DRP 处理。DRP 仍然首先从仓库供应，仓库不够的通过订货进货计划到资源市场去采购进货。

在图 4－7 的需求文件中，既有 MRP 需求的产品（包括主产品、零部件），也有 DRP 需要的外购件（企业不生产但流通中心经销的商品）。因此，MRP 输出的外购品计划就成了 DRP 的输入需求计划的一部分。图中的库存文件，不但有生产厂仓库的生产库存，还有流通中心（原来的物流中心，增加了购销等商流功能后称流通中心，下同）的库存。同样，车队也不只是流通中心的，还要为生产厂运输，在整个系统内进行统一调度。现在的财务管理、成本核算，也是面向整个企业的，包括生产成本核算和流通成本核算。

这里的物流优化模型，不仅是原 DRP 的物流优化模型，还应当包括内部物流的优化模型，包括厂区规则、生产路线设计等模型。

第三节　企业物流管理信息系统解决方案

一、生产企业物流管理信息系统结构图

生产企业物流管理信息系统设计的内容包括从采购货物的需求计划、采购计划到下达订单；从货物到达、待检到检验合格、准确入库；从制订生产计划、材料领用、车间管理、质量控制到完工入库；从销售计划、销售订单、提货、结算到客户跟踪。在设计企业管理信息系统时，主要涉及三大干线：物流管理信息子系统、生产管理信息子系统以及财务管理信息子系统。这三条干线的数据相互利用，业务相互联系、渗透。

（1）物流管理信息子系统包括分销管理、发运管理、销售管理、库存管理、采购管理、存货核算等子模块。

（2）生产管理信息子系统包括质量管理、生产计划、生产数据、车间管理、成本管理、设备管理等模块。

（3）财务管理信息子系统包括固定资产、账务处理、工资管理、辅助管理、财务预算等模块。

生产企业物流管理信息系统结构见图 4－8。

二、生产企业物流管理信息特点

（一）原材料采购管理

生产企业的操作人员需要采购原材料时，先对该材料产生的产品库存进行查看，当该产品的状态是需要补货的时候，操作人员就应该对该产品的原材料进行补充。该模块的功能主要包括库存查看、采购原材料、采购付款单、收货、采购单查询等，见图 4－9。

（1）库存查看。企业在采购之前先查看自己的库存信息，如果发现有库存基数不足，可以早日确认采购任务，确保采购的是急需的产品。在该系统中可以根据预先设置的产品基数，自动报警。

（2）采购原材料。生产企业向供应商采购原材料，物流部门查看供应商发布的原材

料信息，并且选购下单，订单发送到供应商之后，系统自动产生该订单的付款单，进入下一步操作。

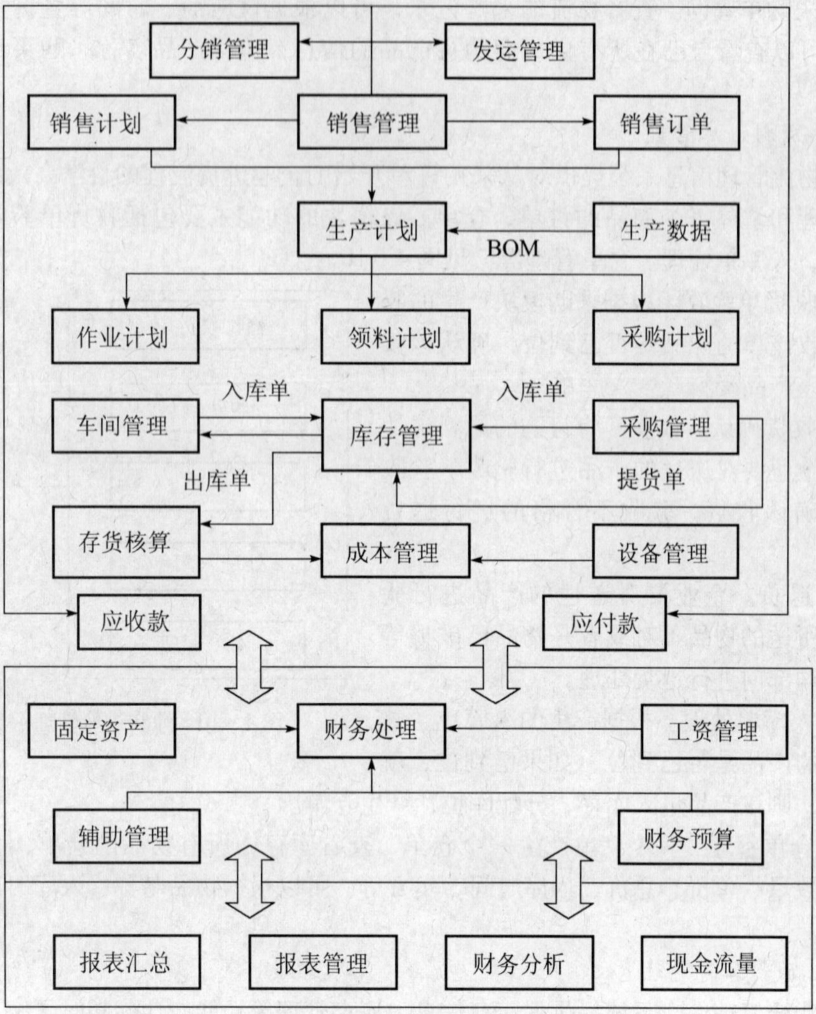

图4－8　生产企业物流管理信息系统结构

（3）采购付款单。生产企业下完订单后，根据付款的方式来付款。如果是有合同的供应商，则按合同中所规定的付款方式进行付款，否则进入“采购付款单”功能中去确认需要支付的款项。此付款过程通过银行转账，如果没有银行账号，该功能不能继续，要先申请银行账号。转账确认成功后，产生收货单。

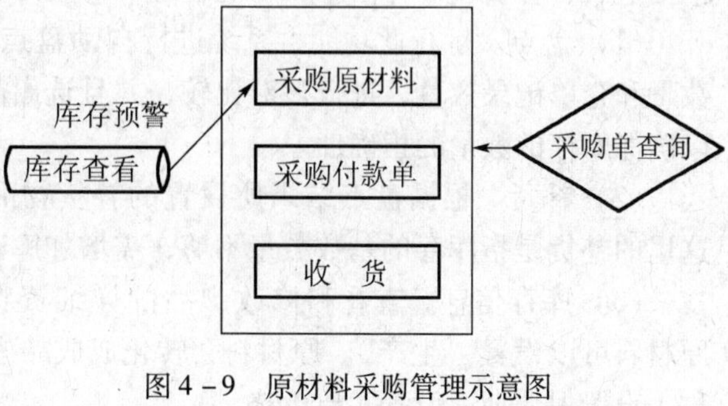

图4－9　原材料采购管理示意图

（4）收货。若是有合同的供应商，则不需支付货款后才发货，有订单就可以发货。

如果是没有合同的供应商，则需支付货款后，等待供应商确认处理订单后，生产企业收到货物后需确认收货单，标记该货物已收到，然后将此收货单转到下一步入库处理。

（5）采购单查询。查看物流的采购记录，可以根据供应商、时间等查询具体的采购单。企业可以查看自己在所有供应商购买产品的信息，包括产品名称、购买厂家、购买时间。

（二）原料进库管理

企业物流管理信息系统提供对从采购订单开始的企业进货流程的科学高效的管理，让你轻松管理和掌握每个商品的订单、仓单。该模块的功能主要包括收货单验收、收货确认、退货、入库单处理、仓单管理等，见图4－10。

（1）收货单验收。根据采购模块产生的收货单，验收该单的产品是否已到位，确认该收货单后，该产品资料产生入库单。

（2）收货确认。供应商将订购的原料送达到企业，企业要对送达的产品进行验收，验收合格的则确认收货，验收不合格的进行退货处理。

（3）退货。企业要对送达的产品进行验收，发现所送的物品不对或者是物品已破损等情况由采购部门进行退货处理。

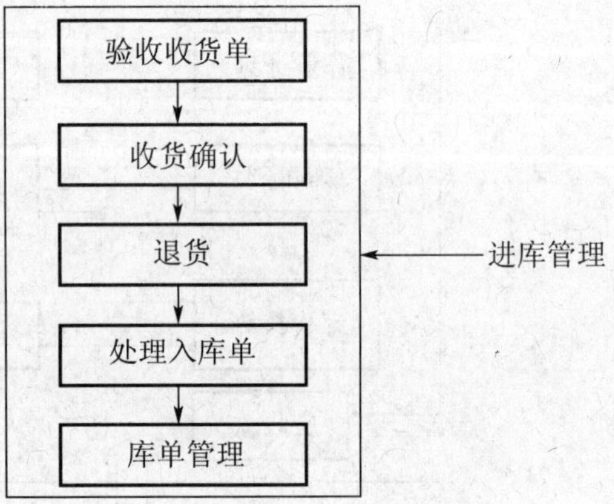

图4－10　原料进库管理示意图

（4）入库单处理。根据产生的入库单，查看入库单的产品是否已到位，如果已到位，就点击入库，则该产品进入库存，分配库位，产生仓单。

（5）仓单管理。一个订单产生一个仓单，查看库存中所有物品的仓单，仓单包括物品名称、数量、单价、总价、入库时间、卖方等。可以根据物品名称、入库时间、卖方等进行查询。

（三）原料库存管理

企业物流管理信息系统提供的库存信息、库存管理等功能，让你随时了解企业的现有库存的详细情况。库存盘点等功能使得企业的库存管理工作更加严谨高效。该模块的功能包括盘点、补货、库存信息、库位管理、修改产品库位、报废处理等，见图4－11。

（1）盘点。运行此功能，系统进行自动盘点库存。盘点方法是：分别统计库存物品数量和仓单记录数量，进行核对比较，并且选出需补货的物品，设置成补货。经常盘点可以确保库存的数量的正确性。

（2）补货。根据盘点结果所设置的补货物品，根据实际情况在这里进行补货处理。这里的补货是指库存的基数数量不够，需增加库存。

（3）库存信息。查看和修改产品的详细资料，库存物品分"成品"和"原材料"，原材料可以设置"生产"。原材料会转化成成品进行销售，生产过程可以重新命名产品名称，设置保质期，设置卖出价格。

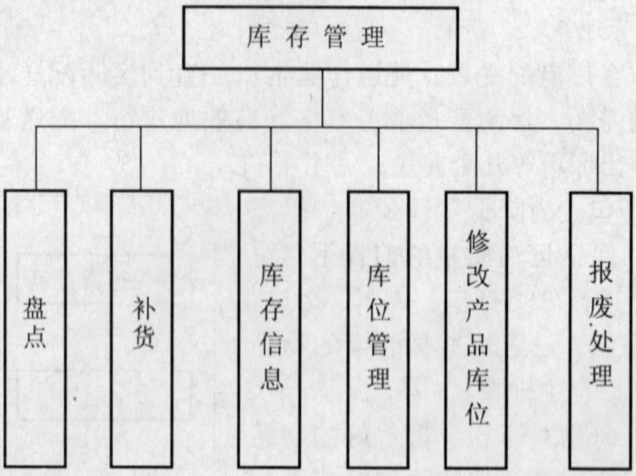

图 4－11　原料库存管理示意图

(4) 库位管理。库位管理是根据不同物品的需要，将现有仓库分类，分类规则可以自订，如采购库存、销售库存、物品库存、资料库存，上海库存、北京库存，等等；设定每个库位的大小（体积）。

(5) 修改产品库位。根据所划分的库位，手动将各种物品转库。主要修改的是库位与库位中商品或原材料的调换或搬移。

(6) 报废处理。比较库存物品的保质期和当前日期，如果大于当前日期则报废处理，然后修改库存、库位，按定价确定成本支出。

（四）产品销售管理

在此功能中，可以建立同厂家之间的合同，对客户的订单进行相应的处理，并可以对客户的退货单进行确认。该模块的功能包括运费单、退货单管理、销售单管理、合同管理、销售统计等，见图 4－12。

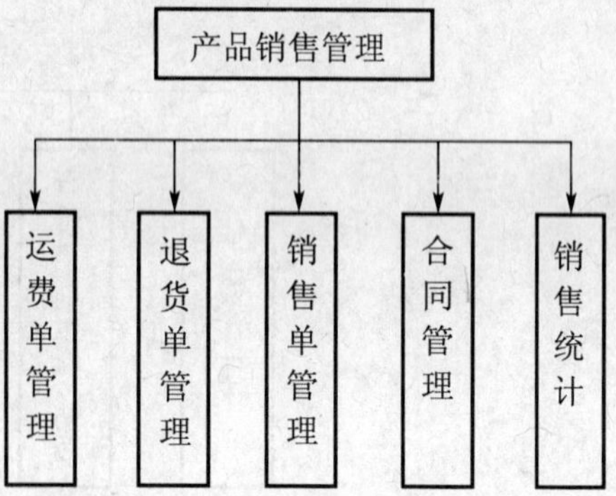

图 4－12　产品销售管理示意图

(1) 运费单管理。查看运输费用报价。可以对运输的费用设定一个价格，进行报价。

(2) 退货单处理。处理客户的退货单，重新将该物品入库。处理的步骤是先对客户退货要求进行审核，审核通过允许退货后，并由仓库验收入库，验收不通过即需要进行报废处理；审核不通过返回给客户。

(3) 销售单管理。查看客户订购的订单信息，查看该销售单的货款是否已到账，如果已到账，就进行订单处理，将该订单转化成已处理订单，同时产生统一配货单。

(4) 合同管理。建立和厂家之间的合同，以确定付款方式（月结，日结，年结）和其他事项。对所有的合同进行管理，并可以根据付款方式、签订时间等进行查询。

(5) 销售统计。按客户和产品，分类统计销售情况，以方便物流公司进行成本、利润核算。

(五) 销售配送管理

企业销售完成从客户申配受理、配送作业生成一直到实际配送出库的一系列管理功能，满足配送业务的需要，保障配送业务有序、高效地进行。配送管理包括分类拣货打包、分配运输、产生出库单等几个模块，见图4－13。

(1) 分类拣货打包。为降低运输成本，提高运输的利润，并且在保证运输质量的前提下，对运送路线相同的物品进行分类打包、装车、运送。装车也受到重量的限制，设置这些被装配的物品状态为运送中，并从库存中排除。

(2) 分配运输。分别对车次、打包好的物品和驾驶员进行配对，找到最合理的运送方式进行运输分配，并自动设置车辆状态为"忙"。

(3) 产生出库单。对已分配好车辆的物品，设置出库时间，自动产生出库单及相关信息。

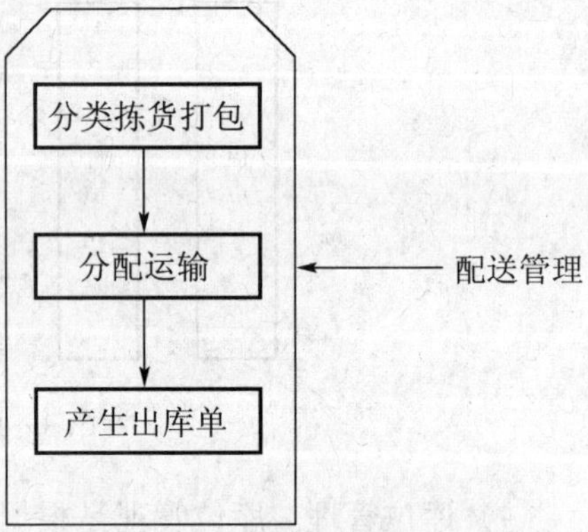

图4－13　产品销售配送示意图

(六) 运输管理

运输管理是整个物流系统的重要组成部分，运输管理的合理化、标准化、规范化，才能保证货物运输的准确性、快捷性。运输管理包括车辆管理、查看当前车辆状态、驾驶员管理、车辆维修、车辆运输记录等几个模块，见图4－14。

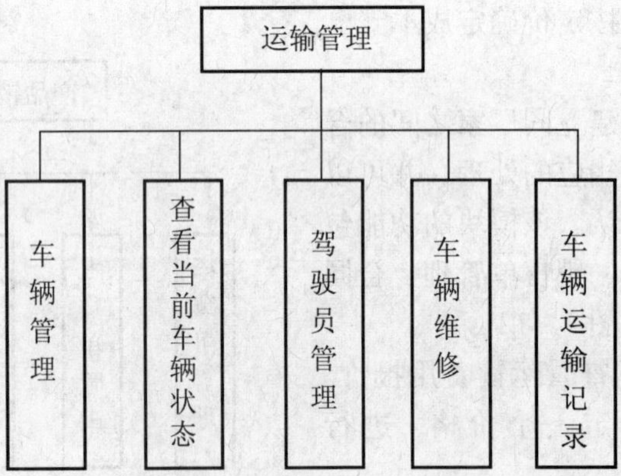

图4－14　运输管理示意图

(1) 车辆管理。添加、修改、删除车辆及车辆相关信息；添加车辆是从车库有选择地购买相应车辆，并支付一定的买车款。

(2) 查看当前车辆状态。查看当前的车辆状态是否处于"忙"状态及行车的路线。可根据车辆的号码进行查询。

(3) 驾驶员管理。添加、修改、删除驾驶员及设置驾驶员状态。驾驶员的状态是指驾驶员是否处于忙的状态（已出车）。可以根据驾驶员的姓名进行查询。

(4) 车辆维修。设置车辆的维修费用及维修备注。记录车辆维修的历史记录，并可以根据车辆号码进行查询。

（5）车辆运输记录。查看所有车辆或某一辆车的运输历史记录。可以根据车辆号码和时间查询相应车辆的运输记录。

（七）商品出库管理

商品出库管理是生产企业进行的出库管理，包括受理出库单、查看出仓单等几个模块。

（1）受理出库单。在出库单列表中，处理待出库的出库单，同时此出库单消失，产生出仓单以作备案。

（2）查看出仓单。查看和查询所有的仓单，并做相关统计。

（八）企业财务管理

企业财务管理也是物流信息管理的重要的一部分，也是不可缺少的一部分，它包括路线管理、银行账号申请、资金结算、账目明细、应收应付款、采购结算等几个模块，见图4－15。

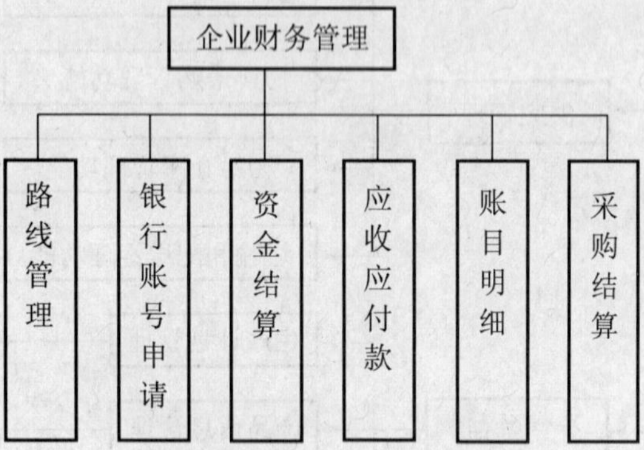

图4－15　企业财务管理示意图

（1）路线管理。添加、修改、删除路线，包括起始地点、目的地、路程、费用等等；设置该距离的行车成本。

（2）银行账号申请。对一个企业，要有一个对应的银行账号进行转账，所以要申请相应的银行账号，对申请的银行账号的确认由管理员来确认，不再设置银行角色。填写正规的存款单。

（3）资金结算。结算最终的银行存款、采购支出、运输成本支出、车辆支出及各种收入情况，并统计出利润、销售收入、运费收入、库存支出、报废支出。同时产生当前日期的结算报表。

（4）账目明细。按采购、运输成本、车辆维修、库存支出、报废支出等分类列出每一批支出或收入的明细账目，并按时间排序。

（5）应收应付款。设置运输成本，其他支出为应付款；营业收入为应收款。自动产生应收款。

（6）采购结算。结算合同的采购费用。对物流过程中所有的采购费用进行结算。

第四节　企业物流管理信息系统的构成

现代生产型企业愈来愈多地实施了流程再造和 ERP 系统，企业内部计划和资源管理达到一个新的台阶。企业的业务流程不断规范，操作日趋标准化，企业的物流管理信息化程度日益提高。企业物流管理信息化就是指企业在生产制造过程中按照生产计划或订单对生产线进行的供应、生产及销售的管理，以及按照分销计划或订单对产品从生产线到经销商或零售商或最终用户手里的过程管理信息化，它是对企业 ERP 中物流管理功能的加强，是现代生产企业不可或缺的决策管理手段。

企业物流信息系统的功能如图 4－16 所示，它是以信息平台为基础来实现物流信息的作用的。

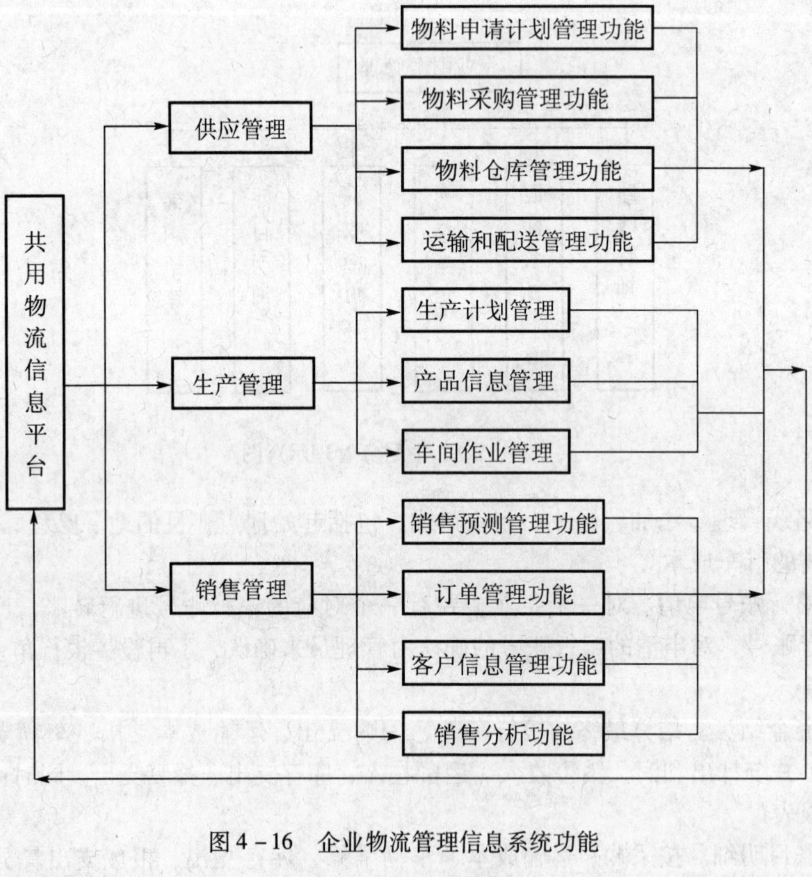

图 4－16　企业物流管理信息系统功能

一、供应管理

1. 物料申请计划管理功能

（1）计划申请子模块。包括月度申请计划和紧急用料申请计划。主要功能有计划输入、修改、删除、发送、查询和打印。

（2）计划受理、可供料管理子模块。对申请单位发送来的申请计划进行审核，正确的受理；不正确的发回重做，或者和申请单位协商补报、查库，进行可供料标示。无库存或者库存不足的，则编织采购计划，入库后再进行可供料标示。

（3）计划完成情况统计子模块。检查下属申请单位的月度计划执行情况。

2. 物料采购管理功能

（1）采购计划编制管理子模块。系统自动汇总各供应站发送来的月度材料申请计划，进行系统库存物料平衡，自动生成采购计划。计划员对采购计划作必要的修改后，即可以打印正式的采购计划，由采购员进行采购。

（2）询价比价管理子模块。采购合同签订之前，采购计划员可以利用系统提供的分析功能，对所需采购的物料和供应商进行查询比价。

（3）合同管理子模块。所有的采购行为都必须以合同为准，提供合同签订功能。

（4）供应商管理子模块。包括供应商的自然情况和同企业的交易情况等。

3. 物料仓库管理功能

（1）物料入库管理子模块。材料入库时，凭材料入库验收单进行验收、记账、付款。计划员输入采购计划号和合同管理号，进入入库验收程序。计划员输入发票号、数量、单价、运杂费等，仓库照此单比对验收入库。

（2）物料出库管理子模块。包括领料、带料加工、销售等。供应站计划员凭领料单或者销售通知单进行发货作业。拣货完毕，系统核减库存，并打印发货清单。

（3）物料维护管理子模块。包括盘库作业、物料保养等日常管理。

4. 运输和配送管理功能

（1）运输管理子模块。采购完毕，物料的运输可以由供货商送货或者企业自提，也可以由任何一方委托第三方进行。运输计划一旦落实，系统记录相关详细资料。

（2）配送管理子模块。一般情况下有生产自行领料、供应部门送料等形式。

二、生产管理

生产管理主要包括以下三方面的管理。

1. 生产计划管理

（1）生产计划编制。原始数据的管理、人工修改与调整、生产能力需求、材料供应需求等。

（2）生产计划调整。计划变更、计划调整、计划追加、计划删除等。

（3）生产能力审查。生产能力数据维护、生产计划审查等。

（4）材料供应审查。材料供应数据维护、材料供应审查等。

（5）生产计划查询。生产计划查询、生产计划调整查询、生产能力查询、材料供应查询等。

（6）生产计划报表。生产计划报表、生产计划调整报表、生产能力报表、材料供应报表等。

2. 产品信息管理

（1）产品代码管理。产品代码的输入、修改、删除等维护功能。

（2）产品结构维护。产品结构代码维护、产品结构维护、成本与提前期累加、替代产品结构维护、零件替代维护等。

（3）产品工艺路线维护。作业信息维护、工序说明维护、工具与运输设备信息维护等。

3. 车间作业管理

（1）车间作业计划编制。车间作业计划编制模型、有关参数的选择、人工调整、下达作业清单、车间作业任务分析等。

（2）车间作业计划调整。

（3）车间基本管理信息。设备能力、设备修理、人员情况等。

（4）工序事务管理。工序完成事务处理、工序转移事务处理、工序事务处理浏览等。

（5）车间作业管理查询。作业计划查询、作业调整查询、基本信息查询、工序事务查询等。

（6）车间作业管理报表。作业计划报表、作业调整报表、基本信息报表、工序事务报表等。

三、销售管理

1. 销售预测管理功能

（1）销售历史数据管理。对销售历史数据进行管理，主要包括销售数据输入、删除、修改，异常数据处理等。

（2）预测模型选择。这里应提供多种预测数学模型与方法。也可以根据企业销售人员的经验，构造适合本企业的销售预测模型。

（3）预测结果的修改与调整。应结合企业产品的具体情况，按照季节和需求变动等情况，进行必要的修改与调整。

（4）预测模拟。预测模拟是帮助管理人员选择合理的预测模型或改进预测模型。不同的产品、不同的季节和不同的销售地区，可能采用不同的预测方法和模型。

（5）预测查询。包括销售数据查询、模型查询、预测模拟查询、预测数据查询等。

（6）预测报表。包括实际值与预测值差异表、预测分析表、偏差分析表、预测报表等。

2. 订单管理功能

（1）价格管理。包括产品基本价格信息、产品价格折扣信息，以及随机备品备件价格信息、售后服务价格信息、新开发产品或特制产品附加价格信息等。

（2）技术审查。根据客户提供的初步订单信息，由企业技术部门对订货产品的技术指标进行审查，确定是否接受该客户的订单。对于新产品应要求客户首先与企业的技术部门签订有关协议。

（3）生产审查。根据客户提供的初步订单信息，由企业生产管理部门对订货产品的交货期进行审查，确定是否接受该客户的订单。对于有库存储备的产品可以立即交货，对于按订单生产的企业则要考虑到产品的生产周期和生产安排情况。

（4）信用审查。根据订单应收款的大小，检查客户信用情况、信用额度、信用保留。

（5）订单处理。接收客户初步订单信息。在全部审查合格时生成订货合同。

（6）订货合同管理。对已经签订的订货合同进行管理。

（7）发货票据。包括企业内部用票据和有关税务票据。

（8）销售物流管理。确定发货仓库、发货路径、运输部门、运输车辆、运输日期等。

3. 客户信息管理功能

（1）客户基本信息。客户地址、名称、联系电话、邮政编码、联系人等。

（2）客户特征信息。使用货币、开户行、银行账号、付款方式、税号、信用额度等。

（3）客户要求信息。订货的特殊技术与包装要求等。

（4）客户信息查询。客户名称查询、客户信用查询、客户账号查询等。

（5）客户信息报表。客户付款报表、客户信用报表、客户订货特殊要求报表等。

4. 销售分析功能

（1）产品销售分析。按地区、按产品进行销售数量、销售金额、销售利润和销售业绩分析等。

（2）销售员业绩分析。进行销售数量、销售金额、销售利润和销售业绩分析等。

（3）销售查询。销售数量查询、销售金额查询、销售业绩查询、产品销售等。

（4）销售报表。销售数量报表、销售金额报表、销售业绩报表、销售人员报表等。

5. 售后服务管理

（1）投诉处理。接收客户的投诉信息，与有关部门协商，反馈协商意见，达成处理协议等。

（2）退货换货处理。打印退货换货处理票据。通知有关部门，进行退货换货处理等活动。

（3）售后服务管理信息。与客户进行联系，记录客户意见，以及有关使用信息等。

复习思考题

1. 如何理解企业物流的内涵?
2. 企业物流具有何特点?
3. 简述生产企业物流的业务活动。
4. 生产企业物流管理信息特点是什么?
5. 企业物流管理信息系统由哪些主体构成?

【实训项目】

企业物流管理信息系统的应用

1. 实训目的

通过使用用友ERP和金蝶软件等系统进行实践操作，让学生了解企业信息系统的主要技术框架，以及针对不同企业设计的物流管理信息系统解决方案的差异。了解各软件中不同子系统及基本业务模块，熟悉软件的操作流程，能够独立完成对应的物流管理业务，清楚相应的物流流程。

2. 实验设备及软件

（1）实验设备：服务器、交换机和PC机组成局域网络。

（2）软件环境：

① 服务器采用Microsoft Windows 2000 Server操作系统。

② 数据库管理系统。

③ 学生客户端采用 Windows XP 操作系统、IE5.0 以上浏览器。

④ ERP 软件。

3. 实训内容

(1) 用友 ERP 软件，具体内容见软件操作说明书。

(2) 金蝶软件，具体内容见软件操作说明书。

4. 实训安排

(1) 学生上机完成软件操作内容。

(2) 实验结束后，学生对模拟操作进行总结，编写出实验报告。

实验报告包括如下内容：实验的目的和要求；实验步骤；实验结论；本次实验的主要收获和体会。

【课后案例】

ERP 失败案例分析：又是流程惹的祸

定死的流程拖死企业的事情并不少见。对于各个厂家的 ERP 系统，其内部都集成了一套"先进"的管理方法，对企业来说选择 ERP 系统无疑就是在让自己接受一套新的方法论，而如果这套方法论早已经把企业的业务流程规定得死死的，对企业来说也相当于同时要强迫自己适应一套新的业务体系。而对于已经实施了 ERP 的企业来说，系统对随企业不断发展需要而变化的业务流程的适应性就显得尤为重要。某集团公司实施 ERP 失败有一些特殊的原因，但是这个案例对于我们企业实施 ERP 有很多可以借鉴的教训。

1998 年初，该公司采用 Symix 公司（现更名 Frontstep 公司）的产品来实施 ERP，直到同年 7 月份，该公司实施 ERP 的进展都很顺利，可是随后的一系列变故让项目彻底失败。四年过去了，该公司的销售额从当时的 15 亿元上升到目前的 22 亿元。但是，对公司来讲，当初实施的 ERP 如今却成了负担。

1. 背景

在机械行业 100 强排名中，该公司排名前 30 位，是以电力系统自动化、保护及控制设备的研发、生产及销售为主的国有控股大型企业。集团公司下设 2 家上市公司，8 个中外（港）合资公司，子公司有 21 个；现有员工 4260 人，各类专业技术人员 2 550 余人，占全员的 60%，其中本科生 1375 人，硕士 216 人，博士、博士后 34 人，国家级有突出贡献专家 8 位；公司占地面积 60 万平方米。

该公司在坚持把主业做强、做大的同时，不失时机地跻身于民用机电、电子商务、环保工程、资产管理等行业，并取得了喜人的业绩。多年来，该公司坚持"一业为主，多元发展"的经营战略，支撑着企业的快速发展，2001 年该公司实现销售收入 28.8 亿元（含税）、利润 2.5 亿元，比 2000 年分别增长 34% 和 9.75%，各项经济技术指标再创历史最高水平，继续保持行业的龙头地位。

Symix 成立于 1979 年，总部位于美国俄亥俄州，专业从事企业管理软件的研发和推广，1995 年进入中国市场，设立赛敏思软件技术有限公司，并发展了多元电气、许继电气、威力集团、西南药业等本土化用户。该公司倡导的"客户同步资源计划（CSRP）"理念已受到业界广泛关注并获得了客户认可。其 SyteLine 软件系统在中国的客户总数目前已达140余家。2001年初，Symix正式更名为Frontstep，将公司业务从企业资源计划向全面的电子商务解决方案拓展。

2. ERP选型

该公司采用ERP希望能解决三个方面的问题：第一方面是希望通过ERP规范业务流程；第二方面是希望信息的收集整理更通畅；第三方面是通过这种形式，使产品成本的计算更准确。

ERP选型时，公司接触过包括SAP、Symix、浪潮通软、利玛等国内外ERP厂商。开始许继电气想用SAP的产品，但是SAP的出价是200万美元，软件费100万美元，实施服务费100万美元。而当时公司ERP的预算只有500万元人民币。国外ERP软件用不起，公司并没有把目光转向国内软件企业。因为在考察了浪潮和利玛等几家国内厂商之后，觉得国内软件厂商的设计思路和自己企业开发设计软件已实现的功能相差不大。挑来挑去，许继电气最终选择了Symix，一家面向中型企业的美国管理软件厂商。公司当时的产值是15亿元，与美国的中小型企业相当，而Symix在中小型企业做得不错，价位也比较适中。而且按照一般的做法，签单的时候，一般企业的付款方式是分三笔：5∶3∶2模式；而Symix开出的条件非常优惠：分7步付款的方式。双方就这样成交了。

3. ERP实施

从1998年初签单，到同年7月份，公司实施ERP的进展都很顺利。包括数据整理、业务流程重组，以及物料清单的建立都很顺利。厂商的售后服务工作也还算到位，基本完成了产品的知识转移。另外，在培养公司自己的二次开发队伍方面也做了一定的工作。如果这样发展下去，该公司会成为国内成功实施ERP的企业典范。然而，计划赶不上变化。

到了1998年8月份，公司内部为了适应市场变化，开始发生重大的机构调整。原来没有成立企业内部事业部，而是以各个分厂的形式存在。而各个分厂在激烈的市场竞争中，出现了这样的怪现象：自己制造的零部件，比如每个螺钉在公司内部的采购价格是5分钱，在市场上却3分钱就可以拿到。这样必须进行大调整。

大调整的结果是将这些零部件分厂按照模拟法人的模式来进行运作。公司的想法是给这些零部件厂商两到三年的时间，如果还生存不下去，再考虑其他办法。如工人下岗、企业转产、倒闭等。

实施ERP在先，公司结构大调整在后。但是公司高层在调整的过程中，更多地关注企业的生存，企业经营的合理化和利润最大化，显然没有认真考虑结构调整对ERP项目的影响。

企业经营结构变了，而当时所用的ERP软件流程却已经定死了，Symix厂商也似乎无能为力，想不出很好的解决方案。于是公司不得不与Symix公司友好协商，暂停项目，虽然已经运行了5个月，但是继续运行显然已经失去了意义。Symix的ERP现在只是在公司一些分公司的某一些功能上还在运行。

讨论题

1. 该集团公司实施ERP失败的原因是什么？

2. 请你给该集团公司出谋划策，帮助企业摆脱困境。

第五章　第三方物流管理信息系统

【学习目标】

知识目标：

◆ 了解第三方物流管理信息的内容、范畴和类型；

◆ 掌握物流信息在第三方物流活动中的流程；

◆ 掌握第三方物流管理信息系统的解决方案；

◆ 掌握第三方物流管理信息系统的构成；

◆ 通过模拟软件的使用，进一步掌握物流信息在第三方物流企业活动中的作用。

能力目标：

• 能对第三方物流信息元素进行分类收集与筛选；

• 能通过理解，绘画出第三方物流的信息流动图；

• 能针对某第三方物流企业设计出公司物流管理信息系统的解决方案；

• 通过模拟软件的使用，能进一步修改和完善设计的某第三方物流企业的物流管理信息系统的解决方案。

【引导案例】

天美百达集团的第三方物流

天美百达集团总部设在英国，是全球最大的第三方物流公司之一，同行业排第七位。该集团在五大洲的33个国家都设有分部及机构，员工数目33 000人，其中仅在英国就有6个分部，如FMCG物流供应部、制造业物流供应部、欧洲技术物流供应部、欧洲纺织品物流供应部等。

天美百达的第三方物流极为全面，涉及制造、销售等领域，并且涉及从计算机到日用品，从传统营销到电子商务的各个具体层面。

1986年IBM国际商业机器公司与天美百达集团签订一项为期五年合同金额达数百万英镑的协议。根据此项协议，英国国际物流服务提供商——天美百达集团将为IBM公司提供在大不列颠及北爱尔兰的物流供应及配送服务。

（1）在此协议之下，天美百达集团将为IBM公司提供一系列的物流供应服务，该服务将为后者带来直接的效益，这两家公司的合作关系始于1986年。

（2）IBM决定将其与天美百达所建的合资公司——高科技物流服务有限责任公司中的40%的股权出售给天美百达集团，即将该部分的高科技物流服务业务移交给天美百达集团。高科技物流服务有限责任公司于1994年初开始向IBM（英国）公司提供物流配送服务。

（3）该协议涵盖的义务，包括对零部件及成品的出口、配送、发送及附加值服务，所涉及产品种类多样（小到零部件，大到电脑主机）。

该项新协议可看作是IBM公司所采取的战略中的关键一步：将物流配送业务交付给物流领域的专业化合作伙伴运作。对于天美百达集团来说这一步也极为重要，它因此而成为高科技产业的物流供应商。

IBM（欧洲，中东，非洲）的物流经理Bertand Augere这样说：我们将努力工作以增强我们的竞争力，为顾客提供高质量的服务。我们的战略是，由自己管理整个物流配送的过程，同时依靠战略合作伙伴提供实质性的服务。综合性研究表明，天美百达集团是我们在英国地区的理想的专业化的物流供应合作伙伴。我们坚信，天美百达集团将以其物流供应配送服务协助我们进一步提高顾客服务的质量。

天美百达（英国）有限责任公司现任董事长David Howes说：我们很高兴能够与世界上最大的著名制造商签署这一项协议，我们相信高科技物流服务有限责任公司所提供的技术和天美百达集团的资源将帮助IBM公司实现其在物流配送领域的最高目标。

讨论题

1. 天美百达集团的成功经验是什么？
2. 试从其他渠道了解天美百达集团的成功经验。

物流活动逐步从生产、交易和消费过程中分化出来，成为一种专业化的、由独立的经济组织承担的新型经济活动，即“第三方物流TPL（Third-Party Logistics，又称物流代理）”。

第一节　第三方物流概述

一、第三方物流的定义

第三方物流的定义是：本身不拥有商品，通过协议合作，在特定的时间内由物流劳务的供方、需方之外的第三方去完成向客户提供个性化的有偿物流服务的物流运作方式，包括商品运输、储存、配送以及附加的增值服务。专业化物流服务作为一个新的专业化分工领域，已经发展成为一个新兴产业部门。

从广义的角度以及物流运行的角度看，第三方物流不仅包括一切物流活动，还包括发货人可以从专业物流代理商处得到的一些有价值的增值服务。提供第三方物流服务，是以发货人和专业物流代理商之间的正式合同为条件的，所以又称为“合同制物流”。这一合同明确规定了服务费用、期限及相互责任等事项。

狭义的第三方物流专指本身没有固定资产但仍承接物流业务，借助外界力量，负责代替发货人完成整个物流过程的一种物流管理方式。通过电子商务系统网络化的虚拟，企业将散置在各地的分属不同所有者的仓库通过网络系统连接起来，使之成为“虚拟仓库”，进行统一管理和调配使用，从而使服务半径和货物集散空间都放大了。

二、第三方物流的特征

与传统的物流运作方式相比，第三方物流整合了多项物流功能，能使被服务的企业集中精力专注于生产和经营，减少雇员并节省在物流方面的开支。第三方物流的特征如下：

1. 第三方物流建立在现代电子信息技术基础之上

信息技术的发展是第三方物流的必要条件。电子数据交换（EDI）技术实现了数据的快速、准确传递，射频技术（RF）提高了仓库管理、装卸运输、订货采购、订单处理和配送发货的自动化水平，电子资金转账（EFT）技术实现了资金快速支付，通过B to B等电子商务模式，企业之间可以更方便地与物流企业进行交流与协作，同时相关电脑专业管理软件的使用，能有效地管理物流渠道中的各种资源。

2. 第三方物流是合同导向的系列物流服务

从物流运行的角度看，第三方物流可以包括一切物流活动以及货主可能从专业物流提供商处得到的各种增值服务。物流代理商提供这一服务，是以与委托人签订的正式合同为依据的，合同中明确规定服务费用、期限及相互责任等事项，因此第三方物流又常被称作“契约物流”、“外协物流”。但第三方物流有别于传统的外协物流，传统的外协物流只提供一项或若干项分散的物流功能，如运输公司只提供运输服务，仓储公司只提供仓储服务，第三方物流则根据合同条款的规定，提供多功能甚至全方位的综合物流服务。

3. 第三方物流是个性化的物流服务

第三方物流服务的对象一般都较少，只有一家或数家，服务时间却较长，可以根据合同长达几年。第三方物流有别于公共的物流服务。这是因为物流需求方的业务流程各不相同，而物流、信息却是随价值流动的，因而要求服务按客户的业务流程来定制，这也表明物流服务理论从“产品推销”发展到了“市场营销阶段”。

三、第三方物流的种类

第三方物流业是一个只有20年历史的相对年轻的行业。在美国，第三方物流被认为处于产品生命周期的技术成长期；在欧洲，尤其在英国，第三方物流市场有一定的成熟程度。在欧洲，目前使用第三方物流服务的比例约为76%，在美国约58%，且其需求仍然在增长。同样的研究表明，欧洲24%和美国33%的非第三方物流用户正积极考虑使用第三方物流；欧洲62%和美国72%的第三方物流用户认为他们有可能在3年内增加对第三方物流的运用。随着对第三方物流需求的增加，第三方物流的供给也相应增加。第三方物流供给的年增长率在20% ～50%的范围内。

在世界范围内第三方物流市场具有潜力大、渐进性和高增长率的特征，这种状况使其可能拥有大量的由不同背景发展起来的，为在第三方物流业方面取得成功而提供特色服务的物流服务提供者。在美国就有400多个物流供应商，其中大多数公司并不一开始就是第三方物流公司，而是逐渐发展进入该行业的。大多数第三方物流公司以传统的“类物流”业为起点，例如仓储业、运输业、空运、海运、货代等。

（1）以运输为基础的物流公司。这些公司都是大型运输公司的分公司，有些服务项目是利用其他公司的资产完成的。其主要的优势在于公司能利用母公司的运输资产，扩展其运输功能，提供更为综合性的一套物流服务。

（2）以仓库和配送业务为基础的物流公司。传统的公共或合同仓库与配送物流供应商，已经在较大的范围内扩展物流服务，以传统的业务为基础，这些公司已介入存货管理、仓储与配送等物流活动。经验表明，基于设施的公司要比基于运输的公司发展综合物流服务更容易与简单些。

（3）以货代为基础的物流公司。这些公司一般无资产，非常独立，并与许多物流服务供应商有来往。已证明他们具有把不同物流服务进行合理的组合，以满足客户需求的能力。当前，它们已从货运中间人角色转向更广范围的第三方物流服务公司。

（4）以托运人和管理为基础的物流公司。这一类型的公司是从大公司的物流组织演变而来的。这类公司具有物流的专业知识和一定的信息技术资源，具有管理母公司物流的经验。

（5）以财务和管理信息为基础的物流公司。该类型的第三方供应商能提供如运费支付、审批成本会计与控制和监控、采购、跟踪及存货管理等管理工具。

第二节　第三方物流管理业务流程

第三方物流主要有下列业务：运输、仓储、清关、配送、包装、整合和分拨、物流全过程的货物跟踪、EDI 电子数据交换、与客户生产系统之间的信息交换、Internet 上的信息服务、各地库存的调度和统计、全球供应链的策划和管理、营销分析、环境信息搜集和分析等，如图 5－1 所示。

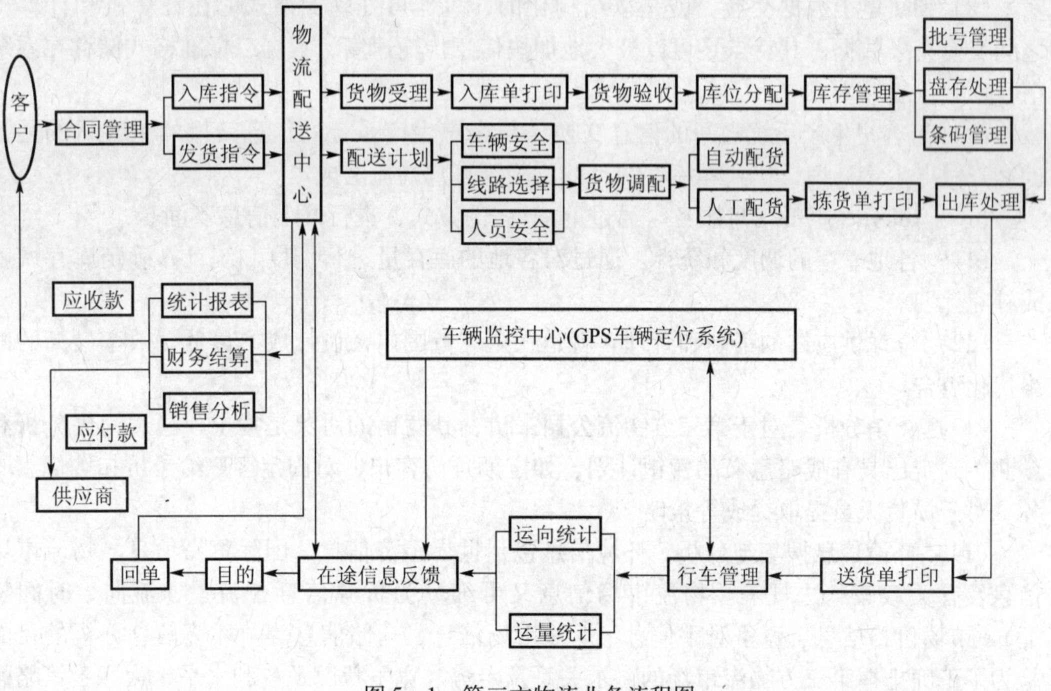

图 5－1　第三方物流业务流程图

（1）运输。运输就是使货物进行空间位置的移动。运输克服货物从始发点到终点的空间距离，产生出货物的场所效用。最早的物流活动是从运输开始的，运输是物流的核心。

（2）仓储。仓储是物流供应链中的静态环节，就是一定的场所内对货物的暂时存放，实现货物的包装、再加工等增值环节的服务。运输和仓储构成了物流供应链的基本框架。

（3）清关。根据中国海关法的规定，凡是进出国境的货物，在其进出口过程中，必须由设有海关的港口、车站、国际航空站进出，并由货物所有人向海关申报，经海关人员检查、放行后方能提取货物或装船出口。货物在出口报关时，必须填写出口货物申报单，必要时，还需提供出口合同副本、发票、装箱单、商检证书以及其他证书。

（4）配送。配送就是根据货物要求，在配送中心或其他物流结点进行货物配备，把货物在指定的日期和时间内安全准确地送达给收货人的运输活动。配送是物流体系中由运输派生出来的功能，是短距离的运输，是物流活动的最后一个环节。

（5）包装。包装是生产过程的终点，同时是物流过程的起点。包装有商品包装和工业包装。商品包装是为了使消费者购买方便，把货物分开包装成便于消费的单位，使消费者能够看出货物的内容；一般的工业包装纯粹是在物流领域，除了要将货物分开包装成便于运输的单位外，还要保护运输中的货物。

（6）整合和分拨。整合就是对货主通过货运站或仓库，将各地运往一地的零担货（即不足一箱的货）或不同发货人向同一收货人交付的零担货进行拼箱或拼车服务，实现运输过程中的规模经济；分拨与整合恰恰相反。

（7）物流全过程的货物跟踪。通过对货物的运输、仓储等环节的跟踪，进一步控制物流供应链，增强供应链的透明度，向货主进行信息反馈。

（8）EDI 电子数据交换。就是以结构化的、机器可处理的格式，在计算机和计算机之间交换业务数据，其特点是可以极大地加快信息传输速度，数据以标准格式储存在系统中，不必重复输入。

（9）与客户生产系统之间的信息交换。与客户生产系统的信息交换的主要目的是帮助客户做出生产计划，达到零库存的目的，降低客户的流通成本。

（10）Internet 上的信息服务。通过 Internet 的方式，进行网上信息咨询。

（11）各地库存的调度和统计。通过对各地的库存量进行调度和统计，确定库存调度或补充计划。

（12）全球供应链的策划和管理。就是在全球范围内，设计成本最低、效率最高的网络优化组合。

（13）营销分析。对于第三方物流公司来讲，其营销的对象是货主，通过销售分析和预测，制定出具有战略意义的营销计划，如定期拜访客户、对固定客户给予折扣等优惠服务、对于揽货人员提取提成等策略。

（14）环境信息搜集与分析。环境信息包括世界经济信息、国际贸易信息、物流市场信息及有关政策、法规等。物流市场信息又可细分为货源信息（流量、流向、时间特征）、市场价格信息、竞争对手信息、运输市场信息、仓储信息等。环境信息分析的目的是为了正确把握第三方物流市场的供求关系及走势、竞争状况及盈利水平，为经营策略的制定和管理决策提供支持。

随着物流技术的不断发展，第三方物流作为一个提高物流速度，节省物流费用和提供高水平物流服务的有效手段，将在市场经济中起着越来越重要的作用。

第三节　第三方物流管理信息系统解决方案

德国著名的第三方物流 CIRCLE 公司物流服务部副总裁 Laird 曾经讲过："一般来说，客户的第一利润来自于自身核心业务成本的节省，第二利润是通过物流公司调整供应链为他们节省出来的成本，这种做法被证明非常有效。第三利润则是通过加强信息的流通来加快资金流转速度，这部分利润的获得，物流公司也是功不可没的。"Laird 指出了第三方物流对货主利润产生的重要性，而第三方物流要赢得货主的信任，完善的物流供应链和先进的信息系统是必不可少的。

一、第三方物流管理信息系统功能结构图

信息系统是第三方物流的中枢神经，起到支持保障作用。它的任务是实时掌握物流供应链的动态，从货物网上订单运输，到第三方物流公司所控制的一系列环节的协调，再到将货物交到收货人手中，使得物流供应链尽量做到透明化。第三方物流企业管理信息系统功能结构如图 5－2 所示。

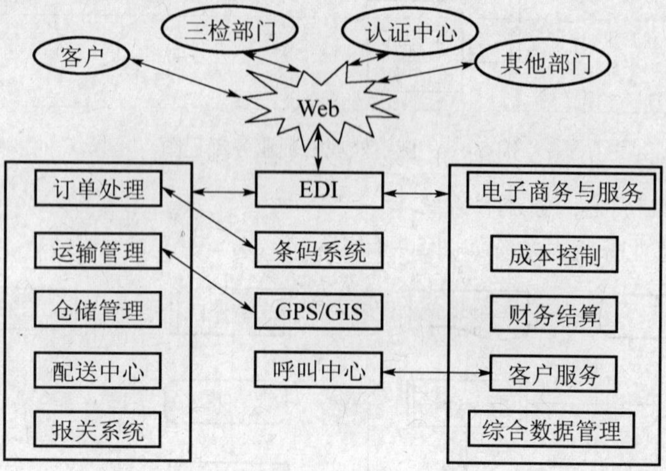

图 5－2　第三方物流管理信息系统功能结构图

（一）订单信息处理流程系统

第三方物流公司接到客户订单后，进行以下工作：

（1）检查订单要求，输入包括客户资料、商品规格资料数据、商品数量等，确认订单是否完全。

（2）报价系统对客户名称、客户编号、商品名称、商品编号、最近报价日期、最近订货数据、该客户的报价历史、订购出货状况和付款状况等资料进行查询，并对该客户进行购买力分析及信用评估；销售主管或高层主管根据该客户信用额度进行营销分析。

（3）会计人员记录有关往来账目，按客户名称、客户编号、商品名称、商品编号、订单号码、订货日期、出货日期等查询订单内容进行记录；若客户有多个出货地址记录，可根据不同交货地点开立发票。

（4）根据货物描述及客户要求，对该项业务的服务进行合理策划和设计。
（5）货运托运信息发布及与各个分包商进行联系，下达委派任务书。
（6）查询未结订单资料，以利出货作业的跟催。
其具体业务流程如图5-3所示。

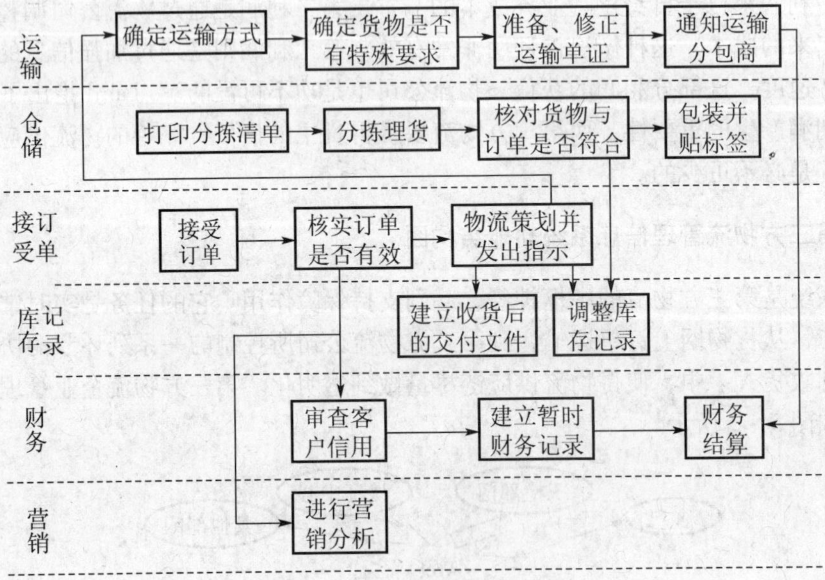

图5-3　订单处理管理业务流程图

（二）货物运输信息业务流程系统

货物运输信息业务流程系统如图5-4所示。

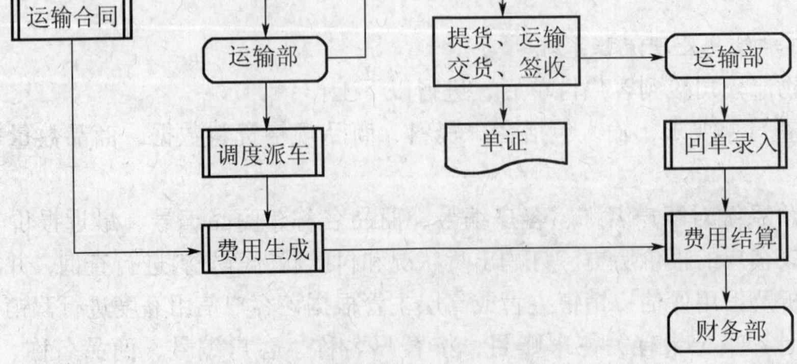

图5-4　货物运输管理信息业务流程图

货物运输信息业务从客户服务中心接单开始，然后录入运输单并确认；调度部门针对已确认的运输单进行调度派车、打印派车单；接着，司机上门装货，并确认装车、签订运输合同、打印装车单；确认在途后，系统进行车辆跟踪，随时向客户提供车辆的运行情况；运输完成后，进行回单确认，司机到财务部结算运费；同时财务部向客户收取运费。系统功能组成如下：

（1）运输单录入。客户服务部门根据客户运输需求，输入运输单信息，包括发货人、收货人、线路、货物细节、承运要求等，并进行确认。

（2）制定运输计划。运输调度部门针对已确认的运输单，进行调度派车并打印派车单，司机据此上门装货。

（3）确认装车。根据实际装车情况，对装车进行确认，同时录入运输合同信息和预付款项，然后确认在途。

（4）在途跟踪。对在途车辆进行动态跟踪，可以实时知道车辆和货物所处的位置和状态，并及时将信息反馈给客户，以提高客户的满意度。

（5）运输保险。对于需要保险的运输业务，录入相关的保险信息，包括货物价值、保险单号、保险费等。

（6）回单确认。用于回单签收的管理，记录货物送达收货人时的有关情况，包括实收数量，有无货损、货差情况以及货损原因，扣款，签收人等信息。

（7）车辆报到。主要用于车辆的报到以及车辆状态的查询，还可用于对基础数据中没有的新增车辆进行登记和对车辆信息、承运人信息的修改。

（8）查询统计。可以对物流公司的发货量、收入、利润、货损、应收款等以任意条件进行自动统计查询，企业通过统计表进行分析，可以了解公司的经营情况、服务质量等，从而对有关的业务进行判断、决策。主要统计表包括发运汇总表、订单统计表、运输计划统计表、装车统计、车辆跟踪统计、货损统计、利润分析表、应收款统计等。

第四节　第三方物流管理信息系统构成

一、入库管理信息系统

入库管理信息系统包括入库作业处理信息系统和库存控制信息系统。

（一）入库作业处理信息系统

入库作业处理信息系统包括预定入库数据处理和实际入库作业。

1. 预定入库数据处理

预定入库数据处理打印的定期入库数据报表，为入库月台调度、入库人力资源及机具设备资源分配提供参考。其数据来自采购单上的预定入库日期、入库商品、入库数量等，以及供应商预先通告的进货日期、商品及入库数量。

2. 实际入货作业

实际入库作业则发生在厂商交货之时，输入数据包括采购单号、厂商名称、商品名称、商品数量等，可输入采购单号来查询商品名称、内容及数量是否符合采购内容，并用以确定入库月台。然后，由仓管人员指定卸货地点及摆放方式，并将商品叠于托盘上，仓管人员检验后将修正入库数据输入，包括修正采购单并转入库存（入库数据库），同时调整库存数据库。退货入库的商品也需检验，检验合格方可入库。这种入库数据既是订单数据库、出货配送数据库、应收账款数据库的减项，还是入库数据库及库存数据库的加项。商品入库后有两种处理方式：立即出库或上架入库再出库。对于立即出库，入库系统需具备待出库数据查询并连接派车计划及出货配送系统，当入库数据输入后即访问订单数据库取出该商品待出货数据，将该数据转入出货配送系统，并修正库存可调用量。对于上架入库再出库，入库系统需具备货位指定功能或货位管理功能。货位指定功能是指当入库数据输入时即启动货位指定系统，由货位数据库、产品明细数据库来计算入库商品所需货位大小，根据商品特性及货位储存现状来指定最佳货位，货位的判断可根据诸如最短搬运距离、最佳储运分类等法则来选用。货位管理系统则需要完成商品货位登记、商品跟踪并提供现行使用货位报表、空货位报表等作为货位分配的参考。也可以不使用货位管理系统，由人工先行将商品入库，然后将储存位置登入货位数据库来查询商品所在货位，输出的报表包括货位指示单、商品货位报表、可用货位报表、各时间段入库一览表、入库统计数据等。

货位指定系统还需具备人工操作的功能，以方便仓管人员调整货位。还能根据多个特性查询入库数据。商品入库后系统可用随即过账的功能，使商品随入库进入总账。

（二）库存控制信息系统

库存控制信息系统主要完成库存数量控制和库存量规划，以避免因库存积压过多造成的利润损失。它包括商品分类分级、定购批量与时点确定、库存跟踪管理和库存盘点作业。

1. 分类分级信息系统

分类分级就是按商品类别统计其库存量，并按库存量排序和分类，作为仓库区域规划布置、商品采购、人力资源、工具设备选用的参考。商品分类分级还可按商品单价或实际库存金额进行排序。此系统主要是以商品为主体生成各种排序报表。

2. 定购批量与时点确定信息系统

由于采购时间和采购数量还影响资金的调度及库存成本，因此采购前就需要制定商品经济采购批量及采购时间。这就需要系统访问产品数据库、厂商报价数据库、库存数据库、采购数据库等来获得商品名称、商品单价、商品现有库存量、采购提前期及运送成本等数据来计算经济订购批量及订购时点，也可通过诸如安全库存量、经济采购量等其他方法来完成。系统要输入的数据为商品名称，并需要其他文件，如厂商报价数据库、库存数据库、采购数据库和运送成本数据库等。主要输出报表包括商品安全库存报表、商品经济批量报表、定期采购点查核报表、定期库存量统计报表等。此外，还需建立采购量及采购时间数据库。

3. 库存跟踪管理信息系统

库存跟踪管理信息系统主要是延续入库作业处理中货位的管理。该系统不需要输入太多的数据，主要是从现有的数据库中调用现有库存的储存位置、储存区域及分布状况，或由库存数据库中调用现有库存数据查核库存量等。系统主要生成的报表包括商品库存查询报表、商品货位查询报表、积压货存量或货位报表等。

4. 库存盘点作业

库存数量的管理与控制及货位的管理等作业依赖于库存数据和货位数据的正确性，因此需要盘点作业。一般有定期盘点及循环盘点两种盘点方式。盘点作业系统主要包括定期打印各类商品报表，待实际盘点后输入实际库存数据并打印盘盈盘亏报表、库存损失率分析报表等。定期盘点以季、半年或年度为盘点时段，循环盘点则在普通工作日针对某些商品进行盘点。仓库管理员在盘点前调用盘存清单打印系统，输入某类商品或某仓库名称、仓库某区域名称，此时系统调用库存数据库或货位数据库来检索商品储放位置及数量或该区域所有商品的库存数及货位数据，打印盘点清单。然后仓管人员持该清单会同会计人员进行实际盘点，将盘点误差修正在盘点清单上，盘点后可将此数据由盘点数据库维护系统输入库存数据库与货位数据库。此外，盘点还可由仓管人员会同会计人员以手持式数据收集设备现场收集库存数据，当某一区域盘点完毕或数据集满后返回办公室将数据输入计算机中，以批量方式修正库存数据库；或采用射频数据收集设备，在盘点的同时交数据同步传回计算机加以处理。若采用这些设备，系统需具备数据接收、传送、转换等功能。最后可由盘点报表打印系统打印盘亏报表、库存损失率报表、呆废料盘存报表等。

库存控制系统必须具有按商品名称、货位、仓库、批号等数据分类查询的功能。同时，应设有定期盘点或循环盘点时点设定功能，使系统在设定时间自动启动盘点系统，打印各种表单协助盘点作业。当同一种商品有不同储存单位时，系统应具备储存单位自动转换功能。在移动整顿或库存调整作业时，系统需具备大量货位及库存数据批量处理功能。

二、出库管理信息系统

出库管理信息系统是第三方物流配送中心管理信息的中心之一。它所涉及的对外作业主要是从客户处取得订单，进行订单处理、仓库管理、出库准备，到实际将商品运送至客户手中为止，均以对客户服务为对象。对内的作业内容则是进行订单需求统计，传送到采购入库管理系统作为库存管理参考，并从采购入库管理系统处取得入库数据；在商品发货后将应收账款账单送至财务会计系统，并由经营绩效管理系统处取得各项经营批示。

（一）销售出库管理信息系统的结构及流程

销售出库管理信息系统包括订单处理系统，销售分析与销售预测系统，拣货规划系统，包装、流通加工规划系统，派车计划系统，仓库管理系统，出货配送系统，应收账款系统。

（二）销售分析与销售预测信息系统

销售分析与销售预测信息系统的作业包括：销售分析信息系统、销售预测信息系统和商品管理信息系统。

1. 销售分析信息系统

它主要是为了让销售主管及高层主管对现有销售状况有全面的了解。管理人员可输入销售日期、月份、年度、商品类别、商品名称、客户名称、作业员名称、仓库等数据以查询各项销售资料或销售统计资料。销售分析与销售预测信息系统只读取文件内容，访问的文件包括订单数据库、出库配送控制数据库、入库数据库等。销售分析与销售预测系统主要有总的商品销售量统计表、年度商品销售统计表、年度及月份商品数量统计比较分析报表、商品成本利润百分比分析报表，并可查询作业员销售业绩及各仓库经营业绩等数据。

2. 销售预测信息系统

它是协助高层主管根据现有销售资料预估配送中心的发展方向，准备未来库存需求量、产能需求及投资成本的需求。基于计算机的预测可提高时效性。销售预测一般可根据作业模式或统计方法实现，包括最小平方法、移动平均法、时间序列分析法、指数平滑法、多元回归分析等。销售预测信息系统还需将影响销售预测结构的外界数据转换成模型内的参数，并按特定需求查询及打印商品销售预测报表、工具设备需求报表、库存需求报表、人力资源需求报表、成本需求分析报表等。

3. 商品管理信息系统

它是协助销售主管了解消费者对商品的偏好趋势，一般只需要按需求输入查询即可。常用的商品管理报表包括商品销售排行表、畅销品及滞销品分析表、商品周转率分析表、商品获利率分析表等。

4. 销售分析与销售预测信息系统的设计要点

(1) 具备按商品、客户作业员、仓库等查询销售量、销售金额、成本、利润等数据及打印各种汇总报表的功能。

(2) 在固定期间比较不同时期的资料并制作百分比评估表。

(3) 能由使用者自定各项预测模式。

(4) 注意检索与排序程序的算法，以缩减处理时间。

(三) 拣货与包装加工信息系统

1. 拣货与包装加工信息系统的作业

这两个系统都是根据客户定购内容作出货前的准备工作，通常由仓库管理员或生产工作规划人员来使用。

管理人员在一定时间调用此系统，输入配送日期或包装、流通加工日期后由计算机自动检索订单数据库、库存控制数据库、设备调用数据库、工具调用数据库、人力资源调用数据库、自动拣货机数据控制对照数据库、拣货产能调用数据库、自动包装机数据控制对照数据库、包装材料数据库、包装标准数据库、流通加工标准数据库、包装产能调用数据库等，来计算工作需求、人力需求和库存量需求等，以便制作拣货规划报表、包装流通加工规划报表、批次拣货调度报表、批次拣货单、订货式拣货单、客户地址标签、包装流通加工批次规划报告、包装流通加工批次调度报表、批次包装流通加工单、订单式包装流通加工单、机器设备调度报表、人力规划调度报表、补货调度规划报表、补货批次调度报表、库存取用统计表、自动拣取设备拣货报表、拣货差异分析、自动包装设备包装流通加工报表、包装流通加工差异分析表等，作为分派工作的依据及工程进度的管理与控制。拣货人员或包装流通人员领取分派工作单或拣货单时，即根据分派工作单或拣货单进行作业，完毕后将实际作业进度及其他修正数据输入各数据库，作为拣货流通加工数据库、包装流通加工数据库及订单数据库中拣货、包装流通加工需求、库存量的减项，并打印各类实际工作报表。

2. 拣货与包装加工信息系统的设计要点

① 输入数据，为分派工作日期及各种作业实际完成的数据。

② 具备批次规划、工作调度、单据打印及与机械设备间接收、转换、传送等功能。

③ 拣货系统需具备多种拣货方式设定，拣取的商品单位也可由程序更换，并可设定不同仓储单位及拣取单位间数量的转换。

④ 由于使用的拣货设备、识别工具及检测仪器不同，需具备与这些设备间数据识别、

转换及处理的能力。

⑤ 由于各种商品所需流通加工处理的程序不同，包装、流通加工系统需有流通加工程序及设备需求设定的功能。

⑥ 包装、流通加工系统有组合包装模拟分析及拆包作业分析功能。

（四）派车与出货配送信息系统

1. 派车与出货配送信息系统的作业

商品经拣取、包装、流通加工后即可集中在出货区内准备装车配送。此作业阶段包括商品集中、分类，制定运送车辆及实际装车，配送途中的跟踪管理等作业。

出货配送管理部门派车计划系统，即由管理人员调用订单数据库、客户数据库、地图数据库等，先将客户按期配送地址划分区域，然后统计该区出货商品的体积与重量，以体积量大者或重量最重者为条件来分配配送车辆的种类及派车数量。而后即访问外车调用数据库、公司自有车车辆调用数据库、设备调用数据库、工具调用数据库、人力资源调用数据库来制定出车批次、装车及配送制度，并打印配送批次规划报告、批次配送调度报表等。批次调度报表包括月台、机具设备、车辆、装车搬运人力、配送司机及随车人员的分配报表。自动规划的派车计划可人工修改，修改后的数据即转入出货配送数据库并作为车辆、月台、机具设备、人力调派等分派工作单打印的基础数据，以及设备调用数据库、工具调用数据库、人力资源调用数据库、车辆调用数据库的增加或备用数据库。

确定配送装车批次后由出货配送系统按客户打印出货单，集货人员持出货单及批次调度报表将商品由拣货区取出并核定商品内容，然后集中于出货月台前准备装车。此时出货配送系统可提供装车计划或配送路线选择系统来决定每辆车按订单的装车程序。配送路线选择系统可访问出货配送数据库，确定各种参数后来求得最短配送路线、最短配送时间或最低配送成本等最佳解，以决定配送顺序，商品装车后即由送货司机持出货单予以配送，出货单通常多联，用来作为客户及配送司机的签收核定。商品送达客户处后，出货单由有关送货司机缴回并输入数据，作为订单数据库、出货配送数据库的减项并转入会计系统作业应收账款的加项。出货前还可通过计算机网络直接传送至客户计算机系统中，由对方在收到商品后传回确认收获凭证。这就要求系统具备对外的数据传输、接收和转换功能。本系统还应具备配送途中数据传输及控制的功能，来跟踪商品动向、控制车辆及车上设备；在配送途中有意外状况发生时，还可通过通信系统重新设定配送模式所需的参数，重新取得新的配送途径并通知配送人员，使配送工作能顺利完成。系统主要得出报表包括出货配送报表、出货配送差异分析报表、客户反应报表等。

2. 派车与出货配送信息系统的设计要点

（1）派车系统。司机及随车人员的调派要考虑司机的工作能力、体力、工作量及曾配送区域的范围，以便有效地安排配送人员。

（2）车辆配送中所遇到困难及不能完成任务的原因也应返回系统中进行分析，避免下次车辆调派时错误重新出现。

（3）现有车辆不足以配发所有物品时，车辆调派系统还需具备估计所需车辆种类、台数的功能。

（4）由于配送的商店较多，而每家商店配送商品量少、项目多，商店分布范围又广，故系统需具备较强的数据处理能力。

（五）仓库管理信息系统

为完成商品的销售配送功能，除上述各项作业外，还需要机具设备的搬运装卸和仓库内部空间的有效使用。仓库管理系统包括两大部分：一是机具设备的使用规划、使用管理及机具本身的保养维护，其中包括月台使用计划及调度、仓储区管理、托盘管理、托盘装卸方式规划、堆叠托盘方式设计、车辆保养维修、燃料耗材管理等系统；另一个则是使配送中心任务有效利用现有空间的区域规划布置，包括仓库规划布置计划、拣货区规划、包装区规划、仓储区规划等。

1. 月台使用计划及调度信息系统

商品进出配送中心均需经装卸货月台进行作业，因此建立仓库时就要考虑月台长度所能容纳的车数，月台商品暂存区是否满足装卸货作业。在仓库启用后的进出货月台区，车辆摆放方式、车辆行驶路线规划及进出车辆调度均需通过月台使用计划及调度系统来加以管理和控制。

2. 仓储区管理信息系统

仓储区管理系统的主要功能是仓库库存区的规划、应用与管理，包括商品的分类、商品在库存区所需容量的比率分析、现有货位货架分配及摆设计划、一般货位的转换调用计划与实际作业。当仓储区使用自动仓库、升降梯、输送带等自动化设备时，系统还需具备与自动化设备的数据转换功能，并实现由计算机管理系统指挥这些设备运转的功能。

3. 包装容器管理信息系统

在商品的搬运储存运作过程中，要大量使用各种包装容器来承装商品，包括托盘、纸箱等。这些包装容器是否对外流通，对外流通是否回收，各包装区所需数量及空包装容器的保管、运用对配送中心的成本，商品配送的便利性及与客户的合作协定均有重大影响，需加以规划和管理。包装容器管理系统就是针对以上这些问题，根据成本及装卸配送绩效等进行分析，并制作各种报表，作为制定管理政策的依据。

4. 托盘使用设计信息系统

托盘装卸方式规划、堆叠托盘方式设计系统是针对托盘的有效应用而开发的模拟与设计系统，系统可从产品明细数据库内读取商品体积、重量、商品形状等数据，并据此以各种不同堆叠方式来计算某种托盘可堆叠的商品数量，从而决定堆叠方式，并制作报表。

5. 车辆管理信息系统

配送作业中车辆是必备工具，车辆的保养维修是很重要的工作。车辆保养维修系统主要是对车辆数据：如车辆数、行车里程数，达到一定数量时即由系统发出维修通告，送厂保养或更换零件耗材等。

燃料耗材是车辆的能量来源，燃料耗材管理系统主要对车辆自用油量加以管理、分配及成本计算，使燃料耗材的使用更具成效并节省成本。

6. 仓库区域规划信息系统

仓库区域规划系统包括仓库规划布置系统，拣货区规划系统，包装、流通加工区规划系统，仓储区规划系统。

（1）仓库规划布置系统。

根据销售统计与预测数据中所分析的商品所需数量及流动状况，以及商品明细数据来计算储存、拣货、包装、流通加工所需空间，然后进行模拟排列，并比较各种布置方案，以选取最佳空间利用规划方案。

（2）拣货区规划系统。

规划拣货区时不但要考虑空间划分，还须根据批次拣货内容及数量将商品分类。商品拣取常为人工拣取。因此各区应平均分配商品品种数量及拣取数，以免因拣取人员工作不平均而产生拣取线的瓶颈。若使用自动拣取设备，则需考虑自动拣取机的摆放及机器间的衔接。

（3）包装、流通加工区规划系统。

与拣货区规划类似，但偏重机器摆放规划，注意各项包装流通加工工作流程与机具设备摆放位置的对应，以保证流畅的作业程序。

（4）仓储区规划系统。

仓库空间按商品的流动速率、商品存取单位等来划分。商品摆放时可将存取频率相差较大者放置同一线上，使拣货动作较为流畅；另外，需将同一储存单位的商品摆放在同一区，以利拣货。可由计算机系统根据商品周转率及商品储存单来计算排序，并打印报表以作为商品分类的参考。

7. 应收账款信息系统。

当商品配送出库后，订购数据即由订单数据库转入应收账款数据库，会计管理人员于结账日调用此系统，将应收账款按客户进行统计并打印催款单及发票。发票的打印可比较灵活，将统计账款总数开成一张发票或以订单为基础开立多张发票。收到账款后由会计人员确认并登录，作为应收账款的销项并转为收支会计系统的进项。系统还可以打印应收账款统计表、应收账款收入状况一览表等。

三、货物跟踪系统

（一）货物跟踪系统的概念与作用

货物跟踪系统是指企业利用物流条形码和EDI技术及时获取有关货物运输状态的信息（如货物品种、数量，货物在途情况，交货时间，发货地和到达地，货物的货主，送货责任车辆和人员等），提高物流运输服务的方法。货物跟踪系统提高了物流运输企业的服务水平，具体作用表现在以下四个方面：

（1）当顾客需要对货物的状态进行查询时，只要输入货物的发票号码，马上就可以知道有关货物状态的信息，查询作业简便迅速，信息及时准确。

（2）通过货物信息可以确认是否能将货物在规定的时间内送到顾客手中，能及时发现没有在规定的时间内把货物交付给顾客的情况，便于马上查明原因并及时改正，从而提高运送货物的准确性和及时性，提高顾客服务水平。

（3）作为获得竞争优势的手段，提高物流运输效率，提供差别化物流服务。

（4）通过货物跟踪系统所得到的有关货物运送状态的信息，丰富了供应链的信息分享源，有关货物运送状态信息的分享有利于顾客预先做好接货以及后续工作的准备。

（二）货物跟踪系统的内容

1. 应用MCA无线技术的车辆运行管理系统

MCA（Multi Channel Access，简称MCA）无线系统发射接收控制部门，能使运输企业的计划调度室与运输车辆进行双向通话，无线信号管理部门通过科学地划分无线频率来实现无线频率的有效利用。

现代企业可以在利用MCA无线系统的基础上结合顾客数据库和自动系统进行车辆运行管理。具体来说，在接到顾客运送货物的请求后，将货物品种、数量、装运时间、地点、顾客的联络电话等信息输入计算机，同时向通过运行车辆移动通讯设备发回的有关车辆位置的车辆发出装货指令，通过MCA系统由计算机确定自动地向最靠近顾客的车辆发出装货指令，由车辆上装备的接收装置接收装货命令并打印出来。利用MCA技术的车辆运行管理系统不仅能提高物流运输效率，而且能提高顾客服务的满意度。

2. 应用通讯卫星、GPS技术和CIS技术的车辆运行管理系统

在全国范围甚至跨国范围进行车辆运行管理就需要采用通讯卫星，如全球定位系统（GPS）和地理信息系统（GIS）。在采用通讯卫星、GPS技术和CIS技术的车辆运行管理系统中，企业可以与物流运输企业联系运货业务和查询运送货物的信息。

复习思考题

1. 什么叫第三方物流？具有何特征？
2. 现实中第三方物流主要进行哪些业务？
3. 第三方物流管理信息系统由哪几部分构成？
4. 第三方物流配送具有哪些特点？
5. 第三方物流管理模拟系统的整个物流配送的流程是怎样的？画出第三方物流配送的流程图。
6. 假如你是一个企业的管理者，你认为选择第三方物流管理系统来进行管理、配送自己企业的货物有什么优越性？（与传统物流比较）

【实训项目】

第三方物流管理信息系统的应用

1. 实验目的

通过使用尼奥第三方物流管理模拟系统软件，进行实践操作，让学生掌握供应链上各节点企业如何利用第三方物流管理系统平台来实现物流信息和物流功能的共享；培养学生协同商务的能力。通过实践教学活动，拓宽学生的知识领域，锻炼学生的实践技能，培养科学严谨、求真务实的工作作风。

2. 实验设备及软件

（1）实验设备：如服务器、交换机和PC机组成局域网络。

（2）软件环境：

① 服务器采用Microsoft Windows 2000 Server操作系统；

② 数据库管理系统采用SQL Server 2000操作系统；

③ 学生客户端采用Windows XP操作系统、IE5.0以上浏览器；

④ 尼奥第三方物流管理模拟系统软件。

3. 实训内容

主要包括客户管理、订单管理、收货管理、出货管理、配送管理、库存管理、结算管理、基本信息维护、系统管理、系统维护等模块。

(1) 数据管理系统（客户管理、订单管理）。数据管理系统包括仓储客户、运输客户和装卸客户的资料录入、报价与合约的确定等三部分。主要是对预备客户、正式客户和历史客户的基本情况、合同情况、业务情况、付款情况等的设定与维护。

(2) 运输管理（收货管理和出货管理）。针对某个客户一部分运输业务从企业内部来，还有一部分是针对企业外部自己的业务而来的运输单，可从运输作业的合理分配，运输资源的合理调度，包括对运输路线的管理、车辆调度管理以及运输成本的管理等进行设定。

(3) 配送管理。针对料件清单和配送计划对客户实行 JIT 生产或销售配送的完整的业务过程，包括从接到作业指令单开始，完成货品的分拣、加工、出仓、装卸及发送过程。

(4) 库存管理。根据客户的要求进行有效的仓储管理，包括仓库运作的数字化管理，分析提高仓库的使用效率，分析如何应付仓库管理中发生的异常状况，合理地计算仓租，分析如何提供完成仓库内部的增值服务等。

(5) 结算管理。系统结算管理模块由产生费用、应收处理、应付处理、查询统计子模块构成；结算管理模块实现费用计算管理、收付款管理以及查询统计。

(6) 其他管理。其他管理包括基本信息维护、系统管理、系统维护等常规的管理。

4. 实训安排

(1) 学生上机完成软件操作内容。

(2) 实验结束后，学生对模拟操作进行总结，编写出实验报告。实验报告包括如下内容：实验的目的和要求；实验步骤；实验结论；本次实验取得的主要收获和体会。

【课后案例】

华润、杜邦物流信息化案例

华润物流有限公司（英文简写为 CRC Logistics）是华润（集团）有限公司全资附属专业化的第三方物流供应商，其前身为华夏企业有限公司，于 1949 年在香港建基立业，从事海运业务，逐渐扩展至物流的各个领域。华夏企业（集团）有限公司自 2001 年 1 月 1 日起更名为华润物流有限公司。

杜邦集团（DuPont Group）经过近 200 年的发展，现已成为世界上历史最悠久、业务最多元化的跨国企业集团，分布在全球的制造厂多达 180 余家，遍布全球 70 多个国家和地区，市场遍布世界 150 多个国家和地区。杜邦公司有 6 个 SBU（部门），将货物委托给华润物流进行物流服务。华润物流有限公司为杜邦服务的仓库面积约为 5000 平方米，分 A、B、C、D 四个库区，约 400 个库位。杜邦的产品没有特殊的存储条件要求，各类产品可以在一起存放，平均每天的业务量为 3 ～ 4 个集装箱。

（一）存在问题

华润物流公司在为杜邦公司提供物流服务时，由于自身物流信息化的工作还需要进一步完善，在实施信息化之前存在下面的问题：

(1) 现存数据不准确，准确率只能达到90%左右。杜邦的产品要求满足先进先出原则，由于库存数据不准，致使有些货物达不到客户的要求，而在库存报表中没有体现。

(2) 货物经过严密包装，不同的货物从外观上很难区分，经常出现发错货物的情况；业务人员的工作强度大，人工操作易出现人为错误，经常发生货物和批次号不对应的情况。

(3) 库存数据的提供不及时，每次出库或入库后，人工修改报表，速度慢，错误率高；且不能实现报表的Web查询。

(4) 没有应用条码技术，对于入库的货物还没有有效的检验核对的手段，不能及时发现到达的货物的准确性。

(5) 在文件报告和配送管理方面也还存在着缺陷。

(二) 信息化解决方案简介

作为华润物流的战略合作伙伴，中软冠群公司的顾问在充分了解了其仓库业务流程后，针对物流业务特点，提供了一整套基于ES/1 Logistic从仓库管理到最终货物配送管理的系统解决方案。

1. 网络技术方案

ES/1服务器在香港，操作系统为IBM AIX，数据库为Oracle8i。深圳杜邦仓库的工作人员通过NetTerm远程登录到服务器上操作ES/1系统。杜邦集团在全球的公司网络对外只开放80端口，因此杜邦公司如果要查询库存，必须通过Internet网上查询。Web服务器使用ES/1的数据库，使用Java语言，直接编写库存查询程序，网上公布。

2. 主要功能

主要功能包括入库过程、出库过程、货物移仓、退货管理、计费管理、在途管理和文件报表生成等。

3. 困难与解决措施

(1) EDI数据传输方案与对接。两个应用系统分别拥有自己的FTP服务器，两个应用系统分别将文件上传到自己的服务器，并分别从自己的服务器读取需导入的文件。这时要处理两个中转服务器之间的文件传递，并保证实现定时传递或是触发传递，以及进行文件传递的完整性验证。

(2) 条码方案。条码打印机、盘点数据采集器和条码扫描枪在与系统连接时的技术问题的解决。

(3) Web方式下的网上客户操作的问题。设计了简洁的界面风格，并配有详细的帮助说明。

(4) 上线后系统的运行速度问题。尽量保证服务器的最优配置，同时选择了最佳的网络拓扑结构。

讨论题

1. 物流管理信息系统的成功移植需要什么基本条件？

2. 你通过案例的分析，能否设计一套信息流和实物流的流程规范？

3. 你能否通过你学的条码知识，规划一套条码实施的方案？

第六章　商业零售物流管理信息系统

【学习目标】

知识目标：

◆ 了解商业零售物流管理信息的内容、范畴和类型；

◆ 掌握物流信息在商业零售物流活动中的流程；

◆ 掌握商业零售物流管理信息系统的解决方案；

◆ 掌握商业零售物流管理信息系统的构成；

◆ 通过网站分析进一步掌握物流信息在商业零售物流活动中的作用。

能力目标：

• 能对商业零售物流信息元素进行分类收集与筛选；

• 能通过理解，绘出商业零售物流的信息流动图；

• 能针对某个商业零售企业设计出它的物流管理信息系统的解决方案；

• 能通过具体商业零售商网站的分析，进一步修改和完善设计的某商业零售企业的物流管理信息系统的解决方案。

【引导案例】

物流技术与信息技术——华联超市腾飞的双翼

华联超市成立于1992年9月。多年来，公司以连锁经营为特征，以开拓全国市场为目标，不断提高集约化水平和自我滚动发展的扩张能力。截至2001年底，公司拥有连锁门店近900家，网点遍布上海市各区县，并辐射江苏、浙江、安徽、江西、河南、山东、辽宁等10个省份，成为中国第一家上市的连锁超市公司。

目前，华联超市的绝大多数门店已实现网上点菜要货，门店店长坐在办公室，便可向距离几百公里的上海总部配送中心点菜要货，非常方便、快捷。在物流二期工程中，将把这种电子订货提升为“智能化的自动点菜系统”。在信息技术方面，华联超市采用了以下做法：

(1) 采用拆零商品配货电子化。近年来，连锁超市对商品的“拆零”作业需求越来越强烈，国外同行业配送中心拣货、拆零的劳动力已占整个配送中心劳动力的70%。华联超市配送中心拆零商品的配送作业采用电子标签拣货系统。电子标签拣货系统大大提高了商品处理速度，减轻作业强度，大幅度降低差错率。

(2) 物流管理条码化与配送过程无纸化。采用无线通讯的电脑终端，开发了条码技术，从收货验货、入库到拆零、配货，全面实现条码、无纸化。

(3) 在新一轮发展规划中，华联超市敏锐地意识到信息化对企业竞争力的巨大影响，借助信息技术来重建经营业务流程已成为华联经营管理层的共识，公司投注全力开发和全面推广计算机信息网络系统。

(4) 门店实现了计算机联网。公司的大量业务指令，如促销活动、调价信息、新产品介绍、退调通知，都通过企业网及时传输到门店。特别是"调价"，计算机系统是自动进行调价处理的，给门店带来了极大的便利，而"网上点菜"，不但能点商品，而且能点"材、物料"，给门店的经营管理创造了巨大的动力。店长们已能熟练地动态查阅门店的各项经营实绩，根据商品销售排行榜，分析市场的商品结构，研究门店经营的毛利额水平，预测市场销售的新动向，让门店由感性管理变为理性管理，使管理成为实实在在的有据可依、有章可循、有的放矢，即数字化、规范化、目标化管理。

(5) 与供应商实施了EDI自动补货，电脑系统中还设置了最高和最低库存量两项指标，并根据需要，按大类商品、某小类商品或采购员分别统计商品的周转期。

2000年，华联超市与上海捷强集团公司以及宝洁公司建立了自动补货系统，将"连锁超市补货"转变为"供应商补货"。这样做可以把流通业者与制造业者紧密结合；双方不只是追求自身企业的效率化，还得以削减整体成本、库存与有形的资产投资，并使消费者能够买到高品质、高新鲜度、价格便宜的食品。

(6) 配送中心全面采用计算机管理。华联超市在上海、南京和北京共建成了五座现代化管理的配送中心。特别是上海新建的占地2.8万m^2的桃浦配送中心全面采用了计算机管理，并应用先进的无线网络技术，实现了无纸化收货验货、拣货理货、仓储保管盘点，成为上海乃至全国最先进的配送中心。例如，为了有效地管控库存，快速支持配货作业，建立了条形码化的储位管理系统。当商品入库时，只要扫描一下箱码，无线手掌机马上会告诉你，该托盘商品应该放在哪里；一旦商品就位，手掌机又马上通过无线网把入库信息传输给主计算机，配送中心的库存数据立刻得到了更新。

(7) 在建设现代化配送中心的同时，积极带头推广物流条形码。先是由华联超市出钱推广物流条形码，自编箱码、自贴箱码；随后要求供应商在半年内实施箱码。现在，华联超市的供应商基本上都采用了箱码。行动迟缓的供应商，则向华联超市的配送中心购买箱码自己贴。目前，实现了送货验货、仓储保管、拣货配货物流全过程的无纸化。

(8) 科学辅助决策。为总经理、部门经理、店长提供辅助决策依据和指导业务人员，计算机还提供了大量的业务分析界面。如按月、按日、按门店、按供应商统计"销售实绩"；分析配送中心的"出货情况"；还有更多的是根据业务员的需要编制的大量统计分析报表。例如，过去供应商来了解其商品在华联超市门店和配送中心的库存情况，往往需要花费半天时间，现在只要几分钟就可以解决。迄今，华联超市已经成功地利用信息技术重组了自己的业务流程，减少了不必要的环节，加快了总部、配送中心、门店和供应商之间的信息流动。并通过建立企业内部网、导入型管理信息系统，实现了连锁超市供应链的网上管理，开创了新纪元。

国内商业企业与国外大商业集团的差距并不仅仅存在于经营规模，关键是支撑运营的核心技术。对于连锁商业企业来说，就是采购、配送、信息和营销技术。

中国是21世纪国际超市的主战场。客观地说，洋超市在经营理念、管理、资金等方面优势明显，但也不是无懈可击，其最大的弱点是非本土作战。洋超市的弱点正是我国超市的强势所在。华联超市的物流配送在国内处于第一流的水平，但与世界上的著名连锁超市相比还有不小的差距。例如，沃尔玛85%的商品是通过配送中心配送的，其中的80%是通过“零库存”的越库配送形式完成的。由于沃尔玛采用了“越库配送”和“自动补货”的供应链技术，使商品的在库周转期降低到2天。而华联超市在越库配送方面刚刚起步，自动补货系统的推广面还不大，商品周转期超过15天。要缩短这些差距，还需加倍努力。

尽管华联超市的计算机信息系统经上海市科委鉴定为“在国内处于领先地位”，但还有许多事情要做。下一步工作是，建立数据仓库，开发顾客分析管理、门店自动补货、财务预决算和成本分析。

凭借华联超市自身的优势，积极进取的企业文化，依靠现代物流和信息技术铸造自身的核心竞争力，开创“超市第一股”——华联超市的新纪元！

讨论题

1. 你认为华联超市凭借哪些优势处于国内领先地位？

2. 如何理解国内商业企业与国外大商业集团的差距并不仅仅存在于经营规模，关键是支撑运营的核心技术？

商业零售业自20世纪80年代以来，迅速地向信息系统化方向发展。这种信息化是在企业内就经营业务、人事管理业务等实现合理化、效率化的同时，通过POS数据还能实现经营的效率化。为了真正达到这个目标，必须通过EOS将信息与发货作业连接在一起，并使整个物流系统协同运转、综合作用，才能实现实时的备货和在库成本的削减。

第一节 商业零售商概述

一、零售商

（一）零售的概念

零售，是指将产品和服务出售给消费者，供个人或家庭使用，从而增加产品和服务价值的一种商业活动。

零售商，是指将商品直接销售给最终消费者的中间商，处于商品流通的最终阶段。

零售业就是将商品直接出售给最终的消费者的商业形式。

任何从事这一销售活动的机构（不管是制造商、批发商或者是零售商）都进行着零售活动。至于这些商品或服务是如何出售的（是通过个人、邮售、电话、自动售货机或因特网），是在什么地方出售的（在商店、街上或消费者家里），则无关紧要。

零售是商业流通的最终环节，商品分销渠道的出口。它的基本任务是直接为个人消费者服务，因此在开设地点、营业时间、服务项目、购物环境等方面的努力特别重要。

零售商的数目众多。在所有商品经济发达的国家，零售都是一个庞大的行业，拥有远超过生产企业加批发企业之和的数量及众多的就业者。如在美国的全部商业企业中，零售商店占了20%，从业人员超过1 400万人。在中国，1978年只有104.8万个零售商店，1992年发展到1 006万个，从业人员近2 435万人。这也是改革开放以来中国商品经济迅速发展和市场繁荣的一个缩影。

（二）零售的类型

按照我国零售业态发展的客观进程，在国际通行的业态分类总体框架下进行必要的合并，把零售业态分为四大类进行统计，即百货商店、超级市场、专业（专卖）店和其他。

（1）百货商店：是指在一个建筑物内，集中了若干专业的商品部并向顾客提供多种类、多品种商品及服务的综合性零售形态。其基本特征是：

① 商品结构以经营服装、纺织品、家庭用品、食品和娱乐品为主，种类齐全。

② 以柜台销售为主，明码标价。

③ 注重店堂装修及橱窗展示。

这里的百货商店，不是指国民经济行业分类中的“日用百货零售业”，而是指经营多品种、多门类的综合性商店，包括大中小型综合经营的商店。

（2）超级市场：是指采取自选销售方式，以销售大众化生活用品为主，满足顾客一次性购买多种商品及服务的综合性零售形态。其基本特征为：

① 商品结构以经营食品、副食品、日用生活品、服装衣料、文具、家用电器等购买频率较高的商品为主。

② 采取自选销售方式，明码标价。

③ 结算设在出口处统一进行。这表明超级市场首先是自助服务的零售商店，毛利低、销量高，以经营生活必需品为主，种类繁多。统计时将各种类型的超级市场、仓储式商场和会员式超市列入该类。

（3）专业（专卖）店：是指专门经营某类商品或某种品牌的系列商品，满足消费者对某类（种）商品多样性需求的零售形态。其基本特征为：

① 商品结构专业性较强，各种不同的规格、品种及品牌汇集，选择余地大。

② 销售人员有较强的专业知识，能为消费者提供充分服务。

③ 采取定价销售和开架面售方式。

将专业店和专卖店归为一类统计仅仅是为了统计操作上的方便，其实专业店与专卖店有本质的区别，前者专门经营某种或某类商品，如时装店、鞋店、食品店、药店、书店、电器店、珠宝店等；后者则专门经营某种品牌的系列商品。

（4）连锁商店：是指在核心企业或总店的领导下，由众多小规模的、分散的、经营同类商品或服务的零售企业，通过规范化经营，以实现规模效益的经济联合组织形式。连锁商店应由若干个分店组成，其特征是：

① 经营同类商品。

② 使用统一商号。

③ 统一采购配送，采购与销售相分离。

（5）购物中心：是一组零售商店及有关的商业设施的群体组合，其间有百货商店、超级市场、专业店、品牌专卖店、美容美发店、彩扩店、饭店、快餐厅、游戏厅、小影视厅、画廊等，集购物、休闲、娱乐、美食和其他服务功能于一体，建筑面积较大，有些建筑面积达10万～50万平方米，与商业街和我国大型商品交易市场类似，属于商业集聚组织形态。其特点是：

① 众多业主共同组成一个市场或商场。

② 自主经营，自由定价，不受购物中心制约。

③ 购物中心的管理机构大多为物业管理，自营商业部分很少。

（三）零售的物流活动

尽管许多零售商店拥有独立的所有权，但是，越来越多的商店正在采用某种合作零售形式，合作零售组织有规模经济效应，有更大的采购能力。因而零售的物流活动也包括采购、包装、发货、保管、库存管理、运输配送等一系列物流功能要素。但以下是其中最重要的。

（1）采购业务程序：确定需要（确定采购商品的种类、数量）→选择供应商（与供应商接洽、对供应厂商的资料管理）→采购洽谈（价格谈判、交货期、运输费用）→复查。

（2）物流配送：其特点是经营规模化，管理规范化，分工合理化，决策科学化，设施标准化，结算、信息电子化。物流配送的依托形式：配送中心（集中采购或统一配送）。

二、销售时点系统

1. 销售时点系统的概念

销售时点系统（Point of Sale，简称POS）是指通过自动读取设备（如收银机）在销售商品时，直接读取商品销售信息（如商品名、单价、销售数量、销售时间、销售店铺、购买顾客等），并通过通信网络和计算机系统传送至有关部门进行分析加工，以提高经营效率的系统。该系统在销售的同时，采集每一种商品的销售信息并传送给计算机，计算机通过对销售、库存、进货和配送等信息的处理和加工，为企业的进、销、存提供决策依据。

POS系统最早应用于零售业，以后逐渐扩展到服务性行业。利用POS系统的范围也从企业内部扩展到整个供应链。现代POS系统已不仅仅局限于电子收款技术，它将计算机网络技术、电子收款技术、条形码技术、电子数据交换（EDI）技术、电子订货技术（EOS）、企业资源计划（ERP）等多种技术融为一体，形成综合性的信息资源管理系统。它为企业制定各种销售策略、实现商品的单品管理和库存的优化管理提供了便捷。

2. POS系统的特点

（1）分门别类管理。POS系统的分门别类管理不仅针对商品，而且还可针对员工及顾客。

① 单品管理。零售业的单品管理是指以店铺陈列展示销售的商品，以单个商品为单位进行销售跟踪和管理的方法。由于POS信息即时准确地记录单个商品的销售信息，因此POS系统的应用，使高效率的单品管理成为可能。

② 员工管理。员工管理指通过POS终端机上的计时器的记录，依据每个员工的出勤状况、销售状况（以月、周、日甚至时间段为单位）进行考核管理。

③ 顾客管理。顾客管理是指在顾客购买商品结账时，通过收银机自动读取零售商发行的顾客ID卡或顾客信用卡，来把握每个顾客的购买品种和购买额，从而对顾客进行分类管理。

（2）自动读取销售时点信息。在顾客购买商品结账时，POS系统通过扫描读数仪自动读取商品条形码标签或OCR标签上的信息，在销售商品的同时获得实时的销售信息是

POS 系统的最大特征。

(3) 集中管理信息。在各个 POS 终端获得的销售时点信息，以在线联结方式汇总到企业总部，与其他部门发送的有关信息一起，由总部的信息系统加以集中，并进行分析加工，如把握畅销商品和滞销商品以及新商品的销售倾向，对商品销售量和销售价格、销售量和销售时间之间的相关关系进行分析，对商品上架陈列方式、促销方法、促销期间、竞争商品的影响进行相关分析，集中管理等。

(4) 连接供应链的有力工具。POS 系统可以认为是供应链管理信息的起点。供应链上的参与各方要做到信息共享，销售时点信息必不可少。在具有 POS 系统、EOS 系统并能使用 VAN 网络的现代化企业中，通过 POS→EOS →VAN →MIS（供应商的管理信息系统），将商品销售信息转化为订货信息，并通过 VAN 网络自动传递至上游供应商的管理信息系统。供应商可以利用该信息并结合其他的信息，来制定企业的经营计划和市场营销计划。目前，领先的零售商正在与制造商共同开发一个完全的物流系统——联合预测和库存补充系统（Collaboration Forecasting and Replenishment，简称 CFAR）。该系统不仅分离 POS 信息，而且一起联合进行市场预测，分享预测信息。

3. POS 系统硬件的结构

POS 系统的硬件结构主要依赖于计算机处理信息的体系结构。结合商业企业的特点，目前大多采用 POS 结构，它的硬件结构如下：

(1) 前台收款机。前台收款机即 POS 机。主要包括显示器、专用 POS 打印机、电控钱箱、顾客显示屏、键盘等，保证了对销售商品信息的实时处理，便于后台随时查询销售情况，进行商品的销售分析和管理。另外，还需要配备条码扫描仪。条码扫描仪可根据商品的特点选用手持式或台式。

(2) 网络。计算机网络系统可采用高速局域网为主、电信系统提供的广域网为辅的整体网络系统。考虑到系统的开放性及标准化的要求，选择 TCP/IP 协议较合适。操作系统选用开放式标准操作系统。

(3) 硬件平台。大型商业企业的商品进、存、调、销的管理复杂，账目数据量大，且需频繁地进行管理和检索，选择客户机/服务器（C/S）结构，可大大提高工作效率，保证数据的安全性、实时性及准确性。

4. POS 系统软件

POS 系统的软件主要由前台 POS 销售系统和后台的管理信息系统两部分组成。

(1) 前台 POS 销售系统。前台 POS 软件的功能包括：

① 日常销售。完成日常的售货收款工作，记录每笔交易的时间、数量、金额，进行销售输入操作。如果遇到条码不识读等现象，系统应允许采用价格或手工输入条码号进行查询。

② 交班结算。进行收款员交班时的收款小结、大结等管理工作，计算并显示出本班交班时的现金及销售情况，统计并打印收款机全天的销售金额及各售货员的销售额。

③ 退货。退货功能是日常销售的逆操作。为了提高商场的商业信誉，更好地为顾客服务，当顾客发现商品出现问题时，允许顾客退货。此功能记录退货时的商品种类、数量、金额等，便于结算管理。

④ 支持各种付款方式。可支持现金、支票、信用卡等不同的付款方式，以方便不同

顾客的要求。

⑤ 即时纠错。在销售过程中出现的错误能够立即修改更正，保证销售数据和记录的准确性。

(2) 后台管理信息系统。后台管理信息系统的功能包括：

① 商品入库管理。对入库的商品进行输入登录，建立商品数据库，以实现对库存的查询、修改、报表及商品入库验收单的打印等功能。

② 商品调价管理。由于有些商品的价格随季节和市场等情况而变动，本系统应能提供对这些商品所进行的调价管理功能。

③ 商品销售管理。根据商品的销售记录，实现商品的销售、查询、统计、报表等管理，并能对各收款机、收款员、售货员等进行分类统计管理。

④ 单据票证管理。实现商品的内部调拨、残损报告、变价调动、仓库验收盘点报表等各类单据票证的管理。

⑤ 报表打印管理。打印内容包括时段销售信息表、营业员销售信息报表、部门销售统计表、退货信息表、进货单信息报表、商品结存信息报表等。实现商品销售过程中各类报表的分类管理功能。

⑥ 数据分析功能。POS 系统的后台管理软件应能提供完善的分析功能，分析内容涵盖进、销、调、存过程中的所有主要指标，同时以图形和表格方式提供给管理者。

⑦ 数据维护管理。完成对商品资料、营业员资料等数据的编辑工作，如商品资料的编号、名称、进价、进货数量、核定售价等内容的增加、删除、修改；完成对营业员资料的编号、姓名、部门、班组等内容的编辑。还有商品进货处理、商品批发处理、商品退货处理。实现收款机和收款员的编码、口令管理，支持各类权限控制。具有对本系统所涉及的各类数据进行备份、交易断点的恢复等功能。

⑧ 销售预测。销售预测包括畅销商品分析、滞销商品分析、某种商品销售预测及分析、某类商品销售预测及分析等。

5. POS 系统的运行步骤

(1) 商品都要贴有表示该商品信息的条码或 OCR 标签。

(2) 在顾客购买商品结账时，收银员使用扫描阅读器自动识别商品条码或 OCR 标签上的信息，通过计算机系统确认商品的单价，计算顾客购买总金额等，同时返回给收银机，打印出顾客购买清单和付款总金额。

(3) 各个店铺的销售时点信息，通过增值网（Value Added Network，简称 VAN）以在线连接方式即时传送到总部或物流中心。

(4) 在总部，物流中心和店铺利用销售时点信息来进行库存调整、配送管理、商品订货作业。通过对销售时点信息进行加工分析来掌握消费者购买动向，找出畅销商品和滞销商品，以此为基础进行商品品种配置、商品陈列、价格设置等方面的作业。

(5) 在零售商与供应链的上游企业结成协作伙伴关系的条件下，零售商利用 VAN 以在线连接的方式，将销售时点信息即时传送给上游企业，这样上游企业可以利用销售现场的最及时准确的销售信息，制定经营计划，进行决策。

【相关链接】

例如，零售商如果既有POS系统又有EOS系统，同时具备使用VAN网络的条件，其POS系统每天的商品销售信息通过前台的POS机传至后台的管理信息系统（MIS）进行数据处理，得到需补充库存的商品种类及数量，这些需补充库存的商品的相关数据会自动通过EOS和VAN传递给供应链上游的供应商。

（6）企业可以利用销售时点信息进行销售预测，掌握消费者购买动向，找出畅销商品和滞销商品，把POS信息和EOS信息进行比较分析来把握零售商的库存水平，以此为基础，制订生产计划和零售商库存连续补充计划（CRP）。

三、电子订货系统

1. 电子订货系统的概念

电子订货系统（Electronic Order System，简称EOS）是指企业间利用通信网络（VAN或互联网）和终端设备以在线连接（on-line）方式，进行订货作业和订货信息交换的系统。

根据EOS所涵盖的范围来区分，可分为狭义的EOS与广义的EOS。狭义的EOS是指零售商将订单传送到批发商、供应商为止的自动化订货系统；广义的EOS则是从零售点下单开始经批发商接单后，再经验货、对账、转账等步骤，完成所有商品交易动作为止的自动化订货系统。从结构上看包括订货系统、通信网络系统和接单系统三大部分。

2. EOS类型

按应用范围，EOS可分为企业内的EOS（如连锁店经营中各个连锁分店与总部之间建立的EOS系统），零售商与批发商之间的EOS系统以及零售商、批发商和生产商之间的EOS系统。根据电子订货系统的整体运作程序来划分，大致可分为以下三种类型。

（1）企业内的EOS（连锁体系内部的网络型）。企业内的EOS即连锁门店有电子订货配置，连锁总部有接单电脑系统，并用即时、批次或电子信箱等方式传输订货信息。这是"多对一"与"一对多"相结合的初级形式的电子订货系统。

（2）零售商与批发商之间的EOS系统（供应商对连锁门店的网络型）。其具体形式有两种：一种是直接的"多对多"，即众多的不同连锁体系下属的门店对供应商，由供应商直接接单发货至门店；另一种是以各连锁体系内部的配送中心为中介的间接的"多对多"，即连锁门店直接向供应商订货，并告知配送中心有关订货信息，供货商按商品类别向配送中心发货，这可以说是中级形式的电子订货系统。

（3）零售商、批发商和生产商之间的EOS系统。其具体形式有两种：一种是地区性社会配套的管理信息系统网络，即成立由众多的中小型零售商、批发商构成的区域性社会配套的管理信息系统营运公司和地区性的咨询处理公司，为本地区的零售业服务，支持本地区的EOS的运行；二是专业性社会配套管理信息系统网络，即按商品的性质划分专业，从而形成各个不同专业的信息网络。这是高级形式的电子订货系统，必须以统一的商品代码、统一的企业代码、统一的传票和订货的规范标准的建立为前提条件。

3. EOS的流程

EOS系统并非是单个的零售店与单个的批发商组成的系统，而是许多零售店和许多批发商组成的大系统的整体运作方式。EOS系统结构如图6－1所示。EOS系统的基本流程如图6－2所示。

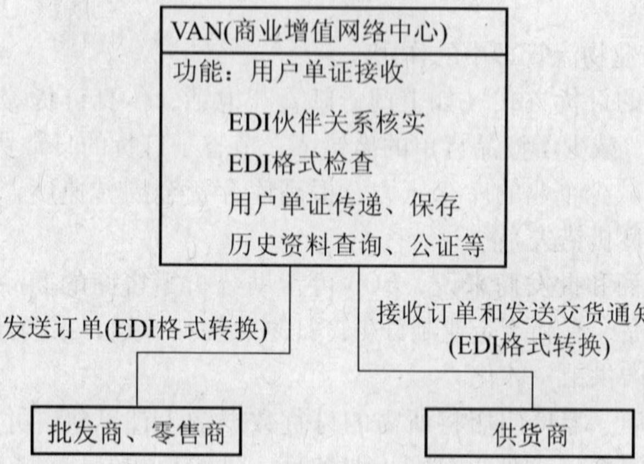

图6－1　EOS系统结构

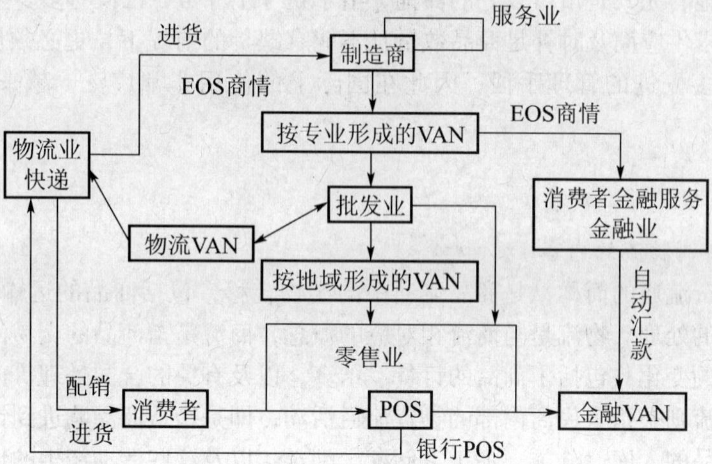

图6－2　EOS系统的基本流程

（1）在零售店的终端利用条码阅读器获取准备采购的商品条码，并在终端机上输入订货种类；利用电话线通过调制解调器传到批发商的计算机中。

（2）批发商开出提货传票，并根据传票，同时开出拣货单，实施拣货，然后依据送货传票进行商品发货。

（3）送货传票上的资料便成为零售商的应付账款资料及批发商的应收账款资料。

（4）接到应收账款的系统中去。

（5）零售商对送到的货物进行检验后，便可以陈列与销售了。

4. 应用EOS系统必须具备以下三方面前提条件

（1）订货业务作业的标准化。在零售行业的单品管理方式中，每一个商品品种对应一个独立的商品代码，商品代码一般采用国家统一规定的标准。对于统一标准中没有规定的商品则采用本企业自己规定的商品代码。商品代码的设计是应用EOS系统的基础条件。

（2）订货商品目录账册（Order Book）是EOS系统成功实施的重要保证。

（3）计算机及订货信息输入和输出终端设备的添置和EOS系统的精心设计是企业实施EOS的必备条件。

5. EOS系统在企业物流管理中的作用

（1）相对于传统的订货方式（如上门、邮寄、电话、传真订货等）而言，EOS缩短了订货商品的交货期，减少了商品订单的出错率，节省了订货的日常费用；

（2）EOS有利于减少企业的库存压力，提高库存资金周转速度，有效地防止销售缺货现象（避免了销售良机错失）；

（3）对于供货厂商和批发商来说，EOS可帮助分析零售商的商品订货信息，便于准确判断畅销品和滞销品，有利于企业制订生产计划、物料计划、采购计划、商品库存计划和销售配送计划，使产供销一体化。

EOS使各批发门店、零售门店将所需的订货数据输入计算机，并通过计算机的通信网络，将有关数据和资料传送到总公司、业务部、供应商或制造商，一旦订货得到确认后，物流中心（仓储中心）根据总部的通知，便将商品配送给各个订货的门店。

在零售场地，尤其是市口较好的商铺，由于是寸土寸金，已没有多少空间可用于存放货物了，在要求供应商及时补足商品数量且不能有缺货的前提下，更必须使用EOS系统。EOS内含有许多先进的管理手段，因此在国际上的使用非常广泛，越来越受到商界的青睐。

四、零售商物流

（一）零售商物流的内容

物流是物资流通的简称，是商品流通中的实物转移，包括商品的运输、储存、加工，以及相关信息的处理。物流是与商流相对应的概念，商流是指商品的交易活动，是商品流通中价值形态的变化，包括了商品的订货、结算，以及有关的合同处理等内容。

零售商物流则是指零售商内部的物资流通活动，即是指从商品购进到销售的物资流通过程，包括商品的入库、分类、加工、储存、配送，以及这些活动产生的信息的收集、处理和利用过程。连锁和非连锁零售商的物流系统在组织机构上有很大的区别，连锁零售商以商品配送中心为物流系统的核心组成商场物流系统，非连锁零售商自身的仓库代替了配送中心，没有连锁配送中心带来的集中采购、集中储备的优势，这种零售商的物流系统门店和仓库联系更加密切，以自身的仓库和门店为中心组成商场的物流系统。

（二）零售商物流系统的作业

零售商都是通过设置商品控制部门和配送中心（仓库）来完成这些商品的购进、验收、存储、加工、配送（送货）等工作，并以此为中心形成零售商物流系统，如图6－3所示是零售连锁经营企业物流系统流程；图6－4所示是便利店物流系统流程；图6－5所示的会员俱乐部物流系统流程。

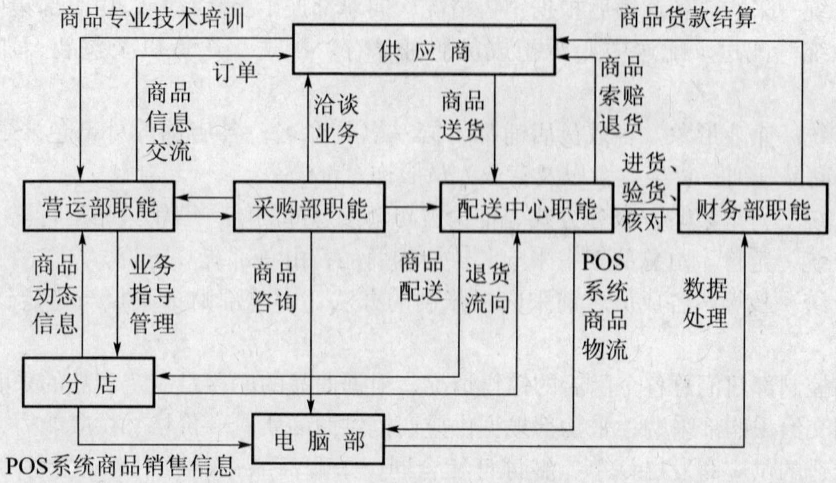

图 6－3　零售连锁经营企业物流系统流程

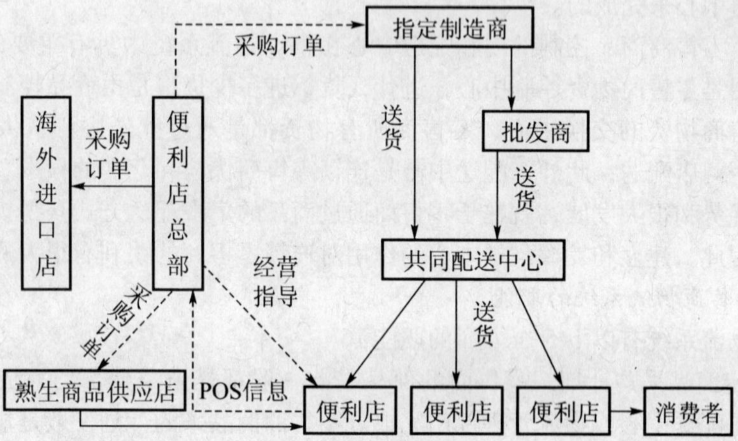

图 6－4　便利店物流系统流程

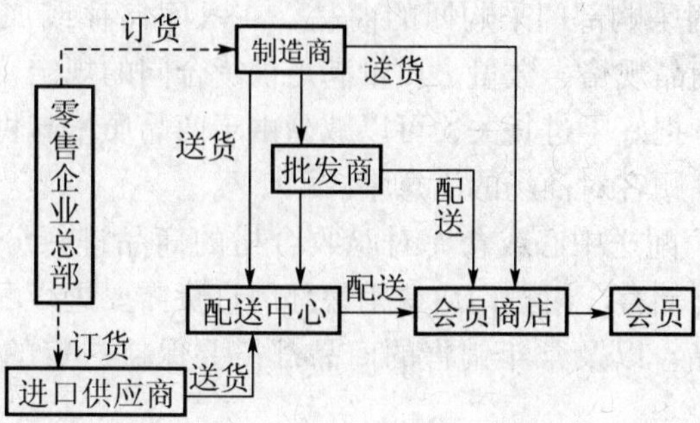

图 6－5　会员俱乐部物流系统流程

(三) 零售连锁经营的运营模式

零售连锁经营的运营模式有以下 6 种：

（1）统一采购。各连锁店根据销售情况，向总部提出要货计划，由总部集中采购。

（2）统一配送。配送中心承担成员店铺储存、配送、送货以及包装、加工等物流功能。

（3）统一企业形象。各成员店铺都以同一名称命名；各店铺的外部色彩、风格、内部装潢、商品陈列、货架放置以及营业人员服饰等都统一。

（4）统一营销策略。服务方式、推销技巧都按总部的统一营销策略运行。

（5）统一定价。由总部集中采购、供应的商品，由总部统一定价。

（6）统一核算。各成员店铺采取报账制的办法，由总部财务直接与指定银行发生信贷业务。

商品控制部门汇总各个门店的销售情况，根据商品的库存量制定商品的采购计划，将采购计划交给采购部采购；采购部根据供应商提供商品质量、价格、供应能力，以及商誉等，向合适的供应商发出订单，签订订货合同，采购商品；配送中心（仓库）按订单验收供应商送来的商品，并分类、编码，按需要进行分装、加工、储存，再向各门店配送商品。非连锁零售商没有自有的配送中心，商品分类、编码、分装、加工的功能是由仓库或社会化的配送中心来完成的。

很显然，零售商商品控制部门和配送中心在整个物流系统中具有重要的地位和作用。商品控制部门是零售商物资控制中心，进什么货、进多少货都是由商品控制部门决定；配送中心是零售商物资的交换中心，零售商所有物资都是通过配送中心从供应商进货、储存，再向各个门店配送；此外，配送中心是连锁零售商优势和存在的根本。连锁零售商之所以能取得优势和很大发展，就在于零售商通过商品的集中配送方式获得规模、利润、商誉等优势。因此，建立和发挥配送中心的作用对连锁零售商的获利有很大的影响。

（四）零售商物流系统的职能

零售商物流系统有以下5个方面的职能：

（1）制定商品采购计划。零售商的商品采购一般都是由采购部门完成，但制定商品采购计划则是配送中心或物流管理部门完成。零售商商品采购计划一般是短期的、具体的采购指令，与大型企业、物资部门的长期采购计划不同。商品采购计划应在满足销售需要的情况下，使采购费用、库存费用、运输费用之和最低。

（2）进货验收。对采购部门采购回的商品，在入库储存或加工前，需要对数量、质量予以验收，以保证商品规格、数量、质量满足供货合同的规定。进货验收是保证零售商商品质量的重要环节。把好了进货关，可以减少由于商品质量与供应商的纠纷，减少经济损失，同时也可以提高顾客对商场的满意率。

（3）储存和加工。配送中心或仓库对验收合格的商品进行分类、分拣、编码，并按商品的种类和储存条件储存。再按门店或销售部门订货需要进行配送。一般而言，对价值低、需求不稳定的商品，以及常年销售的商品都需要保持一定的储备量，以满足销售的需要。

（4）配送。配送中心或仓库根据门店的要货单，配备商品，并送至销售门店。实行商品配送制是超市组织管理体制上的一次重要变革，是零售商发展的方向。

（5）物流信息处理。销售、储存、配送、采购各个环节都伴随着信息的发生、处理和应用。为了很好地组织货源，保证销售需要，同时降低成本，需要及时汇总销售情况，随时掌握库存的数量，了解市场价格、供求情况，这些都要求对这些信息进行及时、准确的处理，客观上需要建立以计算机为中心的物流管理信息系统。

第二节　商业零售商管理信息业务流程

一、商业零售商物流管理信息业务流程

商业零售商物流管理信息流程如图6－6所示。

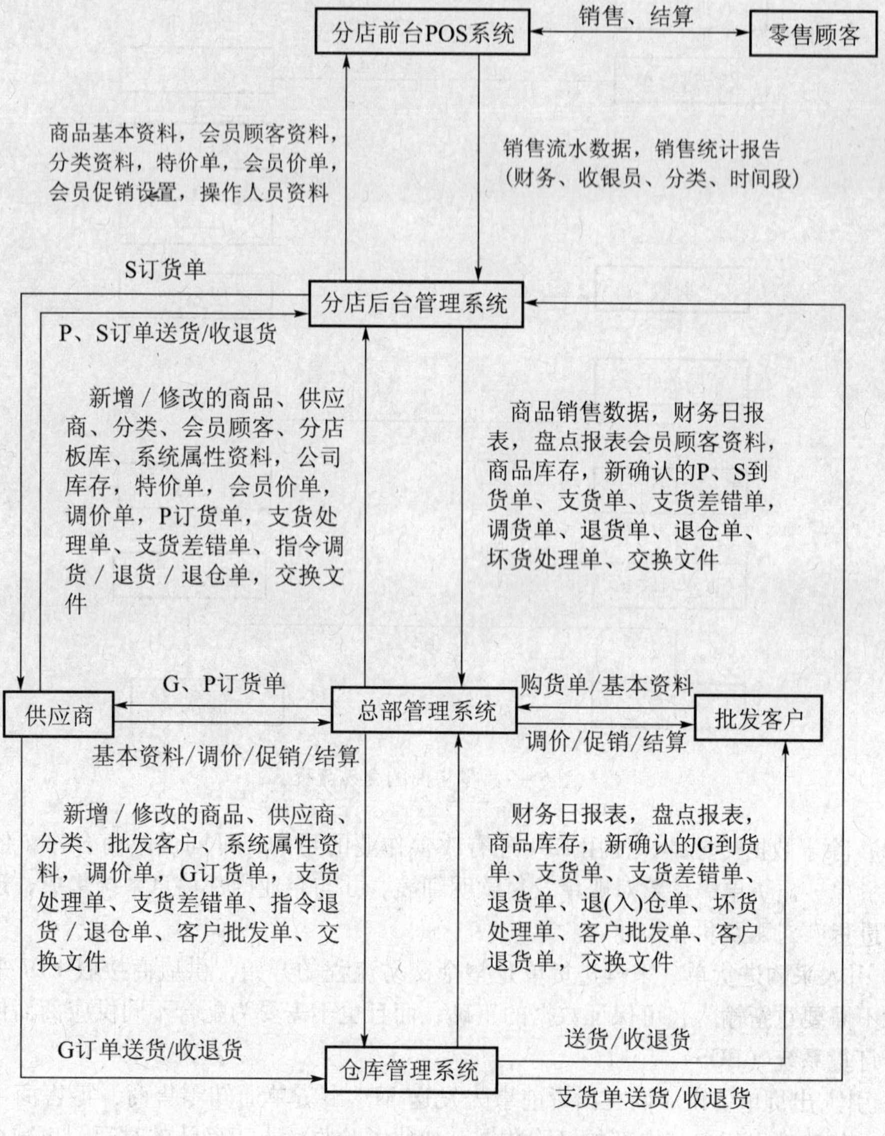

图6－6　商业零售商物流管理信息流程图

二、零售商与供应商的标准交易信息流程

零售商与供应商的标准交易流程如图 6－7 所示。

（1）企业引入 EDI 时，如果选择低成本引入，主要目的是为了数据传输方便，可先行引入订购单，将订购单转换成 EDI 报文传送给供应商，其优点是：

① 不需要为配合不同供应商而使用的电子订货系统。

② 使供应商能够提早收到订单，及早处理，加快送货速度。

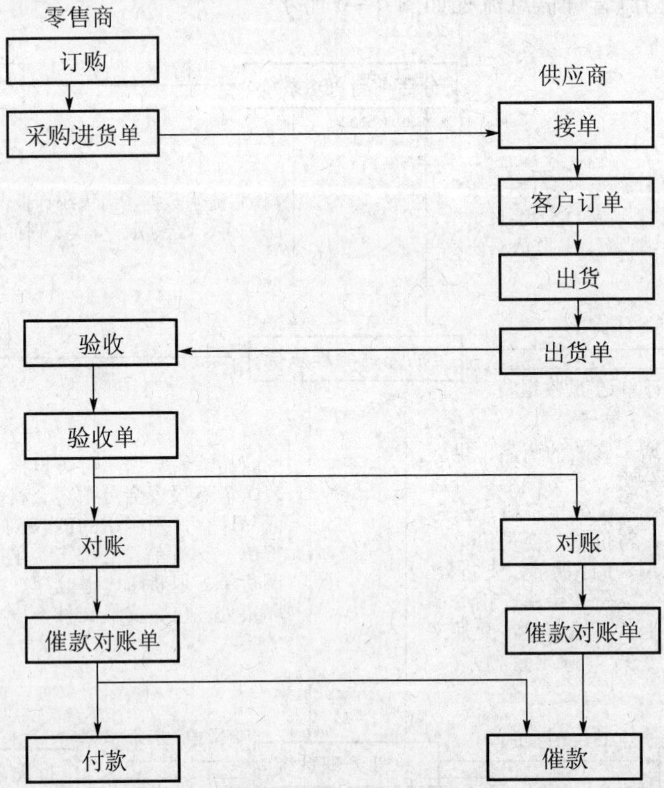

图 6－7　零售商的交易流程

（2）除了数据传输外，使用 EDI 还有改善作业的目的，可同供应商合作，依次引入采购进货单、出货单、催款对账单及付款明细表，并与企业内部信息系统集成，逐渐改善订购、进货、对账及付款作业。

① 引入采购进货单。采购进货单是整个交易流程的开始，供应商接收 EDI 采购进货单，就不需要重新输入，可保证数据的正确；而且也不需要为配合不同供应商而使用不同的电子订货系统（EOS）。

② 引入出货单。供应商在出货前事先发送 EDI 出货单通知零售商，零售商可事先安排库位；并比较出货单与内部的订购数据，加快了验收后人工确认的时间，也减少了日后对账的困难。

③ 引入催款对账单。零售商可在引入 EDI 对账报文后开发对账系统，并与订购及验

收系统集成，生成对账单，这样就减轻了财务部门每月对账工作量，降低了对账的错误率。

④ 引入付款明细表。实现了对供应商的对账系统后，零售商可将日常的付款作业计算机化，开发转账系统，并与银行实行 EDI 连接，引入付款明细表 EDI 报文。此转账系统可与对账系统、会计系统集成，除实现自动转账外，也使后续的会计作业实现了自动化，节省了人力，降低了人工差错率。

引入 EDI 来改善作业流程，必须有相应业务主管的积极参与，才可能获得成功。例如，使用 EDI 的订购报文前，零售商可能是以传真方式向供应商订购，验收部门在进货验收时，需要供应商出示订单作为验货凭据；使用 EDI 订购报文后，供应商就没有订购单了，验货部门应如何验收？如果零售商与供应商都引入了 EDI 的出货报文，供应商可在出货前先通知出货商品及数量，零售商应如何利用预先得知的出货数据，事先通知验收部门来加快验收速度。

总之，必须有相关业务部门的人员参与，协同信息人员共同制定新的作业流程，并由信息人员修改信息系统，这样才能使 EDI 发挥最大效果，达到改善作业流程的目的。由于需要整合不同部门的作业，因此，参与的业务主管层次愈高，应用的层面就愈广。

（3）除数据传输和改善作业外，企业还可以 EDI 为工具进行企业再造。企业再造的目的是为客户提供最好的产品与服务，因此作业流程的革新是非常重要的目标。实施 EDI，可先改变与供应商间的作业流程，再配合外部流程的改造来革新企业的内部流程。

第三节　商业零售管理信息系统解决方案

一、零售经营连锁物流配送系统

从应用领域来讲，不论零售业、批发业或是制造业，都可采用电子订货系统（EOS）进行企业内的补充订货系统。从其之间的关系来看，零售业则是超市等商店和总公司的电脑连线，并将资料输入。总公司再将这些资料做成进货订单，再交给进货厂商。也就是说，商店与总公司间有连线，但和厂商间没有连线。而批发业及制造业则是由业务员利用手持式终端机进行的补充订货系统，这一连串的补货系统也称之为 EOS。零售经营连锁物流配送系统如图 6－8 所示。

二、商业零售商总部管理信息系统

1. 资料管理

（1）商品资料查询。查询商品自编货号、条形码、中文名称、分类号、规格、产地、多渠道供货条件、零售价等基本属性信息。

（2）商品资料维护。维护商品自编货号、条形码、中文名称、分类号、规格、产地、多渠道供货条件、零售价等基本属性信息。商品资料只能由总部维护管理，以保证全公司统一。

（3）组合商品维护。定义维护组合商品主货号，增加或删除搭配销售商品资料，修改已有搭配销售商品资料等。使得销售多样化、灵活化，在更大程度上促进大众消费。

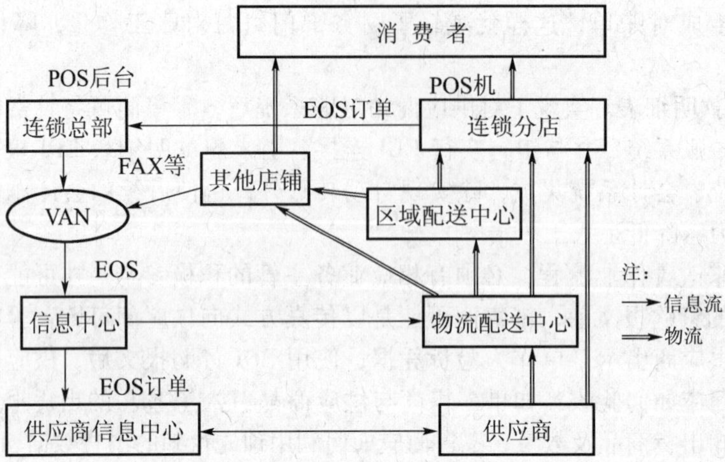

图6－8　零售经营连锁物流配送系统图

（4）商品配方维护。维护商品配方中的商品货号、商品名称、配比量或配比率等属性。

（5）分类管理。定义、维护商品分类及分类级别毛利率信息，用于系统对品种和价格的管理。

（6）公司库存资料。对全公司、仓库、各分店的最新商品库存进行查询。

（7）分店库存资料。对各分店的最新商品库存进行查询。

（8）供应商资料查询。查询供应商的基本资料，包括自编供应商号，供应商名称、地址、联系人、电话、基本业务条件、合同供货商品资料等有关信息。

（9）供应商资料维护。维护供应商的基本资料，包括自编供应商号，供应商名称、地址、联系人、电话，基本业务条件和合同供货商品资料等有关信息。供应商资料只能由总部维护管理，以保证全公司统一。

（10）客户资料。维护或查询单位客户资料及个人会员资料。

（11）单位客户资料。维护、查询单位客户基本资料，包括自编号、单位名称、地址或联系人或电话、开户行、账号、税号、信用额度、基本业务条件、合同购货商品明细资料等有关信息。

（12）个人会员资料。维护、查询个人会员（优惠卡）基本资料，包括姓名、卡号、性别、住址、联系电话、身份证号、消费总额、积分、排名、消费明细、获取奖励等信息。客户资料维护权根据注册属性限定，经总部每天自动汇总处理，并传输到各分店、仓库，以保证全公司统一。

（13）新商品资料。记录新增加的商品资料，并根据到货日期，按规定的考核时段，自动统计销量，进行公司和各分店经营与否的评价处理。评价处理提供各分店各自的销量、销额及总或分类排名信息支持。

（14）经营商品设置。增加经营商品资料或维护商品的经营权限。

（15）分店特价权限管理。按分店管理授权，商品集合保证分店在可控范围内具有销售定价权，以适应市场竞争要求。

2. 客户管理

（1）客户批发处理：执行对单位客户批发购货的销售开单或收款或挂账处理。

采用便捷的选录或输录方式，可同步提示“客户合同购货商品条件”及“促销购货条件”，供本次开单选择；动态显示开单总销额、毛利额、毛利率、信用余度信息；具备按付款方式、票据类型自动分单排序打印功能。批发销售单传往指定仓库或分店执行送货。

（2）客户批发确认：可查询来分店的客户批发送货通知单和本店自定的客户批发预售单，并根据实际出货情况，按单进行品种、数量、金额确认。打印确认单作为财务凭证。可查询或打印已确认客户批发单。

（3）客户退货确认：可查询来分店的客户退货通知单和本店自定的客户退货预售单，并根据实际出货情况，按单进行品种、数量、金额确认。打印确认单作为财务凭证。可查询或打印已确认客户退货单。

（4）客户促销商品管理：记录给予客户的商品促销购货条件、时段等信息，作为客户批发销售开单时的智能辅助信息。

（5）客户促销费管理：记录与客户协议的促销费应付金额、应付时间等信息，作为客户收款时的智能辅助信息。

3. 采购管理

（1）单次订货：指定某部门订货。采用便捷的选录或输入方式，具备业务员身份、商品类别和经营属性自动约束机制；具备上月/上周销量、现有库存及自动预订量等参考数据；可同步提示“多渠道供货条件”及“促销进货条件”，供本次订货选择；修改订货条件，可经过判断反向维护“多渠道供货条件”；具备按供应商、付款方式、票据类型自动分单排序打印功能，并可同步打印退货通知单。

（2）批次订货：用户可对选定商品集合，同时完成对各分店、仓库的订货处理。此功能适用于周期性的商品全面补货，对解决和保障业务部门工作极有实用价值。

采用便捷的选录或输录方式，具备业务员身份、商品类别和经营属性自动约束机制；具备上月/上周销量、现有库存及自动预订量等参考数据；可同步提示“多渠道供货条件”及“促销进货条件”，供本次订货选择；修改订货条件，可经过判断反向维护“多渠道供货条件”；具备按部门、供应商、付款方式、票据类型自动分单排序打印功能，并可同步打印退货通知单。

（3）特殊订货：针对用户自行采购的订货处理，提供当前商品供货条件作参考，最终按用户自定义的供应商、进价等信息生成订单。

采用便捷的选录或输录方式，具备业务员身份、商品类别和经营属性自动约束机制；具备上月、上周销量、现有库存及自动预订量等参考数据。

（4）订单打印：用于补打订单。可根据需要，输入一个订单号或订单批号，打印出订货单。

4. 价格管理

（1）零价调价：下达公司统一商品零售价、批发价、件销价的调价指令及查询调价单历史记录，可同步调整批发客户购货价并打印客户调价通知单。总部系统根据调价信息，到生效日期时自动维护商品基本资料。

（2）进价调价：制定商品新进价（全公司或部分分店两种执行模式），并且可以根据需要选择时段调价或一次性调价。

（3）特价管理：制订商品新特价单（全公司或部分分店两种执行模式）、特价单修改及特价单查询。可同步制定批发客户促销价并打印客户促销通知单。

（4）会员价管理：制订新会员价单（全公司或部分分店两种执行模式）、会员价单修改及会员价单查询。会员价运用于对持有会员卡的顾客进行特别优惠，销售时由前台 POS 系统自动识别。

（5）零价调价单查询：可根据调价单号或生效日期查询或打印公司制订的商品零售价、批发价、件销价（打印调价单和打印确认单两种模式）。

（6）进价调价单查询：可根据调价单号、生效日期、结束日期或商品编号查询或打印公司制定的商品进价。

5. 决策分析

（1）经营情况分析表：查询或打印各分店的经营情况报表。

（2）经营情况日报表：查询或打印各分店日的零售额、毛利额、客户总人数、客单价、库存额等经营情况。

（3）经营情况周报表：查询或打印各分店周的零售额、毛利额、客户总人数、客单价、库存额等情况报表。

（4）经营情况月报表：查询或打印各分店月的零售额、毛利额、客户总人数、客单价、库存额等情况报表。

（5）任意时段经营周报表：查询或打印各分店任意时段的零售额、毛利额、客户总人数、客单价、库存额等情况报表。

（6）结算资金计划周报表。

①商品分类动态分析报表：可以按日、周、月、自定义查询或打印商品大分类销售分析报表。

②分店业绩动态分析日报表：查询或打印各分店本日已发生的前台销售流水数据，用于实时监控分店当前的销售情况。

③分店业绩动态分析周报表：查询或打印各分店本周已发生的前台销售流水数据，用于实时监控分店当前的销售情况。

④分店业绩动态分析月报表：查询或打印各分店本月已发生的前台销售流水数据，用于实时监控分店当前的销售情况。

⑤分店业绩动态分析任意报表：查询或打印各分店任意时段所发生的前台销售流水数据，用于实时监控分店当前的销售情况。

⑥促销效果分析周报表：查询或打印各分店促销商品的销售情况，可以按大分类、中分类、小分类、单品等多种查询方式。

6. 品类管理分析

（1）商品类别销售分析：可以按日、周、月、自定义查询或打印商品大分类销售情况。

（2）商品 ABC 级别评价处理：设定商品的 ABC 级别的评价标准，可以按日、周、月、自定义等方式查询或打印各商品的销售情况分析及评价。

（3）新商品周报表：查询或打印新商品大分类周的销售情况，为新商品评价及采购提供依据。

（4）新商品月报表：查询或打印新商品大分类月的销售情况，为新商品评价及采购提供依据。

（5）淘汰商品周报表：查询或打印在一周当中被淘汰商品的情况，其中包含有被淘汰商品数、淘汰商品所剩的库存等情况。主要为采购和销售统筹策划提供参考依据。

（6）淘汰商品月报表：查询或打印在一个月当中被淘汰商品的情况，其中包含有被淘汰商品数、淘汰商品所剩的库存等情况。主要为采购和销售统筹策划提供参考依据。

（7）日无销售商品分析：查询或打印日无销售的商品的情况，其中主要有周无销售商品的现库存、上周销额、上周排名、上月销额、上月排名等。

（8）周无销售商品分析：查询或打印周无销售的商品的情况，其中主要有月无销售商品的现库存、上周销额、上周排名、上月销额、上月排名等。

（9）月无销售商品分析：查询或打印月无销售的商品的情况，其中主要有日无销售商品的现库存、上周销额、上周排名、上月销额、上月排名等。

（10）毛利率异常日报表：查询或打印商品日销售毛利率异常的情况，其中主要有毛利率上、下限，目前毛利率情况，零、进价情况，为总部统筹策划、调整价格提供依据。

（11）毛利率异常周报表：查询或打印商品周销售毛利率异常的情况，其中主要有毛利率上、下限，目前毛利率情况，零、进价情况，为总部统筹策划、调整价格提供依据。

（12）毛利率异常月报表：查询或打印商品月销售毛利率异常的情况，其中主要有毛利率上、下限，目前毛利率情况，零、进价情况，为总部统筹策划、调整价格提供依据。

7. 库存管理分析

（1）采购管理分析。

（2）采购员工作业绩报表：按周或月查询了解采购员所采购商品的销售情况，其中主要包括销售额、毛利额、销售占比、毛利占比、销售同比、毛利同比、库存额、周转率、到货率等分析，从而了解商品的销售情况，监督采购员的工作。

（3）商品到货情况报表：可以按任意时段查询各采购员的下单到货情况，其中主要包括各采购员的订货商品数、到货商品数、到货率、下单数、到单率、下单供应商数、到货供应商数、供应商支持率、平均到货天数等分析数据。

（4）月度供应商贡献分析：可分月度、季度、年度完成汇总统计，并按多种组合查询方式，打印出单个或部分或全部供应商的报表，提供其进、销、存、已付、应付、到期应付的金额及比例，以及周转率、毛利率、促销支持等数据，从而对供应商贡献度及双方合作关系作出评价和工作指导。

（5）商品进价变动周报表：按周查询各个商品进价变动的情况，其中主要包括改进价的开始日期、结束日期，商品原进价、新进价，原毛利率、新毛利率、补差价额等分析数据。

（6）商品进价变动月报表：按月查询各个商品进价变动的情况，其中主要包括改进价的开始日期、结束日期，商品原进价、新进价，原毛利率、新毛利率、补差价额等分析数据。

（7）商品零售价格变动周报表：按周查询商品零售价格变动的情况，其中主要包括商品原进价、新进价，原零价、新零价，原毛利率、新毛利率等分析数据。

(8) 商品零售价格变动月报表：按月查询商品零售价格变动的情况，其中主要包括商品原进价、新进价，原零价、新零价，原毛利率、新毛利率等分析数据。

(9) 采购的其他收入月报表：按月查询采购的其他收入的情况，其中主要包括收入的类别号、类别名称，本月协议收入、本月实际收入单数、本月实际收入、本月实际收入单数、应收未收余额。

8. 营运管理分析

(1) 分店销售日报表：按日查询各分店的销售情况，其中分析数据主要有分店日销售额、毛利额、毛利率、销售同比、毛利率同比、销售额排名、毛利排名、毛利率排名、顾客人数、客单价、客单价排名、单位面积销额、人均销售额等。

(2) 分店销售月报表：按月查询各分店的销售情况，其中分析数据主要有分店日销售额、毛利额、毛利率、销售同比、毛利率同比、销售额排名、毛利排名、毛利率排名、顾客人数、客单价、客单价排名、单位面积销额、人均销售额等。

(3) 市场价格调查分析：可按需要商品制表外出调查。调查信息输入后，能自动分析比较价差、毛利率差等指标。

(4) 分店收银差错周报表：按周查询各分店收银的差错情况，其中的分析数据主要有差错额、差错收银人数、差错天数、最大一天差错额、最大差错收银员、最小差错收银员、收单数等情况。

(5) 分店收银差错月报表：按月查询各分店收银的差错情况，其中的分析数据主要有差错额、差错收银人数、差错天数、最大一天差错额、最大差错收银员、最小差错收银员、收单数等情况。

(6) 销售时段销售分析：可按任何时段查询商品的销售情况，其中的分析数据主要有商品时段的销售额、毛利额、顾客数、客单价、销售同比、毛利同比、顾客人数同比、客单价同比、销售占比等分析数据。

(7) 分店盘点分析报表：主要对所选时间范围内所盘点的情况进行分析，其中主要的分析数据有上次盘点数、到货量、支货量、支货差错数量、调入数量等增加库存情况，以及销售数量、批发数量、调出数量等减库存的情况的数据分析。

9. 财务管理分析

(1) 盘点报表分析：查询或打印仓库、分店的阶段盘点报表，并可组合统计公司盘点报表。其中主要的分析数据有电脑进价金额、实盘进价金额、盘差额、差错率、电脑库存品种、盘差品种、差错率等情况。

(2) 盘点明细分析：可查询任一盘点报表的所有商品的盘点情况，其中的数据分析主要有实盘数、电脑数量、盘盈、盘盈金额、盘亏、盘亏金额、进价、折扣、零价、平均价等。

(3) 营业销售分析：可逐日查询或打印包括各分店当日或当月累计的汇总或分类销售业绩（销售额、毛利额、毛利率）、全公司当日或当月累计的汇总或分类销售业绩等信息的报表，提供给管理决策者和财务部门参考。

(4) 进销存日报表：可查询、打印公司或各分店或各仓库的进销存日报表及当日确认单据报表，显示当日所发生的进、销、存、批、调、退、损、盘等各环节金额数据，以及毛利额、毛利率。

（5）分店销售汇总：主要用于查询分店前台销售的情况，可查询的数据有分店商品的销量、销售额、成本、毛利等数据。

（6）分店流水销售汇总：可查询分店销售流水的情况，其中主要的数据分析包括分店的销量、销售额、毛利额、实收金额、成本额、销售流水数、收银机号、收款员等数据。

（7）财务月报表：按月度统计各分店分类或汇总销售数据，向财务部门提供账务数据。

10. 报表管理

（1）销售报表：主要对总部、分店前台流水销售及分类月度销售明细的分析。

（2）总部销售明细：可按日、周、月、自定义等条件查询总部的销售情况。销售情况主要按分类进行汇总，其中的主要分析数据有商品的现总库存、销量、销售额、毛利额、毛利率、总销量排名、总销售额排名、分类毛利额排名、分类毛利率排名等分析数据。

（3）分店销售明细：可按日、周、月、自定义等条件查询分店的销售情况。销售情况主要按分类进行汇总，其中的主要分析数据有商品的现总库存、销量、销售额、毛利额、毛利率、总销量排名、总销售额排名、分类毛利额排名、分类毛利率排名等分析数据。

（4）营业销售明细：可逐日查询或打印包括各分店当日或当月累计的汇总或分类销售业绩（销售额、毛利额、毛利率）、全公司当日或当月累计的汇总或分类销售业绩等信息的报表，提供给管理决策者和财务部门参考。

（5）分类月度销售明细：按月度统计各分店分类或汇总销售数据，向财务部门提供账务数据。其中主要的分析数据有分类销售额、毛利额、毛利率、成本额、税前成本额。

（6）前台商品销售明细：可按日、周、月、自定义等条件查询各分店前台的销售情况。其中的主要分析数据有商品的现总库存、销量、销售额、毛利额、毛利率、总销量排名、总销售额排名、分类毛利额排名、分类毛利率排名等分析数据。

（7）前台销售流水汇总：可查询各分店销售流水的情况，其中主要的数据分析包括各个分店的前台销售流水销量、销售额、毛利额、实收金额、成本额、销售流水数、收银机号、收款员等数据。

（8）进销存日报表：可查询、打印公司或各分店或各仓库的进销存日报表及当日确认单据报表，显示当日所发生的进、销、存、批、调、退、损、盘等各环节金额数据，以及毛利额、毛利率。

（9）客户批发单查询：查询或打印总部、仓库单位客户批发销售确认单。

（10）客户退货单查询：查询或打印总部、仓库单位客户退货确认单。

11. 采购报表

（1）订/到货查询：浏览全公司所有订货单，并可按多种条件查询订单的已到货、部分到货、未到货信息，具备分析到货率、订/到货时差等功能，可帮助对供应商、采购员表现做出跟踪评价。

（2）到货单查询：查询或打印总部、仓库、分店的供应商到货确认单。

（3）批次到货报表：可便捷地查询某批次订货的到货情况，通过分析报表，可针对性地对供货保证、供应商和采购员表现做出跟踪评价。

12. 库存报表

（1）盘点明细查询：查询或打印本店的阶段盘点报表商品明细，包括实盘数、电脑数量、盘盈、盘盈金额、盘亏、盘亏金额等信息。

（2）盘点报表查询：查询或打印本店的阶段盘点报表，包括分类或汇总的电脑库存金额、实盘金额、盘差额、盘差率、电脑品种、盘差品种、品种差错率等信息。

（3）支货单查询：查询或打印仓库与分店间的支货确认单或支货差错确认单；可检查仓库与分店间的支货确认单差错信息，并按责任将差错信息全部或部分地转发给仓库或分店，由其进行支货差错单确认来反向修正电脑库存。

（4）自调货单查询：查询或打印分店间的调货确认单，采用交互式数据对比界面，方便工作检查评价。

（5）指令调货单查询：查询或打印分店间的指令调货确认单，采用交互式数据对比界面，方便工作检查评价。

（6）自退仓单查询，查询或打印仓库与分店间的退仓确认单，采用交互式数据对比界面，方便工作检查评价。

（7）指令退仓单查询：查询或打印分店间的指令退仓确认单，采用交互式数据对比界面，方便工作检查评价。

（8）退货单查询：查询或打印仓库、分店的对供应商退货确认单。

（9）坏货处理单查询：查询或打印仓库、分店的坏货处理确认单。

（10）单据改错查询：查询或打印仓库、分店改错单据的确认单。

13. 供应商报表

（1）供应商付款报表：可查询或打印出单个或部分或全部供应商的总到货、总退货、已付款、预付款、应付款、到期应付款等电子账目。可明细供应商所有到货单和退货单，并按单显示已付（未付、应付）信息及提示该供应商预付款、应收促销费信息。

（2）独创的供应商付款三级管理操作：通过财务审单（金额把关）、业务员计划选单（方向控制）、领导综合审批（总量控制）三级操作并结合信息支持来完成付款计划。付款实操完成后，可对电子计划单进行修正并确认维护供应商电子账目。可查询每期付款确认单以及系统简易选单付款情况。

（3）供应商实销实结：可查询或打印供应商付款方式为实销实结商品的月销售额、当前库存金额、月进货成本、历史余额、应付金额、累计金额等电子账目。付款实操完成后，可对电子计划单进行修正并确认，维护供应商电子账目。可查询每期付款确认单以及系统简易选单付款情况。

（4）供应商促销商品管理：记录供应商给予的商品促销进货条件、时段等信息，作为订货时的智能辅助信息，以及制订促销计划。

（5）供应商促销费管理：记录与供应商协议的促销费应收金额、应收时间等信息，作为供应商收款时的智能辅助信息。

14. 办公管理

（1）人事管理：查询或维护全公司员工的个人基本资料，包括姓名、性别、年龄、身份证号、住址、电话、联系人（担保人）姓名（身份证号、住址、电话）、学历、简历、个人证件（种类、有效期）、上岗时间、离岗时间、所属部门、职级、基本薪资、升职记录、领用物品等信息。

（2）奖惩考核：按月度记录总部员工奖惩信息。可按时段（部门、个人）方式查询全公司奖惩历史记录（仓库、分店信息上传）。

（3）薪资管理：可由用户自定义工资表项目。可根据基本薪资、奖惩记录等用户设定参数自动生成部门月度工资表，由用户修改、审定或打印。仓库、分店的薪资核算可由其自行处理。

（4）文件管理：可分类型、分权限、分部门输入或查询公司文件档案资料；向仓库或分店定向下发总部文件；定向查看仓库和分店上传文件；定向转移仓库、分店间多点式交换文件。

（5）设备管理：可查询或维护全公司设备资料信息，包括分类、编号、名称、所属部门、专职负责人、购入日期、供应厂商（名称、地址、联系人、电话、票据号）；保养单位（名称、地址、联系人、电话、票据号）、检测机构（名称、地址、联系人、电话）、合格证发放日期、合格证法定报审日期、合格证报审记录、检修周期、检修记录等信息。

（6）证照管理：可查询和维护全公司证照资料信息，包括名称、所属部门、专职负责人、管理机构（名称、地址、联系人、电话）、发放日期、法定报审日期、报审记录等信息。

15. 数据传输

（1）准备数据：自动收集需下传仓库、分店的有关数据，完成传输准备。

（2）接收数据：自动收集仓库、分店上传的有关数据文件包，并释放处理入总部数据库。

（3）查看接收信息：浏览仓库、分店最新上传的有关数据文件包，用于检查传输工作进程。

（4）修改传输标志：针对某些异常情况下未能传输成功的数据，可进行再次恢复，重新传输。

（5）核对传送单据：核对仓库、分店上传的有关数据，用于检查传输工作的情况。

16. 系统维护

（1）数据处理：对销售数据进行统计处理。

（2）权限设置：用于设置程序使用人员分组、用户级别、使用权限、用户名、密码等。

（3）修改密码：用于程序使用人员密码的修改。

（4）系统设置。

（5）支货优先级：用于设定各分店的支货单传输的优先级别。

（6）系统资料：由系统管理员操作使用，用于设定用户系统基本参数，全公司统一共享。

三、分店管理信息系统

1. 资料管理

（1）商品基本资料：查询总部下传的商品基本资料信息。可修改条码。

（2）供应商资料：查询总部下传的供应商资料信息。

（3）客户资料：查询总部下传的客户资料信息。属本分店首次注册的客户资料，可由该分店进行维护（功能同总部）。

（4）分店资料：查询总部下传的各分店信息。

（5）库存资料：查询分店实时的动态商品库存，并可同步显示来自总部下传的其他店仓的库存。

（6）调价资料：查询、确认公司下发调价单，维护商品零（批）件销价。

（7）调进价查询：查询总部下传的各进价调整的信息。

（8）特价资料：查询总部下传的特价单信息。对公司授权商品自行制定新的分店特价或修改分店特价，形成自主的销售价格。

（9）会员价资料：查询总部下传的会员价单信息。对公司授权商品自行制定新的分店会员价或修改分店会员价，形成自主的会员销售价格。

（10）可经营商品：可查询或打印由公司规定的该分店可经营或淘汰商品品种及其销量，销额、排名等信息，用于约束该分店进货及指导商品陈列管理。

（11）货架管理：维护商品的陈列货架号，为日常管理、盘点工作提供信息参考。

（12）坏货登记：记录分店发生的坏货信息，便于及时处理。

（13）库存检查：系统自动以上次盘点库存实数为起始，统计或显示盘点后至当前的每个商品所有进销存物流数据，供用户查询核对库存管理情况，并可以此复算结果修正电脑库存。

（14）打印价牌：选择或输入货号打印商品价牌。

（15）电子秤管理。

2. 商品进出

（1）支货申请：分店向仓库要货的申请单据录入并确认。采用便捷的录入方式，具备商品类别和经营属性自动约束机制；具备上月、上周销量以及现库存等参考数据。

（2）支货单处理：将收到仓库送货的实收数，选单确认输入电脑。可查询或打印已确认支货单。

（3）支货差错处理：可查询或打印总部传来的支货差错通知单，执行确认修正库存。可查询或打印已确认支货差错单。

（4）直送货处理：对公司授权商品制订预订单或到货确认单。采用便捷的录入方式，具备经营属性自动约束机制；具备上月、上周销量、现库存、自动预订量等参考数据；可同步提示“促销进货条件”供本次订货选择；具备按供应商、付款方式、票据类型自动分单，排序，打印订单和到货确认单功能，并可同步打印退货通知单。

（5）订单查询或打印：浏览本店所有订货单，并可按多种条件查询订单的已到货、部分到货、未到货信息，具备分析到货率、订货和到货时差、补打订单等功能。

（6）到货单处理：收到供应商送货后，可查询到对应的来自总部的订单或自购货预订单，从而对收货品种、数量、金额进行确认。打印确认单作为财务凭证，并增加商品电脑库存信息，可查询和打印已确认到货单证。

（7）指令调货处理：根据总部下达指令调货信息，执行分店间货品调拨的单据确认。可查询和打印已确认指令调货单。

(8) 调货单处理：进行分店间自主的货品调拨的单据确认。可查询和打印已确认调货单。

(9) 指令退仓处理：根据总部下达指令退仓信息，执行将商品退回仓库的单据确认。可查询和打印已确认指令退仓单。

(10) 退仓单处理：进行日常需退回仓库商品的单据确认。可查询或打印已确认退仓单。

(11) 指令退货处理：根据总部下达指令退货信息，执行将商品退回供应商的单据确认。可查询和打印已确认指令退货单。

(12) 退货单处理：进行日常需退回供应商商品的单据确认。可查询或打印已确认退货单。

(13) 坏货处理：进行店存坏货商品报亏或折价销售处理的单据确认。可查询或打印已确认坏货处理单。

(14) 客户批发处理：执行对单位客户批发购货的销售开单（收款、挂账）处理。采用便捷的录入方式，可同步提示“客户合同购货商品条件”及“促销购货条件”，供本次开单选择；动态显示开单总销额、毛利额、毛利率、信用余度等信息；具备按付款方式、票据类型自动分单排序打印功能。

(15) 客户批发确认：可查询来自总部的客户批发送货通知单和本店自定的客户批发预售单，并根据实际出货情况，按单进行品种、数量、金额确认。确认单打印作为财务凭证。可查询或打印已确认客户批发单。

(16) 客户退货处理：执行对单位批发客户退货的单据确认。可查询或打印已确认客户退货单。

(17) 单据改错处理：执行对各种物流确认单据的差错纠正处理。快捷的分类查单功能，原单信息自动对照，同步修正库存和财务数据。可查询或打印已确认单据改错单。

(18) 补货申请：要求对不足的货物进行补货物。

3. 销售管理

(1) 准备销售资料：收集后台系统最新的商品资料（货号、条码、品名）、销价资料（零价、件销价、生效期内的特价和会员价）、成本价、会员资料、收款员资料等基本信息，传送至POS收款机供售卖使用。

(2) 商品销售查询：查询本店的商品销售历史数据，可按日、周、月、自定义方式，查询（统计、排序）分析商品的销量、销售额、毛利额、毛利率及汇总和分类排名。

(3) 分类销售查询：可按日、周、月、自定义方式，逐次查询商品大（小）分类、商品明细的销售额、毛利额、毛利率、占比、排名、库存总额、周转天数，用于统计分析。

4. 营业销售查询

(1) 时段销售查询：可查询本日已发生的每小时总销售额，以及之前的每天总销售额，列表对比式界面，方便观测销售趋势。

(2) 供应商销售查询：可查询本日已发生的各供应商商品总销售额，以及之前的每天供应商总销售额，方便观测供应商商品销售趋势。

(3) 收款员销售查询：可查询本日已发生的各收款员总销额，以及之前的每天收款员总销额，方便观测收款员工作业绩。

（4）销售流水动态查询：可查询本日已发生的前台销售流水数据，用于工作查证和监控收款员。

（5）销售流水历史查询：可查询过去每天的前台销售流水历史数据，主要用于工作查证。

（6）专柜销售查询：可按时段统计联营专柜的商品销售数据，用于提成结算。

（7）商品进销存查询：可统计或查询某时段内，每个商品所有的进销存物流数据，方便工作检查。

（8）前台清机检查：检查营业结束后，来自 POS 收款机的销售数据和有关报表是否完整有效地传回后台管理系统。

（9）财务日报表：统计或打印当天进销存日报表、财务收支报表、本日单据报表、特价损失报表、折扣损失损表，显示所发生的进、销、存、批、调、退、损、盘等各环节金额数据，以及毛利额、毛利率和各类确认单、销售退单信息。可逐日查询或打印以前的各种报表。

5. 盘点管理

（1）日常盘点：部分商品盘点。

（2）自定盘点：可选择和输入部分商品生成盘点表，进行针对性盘点，检查库存管理状况。盘点结果可选择修正电脑库存。

（3）随机抽盘：可由电脑随机取样商品生成盘点表，进行针对性盘点，检查库存管理状况。盘点结果可选择修正电脑库存。

（4）阶段盘点：全部商品盘点。

（5）生成盘点表：自动比对电脑库存和货架号信息，生成盘点表供用户打印实操。

（6）盘点初始化：提示用户完成有关单据、数据处理操作，锁定物流操作模块，保证库存数据处于静态。

（7）盘点录入：将实盘数据录入电脑。界面商品排序保持与打印表格一致，可随时增补商品。

（8）商品误差分析：可按设定的盘点差额段，查询其涵盖的商品品种，并打印出相应盘点表进行针对性的复盘。

（9）财务误差分析：预示盘点财务报表，方便实时评估。

（10）盘点确认：用实盘数更新电脑库存并生成财务盘点报表。

（11）盘点报表：查询或打印本店的阶段盘点报表，包括分类和汇总的电脑库存金额、实盘金额、盘差额、盘差率、电脑品种、盘差品种、品种差错率等信息。

6. 生鲜管理

（1）生鲜商品资料：维护、查询生鲜商品自编货号、条形码、中文名称、分类号、规格、产地、多渠道供货条件、零售价等基本属性和商品保鲜技术、分割技术、商品配方、制作工艺、供货条件等信息，并根据生鲜商品自身的特殊情况在商品主档中增加商品属性 A 类、B 类、C 类费用。

A 类：进、销、存三者在操作过程中物理形态不发生变化的商品，将其定义为 A 类（进货和销售只是单位不同也属此类，如方便面以一箱进货，以一桶销售，库存也是一桶）。

B类：商品以整件进，然后进行分割等作业将商品的物理形态改变，分割成不同的子商品进行销售，库存记录基本单位（kg）的库存，当然它本身也可以独立销售，如猪、鱼等。

因为分割后各子件的销售价格不同，所以会产生不同商品货号，同样会产生不同的库存和存货成本。

C类：将不同的子商品按一定的比例和数量组合在一起形成一种商品进行销售，称为组合商品，又叫配菜。

（2）商品结构维护：维护或查询B类商品的分割情况，此类商品主要指肉禽类和水产品等，相对完整的屠体进场后要经过分割成为特定的销售单品定价销售，成本随产品经过“由一到多”的分解过程。分割时主要通过分割率、消耗率控制整件商品的分割度。分割后商品会产生不同商品货号及不同的库存和存货成本。

（3）配菜商品维护：查询或维护C类商品的分配情况，此类商品主要指熟食制品、半成品配菜、面点、快餐和大众主食厨房类产品等，由于需要使用各种相关原料经过加工生产流程转化为某一固定产品，成本也随产品经过“由多到一”的组合过程。

（4）生鲜商品直送货单：对公司授权生鲜商品制订预订单或到货确认单。采用便捷的录入方式，具备经营属性自动约束机制；具备上月、上周销量、现库存、自动预订量等参考数据；可同步提示“促销进货条件”供本次订货选择；具备按供应商、付款方式、票据类型自动分单排序打印订单和到货确认单功能，并可同步打印退货通知单。

（5）生鲜到货处理：收到供应商送货后，可查询到对应的来自总部的订单或自购货预订单，从而对收货品种、数量、金额进行确认。打印确认单作为财务凭证，并增加商品电脑库存。可查询/打印已确认到货单。

（6）商品分割处理：此类商品主要指肉禽类和水产品等，相对完整的屠体进场后要经过分割成为特定的销售单品定价销售，成本随产品经过“由一到多”的分解过程。

（7）商品销售转换：主要用于不同价格货品之间的折价转换销售，有利于一价商品转换为二价商品。

（8）商品内部领用：登记公司内部不同部门商品之间的转换情况，有利于部门之间货品不平衡或周转需求。

（9）商品损耗登记：生鲜的损耗无所不在，流程中的每个环节，都可能产生损耗。从采购、订货、验收、搬运、储存、加工、陈列等一系列的细节都必须要很小心地执行。做好生鲜的损耗登记才能正确进行生鲜毛利率的统计。

（10）商品检验单：由产地供应商提供和自采的商品，必须经配送中心统一验收数量及质量。经验收后，实收数量少于订货数量者，必须由供货者定时补足，否则应依合同条款予以罚款。为免发生验收纠纷，采购、供货者、配送中心验收者及店铺营运人员应对验收标准达成共识。经由统一验收，店铺的商品才能确保质量及数量的需求。

（11）生鲜商品抽盘：可选或输入部分商品生成盘点表，进行针对性盘点，检查库存管理状况；盘点结果可选择修正电脑库存。

（12）生鲜周期盘点：全部生鲜商品按周期进行盘点。

（13）生鲜阶段盘点：全部生鲜商品盘点，可按好货仓、坏货仓分别执行操作。

（14）生成盘点表：自动比对电脑库存和货架号信息，生成盘点表供用户打印实操。

（15）盘点初始化：提示用户完成有关单据、数据处理操作，锁定物流操作模块，保证库存数据处于静态。

（16）盘点录入：将实盘数据录入电脑。界面商品排序保持与打印表格一致，可随时增补商品。

（17）商品误差分析：可按设定的盘点差额段，查询其涵盖的商品品种，并打印出相应盘点表进行针对性的复盘。

（18）财务误差分析：预示盘点财务报表，方便实时评估。

（19）盘点确认：用实盘数更新电脑库存并生成财务盘点报表。

（20）盘点报表：查询或打印本店的阶段盘点报表，包括分类和汇总的电脑库存金额、实盘金额、盘差额、盘差率、电脑品种、盘差品种、品种差错率等信息。

7. 办公自动化

（1）人事管理：查询和维护本店员工的个人基本资料，包括姓名、性别、年龄、身份证号、住址、电话、学历、简历、个人证件（种类、有效期）、上岗时间、离岗时间、职级、基本薪资、升职记录、领用物品，以及联系人（担保人）的姓名、身份证号、住址、电话等信息。

（2）奖惩考核：按月度记录本店员工奖惩信息。可按时段查询店员奖惩历史记录。

（3）薪资管理：可由用户自定义工资表项目。可根据基本薪资、奖惩记录等用户设定参数自动生成分店月度工资表，由用户修改、审定和打印。

（4）文件管理：可分类型、分权限输入和查询本店文件档案资料；向总部、仓库、其他分店定向传输文件；查看来自总部、仓库、其他分店的文件。

（5）设备管理：可查询或维护本店设备资料信息，包括分类、编号、名称、专职负责人、购入日期、供应厂商（名称、地址、联系人、电话、票据号）、保养单位（名称、地址、联系人、电话、票据号）、检测机构（名称、地址、联系人、电话）、合格证发放日期、合格证法定报审日期、合格证报审记录、检修周期、检修记录等信息。能自动按用户设定前提量，检查和提示需报审合格证及设备检修信息。

（6）证照管理：可查询和维护本店证照资料信息，包括名称、专职负责人、管理机构（名称、地址、联系人、电话）、发放日期、法定报审日期、报审记录等信息。能自动按用户设定前提量，检查和提示需报审证照信息。

8. 数据传输

（1）准备数据：自动收集需上传总部的有关数据，完成传输准备。

（2）数据传输：拨号联网，完成发送上传数据包，接收下传数据包。

（3）接收数据：自动收集总部传来的有关数据文件包，并释放处理入分店数据库。

（4）修改传输标志：针对某些异常情况下未能传输成功的数据，可进行再次恢复，重新传输。

（5）最新价格：特价生效单提示，可查询商品价格变动情况。

9. 系统维护

（1）新文件提示。

（2）系统资料：由系统管理员操作使用，用于设定分店系统基本参数，如前台收款人员（定义、维护本分店的前台收款机操作人员的编号、姓名、密码信息，作为其使用收款机的身份识别）、快捷货号（定义、维护本分店自定义的商品快捷货号，方便收款员快输商品）。

(3) 权限管理：规定程序使用人员的用户名、密码和权限。

(4) 修改（SQL）数据库密码。

(5) 删除前台历史。

四、零售仓库管理信息系统功能说明

1. 基本数据

(1) 商品资料：查询来自公司下传的商品基本信息。

(2) 供应商资料：查询来自公司下传的供应商资料信息。

(3) 库存资料：查询仓库实时的商品库存。

(4) 调价资料：查询、确认公司下发调价单，维护商品零、批件销价。

(5) 仓位管理：维护管理仓存商品的仓位号，为拣货、盘点等工作提供信息参考。

(6) 库存检查：系统自动以上次盘点库存实数为起始，统计和显示盘点后至当前的每个商品所有进销存物流数据，供用户查询核对库存管理情况，并可以此复算结果修正电脑库存。

2. 商品进出

(1) 支货申请录入：可将分店书面要货商品录入电脑并生成拣货单，进行送货操作。用于传输故障时的应急保障功能。

(2) 支货单处理：查询总部下传或自输的未确认分店支货单（即要货单），并打印拣货单；拣货单商品按仓位号排序并自动换算整包装、零散数量，方便拣货。拣货完毕录入实数确认单据，打印确认单执行送货。可查询或打印已确认支货单。

(3) 支货差错处理：可查询或打印总部传来的支货差错通知单，执行确认修正库存。可查询或打印已确认支货差错单。

(4) 支货汇总查询：可按时段查询对各分店支货总金额、对应的各支货确认单总金额、各支货确认单商品明细，方便工作查证。

(5) 到货单处理：收到供应商送货后，可查询相应的来自总部的订单，从而对收货品种、数量、金额进行确认。打印确认单作为财务凭证，并增加商品电脑库存。可查询或打印已确认到货单。

(6) 指令退仓处理：对分店按公司指令退回仓库的商品进行确认。可查询或打印已确认指令退仓单。

(7) 退仓单处理：对分店日常退回仓库商品进行确认。可查询或打印已确认退仓单。

(8) 指令退货处理：根据总部下达指令退货信息，执行将商品退回供应商的单据确认。可查询或打印已确认指令退货单。

(9) 退货单处理：进行日常需退回供应商的商品单据确认。可查询或打印已确认退货单。

(10) 转货处理：执行好货转坏货、坏货转好货的单据确认。可查询或打印已确认转货处理单。

（11）坏货处理：进行仓存坏货商品报亏或折价销售处理的单据确认。可查询或打印已确认坏货处理单。

（12）客户批发确认：可查询来自总部的客户批发送货通知单，并根据实际出货情况，按单进行品种、数量、金额确认。打印确认单作为财务凭证。可查询或打印已确认客户批发单。

（13）客户退货确认：执行对单位批发客户退货的单据确认。可查询或打印已确认客户退货单。

（14）单据改错处理：执行对各种物流确认单据的差错纠正处理，快捷地分类查单功能，自动对照原单信息，同步修正库存和财务数据。可查询或打印已确认单据改错单。

（15）商品进销存查询：可统计或查询某时段内每个商品所有的进销存物流数据，方便工作检查。

3. 盘点管理

（1）日常盘点：部分好货商品盘点。

（2）自定盘点：可选择或输入部分商品生成盘点表进行针对性盘点，检查库存管理状况。盘点结果可选择修正电脑库存。

（3）随机抽盘：可由电脑随机取样商品生成盘点表进行针对性盘点，检查库存管理状况。盘点结果可选择修正电脑库存。

（4）阶段盘点：全部商品盘点，可按好货仓、坏货仓分别执行操作。

（5）生成盘点表：自动比对电脑库存和仓位号信息，生成盘点表供用户打印实操。

（6）盘点初始化：提示用户完成有关单据、数据处理操作，锁定物流操作模块，保证库存数据处于静态。

（7）盘点录入：将实盘数据录入电脑。界面商品排序保持与打印表格一致，可随时增补商品。

（8）商品误差分析：可按设定的盘点差额段，查询其涵盖的商品品种，并打印出相应盘点表进行针对性的复盘。

（9）财务误差分析：预示盘点财务报表，方便实时评估。

（10）盘点确认：用实盘数更新电脑库存并生成财务盘点报表。

4. 财务管理

财务日报表：统计生成或打印本日进销存日报表及本日单据报表。显示所发生的进、销、存、批、退、损、盘等各环节金额数据，以及各类确认单信息。可逐日查询或打印以前的进销存日报表及确认单据报表。

5. 办公自动化

（1）人事管理：查询或维护仓库员工的个人基本资料，包括姓名、性别、年龄、身份证号、住址、电话、学历、简历、个人证件（种类、有效期）、上岗时间、离岗时间、职级、基本薪资、升职记录、领用物品，以及联系人（担保人）姓名、身份证号、住址、电话等信息。

（2）奖惩考核：按月度记录仓库员工奖惩信息。可按时段查询仓库人员奖惩历史记录。

（3）薪资管理：可由用户自定义工资表项目。可根据基本薪资、奖惩记录等用户设定参数自动生成仓库月度工资表，由用户修改、审定和打印。

（4）文件管理：可分类型、分权限输入和查询仓库文件档案资料；向总部、分店和其他仓库定向传输文件；查看来自总部、分店和其他仓库的文件。

（5）设备管理：可查询或维护仓库设备资料信息，包括分类、编号、名称、专职负责人、购入日期、供应厂商（名称、地址、联系人、电话、票据号）、保养单位（名称、地址、联系人、电话、票据号）、检测机构（名称、地址、联系人、电话）、合格证发放日期、合格证法定报审日期、合格证报审记录、检修周期、检修记录等信息。能自动按用户设定前提量检查和提示需报审合格证及设备检修信息。

（6）证照管理：可查询和维护仓库证照资料信息，包括名称、专职负责人、管理机构（名称、地址、联系人、电话）、发放日期、法定报审日期、报审记录等信息。能自动按用户设定前提量检查和提示需报审证照信息。

6. 数据传输

（1）准备数据：自动收集需上传总部的有关数据，完成传输准备。

（2）传输拨号：拨号联网，完成发送上传数据包，接收下传数据包。

（3）接收数据：自动收集总部传来的有关数据文件包，并释放处理入仓库数据库。

（4）查看接收信息：浏览总部最新下传的有关数据文件包，用于检查传输工作进程。

（5）修改传输标志：针对某些异常情况下未能传输成功的数据，可进行再次恢复，重新传输。

7. 系统维护

权限管理：规定程序使用人员的用户名、密码和权限。

复习思考题

1. 如何理解零售商的物流活动？
2. 零售商物流系统具有哪些职能？
3. 商业零售商管理信息主要业务有哪些？

【实训项目】

网上商业零售商管理信息系统的应用

1. 实验目的

使学生了解企业商务活动的基本构成和主要类型，掌握不同商务活动的不同需求及其特点，掌握不同类型虚拟商城活动的特征。要求学生理解虚拟商城需求分析的基本内容，掌握企业物流、商务流、信息流、资金流分析的目的及方法。熟练掌握系统分析工具并能够利用这些工具对企业需求进行描述。理解虚拟商城系统分析中参与的人员及其组织。

2. 实验设备及软件

实验设备：服务器、交换机和PC机组成网络。

软件环境：Windows XP/2000 操作系统；

3. 实训内容

（1）访问当当书店的网站：http：//home. dangdang. com/，体验网上书店、软件等的购买过程，实现物流、信息流、资金流的流向和基本方法。

（2）访问沃尔玛的网站：http：//www. wal-martchina. com/，体验网上零售商场中物流、信息流、资金流的流向和基本实现方法。

（3）分析网上零售商场的网站架构和网页特色以及不足和需要改进的内容。

（4）分析和描述虚拟商城各项业务活动的数据流程和相关处理过程。

4. 实训安排

（1）学生上机完成软件操作内容。

（2）实验结束后，学生对模拟操作进行总结，编写出实验报告。实验报告包括如下内容：实验的目的和要求；实验步骤；实验结论；正确撰写不同类型的2个虚拟商城网站的系统分析报告。内容包括：分析不同类型的2个虚拟商城网站运作过程中的基本环节；分析网络环境对不同类型的2个虚拟商城网站活动中各个环节的影响；分析网络环境中不同类型的2个虚拟商城网站应具备的新的物流、信息流、资金流的手段。

【课后案例】

从沃尔玛的信息技术实践看中国零售业

20世纪50年代末，当第一颗人造卫星上天的时候，全世界商业对现代通讯技术还无人问津。而20世纪70年代沃尔玛就率先使用了卫星通讯系统。21世纪开始，沃尔玛又投资90亿美元开始实施“互联网统一标准平台”的建设。凭借先发优势、科技实力，沃尔玛的店铺冲出阿肯色州，遍及美国，走向世界。由此可见，与其说它是零售企业，不如说它是科技企业。

沃尔玛领先于竞争对手，先行对零售信息系统进行了非常积极的投资：最早使用计算机跟踪存货（1969年），全面实现S. K. U. 单品级库存控制（1974年），最早使用条形码（1980年），最早使用CM品类管理软件（1984年），最早采用EDI（1985年），最早使用无线扫描枪（1988年），最早与宝洁公司（Procter & Gamble）等大供应商实现VMIECR产销合作（1989年）。在信息技术的支持下，沃尔玛能够以最低的成本、最优质的服务、最快速的管理反应进行全球运作。尽管信息技术并不是沃尔玛取得成功的充分条件，但它却是沃尔玛成功的必要条件。这些投资都使得沃尔玛可以显著降低成本，大幅提高资本生产率和劳动生产率。

沃尔玛的全球采购战略、配送系统、商品管理、人力资源管理、天天平价战略在业界都是可圈可点的经典案例。可以说，所有的成功都是建立在沃尔玛利用信息技术整合优势资源、信息技术战略与传统物流整合的基础之上。可以说，强大的信息技术和后勤保障体系使它不仅在经营商品，更在生产商店，经营物流。

20世纪90年代沃尔玛提出了新的零售业配送理论，开创了零售业的工业化运作新阶段：集中管理的配送中心向各商店提供货源，而不是直接将货品运送到商店。其独特的配送体系，大大降低了成本。加速了存货周转，形成了沃尔玛的核心竞争力。20世纪90年代初，沃尔玛就在公司总部建立了庞大的数据中心，全集团的所有店铺、配送中心和经营的所有商品，每天发生的一切与经营有关的购销调存等详细信息，都通过主干网和通信卫星传送到数据中心。任何一家沃尔玛商店都具有自己的终端，并通过卫星与总部相连，在商场设有专门负责排货的部门。沃尔玛每销售一件商品，都会即时通过与收款机相连的电脑记录下来，每天都能清楚地知道实际销售情况，管理人员根据数据中心的信息对日常运营与企业战略作出分析和决策。

沃尔玛的数据中心已与6000多家供应商建立了联系，从而实现了快速反应的供应链管理库存VMI。厂商通过这套系统可以进入沃尔玛的电脑配销系统和数据中心，直接从POS得到其供应的商品流通动态状况，如不同店铺及不同商品的销售统计数据、沃尔玛各仓库的存货和调配状况、销售预测、电子邮件与付款通知等，以此作为安排生产、供货和送货的依据。生产厂商和供应商都可通过这个系统查阅沃尔玛产销计划。这套信息系统为生产商和沃尔玛两方面都带来了巨大的利益。

沃尔玛总部的通讯网络系统使各分店、供应商、配送中心之间的每一进销调存节点都能形成在线作业，使沃尔玛的配送系统高效运转。这套系统的应用，在短短数小时内便可完成“填妥订单，各分店订单汇总，送出订单”的整个流程，大大提高了营业的高效性和准确性。

一、沃尔玛的整合物流体系

沃尔玛在美国本土已建立62个配送中心，整个公司销售商品的85%由这些配送中心供应，而其竞争对手只有50%～65%的商品集中配送。沃尔玛完整的物流系统号称“第二方物流”，相对独立运作。不仅包括配送中心，还有更为复杂的资料输入采购系统、自动补货系统等。其配送中心的平均面积约10万平方米，相当于23个足球场，全部自动化作业，现场作业场面就像大型工厂一样蔚为壮观。

沃尔玛公司共有六种形式的配送中心：第一种是“干货”配送中心；第二种是食品中心（相当于我们的“生鲜”）；第三种是山姆会员店配送中心；第四种是服装配送中心；第五种是进口商品配送中心；第六种是退货配送中心（其收益主要来自出售包装箱的收入和供应商支付的手续费）。

其配送中心的基本流程是：供应商将商品送到配送中心后，经过核对采购计划、进行商品检验等程序，分别送到货架的不同位置存放。提出要货计划后，电脑系统将所需商品的存放位置查出，并打印有商店代号的标签。整包装的商品直接由货架上送往传送带，零散的商品由工作台人员取出后也送到传送带上。一般情况下，商店要货的当天就可以将商品送出。

沃尔玛要求所购买的商品必须带有UPC条形码，从工厂运货回来，卡车将停在配送中心收货处的数十个门口，把货箱放在高速运转的传送带上，在传送过程中经过一系列的激光扫描，读取货箱上的条形码信息。而门店需求的商品被传送到配送中心的另一端，那里有几十辆货车在等着送货。其十多公里长的传送带作业就这样完成了复杂的商品组合。其高效的电脑控制系统，使整个配送中心用人极少。数据的收集、存储和处理系统成为沃尔玛控制商品及其物流的强大武器。

为了满足美国国内3500多个连锁店的配送需要，沃尔玛公司在国内共有近3万个大型集装箱挂车，5500 辆大型货运卡车，24 小时昼夜不停地工作。每年的运输总量达到 77.5 亿箱，总行程 6.5 亿公里。合理调度如此规模的商品采购、库存、物流和销售管理，离不开高科技的手段。为此，沃尔玛公司建立了专门的电脑管理系统、卫星定位系统和电视高清晰度系统，拥有世界第一流的先进技术。

全球 4500 多个店铺的销售、订货、库存情况可以随时调出查询。公司 5500 辆运输卡车，全部装备了卫星定位系统，每辆车在什么位置，装载什么货物，目的地是什么地方，总部一目了然。可以合理安排运量和路程，最大限度地发挥运输潜力，避免浪费，降低成本，提高效率。

沃尔玛正是通过信息流对物流、资金流的整合、优化和及时处理，实现了有效的物流成本控制。从采购原材料开始到制成最终产品，最后由销售网络把产品送到消费者手中的过程都变得高效有序，实现了商业活动的标准化、专业化、统一化、单纯化，从而达到实现规模效益的目的。

二、CPFR——以信息流整合物流的产业化基石

英国著名物流专家 Martin Christopher 认为：现代物流是指经信息技术整合的，实现物质实体从最初供应者向最终需求者运动的最优化的物理过程。利用信息技术整合物流是真正意义上的供应链管理。而沃尔玛是成功的实践者。

传统的 ERP 在强化企业的财务控制、规范管理和生产计划之余，只能在企业局部解决企业商品销售及其物流管理控制的难题；后 ERP 时代的信息系统面向电子商务环境和多数据源的信息收集、交换和处理，必将走向建立集中式数据管理的中央处理平台（中央情报局）。

沃尔玛利用信息技术有效地整合物流及其资金流资源，是基于 CPFR（合作计划、预测与补给，Collaborative Planning Forecasting and Replenishment，简称 CPFR）供应链计划管理模式的理论和实践。1995 年，Wal Mart 及其供应商 Warner Lambert，以及其管理软件开发商一起联合成立了零售供应和需求链工作组，进行 CPFR 研究和应用，获得很大成功。在供应链运作的整个过程中，CPFR 应用一系列技术模型，对供应链不同客户、不同节点的执行效率进行信息交互式管理和监控，对商品资源、物流资源进行集中的管理和控制。通过共同管理业务过程和共享信息来改善零售商和供应商的伙伴关系，提高采购订单的计划性，提高市场预测的准确度，提高全供应链运作的效率，控制存货周转率，并最终控制物流成本。

优秀的商业管理思想和高技术结合使商业从分散、弱小的传统形象转换为庞大的零售产业、物流产业，甚至信息技术产业的自身形象。沃尔玛创造了零售业工业化经营的新时代。

零售业是中国目前业态变革最剧烈，同时也是物流变革需求最迫切的行业。现代物流区别于传统物流的最大特征就在于现代物流把信息技术应用到了极致，即所谓的"用信息取代库存"。然而，在尚未跨越 ERP 基础应用的中国零售业，在流通思想匮乏、物流经验不足的先天劣势的条件下，即使应用海外最昂贵的成型套装软件也难解物流运作之痛；而中国零售业物流运作体系的独特性和国外软件服务商对中国商业企业行为的理解和实施支持力度的局限，造成了他们在进入中国之后难以实施成功的项目推广和客户化的二次开发。

今天，我们的零售百强企业要做大做强，应该及早考虑如何在现有门店系统基础上，建立强大的总部数据管理中心，建立强大的中央清算和结算体系、中央运营报表体系，并面向零售终端体系、供应商（分销商）体系、物流服务体系实施信息化的一体化建设。“以订单驱动物流”，这是提高我国零售业采购及配送物流运营现代化水平的当务之急。

如果说，零售业POSERP基础管理系统的建设是中国商品流通业得以迅速做大的基础。那么，基于CPFR的集中式智能化管理信息平台就是零售巨头得以做强的智能驾驶舱。今天，面对1000家店到未来5000家店的快速扩张、购并和有效管理的矛盾，零售巨头的IT系统架构和应用架构、零售巨头自身的数据资源利用、零售巨头资本购并中的IT继承和数据资源整合等等，都是事关连锁事业成败的关键问题。我们需要借鉴沃尔玛的高端整合物流体系开发思想，适应多级分销组织、多级管理组织、多业态跨区域发展状况以及建立相对独立的物流专业服务体系，帮助中国巨头们按基础流通、协同流通、智能流通三大信息化环节有序地全面架构IT系统，重点建立总部集中式的数据管理平台，实现数据资源的深度开发和高层次应用。

这种高端的集中式管理信息平台，具备多数据源的数据交换能力、数据接口和组件应用技术，支持与第三方的单业态连锁系统、与第三方门店系统和第三方的物流中心的对接；同时，将联系供应链上下游的贸易合作伙伴纳入全程整合的价值链设计中，连接零售商、分销商、第三方物流服务商的商品实体流动运行与可视化管理控制。支持VMI，支持EAI，支持ECR，以信息流整合物流和资金流。

我们相信，零售业工业化运营的思想和实践，必将拉开中国商品流通领域全面交互式数据管理的新的信息化建设阶段，其经济价值不可限量。

信息技术的关键驱动使中国零售业成为国民经济的一个新的产业类别。对于承担零售业产业化技术支持任务的高端流通软件开发服务商而言，需要我们专注于“商品顾客供应商的数据管理单元”，为中国商品流通业不断增长的业务需求提供更高端的智能化数据资源管理软件平台。

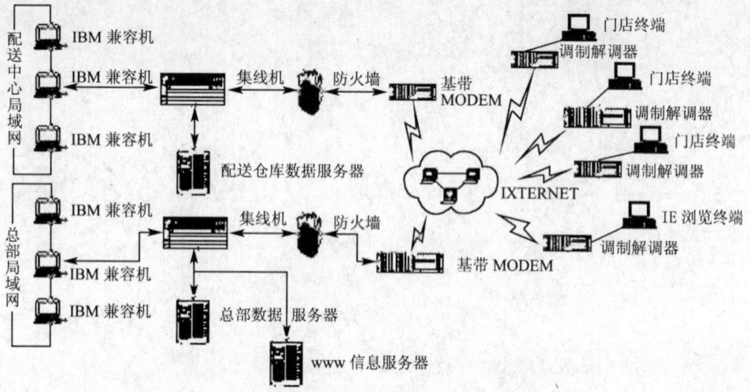

图6-9　零售商场连锁配送网络拓扑结构图

而高端流通软件体系的一体化持续研发和投入是中国零售业产业化建设的必要保障条件。作为中国流通业高端应用软件开发提供商，我们的使命和职责就是全程推动零售、分销、物流的一体化整合物流管理信息技术实现。

中国零售产业是否能够强大，在很大程度上取决于中国零售巨头能否尽快超越基础ERP建设阶段，面向网络环境和产业价值链，而快速进入用信息流整合物流、资金流的CPFR智能化数字化管理建设阶段。应用信息技术必须有关键战略思考，这将是我们与国际流通巨头有效竞争的有力手段和捷径。零售商场连锁配送网络拓扑结构如图6-9所示。

讨论题

1. 沃尔玛使用了哪些信息技术？
2. 通过案例的分析，你认为我国零售业与沃尔玛的差距是什么？

第七章　物流运输管理信息系统

【学习目标】

知识目标：

◆ 了解物流运输企业物流管理信息的内容、范畴和类型；

◆ 掌握物流信息在物流运输活动中的流程；

◆ 掌握物流运输企业物流管理信息系统的解决方案；

◆ 通过模拟软件的使用进一步掌握物流信息在物流运输企业活动中的作用。

能力目标：

• 能对物流运输信息元素进行分类收集与筛选；

• 能通过理解绘出物流运输的信息流动图；

• 能针对某个物流运输企业设计出它的物流管理信息系统的解决方案；

• 能通过模拟软件的使用，进一步修改和完善设计的某物流运输企业的物流管理信息系统的解决方案。

【引导案例】

海尔物流运输的优化

海尔物流是海尔集团为了发展配送服务而建立的一套完备齐全、现代化的物流配送体系。海尔物流服务的主要对象分为两类：海尔集团内部的事业部和集团外部的第三方客户。海尔物流拥有16 000部货车，海尔物流通过分布在全国的服务网络，去帮助客户，并提高对客户的响应速度和及时配送。

1. 订单聚集

海尔采用SAPLES物流执行系统，将运输管理、仓库管理以及订单管理系统高度一体化整合，使得海尔能够将顾客订单转换成为可装运的品项，从而有机会去优化运输系统。海尔可以集运和拆分订单去满足客户低成本运输的需要。这种订单的聚集和客户的订单观念直接联系在一起，使海尔能够更加准确、有效、简单、直观地管理客户的运输和相关物流活动。

2. 承运人管理和路径优化

海尔物流提供标准化流程管理运输费用和承运团队的关系，依靠对运输的优化而持续地更新海尔的运输费用折扣。海尔的流程和软件系统可以使其能够不断去改进其审计和付款、装运招标和运输追踪。海尔的运输管理系统可以允许海尔的运输工程师去设计和执行复杂的最佳运输路径，这有可能包括了多重停留、直拨与合并运输。所有这些都可以在路径设计、运输方法选择时被考虑。由于海尔的仓库管理系统和运输管理系统是高度集成的，在多地点停留的货车可以将装卸的信息直接与仓库的系统通信，确保货车在正确的路径上准点到达。

3. 多形态的费率和执行系统

海尔物流管理各种形式的运输模式，包括了快递、整车、零担、空运、海运和铁路运输，并按照客户的需求，应用各种先进的费率计算系统向客户提出建议。海尔的运输管理系统还集成到海尔的财务收费系统，可以向客户提供其综合性的财务报告。

4. 行程执行

海尔物流应用海尔总结出来的一整套的建立在相互协商、不同服务功能的界定和其他商业标准的方法来计算运费。通过集中运输中心的设立，可以整合所有的承运者，选择合适的承运工具，大幅度地降低偏差和运输成本。

5. 可视化管理

海尔物流的动态客户出货追踪系统可以对多点和多承运人进行监控，相关的客户可以从系统上直观地查询到订单的执行状况甚至每个品种的信息。每次的出货，不论是在海尔集团系统内，还是在海尔的全国网络内，所有的承运活动都被电子监控。所有的运输信息都可以在 Web 上查询。海尔的信息系统和以海尔文化为基础的管理确保所有承运人和整个网络都能及时、准确和完整地获得所有可视化的数据。

6. 运输线合并

海尔物流将不同来源的发货品项，在靠近交付地的中心进行合并，组合成完整的订单，最终作为一个单元送交到收货人手中。

7. 持续移动

海尔物流可以根据客户的需要去提高承运的利用率，降低收费费率。例如：海尔的运输工程师可以将家电从贵州运到上海，而在昆山将一批计算机产品补货到货车运送到重庆。海尔物流管理的运输网络和先进的工具可以追踪这些补货的路径安排需要，发现降低成本的机会。

8. 车队、集装箱和场地管理

许多客户都拥有自己的专有货车、集装箱和设施场地供自己的车队使用。海尔物流可以管理这些资源从而将其纳入海尔物流整体运输解决方案中。海尔的先进系统可以提供完整的车辆可视化管理，不论周转箱或集装箱在现场还是在高速公路上，海尔物流都为这些独特的运输需要服务，这包括了散货、冷冻冷藏、周转箱的回转以及危险品等需要特殊处理和相关条例管理的运输。

9. 国际贸易管理

海尔凭借在出口文件、保税设施、守法、金融贸易、货物运输等方面的经验，能进行适当的处理。

讨论题

1. 你认为海尔物流运输的优化会给客户和海尔带来什么利益？
2. 试用你学过的内容，绘出海尔运输服务的管理信息系统结构图。

运输与仓储是物流的重要功能之一，它们创造了空间价值和时间价值，是现代物流活动过程中最主要的增值活动。随着运输技术的发展，大量、高速运输成为现实。但我国运输空载率极高，每年因运输问题造成的损失巨大，是物流成本中的费用大头。运输的有效运作会节约大量的成本，同时也会给企业带来丰厚利润。如何有效地实现运输服务最优化、运输成本最低化、运输效益最大化，使运输迅速、准确、安全、经济，满足货主多样化、个性化、多频度、小数量和及时运达的需求，最大限度地降低运输成本，实现运输效益的最大化，是困扰物流企业的一个头痛问题。解决的办法有一个，就是加快运输信息化建设，实现物流运输信息化。

第一节　运输及运输技术

一、运输的涵义

（一）运输的定义

运输是人和物的载运及输送。本书中专指“物”的载运及输送。它是在不同地域范围间（如两个城市、两个工厂之间，或一个大企业内相距较远的两车间之间），以改变“物”的空间位置为目的的活动，对“物”进行空间位移。和搬运的区别在于，运输是较大范围的活动，而搬运是在同一地域之内的活动。

所谓物流运输，是指利用运输设备将货物从一个地点移动到另一个地点的运输活动。

（二）运输与搬运、装卸的联系和区别

（1）运输与搬运。都是实现了货物在位置上的移动，本质是一致的。但运输是大范围的货物移动活动，或者是远距离的移动活动，是在物流节点的移动活动。而搬运则是小范围的货物移动活动，是近距离的移动活动，是在同一场所内的移动活动。

（2）运输与装卸。装卸是运输的前提，运输是装卸的延续，没有装卸就没有运输，没有运输也就无所谓装卸。每次运输活动必须发生装上、卸下两次装卸活动，装卸的快慢、好坏影响运输的时间和质量，如果装卸不好，在运输途中又会发生二次装卸或损坏货物的情况。

二、运输的地位

（一）运输的功能

1. 运输创造商品的空间效用

商品通过运输从一个地点移动到另一个地点送达到消费者手中，就实现了商品因改变地点位置而创造的空间价值。如果没有运输，商品不能送达到指定地点，消费者的消费需求就得不到满足。

2. 运输创造商品的时间价值

商品在适当的时间送达到消费者手中，就实现了商品因时间而创造的时间价值。如果没有运输，商品不能在指定的时间送达到消费者手中，消费者的消费需求也就得不到满足。

3. 运输可以扩大消费市场范围

一个地点生产的产品可以通过运输运送到另一个地点销售，满足了另一个地点消费者的消费需求，扩大了产品的消费市场，促进了生产和消费。在现实生产生活中，许多名不见经传的小地方生产的名优特质产品就是通过运输走向全国，甚至全球的，满足了全国和

全世界消费者的消费需求。如果没有运输，也就不会有全国大范围的商品流通，更不会有全球性的国际贸易发生。

（二）运输的作用

1. 运输是物流的主要功能要素之一

按物流的概念，物流是“物”的物理性运动，这种运动不但改变了物的时间状态，也改变了物的空间状态。而运输承担了改变空间状态的主要任务，运输是改变空间状态的主要手段，运输再配以搬运、配送等活动，就能圆满地完成改变空间状态的全部任务。

在现代物流观念未诞生之前，甚至就在今天，仍有不少人将运输等同于物流，其原因是物流中很大一部分责任由运输担任的，是物流的主要部分，因而出现上述认识。

2. 运输是社会物质生产的必要条件之一

运输是国民经济的基础和先行。马克思将运输称之为“第四个物质生产部门”，将运输看成是生产过程的继续，这个继续虽然以生产过程为前提，但如果没有这个继续，生产过程则不能最后完成。所以，虽然运输的这种生产活动和一般生产活动不同，它不创造新的物质产品，不增加社会产品数量，不赋予产品新的使用价值，而只变动其所在的空间位置，但这一变动则使生产能继续下去，使社会再生产不断推进，所以将其看成一种物质生产部门。运输作为社会物质生产的必要条件，表现在以下两个方面：

（1）在生产过程中，运输是生产的直接组成部分，没有运输，生产内部的各环节就无法连接。

（2）在社会上，运输是生产过程的继续，这一活动联结生产与再生产，生产与消费的环节，联结国民经济各部门、各企业，联结着城乡，联结着不同国家和地区。

3. 运输可以创造“场所效用”

场所效用的含义是：同种“物”由于空间场所不同，其使用价值的实现程度则不同，其效益的实现也不同。由于改变场所而最大地发挥使用价值，最大限度提高了产出投入比，这就称之为“场所效用”。通过运输，将“物”运到场所效用最高的地方，就能发挥“物”的潜力，实现资源的优化配置。从这个意义来讲，也相当于通过运输提高了物的使用价值。

4. 运输是“第三个利润源”的主要源泉

（1）运输是运动中的活动，它和静止的保管不同，要靠大量的动力消耗才能实现这一活动，而运输又承担大跨度空间转移之任务，所以活动的时间长、距离长、消耗也大。消耗的绝对数量大，其节约的潜力也就大。

（2）从运费来看，运费在全部物流费中占最高的比例，一般综合分析计算社会物流费用，运输费在其中占接近50%的比例，有些产品运费高于产品的生产费。所以节约的潜力是很大的。

（3）由于运输总里程大，运输总量巨大，通过体制改革和运输合理化可大大缩短运输吨公里数，从而获得比较大的节约。

三、物流运输的分类及合理运输

（一）物流运输的分类

物流运输按不同的标志，可作如下几种分类：

（1）按物流运输的范围不同分，有干线运输、支线运输、场内运输等。

① 干线运输：是指利用铁路、公路、航道、航线的干线进行远距离、大数量的运输。它是远距离空间位置货物移动运送的主要运输形式，是物流运输的主体。具有运输距离长、运输数量多、运输速度快、运输成本低等特点。

② 支线运输：是指与干线相连接的分支线路上的运输。它是干线运输的补充形式，具有运输距离短、运输数量少、运输速度慢、运输成本较高等特点。

③场内运输：是指在大型工业企业内部的运输。它是企业内部直接为生产过程服务的运输，具有运输距离近、运量小、速度慢、成本高的特点。在小企业则叫搬运，一般使用叉车、输送机等。

（2）按物流运输中途是否换载分，有直达运输和中转运输等。

① 直达运输：是指货物由发运地到接收地中途不需换载和储存停滞的一种直接到达的运输。直达运输也是货物运输的一种主要形式，因中途不需换载、装上卸下、储存停滞，具有运输时间省、运输周期快、运输费用低等特点。

② 中转运输：是指货物由发运地到接收地中途经过一次以上换载或落地储存停滞的一种运输。中转运输是连接干线运输、支线运输的桥梁和纽带，主要特点是化整为零、集零为整、方便用户等。

（3）按物流运输的协作程度不同分，有联合运输和一般运输等。

① 联合运输：是指由两家以上的运输企业或两种以上的运输方式共同协作，将货物从一个地点移动到另一个地点的运输。其主要特点是运输速度较快、运输费用较低、协作性强、方便货主等。

②一般运输：是指单个企业独立采用运输工具没有协作关系的运输。

（4）按物流运输设备、工具分，有铁路运输、公路运输、水上运输、航空运输和管道运输。

① 铁路运输：是使用机车牵引车辆在铁道上将货物从一个地点移动到另一地点的运输活动。其主要设施包括：铁路、车站等。铁路运输是现代物流陆地运输的一种重要运输方式，在现代物流运输体系中占有非常重要的地位。其主要特点是运力大、大批量、速度快、运输成本低、安全程度高、灵活性较差、不能门对门运输。

② 公路运输：是使用汽车在公路上将货物从一个地点移动到另一地点的运送活动。主要设施包括机动车、公路、车站等。公路运输也是现代物流陆地运输的一种重要运输方式，在现代物流运输体系中有极其重要的地位。随着我国高速公路和高等级公路的快速发展，公路运输在现代物流运输体系的作用将更加突出。公路运输的主要特点是可实现门对门、点对点的运输，运输机动灵活、周转快、运输能力有限等。

③ 水上运输：是使用船舶在水道上将货物从一个地点移动到另一地点的运送活动。其主要设施包括船舶、航道、港口、码头等。水路运输的主要特点是运输能力大、运输成本低、航速慢、时间长、装卸费用高、受自然条件影响等。

④ 航空运输：是使用飞机在航运线上将货物从一个地点移动到另一地点的运送活动。其主要设施包括飞行器、航空港、航管设施等。其主要特点是运输速度快、运输质量高、安全可靠、受地形条件影响小、运输成本高、受天气影响大等。

⑤ 管道运输：是随着石油生产和运输发展起来的一种特殊运输方式，主要是利用管

道将石油从一个地点移动到另一地点的运送活动。其主要设施包括管道线路、两端的气泵站等。它是集运输工具和运输线路于一体的一种运输方式。其主要特点是货物不需包装、运量大、成本低、货损率少、不受气候影响、单向运输没有回空、机动灵活性小、运输货物单一、仅限液体运输等。

（二）物流运输方式的选择

在物流运输中，运输方式的选择是物流合理化的一个重要内容，同一批货物选择不同的运输方式运送到接收地，会在运输时间、运输费用上产生不同的运输效果。

选择运输方式的标准主要包括以下几个方面的内容：

（1）货物的种类。不同的货物种类应选择不同的运输方式，货物的种类不同，其形状、重量、容积、危险性、变质性也会不同，如易燃易爆的化学危险货物就不能选择航空运输方式，重量大的货物应选择铁路运输。

（2）运输数量。一次运输的批量不同也应选择不同的运输方式，一般来讲，大批量的货物运输应选择铁路运输和水上运输，小批量的运输应选择公路运输。

（3）运输距离。货物运输距离的长短不同，其运输方式应不同，不同的运输距离应选择不同的运输方式。如长距离的货物运输应选择铁路或水上运输，短距离的货物运输应选择公路运输。

（4）运输时间。货物的运输时间与交货时间有直接关系，交货时间短的货物运输应选择快捷的运输方式，如沿海的鲜活货物运送到内地城市，对交货时间要求很高，可选择航空运输。交货时间长的货物运输可选择铁路运输和水路运输，交货时间不长不短可选择公路运输等。

（5）运输费用。不同的运输方式其运输价格不同，货物的运输价格高低影响物流运输费用，是物流运输选择运输方式的一个极其重要的因素。虽然运输费用是选择运输方式的重要考虑因素，但也不能单独从运输价格一个因素出发，还必须联系其他因素从物流总成本的总体出发，充分考虑各种运输方式的特点以及装卸费、保管费、保险费、包装费等其他费用，选择最合理的运输方式，使整个物流运输总成本达到最低，运输效果最好。

（三）物流合理运输

1. 运输合理化的概念

物流合理运输是指货物从一个地点移动到另一地点的运送过程中充分有效地运用各种运输工具的运输能力，以最少的人力、物力、财力，迅速、准确、安全、经济地完成运输任务。物流合理运输的标志是，运输距离最短、运输环节最少、运输时间最短、运输费用最低、运输效益最好。

由于运输是物流中最重要的功能要素之一，物流合理化在很大程度上依赖于运输合理化。运输合理化的影响因素很多，起决定性作用的有五个方面的因素，称作合理运输的“五要素”：

①运输距离：在运输时，运输时间、运输货损、运费、车辆或船舶周转等运输的若干技术经济指标，都与运输距离有一定比例关系，运输距离长短是运输是否合理的一个最基本因素。缩短运输距离从宏观、微观上都会带来好处。

②运输环节：每增加一次运输，不但会增加起运的运费和总运费，而且必然会增加运输的附属活动，如装卸、包装等，各项技术经济指标也会因此下降。所以，减少运输环

节，尤其是同类运输工具的环节，对合理运输有促进作用。

③运输工具：各种运输工具都有其使用的优势领域，对运输工具进行优化选择，按运输工具特点进行装卸运输作业，最大限度发挥所用运输工具的作用，是运输合理化的重要一环。

④运输时间：运输是物流过程中需要花费较多时间的环节，尤其是远程运输，在全部物流时间中，运输时间占绝大部分，所以，运输时间的缩短对整个流通时间的缩短有决定性的作用。此外，运输时间短，有利于运输工具的加速周转，充分发挥运力的作用，有利于货主资金的周转，有利于运输线路通过能力的提高，对运输合理化有很大贡献。

⑤运输费用：前文已言及运费在全部物流费中占很大比例，运费高低在很大程度上决定了整个物流系统的竞争能力。实际上，运输费用的降低，无论对货主企业来讲还是对物流经营企业来讲，都是运输合理化的一个重要目标。运费的判断，也是各种合理化实施是否行之有效的最终判断依据之一。从上述五方面考虑运输合理化，就能取得预想的结果。

2. 运输合理化的有效措施

长期以来，我国劳动人民在生产实践中探索和创立了不少运输合理化的途径，在一定时期内、一定条件下取得了效果，汇集如下：

（1）提高运输工具实载率。实载率有两个含义：一是单车实际载重与运距之乘积和标定载重与行驶里程之乘积的比率，这在安排单车、单船运输时，是作为判断装载合理与否的重要指标；二是车船的统计指标，即一定时期内车船实际完成的货物周转量（以吨公里计）占车船载重吨位与行驶公里之乘积的百分比。在计算时车船行驶的公里数，不但包括载货行驶，也包括空驶。

提高实载率的意义在于：充分利用运输工具的额定能力，减少车船空驶和不满载行驶的时间，减少浪费，从而求得运输的合理化。

我国曾在铁路运输上提倡“满载超轴”，其中；“满载”的含义就是充分利用货车的容积和载重量，多载货，不空驶，从而达到合理化之目的。这个做法对推动当时运输事业发展起到了积极作用。当前，国内外开展的“配送”形式，优势之一就是将多家需要的货和一家需要的多种货实行配装，以达到容积和载重的充分合理运用，比起以往自家提货或一家送货车辆大部分空驶的状况，是运输合理化的一个进展。在铁路运输中，采用整车运输、合装整车、整车分卸及整车零卸等具体措施，都是提高实载率的有效措施。

（2）采取减少动力投入、增加运输能力的有效措施求得合理化。这种合理化的要点是少投入、多产出，走高效益之路。运输的投入主要是能耗和基础设施的建设，在设施建设已定型和完成的情况下，尽量减少能源投入，是少投入的核心。做到了这一点就能大大节约运费，降低单位货物的运输成本，达到合理化的目的。

（3）发展社会化的运输体系。运输社会化的含义是发展运输的大生产优势，实现专业分工，打破一家一户自成运输体系的状况。

一家一户的运输小生产，车辆自有，自我服务，不能形成规模，且一家一户运量需求有限，难于自我调剂，因而经常容易出现空驶、运力选择不当（因为运输工具有限，选择范围太窄）、不能满载等浪费现象，且配套的接、发货设施，装卸搬运设施也很难有效地运行，所以浪费颇大。实行运输社会化，可以统一安排运输工具，避免对流、倒流、空驶、运力不当等多种不合理现象，不但可以追求组织效益，而且可以追求规模效益，所以发展社会化的运输体系是运输合理化的非常重要措施。

当前火车运输的社会化运输体系已经较完善，而在公路运输中，小生产方式非常普遍，是建立社会化运输体系的重点。

社会化运输体系中，各种联运体系是其中水平较高的方式，联运方式充分利用面向社会的各种运输系统，通过协议进行一票到底的运输，有效打破了一家一户的小生产，受到了欢迎。

我国在利用联运这种社会化运输体系时，创造了"一条龙"货运方式。对产、销地及产、销量都较稳定的产品，事先通过与铁路、交通等社会运输部门签订协议，规定专门收、到站，专门航线及运输路线，专门船舶和泊位等，有效保证了许多工业产品的稳定运输，取得了很大成绩。

（4）开展中短距离铁路公路分流，"以公代铁"的运输。这一措施的要点，是在公路运输经济里程范围内，或者经过论证，超出通常平均经济里程范围，也尽量利用公路。这种运输合理化的表现主要有两点：一是对于比较紧张的铁路运输，用公路分流后，可以得到一定程度的缓解，从而加大这一区段的运输通过能力；二是充分利用公路从门到门和在中途运输中速度快且灵活机动的优势，实现铁路运输服务难以达到的水平。

我国"以公代铁"目前在杂货、日用百货运输及煤炭运输中较为普遍，一般在200km以内，有时可达700～1 000km。山西煤炭外运经认真的技术经济论证，用公路代替铁路运至河北、天津、北京等地是合理的。

（5）尽量发展直达运输。直达运输是追求运输合理化的重要形式，其对合理化的追求要点是通过减少中转过载换载，从而提高运输速度，省去装卸费用，降低中转货损。直达的优势，尤其是在一次运输批量和用户一次需求量达到了一整车时表现最为突出。此外，在生产资料、生活资料运输中，通过直达，建立稳定的产销关系和运输系统，也有利于提高运输的计划水平，考虑用最有效的技术来实现这种稳定运输，从而大大提高运输效率。

特别需要一提的是，如同其他合理化措施一样，直达运输的合理性也是在一定条件下才会有所表现，不能绝对认为直达一定优于中转。这要根据用户的要求，从物流总体出发做综合判断。如果从用户需要量看，批量大到一定程度，直达是合理的，批量较小时中转是合理的。

（6）配载运输。是充分利用运输工具载重量和容积，合理安排装载的货物及载运方法以求得合理化的一种运输方式。配载运输也是提高运输工具实载率的一种有效形式。

配载运输往往是轻重商品的混合配载，在以重质货物运输为主的情况下，同时搭载一些轻泡货物，如海运矿石、黄沙等重质货物，在仓面捎运木材、毛竹等，铁路运矿石、钢材等重物上面搭运轻泡农副产品等，在基本不增加运力投入、不减少重质货物运输情况下，解决了轻泡货的搭运，因而效果显著。

（7）"四就"直拨运输。"四就"直拨是减少中转运输环节，力求以最少的中转次数完成运输任务的一种形式。一般批量到站或到港的货物，首先要进分配部门或批发部门的仓库，然后再按程序分拨或销售给用户。这样一来，往往出现不合理运输。

"四就"直拨，首先是由管理机构预先筹划，然后就厂或就站（码头）、就库、就车（船）将货物分送给用户，而无需再入库了。

（8）发展特殊运输技术和运输工具。依靠科技进步是运输合理化的重要途径。例如，专用散装车及罐车，解决了粉状、液状物运输损耗大、安全性差等问题；袋鼠式车皮，大型半挂车解决了大型设备整体运输问题；"滚装船"解决了车载货的运输问题，集装箱船比一般船能容纳更多的箱体，集装箱高速直达车船加快了运输速度等，都是通过用先进的科学技术实现合理化。

(9) 通过流通加工，使运输合理化。有不少产品，由于产品本身形态及特性问题，很难实现运输的合理化，如果进行适当加工，就能够有效解决合理运输问题，例如将造纸材料在产地预先加工成干纸浆，然后压缩体积运输，就能解决造纸材料运输不满载的问题。轻泡产品预先捆紧包装成规定尺寸，装车时就容易提高装载量；水产品及肉类预先冷冻，就可提高车辆装载率并降低运输损耗。

第二节　运输管理系统业务流程

我国物流企业为运输、储存而支付的费用占成本的比重相当高，货运空载率更高，仅此一项每年的损失巨大。全国生产企业在物流运输环节支付费用占生产成本很高，占总成本的30% ～40%，货运空载率高达60%，大量产品滞留在运输环节，每年造成的损失惊人。运输费用是物流成本的大头，如果运输能有效运作的话，会给企业节约大量的成本，同时也会给物流企业带来丰厚的利润。如何有效地运作物流运输，使运输服务达到最优化，利润最大化，保证运输信息准确、及时、畅通，合理使用各方资源，这是物流运输发展的基本条件。物流企业必须拥有一套运输信息系统进行日常运输工作的管理，实现运输管理信息化。

一、货运整体业务流程

货运管理系统从客户服务中心接单开始，然后录入运输单并确认。调度部门针对已确认的运输单进行调度派车、打印派车单；接着，司机上门装货，并确认装车、签订运输合同、打印装车单；确认在途后，系统进行车辆跟踪，随时向客户提供车辆的运行情况；运输完成后，进行回单确认，司机到财务部结算运费；同时财务向客户收取运费。物流企业业务操作流程如图7－1所示。

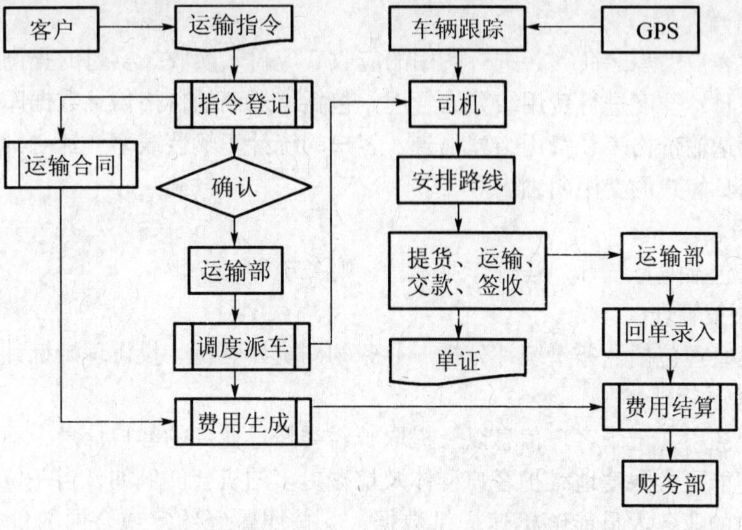

图7－1　物流企业业务操作流程图

二、运输信息系统的内容

物流运输管理是物流中的一个主要系统，运输管理的主要对象是运输工具（车、船、飞机等）、运输环境（运输线路、站点和地图）、人员（驾驶员、装载人员以及管理人员等）、运单（运单、运输计划排程等）、运输成本核算（人员成本、运输资源成本、工具成本和人员成本、能源消耗核算控制等）、优化管理（路径优化、运输能力优化及服务优化等）、客户（客户订单服务、查询等）、跟踪管理。运输信息系统的主要内容如下：

1. 接单管理

在系统结构中，接单作为整体的业务入口，能够实现直接承揽运输任务，还能够与仓储管理信息系统出库连接承接运输业务，在运输形式上能够实现多种运输方式的整合，在业务上能够实现门到门、港到港等多种业务模式。其中主要内容包括整车运输委托管理、零担运输委托管理、集装箱运输委托管理、交叉驳运委托管理和客户撤单管理。

2. 调度管理

该模块是运输管理子系统的核心模块，是作业部门计划与调度人员进行计划调度的操作模块。其主要内容包括线路/运输方案、配载、返回仓储系统和资源管理。

3. 运力管理

该模块主要对承运商、车辆等信息进行管理和维护。

4. 追踪管理

该模块主要对委托单及承运货物的车辆进行追踪，具有运输状态数据更新的功能。将获取的车辆、运单等信息输入到信息系统中，进行运输状态的更新，并在此基础上开发出货物跟踪系统。

5. 回单管理

运输公司将货物送到客户手中，经客户签收后，需将货运单返回给计划调度人员，调度人员将通过"回单管理"界面，将货运单中的回单信息录入到系统中。该模块还完成在途货运单的查看、查询、打印等操作，提供各类运输任务的查询。

6. 结算管理

主要是对客户、承运商等，进行费用的应收、应付、实收、实付的查询、调整等，根据要求按月、日、季度进行费用结算的管理。包括承运商的价格信息数据库、依据合同分别给予客户的运输价格表、费用结算报告、客户的统计车辆装载率、针对具体的送货地点的明细表、当日客户的费用明细表等。

7. 统计报表

统计报表包括业务统计、运输作业统计、财务统计。

8. 统计决策管理

统计决策管理包括业务量统计分析、业务利润统计分析、投诉理赔统计分析。

9. 客户关系管理

在接单业务中，记录客户信息以及提取曾经委托过业务的客户信息，不仅能够使工作快捷方便，还能更大限度地维护客户群体及挖掘更多的机会。例如，当一位老客户来委托业务时，接单的业务人员能够迅速提供数据，并按照曾经约定或合同的价格迅速承接业务，同时还可以有条件地设定某些优惠策略。

主要内容包括客户资料管理、咨询报价管理、客户合同管理、业务员访客管理、客户投诉管理、客户下单管理、承运商接单管理、网上运费查询和网上业务跟踪。

10. 基础设置

该模块系整个系统的基础模块，为其他模块提供基础数据，其功能主要是完成各种业务基础资料输入设置，提供运输生产任务完成的情况。

11. 组织管理

该模块系帮助企业对其内部各部门组织和员工进行信息化管理，包括部门档案、员工档案。

12. 系统管理

该功能从系统角度对操作系统的客户、权限及数据维护等进行管理。

三、在信息系统实施后的基本目标

在应用了运输信息系统后，接单业务可以集中在呼叫中心或分散的小型业务网点，并且业务网点可以承接跨地区的运输业务。而每一区域的运输业务的管理，则划归到区域调度中心来实现。同时，由于网络的完善，每个调度中心的资源可以互用互享，最大限度地提高资源的利用率。运输管理信息流程图如图 7－2 所示。

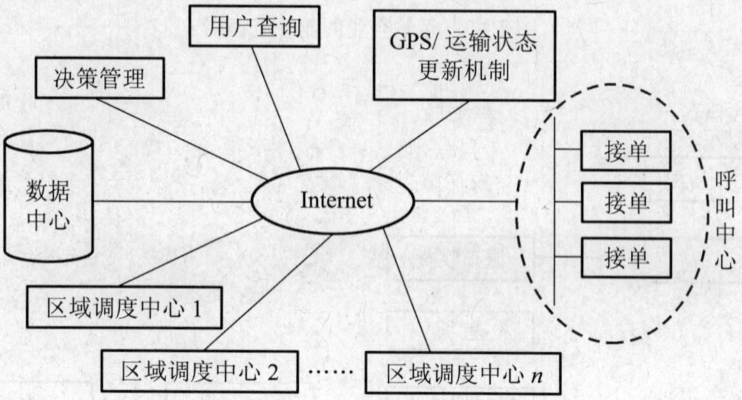

图 7－2　运输管理信息流程图

第三节　运输管理信息系统解决方案

本系统是为企业的运输单元和运输网络而建立的高效、可靠、安全、分布式的现代物流运输管理信息系统，其目的是对运输过程中的人（驾驶员等）、车、货、客户以及费用核算进行有效的协调和管理。同时，系统通过互联网把运输企业分布在不同地区的分支机构、车辆、仓库等物质资源和人力资源以及相关企业部门集中起来，进行统一的管理和调度，实现各种资源的实时控制、协调管理，大大提高了企业的运作效率，满足客户服务的信息需求，同时节约了企业的运作成本。

一、运输企业业务流程图

运输企业以其强大的运输工具和遍布各地的营业点而在流通业中扮演了重要的角色。图7－3所示为运输企业的业务流程图，图7－4所示为运输商的交易流程图。

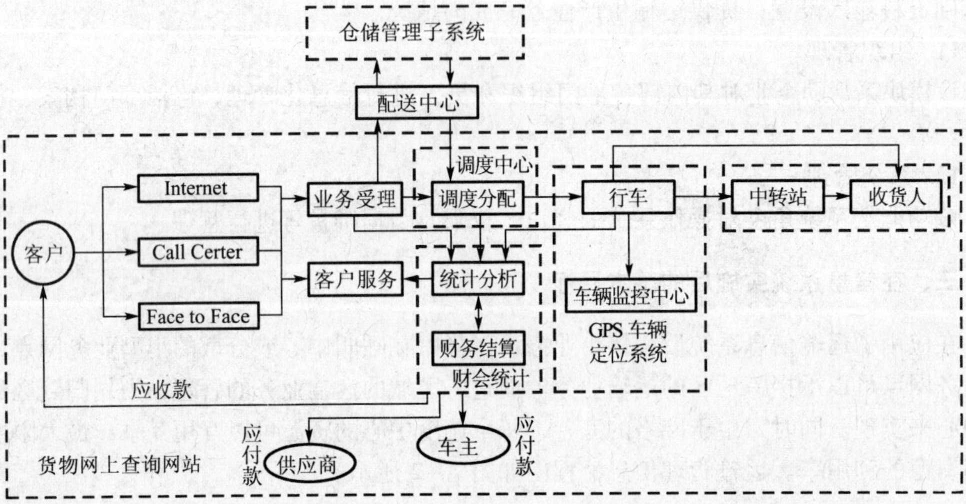

图7－3　运输企业的业务流程图

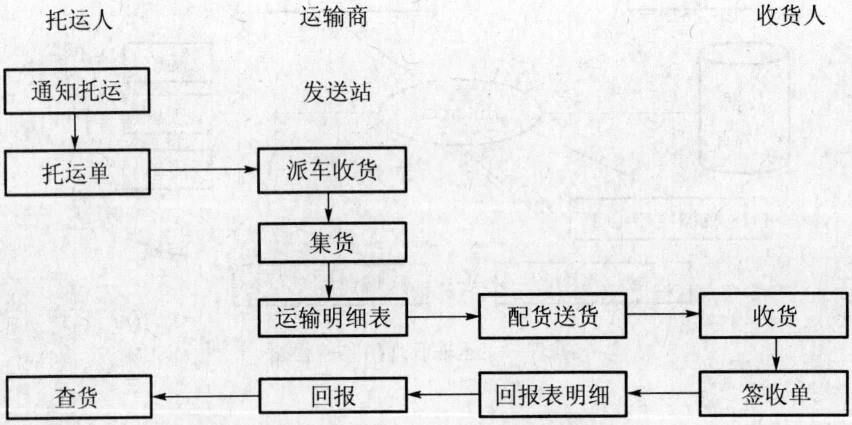

图7－4　运输商的交易流程图

（1）企业若为数据传输而引入EDI，可选择低成本方式。可先引入托运单，接收托运人传来的EDI托运单报文，将其转换成企业内部的托运单格式，其优点是：

①事先得知托运货物的详情，包括箱数、重量等，以便调配车辆。

②不需要输入托运单数据，节省人力和时间，减少人力错误。

（2）若引入EDI是为改善作业流程，可逐步引入各项单证与企业内部信息系统集成，逐步改善托运、收货、送货、回报、对账、收账等作业流程。

①托运收货作业。事先得知托运货物之详情，可调配车辆前往收货。托运人传来的EDI托运数据可与发送系统集成，自动生成发送明细单。

②送货回报作业。托运数据可与送货的回报作业集成，将送货结果及早回报给托运人，提高客户服务质量。此外，对已完成送货的交易，也可回报运费，供客户提早核对。

③对账作业。可用回报作业通知每笔托运交易的运费，同时运用 EDI 催款对账单向客户催款。

④收款作业。对托量大且频繁的托运客户，可与其建立 EDI 转账作业，通过银行进行 EDI 对账。

二、运输管理信息系统模块结构图

运输管理信息系统模块结构图如图 7－5 所示。

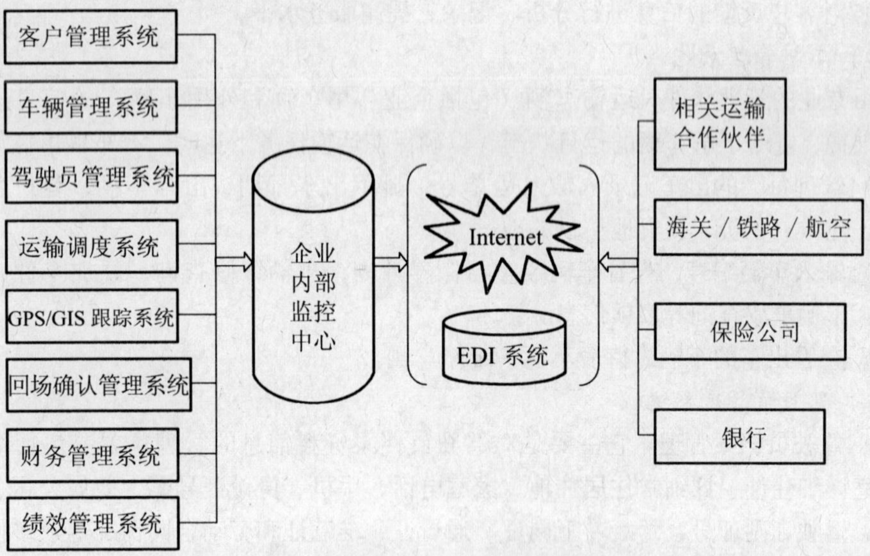

图 7－5　运输管理信息系统模块结构图

三、物流运输管理信息系统模块功能

（一）客户管理系统

1. 订单处理

实现多种订单受理方式，客户可通过电话、传真，同时系统在 Internet 环境中实现安全的、标准的 EDI 数据交换，接受网上直接下单，根据客户的指令进行托单的录入，主要包括受理日期、订单号（可人工输入或自动生成）、起运地址、货物名称、重量、体积、数量、货主、联系人、电话，收货单位、联系人、到达地址、电话及各种费用等订单信息。

对下达的订单进行分析审核，经双方确认后签订运输合同。

支持多种发运订单，主要包括车辆运单、散户运单、合同运单、货物运单等。

2. 合同管理

（1）对签订的合同进行统一管理。主要包括受理日期、合同编号、订单号、起运地址、货物名称、重量、体积、数量，货主、联系人、电话，收货单位、联系人、到达地址、电话、车辆种类、车辆数量、签订人、审核人、起始时间、到达时间、预付费用计算和结算方式等信息。

（2）合同破损记录。主要指对装车、发货时发生的破损记录情况进行修改、登记工作。理赔部门按照事先双方签订的合同协议进行理赔处理，系统自动将金额转入财务部结算。

3. 客户查询管理

客户通过输入货物代码，就可以得知货物在途状况、在库情况、预计到达时间等。

4. 投诉理赔管理

（1）处理客户投诉：处理客户的投诉处理，对客户的投诉进行分析和统计，做出投诉处置并进行相关记录，向上汇报。

（2）对客户反馈的信息进行分析、记录，提高服务水平。

（二）车辆管理系统

利用专业的管理软件对运输车辆（包括企业自用车辆和外用车辆）的信息进行日常的管理维护，随时了解车辆的运行状况，以确保在运输任务下达时，有车辆可供调配。

（1）管理每天的出车记录：输入运单号，显示出车日期、出车车辆、客户名称、工作内容、吨位、单价、提货地、目的地等。

（2）输入车辆编号，查看车辆维修与保养计划，车辆维修查询、添加零件、车辆违章查询、车辆事故查询等多项信息。

（3）查看出车的车辆、待命车辆、维修车辆。

（三）驾驶员管理系统

（1）驾驶员档案管理。它主要是对驾驶员档案资料信息的管理。主要包括驾驶员名称、家庭详细住址、详细常住居住地、家庭电话、手机、身份证号码、所属公司、驾驶证主证号、驾驶证副证号、驾龄、上岗证、通行证、准营证和劳动合同情况等众多信息。

（2）驾驶员查询。分日常和月度对不同驾驶员的业绩、经费等进行统计查询。显示驾驶员月度或年度的业务量情况。对某一驾驶员发生的经费进行统计，显示驾驶员的所用运输杂费、人工费、工资等费用。

（3）支持驾驶员刷卡考勤，实行工作绩效管理。

（四）运输调度系统

该系统包括运输计划安排、运输方式选择和运输路线优化三个环节。

（1）根据客户的要求安排运输计划，如运输货物的数量、客户时间等实际要求制定运输计划，并生成运输计划书。

（2）根据货物的性质、特点、运输批量及运输距离等实际情况，综合考虑运输的经济性、安全性、迅速性等服务特点，在保证按时到货及运费负担能力的前提下选择合适的运输方式。制定适当的运输方式后，系统提供自动路线规划：输入起点和目的地，系统将调用由 GPS 和 GIS 系统共同建立的运输线路数据库，按要求自动设计最佳行驶路线，包括最快的路线、最简单的路线、通过高速公路分段次数最少的路线。线路规划完毕后，显示器自动在电子地图上显示设计线路，同时显示汽车运行路径和运行方法。

（3）调度完成后，系统可自动产生送货单、装车单等单据；同时有运输状况报告和运输任务统计报告等的输出。

（五）GPS/GIS跟踪系统

车载单元即GPS接收机在接收到GPS卫星定位数据后，自动计算出自身所处的地理位置的坐标，后经GSM通信机发送到GSM公用数字移动通信网，并通过与物流信息系统连接的DDN专线将数据送到物流信息系统监控平台上，中心处理器将收到的坐标数据及其他数据还原后，与GIS系统的电子地图相匹配，并在电子地图上直观地显示车辆实时坐标的准确位置。各网络GPS用户可用自己的权限上网进行自有车辆信息的收发、查询等工作，在电子地图上清楚而直观地掌握车辆的动态信息（位置、状态、行驶速度等）。同时还可以在车辆遇险或出现意外事故时进行种种必要的遥控操作。其主要功能为：

（1）提供运输任务的实时监控和查询。实现数据网络共享和对营运车辆的实时网络追踪管理（包括车号、车种、车型、所在区域、状态、内容和去向等）。

（2）提供预警功能，当在任务执行的考察点，发生应到未到的现象，系统自动提出警示，提醒可能产生的延误。

（3）集成SMS功能，当发生意外事件时促发SMS，使相关人员及时得到信息，提高反应能力。

（4）支持外部用户通过Internet或GSM网络等方式进行货况查询。

（5）发生车辆遇险或出现意外事故，系统自动报警并自动执行相应的处理。

（六）回场确认管理系统

驾驶员把货物送至目的地车辆回场后，将客户收货确认带回，输入本次执行任务后的一些信息，如行程、油耗、台班数、货物有无损坏和遗失，以及是否准点到达等。这些数据将作为数据统计分析的基础。

（七）财务管理系统

（1）可提供全国各地运输价格和所需时日的查询。

（2）可设置联盟运输商的价格信息数据库。

（3）可依据合同分客户制定运输价格表。

（4）费用结算报表和费用明细的列表。

（5）核算每趟运输出行的过桥费及路费、油费、人工费和资产折旧等成本费用。

（6）支持多种结算方式及利率统计。

（八）绩效管理系统

（1）主要用于高层管理者和决策者，是对业务管理和经营事务进行控制、优化和决策的系统。

（2）可以进行事前、事中和事后的管理和控制。例如根据历史数据，给将要实行的车辆调度计划给予一个指标，使其计划达到合理性和优化。

（3）可以对经营决策给予支持，例如要不要进行外包车辆等，系统都会根据数据给予一个分析和参考的指标。

（九）海关/铁路/航空系统对接

（1）系统能够涵盖所有的运输方式，包括水路运输、公路运输、铁路运输和航空运输，并提供对多式联运业务的支持。

（2）实现对不同运输方式的衔接互补，当有某运输任务牵涉到多种运输方式时，能实时提出运输组织的策略，以合理的组织完成运输任务。

(3) 通过与海关部门的连接，为外贸交易提供系统的报关服务，方便了客户也扩大了企业的业务。

(十) 保险公司、银行

(1) 为物流运输部门的车辆和员工提供保险业务。

(2) 承接网上投保业务，为物流公司承接的运输货物随时办理保险业务。

(3) 分担了物流企业的风险。

(4) 系统可通过与银行接口，实现网上支付和结算业务，不仅缩短了作业时间，节省了费用，同时也为客户提供方便。

在物流运输作业活动中，由于运输车辆处于分散运动状态中。因此，对物流运输车辆的管理是其他作业管理不能比拟的困难。随着无线技术、地理信息系统和全球定位系统的发展，车辆运行管理信息系统被应用到物流运输作业中，为客户提供迅速、准确、安全、经济的运输服务，满足货主多样化、个性化、多频度、小数量和及时运达的需求，健全完善的物流信息系统管理体系已成为当今物流业在激烈的竞争环境下取得成功的必备工具，建立社会物流基础设施关联信息系统也是时代发展的要求。

第四节 运输管理信息系统构成

一、货物运输管理信息化的总体规划

1. 货物运输管理信息系统总体规划框架结构

如图7-6所示，主体结构部分主要满足了运输业务的基本需求，辅助管理信息在一定程度上构成了企业信息系统的运作基础。

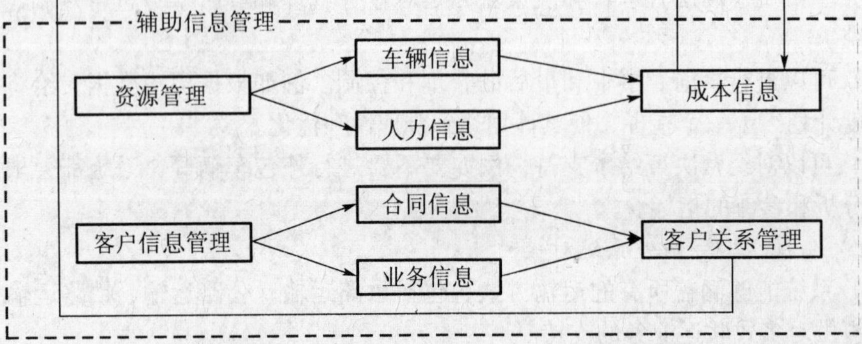

图7-6 运输信息系统总体规划示意图

二、系统功能组成

1. 运输单录入

客户服务部门根据客户运输需求，输入运输单信息，包括发货人、收货人、线路、货物细节和承运要求等，并进行确认。

2. 制定运输计划

运输调度部门针对已确认的运输单，进行调度派车并打印派车单，司机据此上门装货。

3. 确认装车

根据实际装车情况，对装车进行确认，同时录入运输合同信息和预付款项，然后确认在途。

4. 在途跟踪

对在途车辆进行动态跟踪，可以实时知道车辆和货物所处的位置和状态，并及时将信息反馈给客户，以提高客户的满意度。

5. 运输保险

对于需要保险的运输业务，录入相关的保险信息，包括货物价值、保险单号和保险费等。

6. 回单确认

用于回单签收的管理，记录货物送达收货人时的有关情况，包括实收数量，有无货损、货差情况以及货损原因、扣款、签收人等信息。

7. 车辆报到

主要用于车辆的报到以及车辆状态的查询，还可用于对基础数据中没有的新增车辆进行登记和对车辆信息、承运人信息的修改。

8. 查询统计

可以对物流公司的发货量、收入、利润、货损、应收款等以任意条件进行自动统计查询，企业通过统计表进行分析，可以了解公司的经营情况、服务质量等，从而对有关的业务进行判断、决策。统计表包括发运汇总表、订单统计表、运输计划统计表、装车统计、车辆跟踪统计、货损统计、利润分析表、应收款统计等。

三、社会物流运输基础设施关联信息系统

社会物流运输基础设施包括公路、铁道、码头、机场、海关等硬件设施和提供这些硬件设施使用状况的信息系统，还包括提高这些硬件设施使用效率的管理系统等软件。提供高效率的物流运输服务，不仅取决于物流企业自身的经营条件，而且还取决于外部物流基础设施的状况和社会物流信息的交流。下面从道路交通和通关信息处理两个方面，说明建立社会物流基础设施关联信息系统的重要性。

1. 道路交通关联智能信息系统

多频度、小数量运送和及时运送的顾客物流需求，使得货物运送的频度大大增加，配送的时间规定也越来越严格。在这种环境下，一些发达国家的大型道路交通运输企业，利用通信卫星、全球定位系统和数字式电子交通地图等设备，建立起最佳车辆调配系统。该车辆调配系统根据车辆所在位置、装载情况和运输货物的要求，自动选择最佳的货物运送

路线，并把最佳货物运送路线表示在数字式电子交通地图上。

该系统对提高车辆的装载效率、加强车辆驾驶员的动态管理、提高顾客物流服务水平起着重要作用。但该系统成立的一个前提条件是：最佳运送路线的道路交通是畅通的。如果在最佳运送路线上出现交通阻塞的话，则通过最佳车辆调配系统得到的最佳运送路线，就不成为最佳运送路线了。因此，需要建立一个具有反映道路使用状况、向道路利用者提供道路信息、扩大现有道路通过容量等功能的道路交通信息系统。

2. 通关管理信息系统

国际贸易的开展带来了国际物流活动。在国际物流活动中，通关活动是一个重要组成部分。提高通关速度能提高国际物流活动的效率。由于通关过程涉及品种分类、商品价格、关税税率等许多信息的交流，同时通关活动与客户、运输公司、物流服务企业、银行保险企业、商品商检部门、关税仓库等部门有密切的联系，因此建立一个综合的通关管理信息系统很有必要。

综合通关信息系统是通过在线连接把运输企业、物流服务企业、货物装卸企业、保税仓库、通关代理企业、银行保险、关税收缴部门等连接在一起构成的网络。通过综合通关信息系统，客户在系统网络终端能完成关税申报手续，同时，也能询问和检查关税申报进度和货物保管情况，并交纳关税和支付运输装卸保管费用等。建立综合通关信息系统可以缩短通关时间，提高通关效率。

现代物流运输系统必须向客户提供产品处于运输状态的实时信息，这些信息提供给运输服务人员与客户，以供他们随时调整运输的状态。运输状态的调整离不开信息系统的支持，运输信息支持系统是运输系统正常运行的基础之一，并且对于服务的改进和竞争优势的提高，发挥着不可替代的作用。

物流综合运输信息系统是物流企业进行运输管理信息化的基本信息系统，一般具有一定实力的物流企业都应建立物流综合运输信息系统，其主要作用有：一是查询简便迅速，信息及时准确。当需要了解在运输环节的货物状态时，只要输入货物的代码，马上就可以准确地了解货物现在的运输状态的信息。便于对货物运输的全程管理，也便于客户对货物运输情况的了解。二是提高运输质量和运输服务水平。通过综合运输信息系统，可以确认货物是否在规定的时间运送到接收地，是否准确、及时地将货物交付给货主，如发现有问题能马上采取补救措施进行改正，从而提高运输质量，使运输迅速、准确、安全、经济，满足货主多样化、个性化、多频度、小批量和及时运达的要求，提高运输服务水平。三是提高物流运输的核心竞争力。现代物流运输市场竞争十分激烈，传统的运输管理手段已不能适应日趋激烈竞争的运输市场，物流综合运输信息系统作为一种提升运输竞争优势的手段，对提高物流企业运输效率，增强企业核心竞争力十分有利。不仅可以提高运输管理水平，提高差别化的物流服务，还可以满足社会对物流企业运输的各种信息需求。

复习思考题

1. 物流运输的定义是什么？
2. 运输与搬运、装卸有何联系和区别？
3. 影响运输合理化的因素有哪些？
4. 采取何种有效措施才能保证运输合理化？

5. 运输管理系统主要业务有哪些?

6. 物流运输物流管理系统具有哪些特点?

7. 试画出物流运输管理模拟系统的整个物流运输管理的流程图。

8. 假如你是一个企业的管理者，你认为选择现代物流运输管理系统来进行管理自己企业的货物运输有什么优越性?(与传统物流比较)

【实训项目】

物流运输管理信息系统的应用

1. 实训目的

让学生了解“运输管理”的一般操作程序，能够尽快地进入企业工作流程，并融入企业经营管理文化之中；掌握运输管理的基本能力，包括运输作业过程、干线运输过程、配载管理、运输费用管理、运输中的信息流动等方面的能力；掌握运输信息处理技术，包括运输业务操作、运输中心管理、运输管理等方面的技术。培养学生协同商务和信息技术处理的能力。同时，通过实践教学活动，拓宽学生的知识领域，锻炼学生的实践技能，培养科学严谨、求真务实的工作作风；通过实验培养学生的动手能力，把所学理论知识应用于实践中，运用理论知识解决实际操作中问题的能力。

2. 实验设备及软件

实验设备：服务器、交换机和PC机组成局域网络。

软件环境：服务器采用Microsoft Windows 2000 Server操作系统；数据库管理系统采用SQL Server 2000；学生客户端采用Windows XP操作系统、IE5.0以上浏览器；运输流管理模拟系统软件。

3. 实训内容

要求学生充分调研客户需求，然后录入运输单并确认；调度部门针对已确认的运输单进行调度派车、打印派车单；接着，司机上门装货，并确认装车，签订运输合同，打印装车单；确认在途后，系统进行车辆跟踪，随时向客户提供车辆的运行情况；运输完成后，进行回单确认，司机到财务结算运费，同时财务向客户收取运费等流程的实际演练，理解物流各个环节的操作原理和逻辑关系。

4. 实训安排

(1) 学生上机完成软件操作内容。

(2) 实验结束后，学生对模拟操作进行总结，编写出实验报告。实验报告包括如下内容：实验的目的和要求；实验步骤；实验结论；本次实验取得的主要收获和体会。

【课后案例】

中国外运集团的物流发展与实践

中国外运集团（以下简称中外运）是一家具有50年历史的国有大型外贸运输企业，是我国最大的国际货运代理企业和第三大船东，也是一个准物流企业。自1998年开始，中外运开展了确定企业发展总定位、总方向的战略研究工作，经过一年多的深入调查与研究，制定了一个企业发展战略。这个战略全面总结了企业的历史、现状、问题，客观地分析企业的资源基础和发展条件，比较分析了国内外交通运输行业发展的规律和特点，提出了企业的产业定位是把中外运从一个传统的外贸运输企业建成由多个物流主体组成的、按照统一的服务标准流程和规范体系运作的、国际化、综合性的大型物流企业集团，并制定了一个为期三年的战略目标和实施步骤。这个战略第一次提出了中外运的经营理念是："我们今天和未来所做的一切，都是以降低客户的经营成本为目标，为客户提供安全、迅速、准确、节省、方便、满意的物流服务。"

1. 中外运的物流体系建设与客户服务实践

中外运物流体系建设的总体目标是：按照现代物流的标准和要求，以信息技术为依托，建立统一的作业流程和操作规范，根据市场和客户的要求，确定主导物流产品，培育和发展集团的物流产业竞争能力。为此，中外运正在积极推进以下几个方面的工作：

（1）物流信息服务与管理信息创新。以客户为中心，建立面向市场的信息服务系统（包括客户查询系统、货物跟踪系统、客户信息反馈系统等），通过高水平的信息服务，提高现代物流服务品质。与此同时，建立能够支撑集团综合物流服务的操作系统，通过信息手段实行集约管理，规范业务流程，全面提升集团一体化运作能力。

（2）物流配送体系的建设。积极开展物流标准化流程再造，改变集团"有点无网"、分散经营的局面。在信息技术的支撑下，各经营主体根据专业特点与区域分布，建立起分工协作的一体化经营模式，根据标准化流程实行规范运作，并且逐步进行物流组织再造。各经营主体实行销售、操作与管理等环节相分离，按照集团物流规划进行组织划分和统一布局，明确职能、严格分工。在信息技术的支撑下，按照标准流程紧密衔接，规范运作。①以所在省市为主要经营地域，建立区域性的货物集散与仓储配送中心（包括增值服务部分）；②建立区域集散中心之间的低成本运输通道；③建立货物集散地的信息中心；④建立货物集散地和中心城市的客户服务中心。通过上述工作，在全国范围内建立高效的物流配送体系，使集团能够根据客户的需要提供适时的配送服务。

（3）物流中心建设。物流中心是对客户提供增值服务和物流中转的基地，中外运集团在全国各地拥有160座仓库，仓储总面积达550万平方米，并且很多仓库是和铁路专用线、集装箱堆场结合在一起，是天然的物流流转中心。为了尽快满足客户的需要，中外运已经开始在全国重点省市设立12个大物流中心，进一步加强电子化库存管理系统的管理，并把海关、商检等部门直接请到物流中心，设立办事处，使物流货物可以得到现场报关和检查，以提高通关速度，加快物资流通速度。

2. 提高物流成本分析与供应链管理能力

在为客户具体的服务过程中，中外运供应链管理能力不断得到提高，如在为某一化工企业提供物流服务的过程中，结合公司内外的力量，对该企业从原材料采购、储存、销售、装卸、配送等各项成本进行了综合分析，为之提出最佳库存保有量与原材料采购计划，并为之设计了专门的物流流程，配合企业的财务部门为之建立起与物流相结合的资金流管理模型，并根据企业产品特点，使客户的物流目标得到很好实现。

讨论题

1. 中外运的物流经营理念有何时代意义?
2. 为什么说降低客户成本是现代物流的重点?
3. 中外运降低客户成本有何妙方?
4. 中外运还可以使用哪些方法和手段降低物流成本?
5. 试用学过的物流信息技术分析中外运的物流体系结构。

第八章　物流仓储管理信息系统

【学习目标】

知识目标：

◆ 了解物流仓储企业物流管理信息的内容、范畴和类型；

◆ 掌握物流信息在物流仓储企业活动中的流程；

◆ 掌握物流仓储企业物流管理信息系统的解决方案；

◆ 掌握物流仓储企业物流管理信息系统的构成，通过模拟软件的使用进一步掌握物流信息在物流仓储企业活动中的作用。

能力目标：

• 能对物流仓储企业物流信息元素进行分类收集与筛选；

• 能通过理解，绘出物流仓储企业物流的信息流动图；

• 能针对某个物流仓储企业设计出它的物流管理信息系统的解决方案；

• 能通过模拟软件的使用，进一步修改和完善设计的某物流仓储企业的物流管理信息系统的解决方案。

【引导案例】

中化广东公司物流仓库管理信息化案例

中化广东公司成立于1950年，历经50多年的发展，公司已完成从传统外贸企业向市场经济新型企业的转型，成为集进出口、内贸、仓储物流等多种经营活动于一体，业务范围涉及石油、化工用品、基建材料等领域的高度市场化的分销服务商，为全球100多个国家和地区的供应商及客户提供专业服务，在国内外同行业中享有很高的声誉。

保税仓储业务是中化广东公司的业务之一，已有30多年历史。第三方物流自主管理的保税仓储业务，是依据海关总署高效的保税货物进出口报关和完税的新管理模式，于近几年新推出的保税物流业务。在这种新管理模式下，保税仓可以设在保税区外，海关下放部分操作程序，由第三方物流自主管理保税仓，海关对保税仓只起监管作用，但可以随时查看保税仓的库存情况。保税仓每月向海关申报一次货物进出口清单，并与海关系统核对保税货物的库存，一次完税，大大简化了进出关的手续，加快了通关速度。

自主管理的保税仓物流企业，必须通过海关的严格审核才能营运。首先，自主管理的保税仓物流企业必须有很好的管理体系，还要有很好的诚信度，确保国家关税的征收，决不偷税漏税，保税货物的物流过程必须符合中国海关管理规范，严格执行海关进出口报关规则；其次，自主管理的保税仓物流企业必须能为货主提供高质量的、符合要求的物流服务，其中包括能严格按照货主的要求进行配件的保管、存储、包装、配送、回收和退换，保证维修配件能正确、快捷、准时、保质地送达货主手中。

目前，中化广东公司的第三方物流保税仓储业务在海关的大力支持下保持很好的发展势头，客户数和业务量都在快速增长，目前已有几十家客户（货主），其中包括多家跨国大型公司，维修配件以高单价的电子配件为主，平均库存配件金额高达数千万美金，配件保税仓储业务的物流服务收入，成为中化广东公司新的利润增长点。

在海关的大力支持下，中化广东公司的保税仓库业务得到快速发展。随着客户（货主）不断增加，备件种类不断扩大，服务地域不断延伸，不同货主配件物流管理模式各不相同，物流费用结算不仅名目繁多而且规则各异，货主对物流服务的要求也在不断提高。原有的配件保税物流作业系统已不能满足公司业务发展要求，而第三方物流管理信息系统是货主、海关和物流服务商之间业务处理和信息交换的极其重要的工具和手段，工欲善其事，必先利其器，中化广东公司高层决定招标选择有丰富的综合性第三方物流业务经验，有可拓展的、先进的技术架构，有稳定团队和良好售后服务，有成熟解决方案和成功案例的供应链物流软件开发商，作为公司物流管理信息现代化的长期战略合作伙伴，解决业务发展中信息化瓶颈的困扰。

1. 中化广东公司希望物流信息化管理合作伙伴能帮助其实现如下管理要求

新建一套一体化的第三方物流保税仓储管理系统，具有以下功能：

（1）满足海关对保税物品进、出、存、退、换和完税的管理需求。

（2）满足不同货主对其保税配件仓储、保管、包装、配送、退货和回收的相异的物流管理要求。

（3）适应多组织架构物流公司的管理和多仓库统一管理的要求。

（4）满足多货主的不同配件保税/完税物流管理的需求。

（5）满足货主业务发展的需要，进行不同区域的快速配送服务。

（6）系统能快速调整和适应因货主配件物流管理过程的变化要求，并对协作的承运商进行管理，包括费用的按期结算。

（7）系统能设定各种物流费用（包括各种关税和海关代收增值税），系统按业务量自动结算物流费用和各种税收，也可手工调整和补录特殊费用。

（8）货主随时可以查询订单执行情况、库存和物流费用结算情况等；海关随时掌控保税仓保税配件的进、出、存、退、换情况和完税情况。

（9）系统支持仓库使用RF和条码设备，对仓库的库位、配件实现条码管理，在仓库中使用RF进行在线作业，提高效率、降低出错率、降低物流成本。

（10）有数据接口，将不同货主的订单自动导入物流系统。

（11）对配件的价格、批号、序列号等管理，并对配件可实现全程跟踪查询。

（12）按货主要求的报表格式产生货主索要的各类报表。

（13）未来能顺利拓展相关功能，实现报关管理、货代管理和运输管理等，并且是一体化的，初始数据在各模块中共享。

（14）提供各类分析报表，给管理提供数据的依据，不断改进管理，提高服务质量，提高客户满意度。

确定信息系统目标后，中化广东公司开始向社会公开招标，经过几轮的角逐，博科凭借其在物流行业多年的经验、成熟的产品、先进的技术和开放的架构（基于J2EE开发的、开放的、综合应用的软件平台，集成了数据流引擎、控制流引擎、业务规则容器等，服务器的业务规则用JAVA开发，展现层支持JAVA和.Net)、稳定的开发团队、各种类型的成功物流案例，以及众口皆碑的服务品牌，最终拔得头筹，成为中化集团成员中化广东公司的第三方物流管理信息系统的战略合作伙伴。

2. 保税仓库管理水平显著提高

中化广东公司新的第三方保税物流管理信息系统，可满足不同货主对物流管理的要求，并能快速响应货主的需求，为货主及时提供其委托管理商品的进、出、存、退、换等齐全的数据，极大地提高了中化广东公司保税物流的作业效率，提高了客户满意度，同时有效降低了营运成本。物流计费系统彻底解决了物流业物计费繁杂的难题，物流过程中所有费用记录清晰，从而大大提高了财务人员的工作效率。

讨论题

1. 通过案例分析说明现代物流与传统物流的区别?

2. 通过分析中化广东公司向现代信息化物流的转变过程，你认为其转变成功的关键是什么?

3. 通过本案例分析，你认为中国目前传统物流企业怎样才能实现向现代物流的转变?

仓储是物流重要功能之一，按现代物流管理理念，仓储不只是一个存放保管货物的场所，而是物流枢纽最重要的基础设施，是物流配送中心的仓库，是现代物流的“蓄水池”，起着储存、保管、调节的重要作用。现代仓储需要非常专业的物流仓储信息化平台保障其消除无效物流和冗余物流，尽量接近按需运送、零库存、短在途和无缝隙传送的理想物流状态。

第一节　仓储系统概述

一、仓储系统的功能

仓储系统是物流系统中的一个很重要的子系统。它是供应和消费之间的中间环节，起着缓冲和平衡的作用。仓储系统一般包括收货、存货、取货和发货等环节。

(1) 收货。仓库收货时，需要站台或场地供铁路车厢或运输汽车停靠，需要升降平台作为站台和载货车辆之间的过桥，需要托盘搬运车或叉车等设备完成卸车作业。卸车后需要核对货物的品名和数量，检查货物是否完好无损，一般还需要把货物整齐地堆放在仓库内部的托盘上或货箱内。在现代化仓库的收货处设有计算机终端，用来输入收货信息，有时需要计算机打印出标签或条形码贴在货物或托盘上，以便随后在储运过程中识别和跟踪。

(2) 存货。存货即储存。储存要充分考虑最大限度地利用空间，最有效地利用劳力和设备，最良好地保护和管理货物。一般常用的储存方法有:

① 分区储存或定位储存。在人工管理库存的情况下，为了便于查找和避免差错，通常采用分区储存或固定货位储存的原则，即每一种货品都有固定不变的一个或一组储存位置。这种储存原则的优点是简单，缺点是即使位置空着，别的货品也不能占用，从而使货

位的利用率降低。

② 随机储存。在计算机管理库存的情况下，可以采取随机储存的原则。所谓随机储存，即是每一种物品的储位不是固定的，而是随机产生的。这种方法的优点在于共同使用储位，最大限度地提高了储位的利用率。

③ 分类储存。所谓分类储存通常是按产品相关性、流动性，尺寸和重量的特性来分类储存。

储存在确定储位时，根据货物的特性和管理方面的要求，应遵循一定原则：

① 先进先出原则。这是通常采用的原则，它最适用于寿命期短的物品，如食品、药品等。

② 重量原则。重量大的物品放于地面或货架下层。重量轻者放在货架上层。

③ 周转率原则。按货物在仓库中周转率的高低安排储位，周转率高的应储存在入出库快的储位。

④ 就近出库原则。在仓库的保管环境下，有些货物不会因存放期长而变质，为了加快出库作业，离仓库出口近的货物先出库。

（3）取货。取货即是根据用户的订单和取货申请单从仓库货位取出货物。对于自动化仓储系统根据计算机指令，自动完成取货任务。一般情况下由人机配合完成，通常分为两大类，即人至物的拣选和物至人的拣选。

（4）发货。发货是仓库的最后一项任务，根据服务对象的不同，有些仓库只向单一的用户发货。有些则向多个用户发货。一般来讲，用户需要的是多种货物，因此在发货前需要配货和包装，向多个用户发货时，需要多个站台，在自动化程度较高的仓库内，拣出的货品通过运输机送到发货区，货品上或装着货品的容器上贴着计算机打印出的条形码和装箱单，自动识别装置在货品运动过程中，阅读条形码的内容，识别该货品属于哪一个用户，信息输入到计算机，计算机随即控制分选运输机的分岔机构把货品拨到相应的包装线上。包装人员按装箱单检查货品的品种和数量是否正确无误，确认后进行包装，然后通过码盘机码放成托盘单元，由叉车完成装车作业。

二、仓储系统的主要参数

（1）库容量。库容量是仓库的主要参数之一，是规划设计仓库首先要确定的问题。仓库既然是供应和消费之间的缓冲环节，库容量的大小，首先取决于缓冲平衡的需要，但是库容量又直接关系着仓库的建设投资和建成后的经济效益。因此在满足缓冲平衡的前提下，应该是越小越经济。

（2）出入库频率。它决定仓库搬运设备的规格和数量。出入库频率又与库容量有密切的关系。从理论上说，如果管理得当，使供应和消费节奏一致，即入库和出库的频率和数量一致，库容量可为极小值，但是组织频繁的入库和出库，需要增加搬运设备，也是需要投资的，因此在规划设计一个仓库时应在二者之间作恰当的选择以求得最经济合理的方案。

（3）库容量利用系数。库容量利用系数是衡量仓库经营效率的主要指标之一，它等于实际库存量与库容量之比。由于这是一个随机变动的量，一般取它的年平均值作为考核指标。

（4）库存周转次数。库存周转次数也是衡量仓库经营效率的主要指标之一，它等于年入库总量或者年出库总量与年平均库存量之比。对于生产性和经营性的仓库，库存周转次数越多，说明资金周转越快，经济效益越高，经营好的企业可以达到每年 24 次以上。

（5）单位面积的库存量。这是总库容量与仓库占地面积之比。在土地紧缺的情况下，这是一个很重要的经济指标。

（6）全员劳动生产率。这是仓库全年出入库总量与仓库总人数之比，通常取决于仓库作业的机械化程度。

（7）机械设备的利用系数。首先根据全年出入库总量，算出机械设备的全年平均小时搬运量，它与机械设备的额定小时搬运量之比即为机械设备的利用系数。这个系数可用来评估机械设备配置的合理性。

第二节　仓储管理业务流程

物流仓储信息是物流过程中仓储活动产生的信息，是伴随着仓储管理活动而产生的信息。这种信息常伴随着仓库订货、货物入库、货物管理、货物出库的发生而发生，主要包括货物入库信息、货物仓储管理信息、货物出库信息等。而货物入库的信息主要包括货物的品名、计量单位、规格、数量、入库时间等内容。

货物仓储管理信息主要包括货物存放的货区、货架、堆码、盘点、货卡、养护等内容。货物出库信息则主要包括出库的品名、计量单位、规格、数量、出库时间、地点等内容。现代仓储信息一般具有量大、频繁、复杂等特点，为加强对仓储信息的管理，必须建立一个能迅速及时地处理大量信息的物流仓储管理信息系统。

一、仓库管理整体业务流程

仓储系统可以采用立体化的模拟堆货架图，方便仓库堆位计划的安排，同时也大大减少了仓库装卸时间。货物入库时，电脑自动搜索货物堆放的相关库位。系统以货物出入库

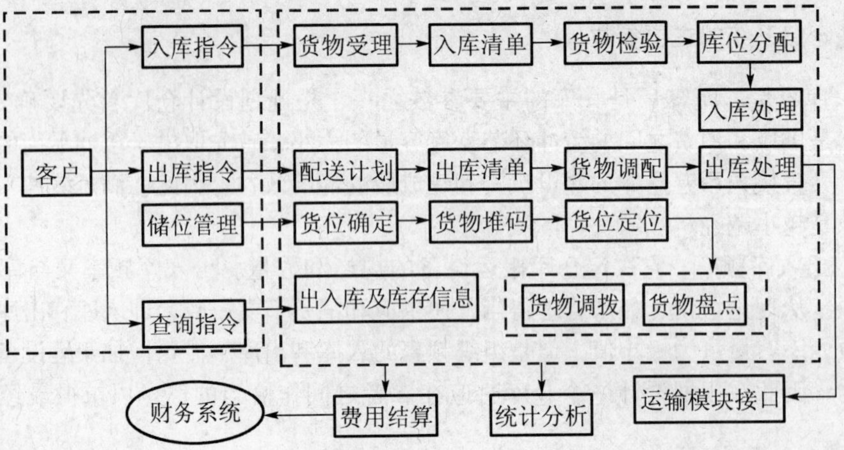

图 8－1　仓库管理业务流程图

单为主线，涵盖了货物入库作业、货物出库作业、货物库存管理等作业的全部功能。其业务流程如图8－1所示。

二、入库管理

在客户的货物验收完毕后，应立即入库，入库时应进行以下工作：

（1）复核。由复核员与保管员负责进行，主要复核：

① 货物验收记录及入库单和各项资料凭证是否移交齐全完整。

② 复核入库货物与上架、上垛货物是否相符，编号是否正确，件数是否准确，计量测试记录与实物批号是否符合，残损货物是否已另行堆放，并办理完手续，有无混杂在一起进入库内。

③ 错货或需退货的物品是否在搬运中又混在入库货物中进库。

④ 上垛、上架货物应挂上的货牌是否准确无误地到位，在输入电脑的建账数据是否已准确录入，账、牌、物三者是否相符。

⑤ 查验需要提出和说明的问题是否在入库单和验收单上均已明确列出，责任方需要出具并签字的证明是否均已收齐并准确无误，责任是否已完全明确。

（2）登账。登录货物保管明细账，无论用计算机或手工生成，都应详细反映仓库货物进、出、结存数的准确情况。主要内容有：

① 物品编号、存放位置、入库日期、车（船）号、品名规格、数量、单价、收入、支出、结存明细凭证的序号等。

② 登录或消除保管账必须以正式收发凭证为依据。账目不得任意涂改，必要修正时应加盖订正章。账目应做到：

a. 实记录入进、出、结存数，账物相符。

b. 笔笔有结算，日清月结，不做假账。

c. 手续健全，账页清楚，数据准确。

d. 坚持会计记账规则，严格遵守。

e. 出现问题，经处理后，账面要明确反映，并如实说明。

（3）建档。应建立库存货物档案，以备处理问题时待查，也便于总结提高仓储管理水平。为此要设立档案管理子系统以辅助档案管理工作。

① 将每份入库单所列的到货原始资料和凭证、验收资料及相关问题处理的资料和凭证、出入库及存储期相关记录和资料等分别装订成册建立档案，由各库区保管员统一保管。

② 档案要统一编号，并注明货位号，账册上应加注档案号。

三、出库管理

在收到配送计划或者客户自行提货要求时，就要进行出库。其程序及作业方法如下：

（1）出库必须凭配送计划单或者货主单位开出的出库单作为凭证，否则不能付货。

（2）出库单内容包括收货单位（或提货单位）、日期、有效期、货物入库时的批号、品名、规格型号、数量（应分为预定数和实发数两栏，实发数在付货完毕由保管员填写），货主单位负责人签字盖章，数量大或价格昂贵的货物除凭出库单外，还应打电话与货主复核后方可付货。

(3) 核单。对出库单，业务会计要逐项进行核对，尤其是核对货主单位预先留下的出库单样张和预留印鉴，以及提货人的背书是否准确；还应核对数量、规格品种与库存是否有出入。凡遇有涂改痕迹或提货仓库名不符的均不可付货，如单据有涂改应由货主单位办理更正手续在更正处加盖公章后方可付货，否则应追究提货人责任；对出库单上的有效期也应审核，过期必须去货主单位重办手续后，方可付货。

(4) 编号登记。经核对出库单无误，仓库业务会计要逐单统一编号、登记，再送交保管员付货。

(5) 理货。付货完毕由装卸工将货物转至备货区，并将出库单转交给理货员，理货员与保管员要办理交接手续。理货员接手后，应按货物地区代号进行分别堆放，然后进行核对、置唛、复核及待运装车。

(6) 复核。为提高发货工作质量，应实行专职复核、交叉复核和环节复核。

复核内容与要求包括：

①品唛数量：对照出库单检查所列品唛、细数，应与付货外包装标志相符，否则不许出库，总数也应准确。

②货物质量：应付货物外观质量应复查，发现异状，应向保管员查询原因，必要时与货主单位联系，货主允许出库而提货单位又同意接收者，做完记录，方可出库。

③包装完好性：包装应牢固、干燥，若有捆扎松散，应重新要求捆扎，凡包装破损货物，未经修复加固，一律不准出库，无论是否仓库原因导致的破损，均应修复，防止破来破去。地唛标志应清楚，在修复包装时，更要注意地唛标志保持完好，受损的要重新置唛。

经复核确认无误，即可允许放行出库。

(7) 问题处理。

①提货数与实存数不符：属于入库时错账，要用报出报进方法进行调整；属于仓库保管串发或错发，要由仓库负责解决库存数与提单数间的差错，并承担损失；属于漏记账而多开出库数，应由货主单位负责调整账面，按实数处理。

②串发或错发货：串发大多是串发规格，保管员要根据库存实情，如实向仓库领导和货主讲明串发货的名称、规格、数量及提货单位。仓库会同货主协商解决，若无经济损失，由货主单位重新按实际发货冲单（票）。有损失时，仓库应作相应的赔偿，按损失的单据冲转调整保管账。

错发若货物尚未离库，应立即更正，重新组织发货；已出库，应立即通知提货单位追回货物，同时通知货主，造成损失应由仓库负责赔偿，并相应调整账目。

四、储位管理

储位管理的主要目的在于搞好科学储存，充分利用场地，利于作业和存货的维护保养，保证存货质量，提高仓库容积的利用率，减少仓库管理费用，确保消防和安全。

(一) 货位的确定

应根据墙距、预留通道、垛距、仓库高度、柱距及存货性质和类别，来选取科学的货位排列方式。要本着充分利用库容、方便作业、利于维护、确保安全的原则。

通常可按存货类别和性质合理选用。

（1）横列式货位排列方式：指货垛或货架与库房横向平行排列。

（2）纵列式货位排列方式：指货垛或货架与库房横向垂直排列。

（3）混合式货位排列方式：指货垛或货架与库房的横向平行和垂直均有的排列。

（4）垂直平行式货位排列方式：指货垛或货架与主通道或库房墙壁垂直，而货垛或货架之间又是相互平行的排列方式。

这种方式利于通风，方便货物进出，便于自然采光。但支道多，特别在叉车作业时，要直角转弯，作业通道占用面积较宽，库容利用率相对较小。

（5）斜向式货位排列方式：指货位与主要通道成一定角度（如30°、60°或45°）且减小或取消垛距的货位排列。这种方式扩大了仓库有效面积的应用，但作业通道变窄了，对某些货物进出不利。

（二）货物堆码

1. 堆码原则

（1）保证货物不变形，且能确保人员、货物及设备的作业安全；

（2）方便管理人员收发、盘点和维护，便于装卸搬运作业；

（3）便于信息系统管理，充分提高作业效率和仓储利用率。

2. 码垛要求

（1）轻启轻放，大不压小，重不压轻。标志直观清晰，标签朝外，箭头向上；

（2）四角落实，整齐稳当；

（3）通道宽度适当，方便作业；

（4）对不同品种、规格型号、批次及不同生产企业的货物要分开堆码；

（5）码垛距建筑物距离，在库内离墙距50cm以上，离库顶，平顶为50cm以上，人字顶以不超过横梁为准。照明要选用防爆灯，灯头与货物平行距离不少于50cm；货物离柱的距离为15cm左右，垛间距离为10cm，对易燃品要留出适当的防火距离。库外要距建筑物2m，排水沟应相距2m外方可码垛；

（6）保证“先进先出”的方便，为此，要按进货先后的顺序堆码；

（7）袋装货物定型码垛，重心应倾向垛内；纸箱包装货物箱口应向上；大体积箱装货物分层堆码时，上层要对准下层货物的立柱后方可压放；桶装货物要封口向上；破包货物要另行堆放；

（8）堆码的货物必须是验收完毕，允许入库者；应包装完好，标志清楚。

3. 堆码方法

堆码作业依靠堆垛机、叉车等设备与人工相结合，按照管理信息系统的指导进行运作。堆码方法按照货物种类、包装形式、码放场所不同，以及方便于现代物流信息系统的规范化管理与监控，来适当选用，通常有：

（1）方便于计量的“五五化”堆码法，其优点是便于过目成数，整齐，方便盘点和出库。但易多建货位，费劳动力，对机械化、自动化作业有时并不方便。在现代化储位中，要因地制宜地确定使用。“五五化堆码法”又可细分为：

平行五堆码法：是五件物品平面摆放的码放方法；

直立五堆码法：将五件物品重叠码放的方法；

三二五堆码法：以二件压三件堆码；

一四五堆码法：一件压四件堆码；

梅花五堆码法：五件环形排列堆码；

平方五堆码法：垛形长宽均为五的同倍数；

立方五堆码法：垛形长、宽、高均是五的同倍数；

行列五堆码法：行和列均成五的倍数的行列式堆码；

分层重叠五堆码法：层数和每层的小组数均成五的倍数；

分层纵横五堆码法：层数和每层的小组数均成五的倍数的纵横交错式堆码；

分层压缝五堆码法：层数和每层的小组数均成五的倍数的压缝式堆码；

定量分层五五码垛法：对计量的货物，按过秤方便的数字（如 50kg 一秤）定量分层上码。码法须视不同货物而定，一秤不一定是一层，可以标志分隔，其层数可用磅码标明。

（2）直升式堆码法：排列整齐，由下往上按规定的垛宽和高度，相互紧靠的堆码方法，宜用于袋装货物如石英砂、大米等。

（3）卧式骑缝堆码法：排列成塔形下底宽逐步向上减少堆货宽度的堆码方法，宜用于柱形货物。

（4）井字堆码法：底层横卧上层纵卧再上层横卧，如此交替纵横，往复堆码，宜用于长型或方型货物堆码。

（5）阶梯式堆码法：货物竖放，底大逐步向上减少堆码层的堆货量。宜用于各种变径柱形货物。

（6）鱼鳞式堆码法：将环形货物半卧，其一小半压在另一件货物上，依次排列。第一件和最后一件直立堆成柱形；码第二层时方法与第一层相同，但排列方向相反。此法对轮胎、钢圈、电缆、盘条等非常适用。

（7）行列式堆码法：采用平放，排列成行，组成行列式垛形，宜用于体积大而重，外形特殊或需经常四周查看的货物。如汽车、大型工程机械、大功率变压器等。

（8）衬垫式堆码法：在每层垫入与货物相适应的衬垫物，然后再向上堆码。宜用于四面不规则的电动机、减速器等货物。

（9）货架式堆码法：常用高层货架、固定式和活动式货架堆存货物。宜用于规格品种繁多的小件物品和零部件，如轴承、车辆配件、电子产品及其器件等。应专库存放，严禁随意入内，存放时要分清品种、规格、型号、等级、单价等。宜用货箱。在现代物流中自动化立体库多选用此种堆码法。

（10）串联式堆码法：利用货物中间的孔隙，用绳索将一定数量的货物串联起来逐层向上堆码。

（11）托盘式堆码法：根据包装情况，货物超出托盘的边缘的悬伸量，宽方向小于 35 ～ 40mm，长方向小于 25 ～ 50mm，其高度按拟装车型而定，但不应超过 1 370mm。凡合于上述要求的货物均可选用托盘式堆码。常用码盘方式有：

① 重叠式码放：各层物品排列相同，无交叉搭配，宜用于包装规格相同的，较重的同类货物；

② 正反交叉式码放：在盘上码成丁字形，横放一排，竖放一排。各层间搭接压缝，

宜用于长方形包件物品；

③ 纵横向交叉式码放：相邻两层按交叉方向堆码，同层货物排列一致，对包装形状两端不同的物品可以采用旋转交错、左右交叉、上下交叉等堆码方式；

④ 梯形码放：宜用于圆柱形物品。

4. 垫垛

垫垛的目的在于隔潮，要根据货物性能、气候条件来确定。

（1）垫垛尺寸及材料。库房内下垫厚度为20 ～ 30cm；露天货场下垫厚度为30 ～ 50cm，台式货场不用下垫；主要下垫材料为：枕木、方木、石块、水泥墩、油毡、苇席、垫板等。

（2）垫垛要求。地面要夯实、铺平，应能承受货物堆放重量，下垫材料更应适应负重要求，严防倒塌、倾斜。木料作垫料时要经过防潮、防虫处理。货场存放货物的货区四周应有排水沟，并保证排水流畅，不被阻塞，暴雨不泡垛。

5. 苫盖

苫盖也是为了防止货物受潮，所谓“下垫上盖”，均为配套性防潮措施。

苫盖后的货垛应稳固、严密、不渗漏雨雪。

（1）苫盖材料。常选用雨布、铁皮、油毡、帆布、芦苇等。

（2）苫盖要求。对外形和包装规则的货物应采用一类苫盖（即实施五面苫盖）。应牢固、严密。对外形不规则的货物宜采用二类苫盖（即实施四面苫盖），不整齐的一端的下垫要低，以免积水。对存放于活动料棚和固定料棚的货物，四周必须有围壁或遮盖，否则也应进行适当的苫盖。

（3）苫盖方法。苫盖方法有简易苫盖法、鱼鳞式苫盖法、棚架式苫盖法。

①简易苫盖法。就货物堆码外形，把苫盖物直接敷盖在货物上面，宜用于大件包装货物和屋脊形货垛的苫盖。

②鱼鳞式苫盖法。用苫盖物沿货垛底逐层向上苫盖。

③棚架式苫盖法。根据堆码的垛形，用苫盖骨架与苫盖物合装成房屋状，用以苫盖货垛。

（三）货位定位

1. 货位编号

将库房、货场、货棚（料棚）、货垛、货架按照一定顺序统一编列号码，并做出明显标志，以便识别，更方便于计算机管理信息系统的监管和控制。按照仓库不同的条件和要求，可运用平面、垂直或立体的纵横各项序列，采用简明的符号和数码编制。

2. 四号定位法简述

这是一种常用的编码方法，它用四个序号标明货物储存位置，在备有多层多格的货架库房里，“四号”是指库房号、货架号、货架层次号、货位号；在不设有层格架的库房或货场里，可在三位号前加一个标识符号以便于前面区分。后面紧接三位编号，它分别表示库房或场区号、货架或垛排号、架层或垛位号即可定位。四号定位的优点是方便直观，记入账册和料卡，可以见账知物，便于查找和作业。

3. 料卡（也称料牌）功能简述

它是用来标明各货位物品基本情况的标签，一般挂在物品垛位上，也可直接写在物品上。

卡片记录项目有品名、规格、数量、入库日期、入库号、出库时间、出库数量等基本数据。有的还注明单位长度、个体重量、体积等。

在发货后应随时变更其数量，保证账、卡、物相符。备注栏应随时记录保养情况或受损、潮等情况。

第三节　仓储管理信息系统解决方案

传统的仓库操作流程的核心主要是内部操作管理，利用现代化信息手段以后，仓库操作各个环节就可以更好地与用户进行沟通，实现客户仓库之间的实时互动，从而使客户可以参与操作流程的各个环节。

一、仓储管理解决方案概述

随着以客户满意度为核心的物流理念的兴起，物流企业的仓储经营也逐步转向客户化仓储。客户化仓储的本质在于储存普通商品直到收到顾客订单，在这点上，仓库完成了按顾客需求将普通商品客户化的增值服务。

在仓储的增值服务的范围中包括了托盘化、包装、标签、产品配套、油漆、组配甚至是生产，客户化仓储的范围变得越来越重要。客户化仓储可以从事简单作业，如将成品转移到一个独立的托盘上；也可以从事复杂作业，如我们传统上认为的流通加工这一部分。客户化仓储的范围与以下几个因素有关：增值服务的成本、库存的成本、客户化产品所需前置时间与满足顾客需求前置时间的比较。

随着批量生产的经济性变得越来越重要，客户化仓储的范围将变小；随着客户化功效越来越大，客户化仓储的范围将变大；随着仓储成本的降低，客户化仓储的范围将变小；随着客户化前置时间的增长，客户化仓储的范围也将缩小；而随着顾客前置时间减小，客户化仓储的范围也将减小。因此今天增强仓储作用的关键在于定义一个适当的客户化仓储的范围以便能最经济地满足客户的需求。揭示客户化仓储的重要性要求能理解仓储所面临的挑战，以及正在上演的生产与销售冲突的状况，可以从客户化仓储中获得利润。因此，现在仓储业所面临的挑战来自于动态的仓储环境，增长的顾客需求，以及对更佳仓储增值服务表现的要求。而动态的仓储环境则源于在提供更好的顾客服务的同时，产生的库存单位显著增加。

到目前为止，典型的情况是仓储主管对顾客的需求做出被动的反应。随着顾客新需求的提出，仓储主管试图找到一种方法以满足这些需要，随着新需求出现的速度远远超过了反应的速度，这种方法已经越来越不奏效了。现在需要的是主动而非被动的反应，这种提供给顾客的主动的反应必须以不增加成本及提供无限的选择权为条件，它可以通过以下手段提供：增加库存运送成本，修建更大的仓库及继续进行过去已达到的目标，或者，我们可以通过贮存，按顾客要求客户化的基本产品，以实现无限多样化的客户需求以减少库存运送成本。很明显，这种主动追求客户化仓储的仓库必将是今天乃至将来的成功者。

在15年前，仓储还被认为是商业中不得不设置但又不能增值的一项日常开支。今天，大多数的管理者都将仓储视为一项能提供时间和空间效用及产品可得性的增值活动，正如其功能所描述的那样在恰当的时间提供恰当的产品，仓储的作用正在日益增加，现在它可以在恰当的时间和恰当的地点提供恰当的产品（按顾客需求客户化的产品）。客户化仓储具有下列优点：①减少了所需的库存空间；②减少了库存增加对仓库的压力；③提高了顾客服务水平（减少退回订单，增加反应能力，增强客户化能力）；④减少了顾客退货及退货费用；⑤减少了储存单元的重组；⑥改善了陈旧和周转缓慢的库存水平；⑦增加了对特殊和快速订单的应付的可变性；⑧生产可以计划、安排、统一平衡产品，以使之在最经济的批量下生产而不是以库存为基础；⑨生产可以降低转产的效率和组件的次数；⑩增加库存周转次数。

仓库管理系统的解决方案应基于上述理论进行。

二、系统目标

理解客户化和客户化仓储目前的地位，作为战略计划过程的底线，建立目标、优先权和价值评价标准，实现与公司领导层协商以建立短期、中期和长期的客户化仓储的目标，理解顾客服务、竞争威胁、弱点、力量与机遇、库存减少、容量限制及会影响到客户化仓储的战略方向的其他因素，同时理解用于可选水平质量分析中的价值评价标准和客户化仓储的方法。

（1）系统目标可以对所有商业的市场预测和库存增长、生产计划、订单以及订单的确定等大致情况进行分析。

（2）系统目标可以确认和记载可选择的客户化仓储战略，分析收集的数据，决定大多数产品的生产过程；建立客户化仓储将会是最有益而最不易引起混乱的。考察可选的客户化方法，包括设备、资料、劳力、系统和需求的发展。在每种可选方案中，审视客户化过程以决定循环时间，并将其与目前的订单前置时间相比较，在此基础上，确定基本产品与成品库存的正确混合化，一旦此比例确定下来，就可以计划出合适的库存水平，再定义每种选择的空间、设备及人员计划。

（3）系统目标可以评估可选控制系统战略。评估能满足客户化仓储的所有功能，确保仓储管理系统或其他包装能组合一个产品功能。

（4）系统目标可以评估可选客户化仓储战略计划，确定每个计划的投资、安装和操作成本，完成一个税后经济分析和质量分析，在全部经济和质量分析的情况下选择最佳的客户化仓储战略计划。

（5）系统目标可以制定一个行动计划，已选定的客户化仓储战略计划应该变成一个公司行动计划。行动计划必须是分阶段的，并且清楚地描述了材料处理系统、存储系统、生产和包装系统及材料控制系统。以较短的前置时间提供给顾客各类产品而不增加成本，在某些情况下还能降低成本；模糊生产与仓储的界线，并且商品能够以有效成本通过需求链进行流动；通过减少不现实的库存需求预测降低了生产与销售的冲突，将仓储定位于延展其核心能力，从提供时间和空间的有效性到在适当的时间和适当的地点提供适当的产品（按顾客需求客户化的）。

三、系统结构与功能

以客户为中心的新型操作流程如图8－2所示。依据系统制定的目标，我们设定仓库管理系统的功能结构图如图 8－3 所示。

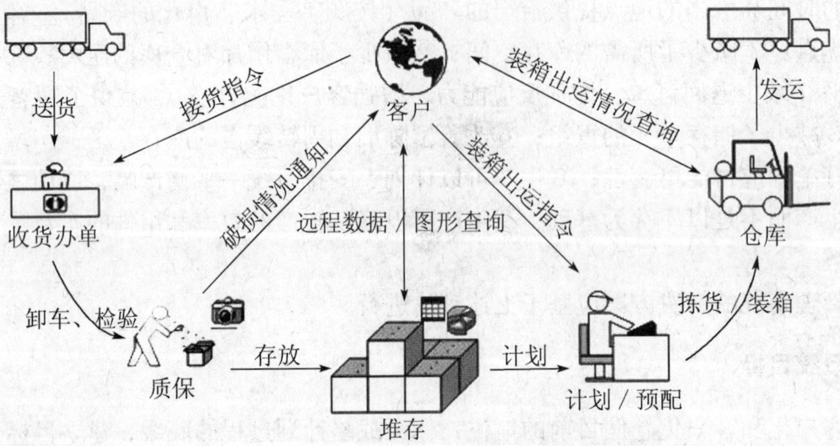

图 8－2　以客户为中心的新型操作流程图

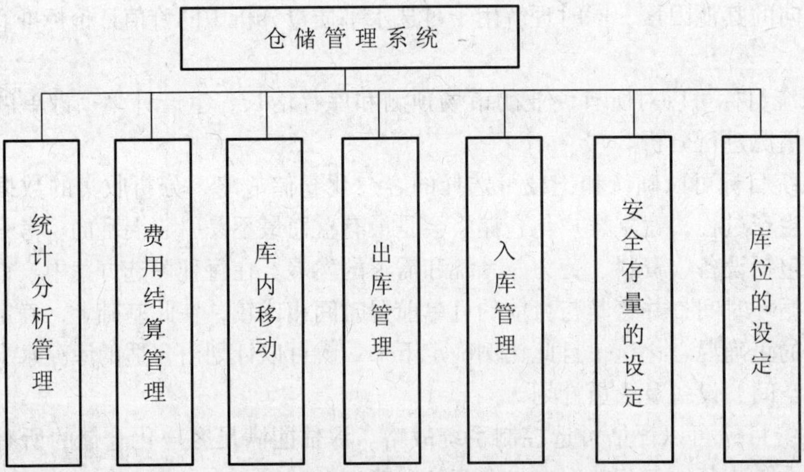

图 8－3　仓库管理系统的功能结构图

1. 库位的设定

功能：可以根据仓库的实际情况，计算机自动生成三维立体仓库模型，提供后续的可视化操作。

特点：可以自动实现仓库三维立体图与二维平面图之间自由切换，并在模拟位置上就可以查询相应的库存物品及物品状态等属性。

2. 库位的安全库存和物品的最低存量

功能：对仓库的最大存量进行设置，以确保仓库能最大化满足客户的要求；同时对客户的仓储物品的最低存量进行设置，以满足客户的生产需要，减少资金的积压。

特点：可以随时根据实际情况对安全存量进行设定。

3. 入库管理

功能：根据入库申请单对入库信息进行预录入，经过审核确认后进行库位的分配，从而完成实际入库操作。可以通过 RP 技术完成对入库的操作，并根据客户、物品进行自动库位的安排。

特点：应用RP技术快速完成入库信息录入，并根据客户、物品的型号规格进行同类物品的自动归类。增加入库操作的审核，确保数据的准确，并可以随时统计任意时段、任何客户的入库情况。

4. 出库管理

功能：根据客户的实际要求和客户的实际库存情况，提前做好出库准备，一旦确定出库后，以最快的速度完成出库，并对出库申请进行审核，以保证出库物品的正确。同时对客户的库存物品的最低库存进行动态评估。

特点：根据出库申请单位、物品等属性，快速定位，并对出库进行登记、审核、待出库、实际出库等过程进行控制，动态管理库存量。

5. 库内移动

功能：对库存物品的存放合理性进行人工调整，使仓库的利用率最大化，节约仓储成本，降低客户的资金压力，有利于满足客户实际需要，同时提高物流企业的竞争力。

特点：快速实现库位的调整，同时对物品移动的轨迹进行跟踪。

6. 费用结算管理

功能：对发生的实际费用如仓储费、劳力资费等进行管理，并将有关费用数据自动转到具体费用处理部门，与客户进行费用结算（参照国际货运代理费用结算模块）。

特点：实时地登记各种费用，一旦费用经过客户确认后，不可以再修改和删除，以确保整个资金流的安全。

7. 统计分析管理

功能：实现对入库和出库的数据进行统计，并可以随时掌握目前的库存动态；可以实现对客户的评测，对操作人员的工作成绩的考评。

特点：根据入库和出库的数量和频繁程度，实现对重点客户的跟踪，以及对业务增长型的客户进行挖掘。

客户参与的全过程操作控制流程如图8－4所示。操作各个环节的详细情况客户都可以实时掌握，因此系统不但实现了内部过程控制，这个控制过程还可由客户远程实时参与。

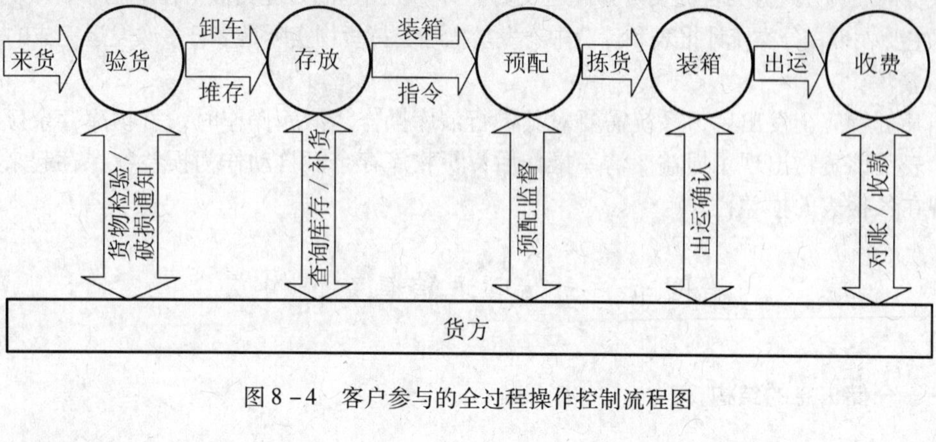

图8－4　客户参与的全过程操作控制流程图

1. 到货

货物到货包括多种不同方式：铁路专用线、公路、水路、集装箱等到货。不同的到货方式有相应不同的业务处理方式。在电脑处理中，主要表现在分类统计报表和计费中。

2. 验收入库

货物到达后，需要根据货物到达信息进行验收入库，验收入库后产生码单。系统允许某些货物有码单，而某些货物没有码单。验收入库后的货物才能发货或进行其他内部处理操作。对于某些储运企业对货物到达这部分业务不用电脑进行管理的，系统允许被设置成可直接进行验收入库操作。

3. 退货入库

发货出去的货物由于各种原因被退货，系统有专门的退货操作。与普通的入库不同，退货入库的货物与退货前货物关联。

4. 过户

货物在仓库内被划转，从一个客户过户到另一个客户名下，系统中称之为过户。过户后货物假如需要移动货位，可以直接在过户操作中完成。可以同时过户多样货物以及仅过户货物中的一部分。

5. 移库

货物在仓库内需要搬移地方时，系统采用移库操作。移库操作可以仅移动某货物的一部分，并可重新生成码单。

6. 开箱加工

某些货物，为满足客户要求，需要开箱或开包处理，系统采用开箱加工操作来完成。开箱后，原货物减少，同时新增了开箱后货物，开箱后货物可有新的数量及重量单位，也可以有自已的码单。开箱前后的货物可以完全不同，如开箱前是一个集装箱，开箱后变成了一百台电脑。

7. 差额调整

货物发生损益以后，需要对货物库存余额进行调整。对于允许范围内产生的误差，也可以不用差额调整，而在清库时直接将库存余额作为损益。

8. 自提发货或代运发货

系统将发货方式分为自提发货和代运发货。与货物到达的处理类似，在电脑中，不同的发货方式主要表现在分类统计报表和计费中。发货操作支持货物实际是多日多次发运完成的。

9. 清库

当某货物完全发出后，系统需要对其进行清库操作。清库操作时，货物库存余额未必为零，表明该货物出现了损益。清库操作后，货物库存余额自动作为损益数保存起来，并将体现在各报表的损益栏。

第四节　仓储管理信息系统构成

一、仓储信息的结构

仓储信息系统由入库管理子系统、出库管理子系统、数据库管理子系统、系统管理子系统等多功能软件子系统组合构成。基本软件功能的构成如表 8－1 所示。

表 8-1 基本软件功能的构成

<table>
<tr><td rowspan="6">仓储信息系统</td><td>入库管理子系统</td><td colspan="2">(1) 入库单数据处理（录入）；
(2) 条码打印及管理；
(3) 货物装盘及托盘数据登录注记（录入）；
(4) 货位分配及入库指令发出；
(5) 已占的货位重新分配；
(6) 入库成功确认；
(7) 入库单据打印</td></tr>
<tr><td>出库管理子系统</td><td colspan="2">(1) 出库单数据处理（录入）；
(2) 出库内容生成及出库指令发出；
(3) 错误货物或倒空的货位重新分配；
(4) 出库成功确认；
(5) 出库单据打印</td></tr>
<tr><td rowspan="2">数据库管理子系统</td><td>1. 库存管理</td><td>(1) 货位管理查询；
(2) 货位编码查询库存；
(3) 入库时间查询库存；
(4) 盘点作业</td></tr>
<tr><td>2. 数据管理</td><td>(1) 货位编码管理；
(2) 安全库存量管理；
(3) 供应商数据管理；
(4) 使用部门数据管理；
(5) 未被确认操作的查询和处理；
(6) 数据库与实际不符记录的查询和处理</td></tr>
<tr><td>系统管理子系统</td><td colspan="2">(1) 使用者及其权限设置；
(2) 数据库备份作业；
(3) 系统通信开始和结束；
(4) 系统的登入和退出</td></tr>
</table>

（一）入库管理子系统

(1) 入库单数据处理（录入）。入库单可包含多份入库分单，每份入库分单可包含多份托盘数据。入库单的基本结构是在每个托盘上放一种货物，因为这样会使仓储的效率更高、流程更清晰。

(2) 条码打印及管理。条码打印及管理的目的仅仅是为了避免条码的重复，以使仓库内的每一个托盘货物的条码都是惟一的标识。

(3) 货物装盘及托盘数据登录注记（录入）。入库单的库存管理系统可支持大批量的一次性到货。这个管理系统的操作过程大体是，批量到货后，首先是分别装盘，然后进行托盘数据的登录注记。所谓托盘数据是指对每个托盘货物分别给予一个条码标识，登录注记时将每个托盘上装载的货物种类、数量、入库单号、供应商、使用部门等信息与该惟一的条码标识联系起来。注记完成后，条码标识即成为一个在库管理的关键，可以通过扫描该条码得到该盘货物的相关库存信息及运作状态信息。

(4) 货位分配及入库指令的发出。托盘资料注记完成后，该托盘即进入待入库状态，系统将自动根据存储规则（如货架使区域的区分）为每一个托盘分配一个适合的空货位，并向手持终端发出入库操作的要求。

(5) 已占的货位重新分配。当所分配的货位实际已有货时，系统会指出新的可用货位，通过手持终端指挥操作的完成。

(6) 入库成功确认。从完成登记手续至终端返回入库成功的确认信息前，该托盘的货物始终处于入库状态。直至收到确认信息，系统才会把该盘货物状态改为正常库存，并相应地更改数据库的相关记录。

(7) 入库单据打印。打印实际收货入库单。

(二) 出库管理子系统

(1) 出库单数据处理。出库单数据处理是指制作出库单的操作。每份出库单可包括多种、多数量货物。出库单分为出库单和出库分单，均由手工输入生成。

(2) 出库内容生成及出库指令发出。系统可根据出库内容以一定规律（如先入先出，就近等)，具体到托盘及货位，生成出库内容，并发出出库指令。

(3) 错误货物或倒空的货位重新分配。当操作者通过取货位置扫描图确认货物时，如果发现货物错误或实际上无货，只要将信息反馈给系统，系统就会自动生成下一个取货位置，指挥完成操作。

(4) 出库成功确认。手持终端确认货物无误后，发出确认信息，该托盘货物即进入出库运行中的状态。在出库区现场终端确认出库成功完成后，即可取数据库中的托盘条码，并修改相应数据库的记录。

(5) 出库单据打印。出库单据打印是指打印与托盘相对应的出库单据。

(三) 数据管理子系统

(1) 库存管理。库存管理包括货位管理查询、货位使用情况（空、占用、故障等)、货物编码、某种货物的库存情况、入库时间。查询以日为单位的在库库存、盘点作业，进入盘点状态，实现全库盘点。

(2) 数据管理。数据管理包括货物编码管理（提供与货物编码相关信息的输入界面，包括编码、名称、所属部门、单位等的输入)、安全库存量管理（提供具体到某种货物的最大库存、最小库存参数设置，从而实现库存量的监控预警)、供应商数据管理（录入供应商编号、名称、联系方法，供入库单使用)、使用部门数据管理（录入使用部门、编号、名称等，供出库单使用)、未被确认操作的查询和处理（提供未被确认操作的查询和逐条核对处理功能)、数据库与实际记录不符的查询和处理等。

(四) 系统管理子系统

(1) 使用者及其权限设置。如使用者名称、代码、密码、可使用程序模块的选择。

(2) 数据库备份作业。提供存储过程每日定时备份数据库或日志。

(3) 系统通信开始和结束。提供对通信的开始和关闭操作功能。

(4) 系统的登入和退出。提供系统登入和退出界面相关信息。

二、物流仓储信息的收集

物流仓储信息的收集是物流仓储、装卸与搬运信息化的基础和前提，没有物流仓储信息的收集，掌握准确、及时、全面的仓储信息资料，物流仓储、装卸与搬运信息化就成了无源之水，无本之木，物流仓储、装卸与搬运管理信息就无法工作。一定要克服物流仓储、装卸与搬运信息化建设中的重硬轻软思想，认为物流仓储、装卸与搬运信息化建设主要是硬件建设，只要企业投资购买先进的计算机和仓储与搬运信息设备，改变以前的传统手工操作方式就实现了物流仓储、装卸与搬运信息化。物流仓储信息的收集还要注意及时性、准确性、系统性和全面性的原则。及时性是指收集物流仓储信息在时间上的要求，在实际工作中，物流仓储每天都要发生大量的信息，如果不及时进行收集，就失去其时间效用和价值，成了雨后送伞和马后炮。准确性是物流仓储信息的生命线，一切假冒伪劣虚报浮夸的仓储信息只能是有害而无益，有时甚至会给企业带来重大损失。系统性是指物流仓储信息与物流各个环节都是联系的，要注意收集与仓储有关系统信息。全面性是在物流仓储收集过程中不能丢三落四，要注意信息资料的完整齐全。上述几点原则对物流仓储信息系统的成功与否十分重要，如果物流仓储信息收集不及时、不准确、不系统、不全面，拥有再好的硬件设备的物流仓储信息系统都注定要失败。

物流仓储信息收集是否及时、准确、系统和全面与仓储员工有关，仓储员工每天在仓储第一线工作，许多原始信息资料都要经过第一线员工产生和收集。必须加强仓储员工的业务培训，使他们认识仓储信息收集的重要性，要建立严格的信息收集规章制度和工作要求，使做得好的员工有成就感和自豪感，做得不好的员工有耻辱感和自卑感。另外，还要选择适当的信息收集方法。采用不同的信息收集方法其效果大不一样。常用的信息收集方法主要有：

1. 原始凭证信息收集法

原始凭证信息收集法就是将物流仓储活动产生的大量原始凭证收集起来的方法。物流仓储中每天都要产生大量的原始凭证，如货物入库凭证、货物验收凭证、货卡、货物订单、货物出库凭证等。这些原始凭证反映了货物在仓储活动中的实际流动过程，是物流仓储信息收集的重点。做好原始凭证信息收集工作，一是要有统一的原始凭证（原始凭证既可以是纸质的，也可以是电子的）。二是有规范的填写要求，必须按规范的货物品名、计量单位、规格填写。如自行车，不能叫单车、脚踏车，必须填写自行车，计量单位也不能用“部”，必须用“辆”，要统一规范使用国家规定的计量单位。三是有严格的责任制度，原始凭证必须如实填写经手人姓名，以明确责任。原始凭证收集视其仓储业务活动的大小可按天收集，也可按五日、旬、半月、月进行收集。

2. 定期盘点信息收集法

定期盘点信息收集法是按一定的时间（通常半年或一年）定期对物流仓储货物进行盘点清查收集信息资料的方法。

定期盘点通常在期末进行，盘点的数据是实点数，目的是检查货物储存余额与账面货物储存余额是否相符，以保持准确的储存记录，便于明确经济责任和实行经济核算。仓储信息收集可以是人工过账，也可以是机器过账。进行定期盘点主要是仓储实物盘点，对于一个物流仓库而言，这是一项十分复杂细致的工作，盘点前必须做好充分的准备工作。

首先，要将货物进行清理。货物要按货区、货架放置在规定的位置，最好按5或10的数量放置以便于清点计数。

其次，将货物品名、编号进行核对，防止混存混放，以便于盘存。

最后，建立盘点班组。按两人一组建立盘点班组，明确盘点职责。对盘点新手还要进行必要的盘点培训，掌握必要的计数计量方法和盘点工具的使用，以免发生盘点差错事故。

在盘点中，应停止仓储作业活动，所有货物的移动和搬运均应停止。盘点班组要负责对货物的实际总数计量，填写盘点标签，盘点标签既可以用人工系统，也可用计算机系统。盘点标签要放在盘存货物的醒目位置。当某个货区的盘点结束后，应及时检查是否所有货物都有盘点标签，以防漏盘，然后再将盘点标签集中起来。

所有货区的货物盘点完毕后，应及时将盘点结果整理成货物盘点表，并将盘点表的货物实存数据与账面存货数据进行对比，凡是账实不相符的，必须进行重盘，以确认盘盈盘亏的数据。

3. 不定期盘点信息收集法

不定期盘点信息收集法是采用不定期地对物流仓储货物盘点收集信息的方法。由于定期盘点信息收集法要在盘点中关闭仓库停止仓储作业活动，给客户带来许多不便，加上半年或一年才盘点一次，不便于及时发现仓储中的问题，也不利于明确经济责任和经济核算。为提高物流仓储管理水平，满足生产需要和仓储经济核算，在定期盘点的基础上就产生了不定期盘点的信息收集法。

不定期盘点信息收集法是在一年内对仓储货物分成几次进行盘点，对一些贵重的货物也可随时随地进行盘点，盘点时不停止仓储作业活动，一切仓储作业活动可照常进行。盘点中主要将实存货物与账面余额进行核对，发现账实不相符及时进行检查，查找原因。

复习思考题

1. 仓储系统的功能及主要参数有哪些？
2. 仓储管理整体业务流程由哪几部分组成？
3. 仓储管理管理信息系统由哪些主体构成？
4. 物流仓储信息的收集的基本方法有哪些？
5. 试画出模拟系统的整个物流仓储管理的流程图。
6. 假如你是一个企业的管理者，你认为选择现代物流仓储管理系统来进行管理自己企业的货物配送有什么优越性（与传统物流比较）？

【实训项目】

物流仓储管理信息系统的应用

1. 实验目的

让学生了解“仓储管理”的一般操作程序，能够尽快地进入企业工作流程，并融入企业经营管理文化之中。

掌握仓储管理的基本能力，包括仓库保管作业过程、流通加工业务、库存控制、仓库质量管理、仓储费用管理、仓储成本管理、仓储中的信息流动等方面的能力；培养学生协同商务和信息技术处理的能力。

通过实践教学活动，拓宽学生的知识领域，锻炼学生的实践技能，培养科学严谨、求真务实的工作作风；通过实验培养学生的动手能力，把所学理论知识应用于实践中，运用理论知识解决实际操作中问题的能力。

2. 实验设备及软件

实验设备：服务器、交换机和PC机组成局域网络。

软件环境：服务器采用Microsoft Windows 2000 Server操作系统；数据库管理系统采用SQL Server 2000；学生客户端采用Windows XP操作系统、IE5.0以上浏览器；仓储物流管理模拟系统软件。

3. 实训内容

要求学生充分进行从客户需求、商务解析、货物入库、在库、出库、配送作业操作、车辆调度处理等流程的实际演练，理解物流各个环节的操作原理和逻辑关系。

4. 实训安排

学生上机完成软件操作内容；

实验结束后，学生对模拟操作进行总结，编写出实验报告。实验报告包括如下内容：实验的目的和要求、实验步骤、实验结论、本次实验取得的主要收获和体会。

【课后案例】

博科ERP上海铁联国际储运应用案例

上海铁联国际储运有限公司是由上海外高桥保税区三联发展有限公司和上海铁路局合资组建而成，由于企业经营机制上的弊端，曾经走过一段艰难的路程。通过使用物流管理信息系统后，企业沿着快速发展的道路前进。如今，企业已在服务实践中逐渐成长为以仓储业务为龙头，以运输、货代为翼的国际性物流企业。上海铁联的成功转型或许会给更多徘徊在物流信息边缘的物流企业以更多的启示。

1. 寻找企业发展的金钥匙

上海铁联国际储运有限公司地处外高桥保税区内。在保税区占地超过40 000 m^2，拥有三座共21 000 m^2的大型单层钢结构室内保税仓库、10 000 m^2的集装箱堆场，并享有保税区各类优惠政策。

如何实现物流管理的规范化呢？信息技术成为上海铁联从一般意义上的物流公司转型为国际性物流公司的法宝。

公司使用了一套包括集中处理、进出货作业、报关业务、库存管理、物流计费、运输管理的良好的物流信息系统。这套系统首先解决了上海铁联人工管理物流信息无法量化的问题，建立了货主及货主的客户档案资料，可对货主或货主客户提供满足货主要求的服务，为货主提供进、出、存精细化管理，可对货物进出库和库存情况进行实时查询和跟踪。对不同的货主可设定不同的物流计费策略，提供各种物流作业计费的设定功能，从而进行物流自动计费。

在进出库管理模块、库存管理模块使用先进的无线通讯技术（Radio Frequency）和激光识别条码技术，使仓库货物的进库、出库、装车、库存盘点、货物的库位调整、现场库位商品查询等数据实现实时双向传送，做到快速、准确、无纸化，大大提高效率，人为的出错率降到最低，从而降低了仓储的成本。

在物流计费模块中增加了应收应付功能，可对货主的代垫费用进行记录和管理，并将相关数据传输至财务系统，从而大大提高了财务人员的工作效率。使用运输管理模块后，通过设置车辆的基本资料、记录车辆的业务情况和运行中发生的各种费用，从而实现对车辆的有序管理，减少了流转过程、提高营运效率、紧缩人员编制、降低营运成本。

通过使用物流信息系统，上海铁联已与国际运输方式接轨，实现国际国内“门到门”的物流服务，现已通过 ISO 9002 质量体系国际认证。目前，公司提供的仓储物流服务的客户中多数为德国巴斯夫、美国杜邦、法国埃尔夫阿托等世界五百强企业。

讨论题

1. 物流管理信息系统的成功移植需要什么基本条件?
2. 通过案例的分析，你能否设计一套物流仓储信息系统流程?

第九章　物流配送管理信息系统

【学习目标】

知识目标：

◆ 了解物流配送企业物流管理信息的内容、范畴和类型；

◆ 掌握物流信息在物流配送企业活动中的流程；

◆ 掌握物流配送企业物流管理信息系统的解决方案；

◆ 掌握物流配送企业物流管理信息系统的构成；

◆ 通过模拟软件的使用，进一步掌握物流信息在企业配送活动中的作用。

能力目标：

• 能对物流配送企业信息元素进行分类收集与筛选；

• 能通过理解，绘出物流配送企业物流的信息流程图；

• 能针对某个物流配送企业设计出它的物流管理信息系统的解决方案；

• 能通过模拟软件的使用，进一步修改和完善设计的某物流配送企业的物流管理信息系统的解决方案。

【引导案例】

全日食连锁店的配送中心

全日食株式会社目前在日本拥有2 000家自愿加盟的连锁店，其中绝大部分是中、小型的超市。全日食公司在日本共有13个配送中心，每天出货量约1万箱。其中一个配送中心位于日本东京，负责为东京5个县的570个加盟店配送商品。

东京的配送中心，推行零库存政策，要求信息精确管理，以达到进货、出货的精确性。该配送中心对单店一个星期配送3次，有35部配送卡车，员工70位，其中一半是临时工。该配送中心在每天早晨9：30分以前就把所有的货物送到各家店铺了，所以在9：30之后进入该配送中心，就会发现那是一个整洁、空荡的大仓库。

为了节省时间，该配送中心在进货的同时就开始验货。而且切实运用管理信息，充分利用POS机上收集的资料，算出最适合的进货数量、项目等。18年前引入全日食连锁店体系的管理信息系统，对该连锁体系贡献巨大。例如，几年前，出现一次电脑故障，电脑停了一天，结果动用了236个人来应付此状况，由此可见，信息系统所节省的人力成本是多么可观。

总之，全日食连锁体系在加盟体系的竞争力充实之后，就开始整合，成立配送中心，加盟店每天要的商品，都是用电子订货系统EOS向总部订货，由配送中心配送，目前该配送中心能够达到“零库存”管理，即所谓的通过型的配送中心，切实提高了物流的效率。

因为在零售和物流方面的成功，全日食公司能突破既有限制，使销售上的毛利能够提高20%～26%。

在全日食的经营体系中，其相当重要而且成功之处就是运用POS资料来妥善指导各加盟店，并且建立生鲜、干货分别处理的配送中心。由于其总部指导者拥有对销售分析的第一手信息，就能够用调查数据去指导各加盟店，并且在物流上，做到生鲜品的低温保鲜配送，以及零库存的生鲜配送。

讨论题

1. 讨论信息对配送运作的重要性。

2. 全日食配送中心是如何利用信息系统进行工作的。

配送是一种现代物流方式和新型的流通体制。进入20世纪90年代，随着我国市场经济体制的逐步建立，物流配送得到了很大发展。实践已经证明，配送是一种非常好的物流方式。目前，我国配送中心已达1 000多家，但绝大多数配送中心的作业和管理都比较落后，配送设施不足，与发达国家那些以机电一体化、无纸化为主要特征的现代化配送中心还有较大差距。本章主要介绍配送中心的含义、作业流程以及配送中心信息系统管理的相关内容和解决方案。

第一节　物流配送中心的概述

配送是多年来已被实践证明的高效物流服务形式，它随着电子商务的开展，变得更加不可或缺。配送中心作为进行物流配送活动的主要基础设施，是现代物流业的发展方向。

一、配送中心的形成及发展背景

（一）配送中心形成的历史原因

物流配送中心是在市场经济的条件下，以加速商品流通和创造规模效益为核心，是专门从事配送工作的物流据点，是以商品代理和配送为主要功能，集商流、物流、信息流为一体的现代综合流通机构，是国际通行的一种流通形式。

配送中心的形成及发展是有其历史原因的。很多学者认为配送中心是在仓库的基础上发展起来的。仓库的基本功能就是保管、储存各种物资，随着经济的发展、生产总量的逐步扩大，仓库功能也在不断地演变和分化。在我国明代就曾出现过有别于传统仓库功能的转运仓库，叫做"转搬仓"。新中国成立后，为适应计划经济体制，我国出现了大量以衔接流通为职能的"转运仓库"，又由于中转仓库的进一步发展和仓库业务能力的增加，出现了相当规模和数量的"储运仓库"。现阶段，我国一部分物流企业和配送中心就是由储运仓库通过功能拓展而发展起来的。

在国外，仓库的专业分工形成了仓库的两大类型，一类是以长期贮藏为主要功能的"保管仓库"，另一类是以货物的流转为主要功能的"流通仓库"。流通仓库以保管期短、货物出入库频率高为主要特征，这和我国的中转仓库有类似之处。这一功能与传统仓库相比有很大区别。货物在流通仓库中处于经常运动的状态，停留时间较短，有较高的进出库频率。流通仓库的进一步发展，使仓库和连接仓库的流通渠道形成了一个整体，起到了对整个物资渠道的调节作用。为了和仓库进行区别，越来越多的人便称其为“配送中心”或“流通中心”。

（二）物流配送中心的形成背景

20世纪30年代，物流配送中心形成于西方国家，到20世纪70年代得以迅速发展，其形成和发展的背景是：

1. 生产与流通规模的扩大引起了物流成本的上升

20世纪中叶，伴随着两次工业革命的爆发，世界经济迅速发展，生产规模不断扩大，与之相对应，货物流通范围不断扩展，货物运输量大幅上升，这直接导致物流成本的显著增长。为了改变这一情况，人们引入了配送中心这一低成本、高效率的物流形式。

2. 买方市场的形成和消费水平的提高使人们对服务提出更高的要求

随着经济的发展，社会产品日益丰富，市场已经由求大于供的卖方市场转向供大于求的买方市场，同时人们的消费水平也不断提高，在这种背景下，厂商不仅要主动寻求顾客，而且还会借助提供物流服务的条件来争取顾客，以期更好地满足人们日益增加的消费需求，从而在竞争中取得胜利。

3. 新型业态模式的发展导致对集中配货要求的增强

超市、连锁店是20世纪流行的新型业态模式，它们多选址于居民区，店面规模小，货物种类多且数量少，能够满足顾客的多种需要，因此经营十分灵活。但这种优势对传统进货方式提出了新的挑战，因为如果按照传统的分批、分种类的方式组织货源，势必造成进货成本的大幅上涨，严重影响企业的经营能力。于是在客观上要求采用集中配送的方式进货，这无疑促进了配送中心的发展。

（三）社会生产力的发展带来配送中心的发展

从整个国际物流的发展来看，配送中心的形成和不断发展是社会生产力发展的必然结果，也是实现物流运动合理化的客观要求。

发达国家为了实现物流合理化进行了积极的探索。在经济复兴和经济高速发展时期，流通状况存在着许多问题，比如物流分散、道路拥挤、运输效率低而流通费用高。美国“20世纪财团”曾组织过的一次调查发现，“以商品零售价格为基数进行计算，流通费用所占的比例达59%，其中大部分是物流费用”。流通结构分散和物流费用逐年上升，严重阻碍了生产发展和企业利润率的提高。在这种形势下，改变传统的物流方式，采用现代化的物流技术，进一步提高物流合理化程度，成为实业界人士的共同要求，并采取了一系列的改革措施。

美国企业界人士受第二次世界大战期间“战时后勤”观念与实践的影响和启发，率先把“战时后勤”的概念引用到企业的经营活动中，推出了新的供货方式，将物流中的装卸、搬运、保管、运输等功能一体化和连贯化，取得了很大成效。同时，他们改革不合理的流通体制，改造原有仓库。20世纪60年代美国的许多公司将原来的老式仓库适当合并改造成了“配送中心”，使老式仓库减少了90%。

【相关链接】

在日本，企业界也针对物流中存在的问题寻求解决办法，在制定物流中心和物流节点的同时，积极推行共同配送制度。例如，《变革中的配送中心》一文指出：由于客户在货物处理的内容、时间和服务水平上都提出了更高的要求，为了顺利地满足客户的这些要求，就必须引进先进的分拣设施和配送设备，否则就不可能建立正确、迅速、安全、廉价的作业体制。

因此，在运输业界，大部分企业都建造了正式的配送中心。

（四）物流领域的分工使得配送中心进一步完善

20世纪70年代石油危机之后，为了挖掘物流过程中的经济潜力，物流过程出现了细分，再加上市场经济体制造就的普遍买方市场环境，以服务来争夺用户的竞争结果，企业做出了"营销重心下移"、"贴近顾客"的营销战略，贴近顾客一端的所谓"末端物流"便受到了空前的重视，配送中心就是为适应这种新的经济环境，在仓库不断进化和演变过程中所出现的新的物流设施。

20世纪80年代以后，受多种因素的影响，配送中心有了长足的发展，配送已演化成以高新技术为支撑的系列化、多功能的供货活动。配送区域进一步扩大，作业手段日益先进，普遍采用了自动分拣、光电识别、条形码等现代先进技术手段，极大地提高了作业效率。据有关资料介绍，1986年，美国GPR公司共有送货点3.5万个，到1988年经过合并，送货点减少到0.18万个，减少幅度为94.85%，这是配送集约化程度大大提高的结果；美国通用食品公司用新建的20个配送中心取代了过去的200个仓库，逐步以配送中心形成了规模经济优势。可以说，配送中心的完善是物流领域中社会分工、专业分工进一步细化之后的产物。

二、物流配送中心的功能

作为一个多功能、集约化的配送中心通常应具备以下功能：

1. 采购功能

配送中心必须首先采购所要供应配送的商品，才能及时正确无误地为其用户即生产企业或商业企业供应物资。配送中心应根据市场的供求变化情况，制定并及时调整统一的、周全的采购计划，并由专门的人员与部门组织实施。

2. 存储功能

配送中心的服务对象是生产企业和商业网点（如超市和连锁店），其主要职能就是按照用户的要求及时将各种配装好的货物送交到用户手中，以满足生产和消费的需要。因此，配送中心都要兴建现代化的仓库并配备一定数量的仓储设备，储存一定数量的商品。

利用配送中心的存储功能，可有效地组织货源，调节商品的生产与消费、进货与销售之间的时间差。虽然配送中心不是以存储商品为目的，但是为了保证市场的需求，以及配货、流通加工等环节的正常运转，也必须保持一定量的库存。这种集中存储较之商场"前店后库"的分散存储，可大大降低库存总量，增强促销调控能力。这就是为什么配送中心一定要达到相当规模，才能获得良好效益的缘故。

由于配送中心按照网点反馈的信息，及时组织货源，始终保持最经济的库存量，从而既保证了门店的要货，将缺品率降到最低点，又减少了流动资金的占用和利息的支付。正是由于配送中心所拥有的存储货物的能力，使得存储功能成为配送中心中仅次于配组功能和分送功能的几项重要功能之一。

3. 配组功能

由于每个用户（企业）对商品的品种、规格、型号、数量、质量、送达时间和地点等的要求不同，配送中心就必须按用户的要求对商品进行分拣和配组。配送中心的这一功能是其与传统仓储企业的明显区别之一，这也是配送中心最重要的特征之一。可以说，没有配组功能，就无所谓配送中心。

4. 分拣功能

作为物流节点的配送中心，其客户是为数众多的企业或零售商。在这些众多的客户中，彼此之间存在很大差别，不仅各自的性质不同，而且经营规模也大相径庭。因此，在订货或进货时，不同的用户对于货物的种类、规格、数量会提出不同的要求。

为了满足不同客户的不同需求，有效地进行配送活动，配送中心必须采取适当的方式对组织来的货物进行分拣，并且在此基础上，按照配送计划分装和配装货物。强大的分拣能力是配送中心实现按客户要求组织送货的基础，也是配送中心发挥分拣中心作用的保证。

5. 分装功能

随着经济的发展，物流由过去的少品种大批量进入到多品种少批量或多批次小批量的时代。

从配送中心的角度来看，它往往希望采用大批量的进货来降低进货价格和进货费用。但是用户（企业）为了降低库存、加快资金周转、减少资金占用，则往往要采用小批量进货的方法。为了满足用户的要求，即满足用户小批量、多批次进货，配送中心就必须进行分装。

6. 集散功能

在一个大的物流系统中，配送中心凭借其特殊的地位以及拥有的各种先进的设施和设备，完善的物流管理信息系统能够将分散在各个生产企业的产品集中到一起，然后经过分拣、配货、配装等环节向多家用户发运。同时，配送中心也可以把各个用户所需要的多种货物有效地组合或配装在一起，形成经济、合理的批量，来实现高效率、低成本的商品流通。因此，配送中心如果能够选择建在商品流通发达、交通较为便利的中心城市或地区，就能更加充分发挥其作用。配送中心的集散功能如图 9－1 所示。

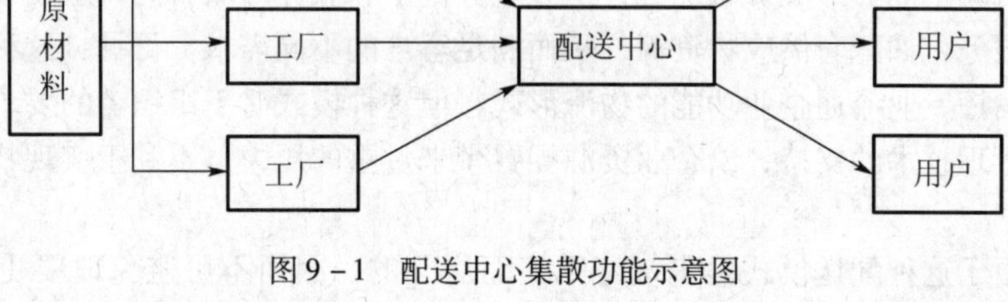

图 9－1　配送中心集散功能示意图

7. 加工功能

配送中心能够按照用户提出的要求并根据合理配送商品的原则，将组织进来的货物加工成一定的规格、尺寸和形状。这些加工功能是现代配送中心服务职能的具体体现。

加工货物是配送中心的重要活动。配送中心具备加工功能，积极开展加工业务，既方便了用户，省却了其繁琐劳动，提高了客户的满意程度，又有利于提高物质资源的利用率和配送效率。此外，对于配送活动本身来说，客观上则起着强化其整体功能的作用。

目前，国内外许多配送中心都很重视提升自己的配送加工能力。为了扩大经营范围和配送水平，配送中心配备了各种加工设备，形成了一定的加工能力，以便满足用户，特别是生产企业对物料的不同需求。

8. 信息功能

配送中心不仅实现物的流通，而且也通过信息情报协调各环节的作业，协调生产与消费。

配送信息随着物流活动的开展而产生，特别是多品种少批量的生产和多频度少数量的配送，不仅使信息量增加，而且对信息处理的速度和准确性也提出了更高的要求。

三、配送业务模式

（一）配送的结构模式

1. 商流、物流一体化的配送模式

这种配送结构模式又称为配销模式，其模式结构如图9-2所示。

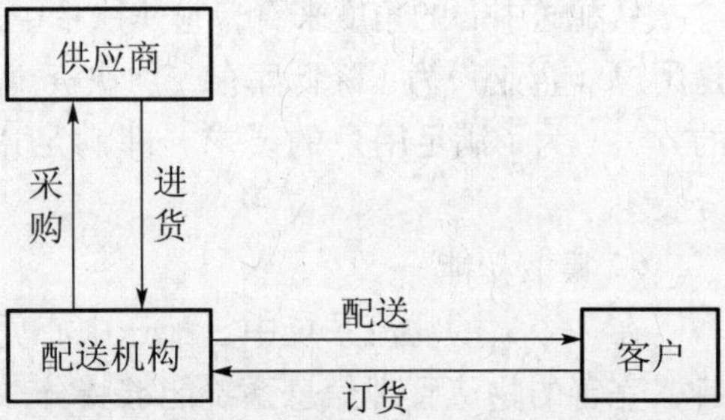

图9-2　商流、物流一体化的配送模式

在这种配送模式下，配送的主体通常是销售企业或生产企业，也可以是生产企业的专门物流机构。这些配送主体不仅参与物流过程，同时还参与商流过程，而且将配送作为其商流活动的一种营销手段和策略，即参与商品所有权的让渡和转移，在此基础上向客户提供高水平的配送服务。其主要经营行为是商品销售，配送是实现其营销策略的具体实施手段，主要目的是通过提供高水平的配送服务来促进商品销售和提高市场占有率。在我国物流实践中，以批发为主体经营业务的商品流通机构以及连锁经营企业所进行的内部配送多采用这种配送模式，中国海尔集团的物流公司以及春兰公司的物流公司所开展的配送业务同样也属于这种配销模式。

商流、物流一体化的配送模式对于行为主体来说，由于其直接组织货源及商品销售，因而在配送活动中能够形成资源优势，扩大业务范围和服务对象，同时也便于向客户提供特殊的物流服务，如配套供应物资等，从而满足客户的不同需求。可见，这种配送模式是一种能全面发挥专业流通企业功能的物流形式，但这种模式对于组织者的要求较高，需要大量资金和管理技术的支持，给企业资源配置带来过重的压力，不利于实现物流配送活动的经营规模。

此外，由于这种配送模式是围绕着销售而展开的，因而不可避免地要受到后者的制约。在现代化大批量、单品种生产条件下，生产企业采取这种配送模式直接配送自己的产品，往往难以获得物流方面的优势。

2. 商流、物流相分离的配送模式

商流、物流相分离的配送模式结构如图9－3所示。

在这种配送模式下，配送的组织者不直接参与商品交易活动，即不参与商流过程。它只是专门为客户提供货物的入库、保管、加工、分拣、运送等物流服务，其业务实质上属于“物流代理”。从组织形式上看，其商流与物流活动是分离的，分属于不同的行为主体。

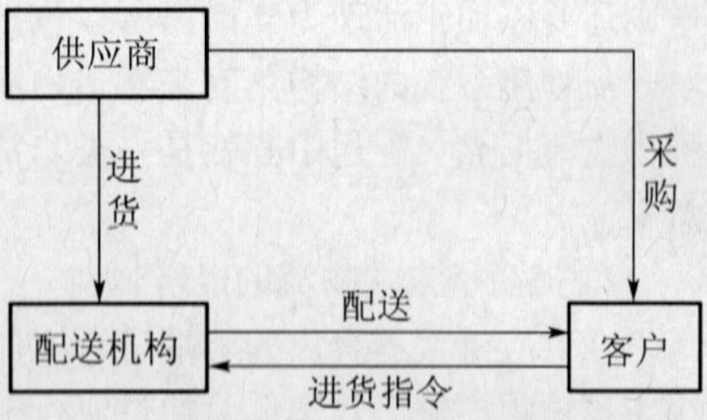

图9－3　商流、物流相分离的配送模式

在我国的物流实践中，这类模式多存在于由传统的储运企业发展起来的物流企业，其业务是在传统的仓储与运输业务基础上增加了配送服务功能，其宗旨是为市场提供全面的物流保证。在国外，发达国家的运输业配送中心、仓储业配送中心和物流服务中心所开展的配送活动均属于这类配送模式。

商流、物流分离的配送模式的初级形态，是单项服务外包型配送。它主要是由有一定规模的物流设施（仓库、车辆）以及有专业经验、技能的批发、储运或其他物流企业，利用自身业务优势承担其他生产企业在特定区域内的各种纯服务性配送业务。在生产企业或其派驻机构的指示下，配送企业提供相应的仓储、运输、加工和配送服务。

随着配送业务的发展和客户关系的扩展，配送企业将同其上家（生产、加工企业）和下家（零售店铺）建立起规范、稳定和持久的关系，诸如与前者的代理或买断关系，与后者的契约关系，从而使其进一步成长为社会化的中介型物流配送企业。它们一方面系统地处理常规的配送业务，即将生产、加工企业的商品或信息进行统一组合、处理，然后按客户订单的要求，配送到店；另一方面，还可利用其有效的信息系统为客户交流供应信息提供便利。

这种配送模式的特点有：

(1) 配送企业的业务活动单一，有利于专业化的形成，提高了物流服务水平。

(2) 占用资金相对较少，易于扩大服务范围和经营规模。

(3) 只提供物流代理服务，企业收益主要来自服务费，经营风险较小。

这种模式的主要缺点就是配送机构不直接掌握货源，其调度和调节能力较差；另外，对客户的依赖性强，容易随客户的销售不畅而导致自身配送规模的下降，经营的主动性差。

四、配送对物流的意义

配送是物流系统中由运输环节派生出的功能，是短距离的运输。它是物流中一种特殊的、综合的活动形式，是将商流与物流紧密结合，包含了商流活动，也包含了物流中若干功能要素的一种形式。

1. 是物流的重要组成部分

从物流的功能来讲，配送的距离较短，位于物流系统的最末端，处于支线运输、二次运输和末端运输的位置，即是到最终消费者的物流。但是在配送过程中，也包含着其他的物流功能（如装卸、储存、包装等），是多种功能的组合，可以说配送是物流的一个缩影或在某一小范围中物流全部活动的体现，也可以说是一个小范围的物流系统。一般的配送集装卸、包装、保管、运输于一身，通过这一系列活动完成将货物送达的目的。特殊的配送则还要以加工活动为支撑，所以包括的方面更广。

从物流系统的结构角度来看，物流系统是由节点、连线构成的一个网络，其中节点又称为物流据点。配送中心就是一类非常重要的物流据点，对整个物流系统的优化具有重要意义。

2. 提高了末端物流的经济效益

在供应链接进客户的末端进行实体分配所面临的是分散、复杂的需求，品种多、批量小、运输距离短、效率低。通过实行配送制，增大订购经济批量实现经济进货，又通过将用户所需的各种商品配好，集中起来向用户送货，以及将多个用户的小批量集中起来进行一次发货等方式，大大提高了物流的经济效益。

3. 使企业实现低库存或零库存

实现了高水平的配送以后，尤其是采取准时配送方式之后，生产企业可以完全依靠配送中心的准时配送而不需保持自己的库存。或者，生产企业只需保持少量保险储备而不必留有经常储备，这样就可以实现生产企业零库存，将企业从库存的包袱中解脱出来，同时解放出大量储备资金，从而改善企业的财务状况。实行集中库存，集中库存的总量远低于不实行集中库存时各企业分散库存之总量。同时增加了调节能力，也提高了社会经济效益。此外，采用集中库存可利用规模经济的优势，使单位存货成本下降。

4. 简化事务，方便用户

采用配送方式，用户只需向一处订购，或和一个进货单位联系就可以订购到以往需去许多地方才能订到的货物，只需组织对一个配货单位接货便可以代替现有的高频率接货，因而大大减轻了用户工作量和负担，也节省了事务开支。

5. 提高供应保证程度

生产企业自己保持库存，维持生产，受到库存费用的制约，供应保证程度很难提高，采取配送方式，配送中心可以比任何企业的储备量更大，因而对每个企业而言，中断供应、影响生产的风险相对缩小，使用户免去短缺之忧。

第二节　配送业务流程

配送作业是按照用户的要求，将货物分拣出来，按时按量发送到指定地点的过程。配送作业是配送中心运作的核心内容，因而配送作业流程的合理性，以及配送作业效率的高低都会直接影响整个物流系统的正常运行。

具体来说，配送作业流程的基本环节一般包括进货、搬运装卸、储存、订单处理、分拣、补货、配货及送货等几项作业。其流程如图 9 -4 所示。

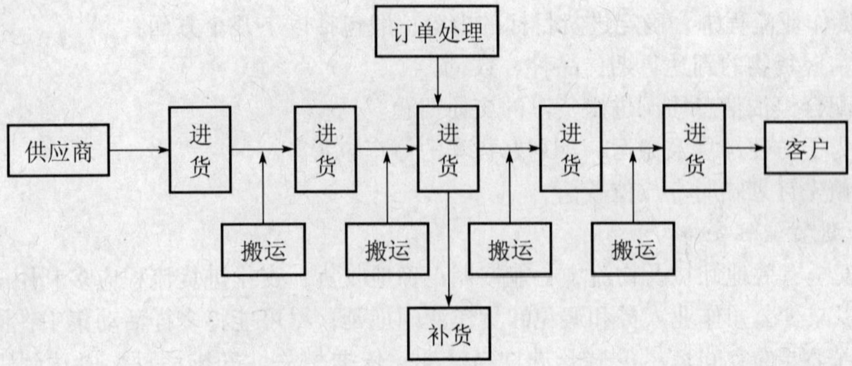

图9－4　配送中心的基本作业流程

一、进货作业

（一）进货作业基本流程

在配送的基本作业流程中，进货作业包括接货、卸货、验收入库，然后将有关信息书面化等一系列工作。进货作业的基本流程如图9－5所示。

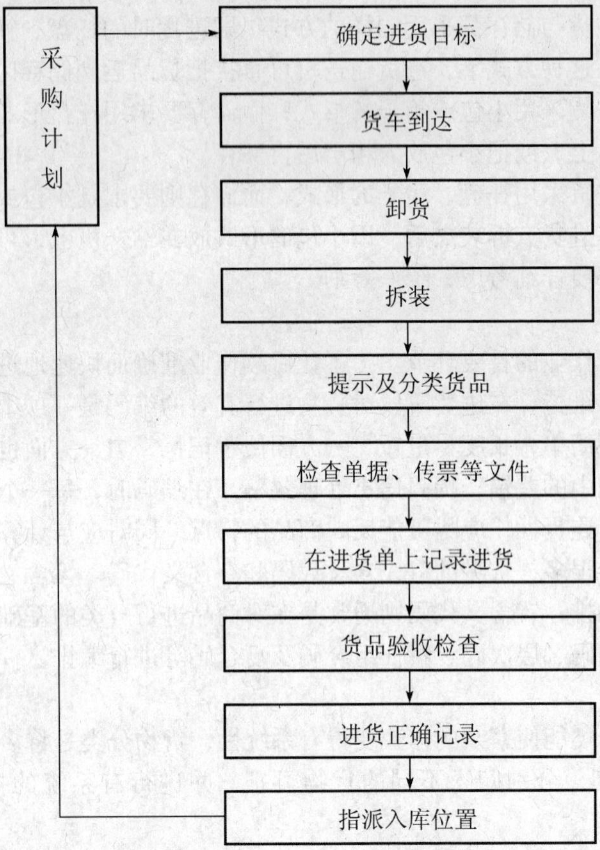

图9－5　进货作业流程

在进货作业流程中，确定进货目标的内容一般包括以下几个方面：

（1）掌握货物的到达日期、品种、数量。

（2）配合停泊信息协调进出货车的交通问题。

（3）为了方便卸货及搬运，计划好货车的停车位置。

（4）预先计划临时存放位置。

（二）进货流程安排

为了安全有效地卸货及物流中心能按期正确地收货，安排进货流程应多利用配送车司机卸货，以减少公司作业人员和避免卸货作业的拖延；尽可能将多样活动集中在同一工作站，以节省必要的空间；尽量避开进货高峰期；依据相关性安排活动，以达到距离最小化；详细记录进货资料，以备后续存取核查。

此外，在安排进货流程以前，需要考虑进货对象及供应厂商的总数、地理分布、交通运输情况，商品种类与数量，商品的形状、特性，配合储存作业的处理方式等所有相关的影响因素，以便于统筹规划。

其中，“配合储存作业的处理方式”是指配送中心储存货物时采用的托盘、箱子、小包3种方式。货车进货同样也有3种方式。因而如何在进货与储存作业之间对这3种方式进行转换是十分重要的。通常，有以下3种转换方式：

第一种方式是进货与储存都采用同样的方式，即进货时的托盘、箱子、小包都原封不动地转入储存区。在这种方式下，进货输送机可直接把货品运到储存区。

第二种方式是进货采用小包或箱子的形式，而储存要求用托盘形式，这就必须先将小包或箱子堆放在托盘上，或把小包放入箱子后再储存。

第三种方式是进货采用托盘、箱子的形式，而储存则要求是小包或箱子的形式，这时必须把托盘和箱子在进货点拆装之后，以小包的形式放在输送机上，再送至储存区。

所以这些问题都要详细考虑，统一筹划。

（三）货物编码

进货作业是配送作业的首要环节。为了让后续作业准确而快速地进行，并使货物品质及作业水准得到妥善维持，在进货阶段对货物进行有效的编码是一项十分重要的内容。

编码结构应尽量简单，长度尽量短，一方面便于记忆，另一方面也可以节省机器存储空间，减少代码处理中的差错，提高信息处理效率。在编码时，每一个编码只对应一种货物，编码要统一，有连贯性，应尽可能反映商品的特点，同时应与计算机配合。

货物编码的种类很多，常见的有无含义代码和有含义代码。无含义代码通常可以采用顺序码和无序码来编排；有含义代码则通常是在对商品进行分类的基础上，采用序列顺序码、数值化字母顺序码、层次码、特征组合码及复合码等进行编排。

（四）货物分类

完全、合理的分类能使繁杂的作业变得有系统性，货物分类是将多品种货物按其性质或其他条件逐次区别，分别归入不同的货物类别，并进行有系统的排列，以提高作业效率。

在实际操作中，对品项较多的分类储存，可分为两阶段，上下两层输送同时进行。

（1）由条码读取机读取箱子上的物流条码，依照品项做出第一次分类，再决定归属上层或下层的存储输送线。

（2）上、下层的条码读取机再次读取条码，并将箱子按各个不同的品项，分门别类到各个储存线上。

（3）在每条储存线的切离端，箱子堆满一只托盘后，一长串货物即被分离出来；当箱子组合装满一层托盘时，就被送入中心部（利用推杆，使其排列整齐），之后，箱子在托盘上一层层地堆叠，堆到预先设定的层数后完成分类。

（4）操作员用叉式堆高机将分好类的货物依类运送到储存场所。此系统不仅可以有效地利用空间（上、下输送线）进行分类储存，且能在1分钟内自动堆叠48箱货物，大大提高了分类作业的效率。

（五）货物验收检查

货物验收是对产品的质量和数量进行检查的工作。验收工作一般分为两种：第一种是先点收货物，再通知负责检验的单位办理检验工作；第二种是先由检查部门检验品质，认为完全合格后，再通知仓储部门办理收货手续。

1. 货物验收的标准

为了准确及时地验收货物，就必须明确验收标准。在实际工作中，可以采用以下标准验收货物：

（1）采购合同或订单所规定的具体要求和条件。

（2）采购合约中的规格或图解。

（3）议价时的合格样品。

（4）各类产品的国家品质标准或国际标准作为验收货物标准。

2. 货物验收的内容

在验收货物时，主要进行质量验收、包装验收和数量验收等三方面的工作。

（1）对入库货物进行质量检验的主要目的是查明入库商品的质量状况，以便及时发现问题，分清责任，确保到库货物符合订货要求。

（2）包装验收的具体内容主要包括包装是否安全牢固，包装标志、标记是否符合要求，包装材料的质量状况是否良好。

（3）在日常作业中，入库货物数量上的溢缺是较常见的现象，这直接关系到配送中心的库存数量控制和流动资产管理。所以，数量验收是进货作业中很重要的内容。

（六）货物入库信息的处理

到达配送中心的商品，经验收确认后，必须填写“验收单”，并将有关入库信息及时准确地登入库存商品管理信息系统，以便及时更新库存商品的有关数据。货物信息登录的目的在于为后续作业环节提供管理和控制的依据。

此外，在进货通道、站台、库房布局等硬件设施的设计中，需考虑许多相关因素，这样才能合理规划，达到既能控制适当的规模，节省投资，又能满足作业需要的目的。因此，对于作业辅助信息也要进行搜集与处理。

二、订单处理

（一）订单处理的含义

从接到客户订单开始到着手准备拣货之间的作业阶段，称为订单处理。通常包括订单资料确认、存货查询、单据处理等内容。

订单处理分人工和计算机两种形式。人工处理具有较大弹性，但只适合少量的订单处理，一旦订单数量较多，处理将变得缓慢且易出错。计算机处理则速度快、效率高、成本低，适合大量的订单处理，因此目前主要采取后一种形式。订单处理的基本内容及步骤如图9－6所示。

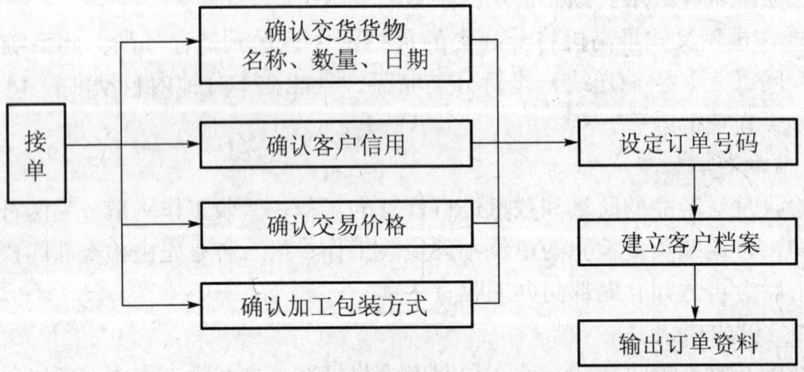

图9－6　订单处理的基本内容

（二）接受订货

接单作业是订单处理的第一步。随着流通环境的变化和现代科技的发展，现在客户更趋于高频度的订货，且要求快速配送。因此，接受客户订货的方式也渐渐由传统的人工下单、接单，演变为计算机直接送收订货资料的电子订货方式。

电子订货，即采用电子传运方式取代传统人工书写、输入、传送的订货方式，它将订货资料由书面资料转为电子资料，通过通信网络进行传送。此系统即称为电子订货系统（Electronic Ordering System，EOS）。其做法通常可分为三种。

（1）订货簿或货架标签配合手持终端机及扫描器。订货人员携带订货簿及手持终端机巡视货架，若发现商品缺货则用扫描器扫描订货簿或货架上的商品标签，再输入订货数量，当所有订货资料都输入完毕后，再利用数据机将订货资料传给供应商或总公司。

（2）销售时点管理系统（Point of Sale，POS）。客户若有POS收银机则可在商品库存档里设定安全库存量，每当销售一笔商品资料时，计算机自动扣除该商品库存，当库存低于安全存量时，即自动产生订货资料，将此订货资料确认后通过电信网络传给总公司或供应商。

（3）订货应用系统。客户资讯系统里若有订单处理系统，就可将应用系统产生的订货资料经转换软件转成与供应商约定的共通格式，再在约定时间将资料传送出去。

电子订货方式是一种传送速度快、可靠性及正确性高的订单处理方式，它不仅可大幅度提高客户服务水平，也能有效地缩减存货及相关成本费用。但其运作费用较为昂贵，因此在选择订货方式时应视具体情况而定。

（三）货物数量及日期的确认

接单以后，首先确认货物名称、数量及日期，即检查品名、数量、送货日期等是否有遗漏、笔误或不符合公司要求的情形。尤其当送货时间有问题或出货时间已延迟时，更需与客户再次确认订单内容或更正运送时间。同样地，若采用电子订货方式接单，也须对已接受的订货资料加以检验确认。

（四）客户信用的确认

不论订单是由何种方式传至公司，配送系统都要核查客户的财务状况，以确定其是否有能力支付该订单的账款。通常的做法是检查客户的应收账款是否已超过其信用额度。若客户应收账款已超过其信用额度，系统会自动加以警示，以便输入人员决定是继续输入其订货资料还是拒绝其订单。

原则上顾客的信用调查由销售部门负责，但有时销售部门往往为了获取订单而不太重视这项核查工作，所以也有些公司授权运销部门负责调查客户的信用问题。运销部门一旦发现客户的信用有问题，则将订单送回销售部门再调查或退回订单。

（五）订单形态确认

配送中心虽有整合传统批发商的功能以及有效率的物流信息处理功能，但在面对较多的交易对象时，仍需根据顾客的不同需求采取不同做法。在接受订货业务上，表现为具有多种订单的交易形态，所以物流中心应对不同的客户采取不同的交易及处理方式。

1. 一般交易订单

交易形态：接单后按正常的作业程序拣货、出货、发送、收款的订单。

处理方式：接单后，将资料输入订单处理系统，按正常的订单处理程序处理，资料处理完后进行拣货、出货、发送、收款等作业。

2. 间接交易订单

交易形态：客户向配送中心订货，直接由供应商配送给客户的交易订单。

处理方式：接单后，将客户的出货资料传给供应商由其代配。此方式需注意的是客户的送货单是自行制作或委托供应商制作的，应对出货资料加以核对确认。

3. 现销式交易订单

交易形态：与客户当场交易、直接给货的交易订单。

处理方式：订单资料输入后，因货物此时已交给客户，故订单资料不再参与拣货、出货、发送等作业，只需记录交易资料即可。

4. 合约式交易订单

交易形态：与客户签订配送契约的交易，如签订某期间内定时配送某数量的商品。

处理方式：在约定的送货日，将配送资料输入系统处理以便出货配送；或一开始便输入合约内容的订货资料并设定各批次送货时间，以便在约定日期，系统自动产生所需的订单资料。

（六）订单价格确认

对于不同的客户（批发商、零售商）、不同的订购批量，可能对应不同的售价，因而输入价格时系统应加以检核。若输入的价格不符（输入错误或业务员降价接受订单等），系统应加以锁定，以便主管审核。

（七）加工包装确认

客户订购的商品是否有特殊的包装、分装或贴标等要求，或是有关赠品的包装等资料系统都需加以专门的确认记录。

（八）设定订单号码

每一份订单都要有单独的订单号码，此号码一般是由控制单位或成本单位来指定，它除了便于计算成本外，还有利于制造、配送等一切相关的工作。所有工作的说明单及进度报告都应附有此号码。

（九）建立客户档案

将客户状况详细记录，不但能有益于此次交易的顺利进行，且有益于以后合作机会的增加。

（十）订单资料处理输出

订单资料经上述处理后，即可开始印制出货单据，展开后续的物流作业。

三、拣货作业

（一）拣货作业的含义

拣货作业是配送作业的中心环节。所谓拣货，是依据顾客的订货要求或配送中心的作业计划，尽可能迅速、准确地将商品从其储位或其他区域拣取出来的作业过程。拣货作业在配送作业环节中不仅工作量大，工艺复杂，而且要求作业时间短，准确度高，服务质量好。因此，加强对拣货作业的管理非常重要。在拣货作业中，根据配送的业务范围和服务特点，即根据顾客订单所反映的商品特性、数量多少、服务要求、送货区域等信息，采取科学的拣货方式，进行高效的作业是配送作业中关键的一环。拣货作业流程如图 9－7 所示。

1. 形成拣货资料

拣货作业开始前，指示拣货作业的单据或信息必须先行处理完成。虽然一些配送中心直接利用顾客订单或公司交货单作为拣货指示，但因此类传票容易在拣货过程中受到污损而产生错误，无法正常指示产品储位，所以大多数拣货方式仍需将原始传票转换成拣货单或电子信号，使拣货员或自动拣取设备进行更有效的拣货作业。但这种转换仍是拣货作业中的一大瓶颈，因此如何利用 EOS（Electronic Ordering System）和 POT（Portable Ordering Terminal）直接将订货资讯通过计算机快速及时地转换成拣货单或电子信号，是现代配送中心未来发展的重要研究课题。

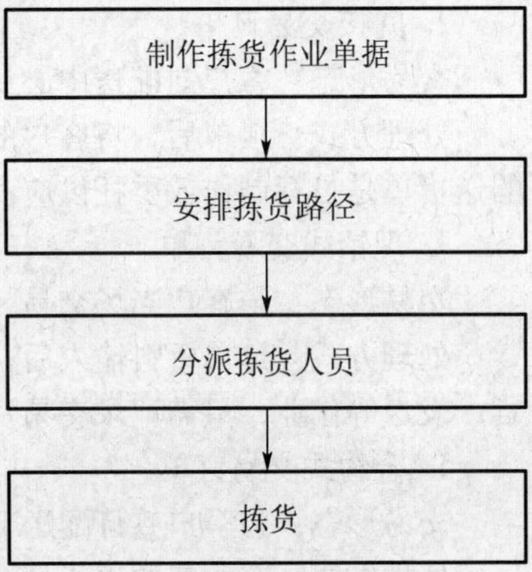

图 9－7 拣货作业流程

2. 搬运

拣货时，拣货作业人员或机器必须直接接触并拿取货物，因此形成拣货过程中的行走与货物的搬运。这一过程有两种完成方式：

（1）人－物方式。即拣货人员以步行或搭乘拣货车辆方式到达货物的储存位置。这一方式的特点是货物处于静态储存方式，主要移动方为拣取者（拣取机器人也属拣取者）。

（2）物－人方式。即拣取人员在固定位置作业，不必去寻找商品的储存位置，主要移动方是货物。这种方式的特点在于货品保持动态的储存方式，如轻负载自动仓储、旋转自动仓储等。

3. 拣货

当货品出现在拣取者面前时，一般采取的两个动作为拣取与确认。拣取是抓取物品的动作，确认则是确定所拣取的物品、数量是否与指示拣货的信息相同。在实际的作业中多采用读取品名与拣货单据作对比的确认方式，较先进的做法是利用无线传输终端机读取条码后，再由计算机进行确认。通常对小体积、小批量、搬运重量在人力范围内且出货频率不是特别高的货品，采取手工方式拣取；对体积大、重量大的货物，利用升降叉车等搬运机械辅助作业；对于出货频率很高的货品则采用自动分拣系统进行拣货。

4. 分类和集中

配送中心收到多个客户的订单后，可以批量拣取。拣取完毕后再根据不同的客户或送货路线分类集中，有些需要进行流通加工的商品还需根据加工方法进行分类，加工完后再按一定方式分类出货。分货过程中多品种分货的工艺过程较复杂，难度也大，容易发生错误，它必须在统筹安排形成规模效应的基础上，提高作业的精确性。在物品体积小、重量轻的情况下，可以采取人力分货，或机械辅助作业的方式，还可利用自动分货机将拣取出来的货物进行分类与集中。分类完成后，货物经过查对、包装便可以出货、装运、送货了。

从分拣作业的四个基本过程我们可以看出，整个拣货作业所消耗的时间主要包括以下四大部分：

（1）订单或送货单经过信息处理，形成拣货指示的时间。

（2）行走或搬运货物的时间。

（3）准确找到货物的储位并确认所拣货物及数量的时间。

（4）拣取完毕，将货物分类集中的时间。

因此，提高拣货作业效率，主要就在于缩短以上四个作业时间来提高作业速度与作业能力。

拣货作业系统的重要组成元素包括拣货单位、拣货方式、拣货策略、拣货信息、拣货设备等，下面将对这些元素分别进行说明。

（二）拣货单位

拣货单位可分成托盘、箱和单件三种。一般而言，托盘是体积重量最大的拣货单位，其次为箱，最小者为单件。

（1）单件。单件商品包装成独立单元，以该单元为拣取单元，是拣货的最小单元。

（2）箱。由单件装箱而成，拣货过程以箱为拣取单位。

（3）托盘。由箱堆码在托盘上集合而成，经托盘装载后加固，每只托盘堆码数量固定，拣货时以整只托盘为拣取单位。

此外，有些特殊物品（体积过大、形状特殊，或必须在特殊情况下作业的货物），如桶装液体、散装颗粒、冷冻食品等，拣货时以特定包装形式和包装单位为标准。

拣货单位通常由订单分析出来的结果而决定，如果订货的最小单位是箱，则不需以单件为拣货单位。库存的每一种货物都要根据实际情况选择合适的拣货单位，一种货物可能需两种以上的拣货单位，所以一个配送中心的拣货单位经常在两种以上，设计时就要针对每种情况做分区考虑。

（三）拣货方式

拣货作业最简单的划分方式，是将其分为按订单拣取、批量拣取与复合拣取3种方式。按订单拣取是分别按每份订单拣货；批量拣取是多张订单累积成一批，汇总后形成拣货单，然后根据拣货单的指示一次拣取商品，再进行分类；复合拣取是将以上两种方式组合起来的拣货方式，即根据订单的品种、数量及出库频率，确定哪些订单适合按订单拣取，哪些适合批量拣取，然后分别采取不同的拣货方式。

按订单拣货如图 9-8 所示，批量拣货如图 9-9 所示。

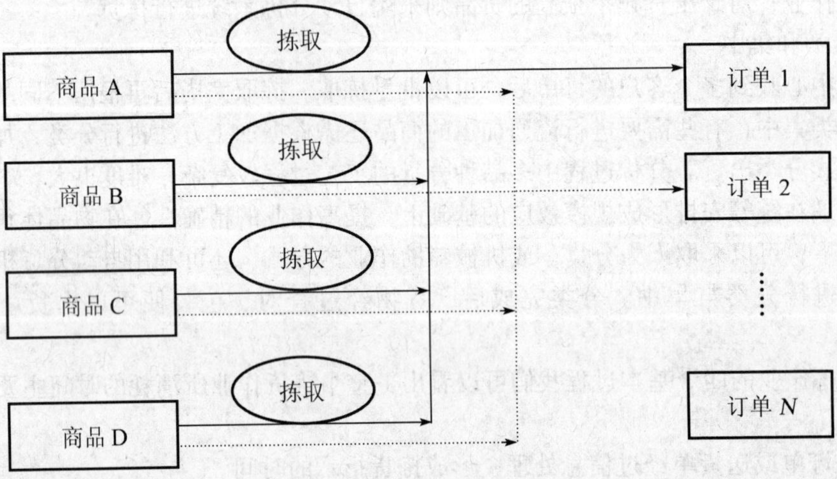

图 9-8 按订单拣货示意图

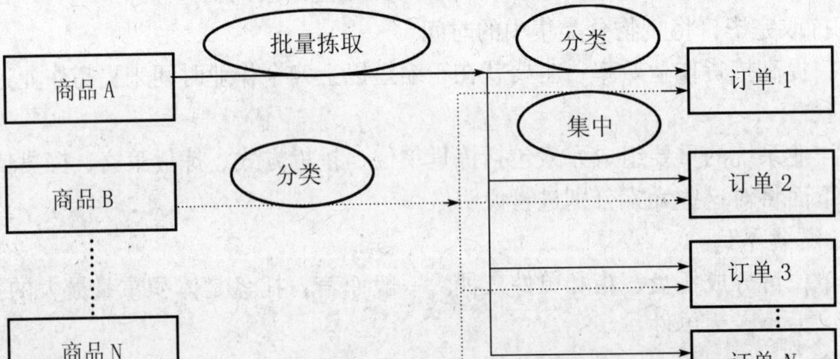

图 9-9 批量拣货示意图

（四）拣货设备

在拣货过程中所使用的设备很多，如储存设备、搬运设备、分类设备、信息设备等，大致可分为两类：

（1）人至物的拣货设备。指物品固定，拣货人利用拣货设备到物品位置处把物品拣选出来。这一类拣货设备主要有：

① 储存设备，如托货架、轻型货架、储柜、流动货架、高层货架、数位显示货架等。

②搬运设备，如无动力台车、动力台车、动力牵引车、堆垛机、拣送机、搭乘式存取机、无动力输送机、动力输送机、计算机辅助台车等。

（2）物至人的拣货设备。这与人至物的拣送方法相反，拣货人员固定位置，等待设备把货品运到拣货者面前进行拣货。这种拣货设备的自动化水平较高，常包括如下储存设备和搬运设备：

①储存设备，如单元负载自动仓库、轻负载自动仓库、水平旋转自动仓库、垂直旋转自动仓库、梭车式自动仓库等。

②搬运设备，如堆垛机、动力输送带、动力或无动力搬运车等。

四、补货作业

补货作业是将货物从仓库保管区域搬运到拣货区的工作。

（一）补货方式

补货作业的目的是确保商品能保质保量按时送到指定的拣货区，补货方式主要有以下几种：

（1）整箱补货。这种补货方式是由货架保管区补货到流动货架的拣货区。这种补货方式的保管区为料架储放区，动管拣货区为两面开放式的流动棚拣货区。拣货员拣货之后把货物放入输送机并运到发货区，当动管区的存货低于设定标准时，则进行补货作业。这种补货方式由作业员到货架保管区取货箱，用手推车载箱至拣货区，较适合于体积小且少量多样出货的货品。

（2）托盘补货。这种补货方式是以托盘为单位进行补货。托盘由地板堆放保管区运到地板堆放动管区，拣货时把托盘上的货箱置于中央输送机送到发货区。当存货量低于设定标准时，立即补货，使用堆垛机把托盘由保管区运到拣货动管区，也可把托盘运到货架动管区进行补货。这种补货方式适合于体积大或出货量多的货品。

（3）货架上层－货架下层的补货方式。此种补货方式的保管区与动管区属于同一货架，也就是将同一货架上的中下层作为动管区，上层作为保管区，而进货时则将动管区放不下的多余货箱放到上层保管区。当动管区的存货低于设定标准时，利用堆垛机将上层保管区的货物搬至下层动管区。这种补货方式适合于体积不大、存货量不高且多为中小量出货的货物。

（二）补货流程

下面以托盘补货为例说明补货作业的流程，如图9－10所示。

（三）补货时机

（1）批组补货。每天由计算机计算所需货物的总拣取量和查询动管区存货量后得出补货数量，从而在拣货之前一次性补足，以满足全天拣货量。这种一次补足的补货原则，较适合一日内作业量变化不大、紧急插单不多或是每批次拣取量大的情况。

（2）定时补货。把每天划分为几个时点，补货人员在时段内检查动管拣货区货架上的货品存量，若不足则及时补货。这种方式适合分批拣货时间固定且紧急处理较多的配送中心。

（3）随机补货。指定专门的补货人员，随时巡视动管拣货区的货品存量，发现不足则随时补货。这种方式较适合每批次拣取量不大、紧急插单多以至于一日内作业量不易事先掌握的情况。

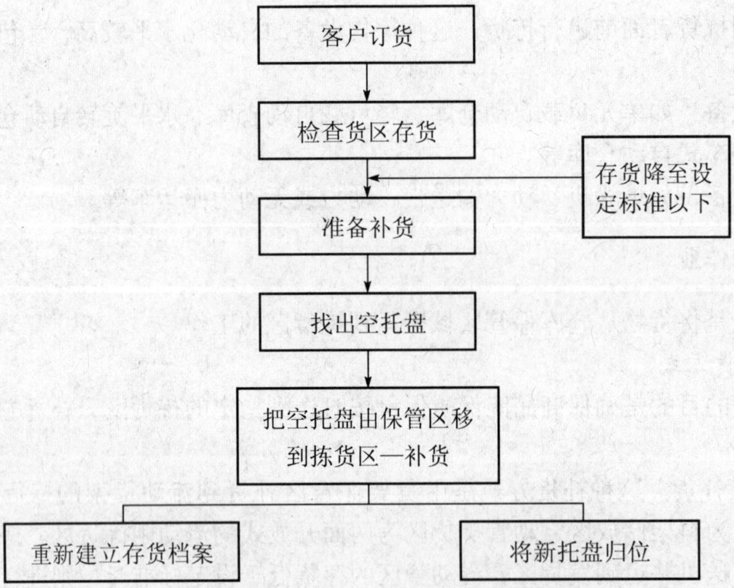

图 9－10　一般补货作业流程

五、配货作业

(一) 配货作业基本流程

配货作业是指把拣取分类完成的货品经过配货检查过程后，装入容器和做好标示，再运到配货准备区，待装车后发送。配货作业既可采用人工作业方式，也可采用人机作业方式，还可采用自动化作业方式，但组织方式有一定区别。其作业流程如图 9－11 所示。

(二) 配货检查

配货检查作业是指根据用户信息和车次对拣送物品进行商品号码和数量的核实，以及对产品状态、品质的检查，如图 9－12 所示。

(三) 包装

包装是配货作业中重要的一项，它起到保护商品，便于搬运、储存，提高用户购买欲望以及易于辨认的作用。包装与人们的日常生活密切相关，应注意以下几个问题：

(1) 包装的适当化，即避免包装过大及包装过剩问题。

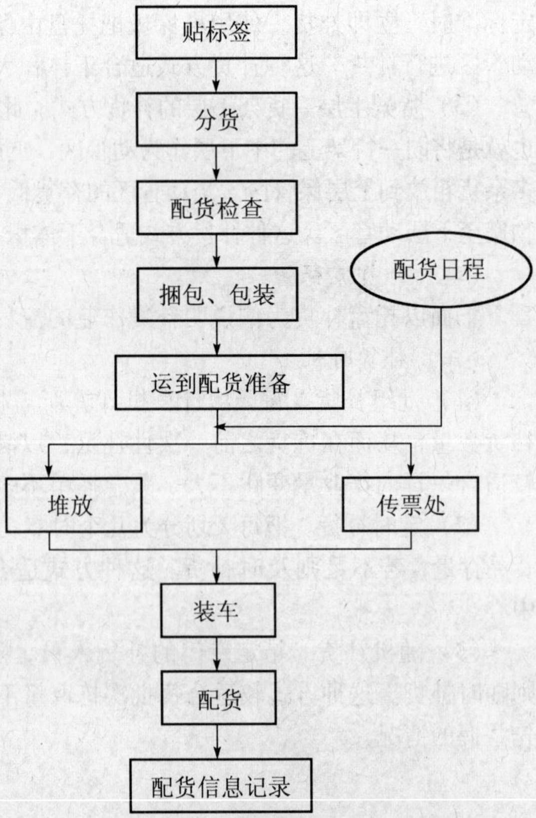

图 9－11　配货作业流程

(2) 包装的可靠性，即包装无损的可靠性。

(3) 环保问题，即包装废弃物的处理问题。

(4) 包装资源问题，即包装回收的再利用问题。

(5) 包装的安全性问题，即应提升顾客服务的品质。

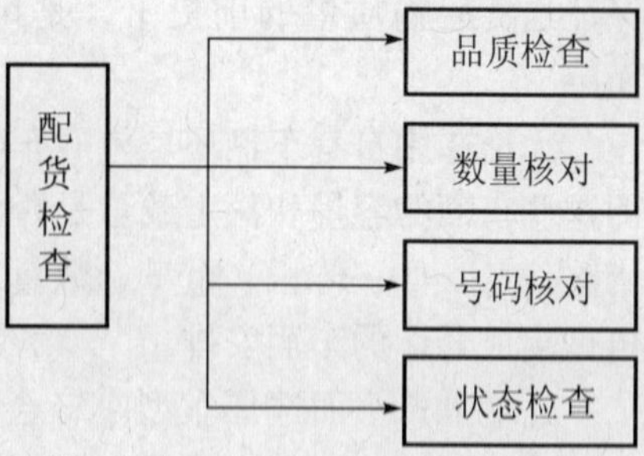

图9-12　配货检查作业内容

六、送货作业

(一) 送货作业的含义

送货作业是利用配送车辆把用户订购的物品从制造厂、生产基地、批发商、经销商或配送中心，送到用户手中的过程。送货通常是一种短距离、小批量、高频率的运输形式。它以服务为目标，以尽可能满足客户需求为宗旨。从日本配送运输的实践来看，配送的有效距离最好在50km半径以内。我国国内配送中心、物流中心，其配送经济里程大约在30km以内。送货是运输中的末端运输、支线运输，因此，如何集中车辆调度、组合最佳路线、采取巡回送货方式，是配送活动中送货组织需要加以解决的主要问题。

(二) 送货作业的特点

送货作业是配送中心最终直接面对用户的服务，具有以下几个特点：

(1) 时效性。时效性是流通业客户最重视的因素，也就是要确保能在指定的时间内交货。送货是从客户订货至交货各阶段中的最后一个阶段，也是最容易引起时间延误的环节。影响时效性的因素有很多，除配送车辆故障外，所选择的配送线路不当，中途客户卸货不及时等均会造成时间上的延误。因此，必须在认真分析各种因素的前提下，用系统化的思想和原则，有效协调，综合管理，选择合理的配送线路、配送车辆和送货人员，使每位客户在预定的时间收到所订购的货物。

(2) 可靠性。送货的任务就是要将货物完好无损地送到目的地。影响可靠性的因素有货物的装卸作业、运送过程中的机械振动和冲击及其他意外事故、客户地点及作业环境、送货人员的素质等。因此，在配送管理中必须注意可靠性的原则。

(3) 沟通性。送货作业是配送的末端服务，它通过送货上门服务直接与客户接触，是与顾客沟通最直接的桥梁，它不仅代表着公司的形象和信誉，还在沟通中起着非常重要的作用。所以，必须充分利用与客户沟通的机会，巩固与发展公司的信誉，为客户提供更优质的服务。

(4) 便利性。配送以服务为目标，以最大限度地满足客户要求为宗旨。因此，应尽可能地让顾客享受到便捷的服务。通过采用高弹性的送货系统，如采用急送货、顺道送货与退货、辅助资源回收等方式，为客户提供真正意义上的便利服务。

(5) 经济性。实现一定的经济利益是企业运作的基本目标。因此，对合作双方来说，以较低的费用完成送货作业是企业建立双赢机制加强合作的基础。所以不仅要满足客户的要求，提供高质量、及时方便的配送服务，还必须提高配送效率，加强成本管理与控制。

(三) 车辆安排

车辆安排要解决的问题是安排什么类型、吨位的配送车辆进行最后的送货。一般企业拥有的车型有限，车辆数量也有限。当本公司车辆无法满足需求时，可使用外雇车辆。在保证送货运输质量的前提下，是组建自营车队，还是以外雇车为主，则需视经营成本而定。

无论选用自有车辆还是外雇车辆，都必须事先掌握有哪些车辆可供调派并符合要求，即这些车辆的容量和额定载重是否满足要求；其次，安排车辆之前，还必须分析订单上的货物信息，如：体积、重量、数量对装卸的特别要求等，综合考虑多方面因素的影响后，再做出最合适的车辆安排。

送货批量大而选择车型小，会增加送货次数；送货批量小而选择车型大，会浪费运力。商品形态不同也应选择不同车型，车型选择不好会造成送货中商品损坏。

（四）选择送货线路

知道了每辆车负责配送的具体客户后，如何以最快的速度完成对这些货物的配送，即如何选择配送距离短、配送时间短、配送成本低的线路，还需根据客户的具体位置、沿途的交通情况等做出优先选择和判断。除此之外，还必须考虑有些客户或其所在地点环境对送货时间、车型等方面的特殊要求，如有些客户不在中午或晚上收货，有些道路在某高峰期实行特别的交通管制等。

（五）确定最终的送货顺序

做好车辆安排及选择好最佳的配送线路后，依据各车负责配送的先后顺序，即可明确地确定客户的最终送货顺序。

（六）完成车辆积载

明确了客户的送货顺序后，接下来就是如何将货物装车，按什么次序装车的问题，即车辆的积载问题。原则上，知道了客户的配送顺序之后，只要将货物依"后送先装"的顺序装车即可。但有时为了有效利用空间，可能还要考虑货物的性质（怕振、怕压、怕撞、怕潮）、形状、体积及重量等做出弹性调整。此外，对于货物的装卸方法也必须考虑货物的性质、形状、重量、体积等因素后再做具体决定。

第三节　配送中心管理信息系统解决方案

物流配送信息系统是物流配送信息化的核心，有一定的综合性，主要目的是向各营业点提供配送信息，根据订货查询库存及配送能力，发出配送指令，发出结算指令及发货通知，汇总及反馈配送信息。

物流配送中心主要是为满足客户的需求而产生的，基本上以集合多家客户的作业量来达到大量采购、节省运输成本的目的，因此物流配送中心信息系统所体现出来的作用及结构管理应以销售出库及采购入库管理为系统管理重点，另外由于物流配送中心注重服务质量与服务时效，在配送时间安排、派车计划及路线选择均较为重视，并且物流配送中心还需针对个别店铺做单位拣货、分类包装、重新包装、组合包装及粘贴标签等流通加工作业，因此集货、理货、拣货系统仍作为重点。

一、配送中心的交易流程

从配送中心的形成和发展历程来看，配送中心是供应商与零售商店铺之间的桥梁，它对调节产品供需、缩短流通渠道、解决不经济的配送规模及降低流通成本有极大的作用。

图9－13为配送中心的交易流程。

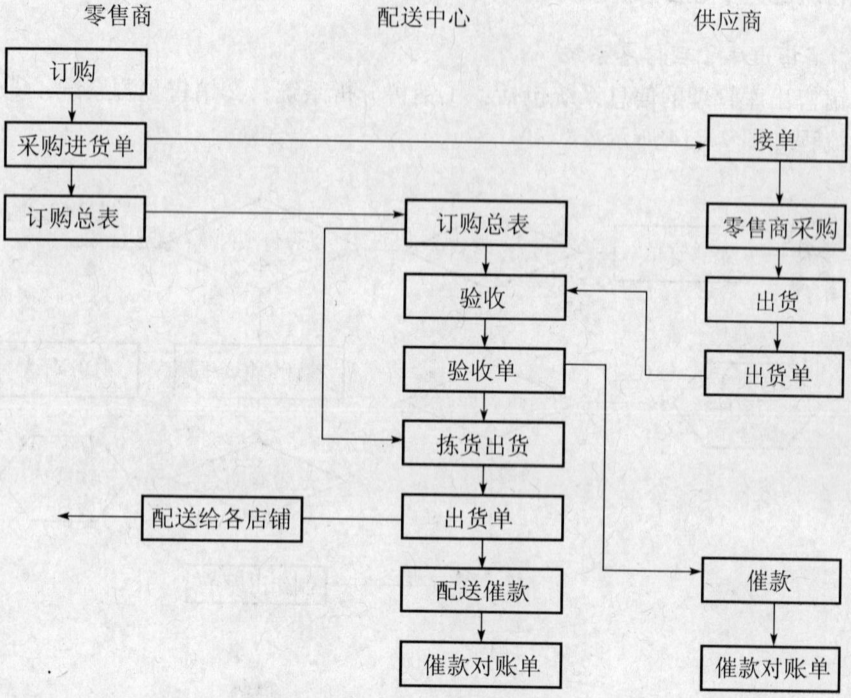

图9－13　配送中心的交易流程

二、物流配送中心的信息流程模式

根据配送货物的数量、品种、配送中心的经营实力以及客户要求的不同，配送中心的流程有以下四种模式。

1. 配送中心的一般信息流程

这是配送中心的典型信息流程，其主要特点是有较大的存储场所，分拣、拣货、拣选、配货场所及设备也较大。这种模式主要是用于中小件杂货配送。货物零散、数量少、货种多的特点决定了这种配送中心必须有一定规模的储存场所，同时对理货、分类、配货的功能要求很高。其流程是：进货、分类、储存、分货、拣货、配货、分放、配装、送货。

2. 储存库的配送中心信息流程

这种信息流程模式的最大特点是配送中心只是作为所配货物的暂存场所，而大量的库存则移至中心之外。其流程是：进货、分类、暂存、分货、拣货、配货、分放、配装、送货。

3. 加工配送性配送中心信息流程

这种模式的特点是配送中心进货后不是马上配送，而是根据用户要求将其进行加工，而后分发给不同的用户。这种模式下的配送中心不设分货、拣选等环节，而是把加工环节置于十分重要的位置。其流程是：进货、储存、加工、分放、配货、配装、送货。

4. 批量转换型配送中心的传递流程

即通过配送中心把批量大、品种较单一的产品转换成小批量的发货方式，因此这种信息流程模式十分简单，只包括进货、储存、装货或包装和发货环节。

三、物流配送中心信息解决方案

（一）销售出库管理信息系统

商品销售出库管理的信息系统包括：①销售分析系统；②销售预测系统；③商品管理系统。其流程如图9－14所示。

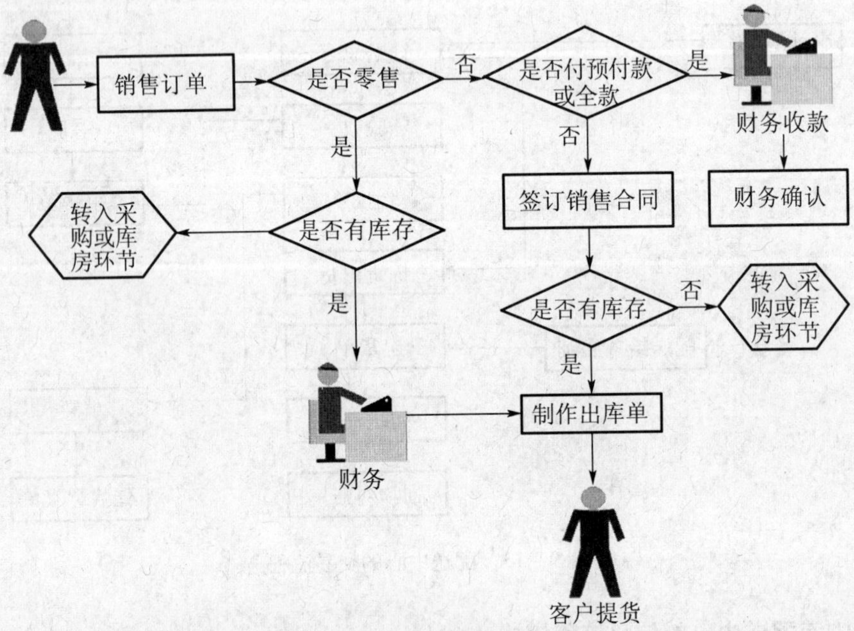

图9－14　商品销售出库流程图

1. 销售分析系统

此系统主要是为了让销售主管及高层主管对现有销售状况有全面的了解：通过输入日期、月份、年度、商品类别、商品名称、客户名称、作业员名称仓库等查询各个销售资料或统计资料。

调动各数据库，生成商品销售量统计表、年度商品数量统计表、年度及月份商品数量统计比较分析报表和商品成本利润百分比分析报表等。

2. 销售预测系统

此系统协助高层主管根据现有销售资料预估配送中心的发展方向，准备未来库存需求量、产能需求及投资成本的需求。

3. 商品管理系统

此系统是协助销售主管了解消费者对商品的偏好趋势。

POS系统能对其商品销售排行报表、畅销品及滞销品报表、商品周转率报表和商品获利报表等进行分析。

（二）采购入库管理信息系统

采购入库管理信息系统如图9－15所示。

商品采购入库管理的信息系统包括预定入库数据处理系统和实际入库作业系统。

商品入库后有立即出库和上架入库再出库两个处理方式。

系统可用随即过账的功能，使商品随入库进入总账，调动财务系统。

1. 预定入库数据处理

根据采购单上的预定入库日期、入库商品、入库数量等数据打印定期入库数据报表为入库月台调度、入库人力资源及机具设备资源分配提供参考。

2. 实际入库作业

发生在厂商交货之时，输入数据包括采购单号、厂商名称、商品名称、商品数量等。通过输入数据来查询商品名称、内容及数量是否符合采购内容，并用以确定入库月台。然后，修正采购单，并转入库存数据库，调整库存数据库。

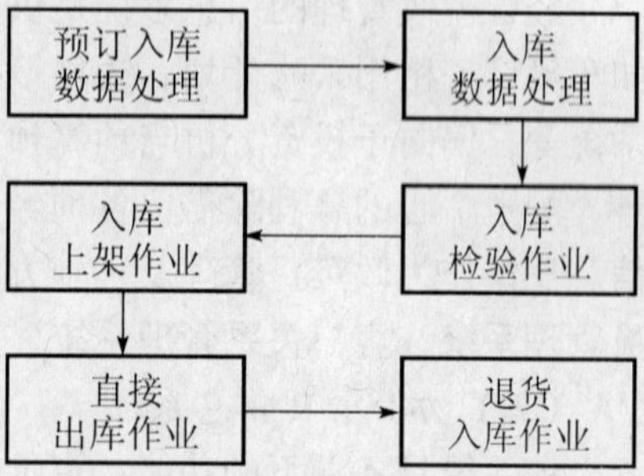

图9-15　采购入库管理系统

退货入库商品也需检验，必须是可用品方可入库。

（1）立即出库。此系统需具备待出库数据查询并连接派车计划及出货配送系统，当入库数据输入后即访问订单数据库取出该商品待出货数据，将此数据转入出货配送数据库，并修正库存可调用量。

（2）上架入库再出库。此系统需具备货位指定功能或货位管理功能。

货位指定系统是指当入库数据输入时即启动货位指定系统，由货位数据库、产品明细数据库来计算入库商品所需货位大小，根据商品特性及货位储存现状来指定最佳货位。

货位管理系统则主要完成商品货位登记、商品跟踪并提供现行使用货位报表、空货位报表作为货位分配的参考。

货位跟踪时可将商品编码或入库编码输入货位数据库来查询商品所在货位，输出报表包括货位指示单、商品货位报表、可用货位报表、各时间出入库一览表、入库统计数据等。

（三）财务会计信息系统

财务核算管理的信息系统的流程如图9-16所示。

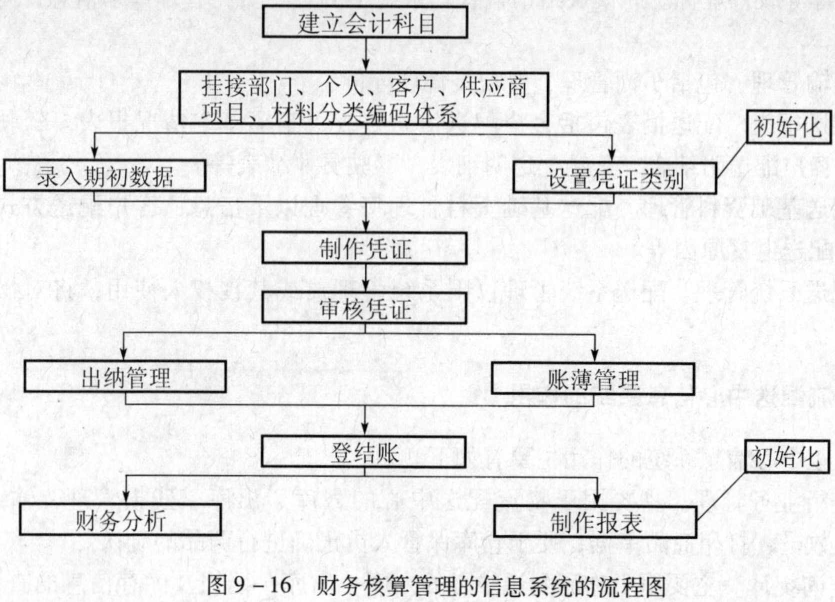

图9-16　财务核算管理的信息系统的流程图

（四）经营绩效信息系统

经营绩效管理的信息系统是供配送中心高层管理人员使用，用来制定各类管理政策，如车辆设备租用采购计划、销售策略计划、配送成本分析系统、运费制定系统、外车管理系统等，偏向于投资分析与预算预测。

配送中心的赢利除需要各项经营策略的正确制定与实际计划及执行外，还需有良好的信息反馈作为政策、管理及实施方法修正的依据，这就需要绩效管理系统。它包括作业人员管理系统、客户关系管理系统、库存周转率评估系统、缺货金额损失管理系统等。

（五）办公管理信息系统

该系统具备如下的功能：审批流程管理、Web电子邮件、工作日历、人员动态展现、公告/新闻/通知、个人信息维护等功能。除了配送中心为实现物流职能而构造的管理信息系统外，在日常工作的管理，还有行政管理方面都要构造必要的管理信息系统。

本系统适用性强，可适用于现代化的先进配送中心，集成了高端的技术，例如EDI/GIS/GPS、自动化作业系统、集成技术（如条形码）、自动化识别系统、人工智能等。

可连接外系统和网络的接口多，可以运用POS/CRM/SMIS等先进管理思想，同时可以实现电子商务业务。

（六）配送管理信息系统

（1）分拣配货。对出库货物进行分拣、配货处理，记录分拣配货信息。分拣及配货是完善送货、支持送货准备性工作，其中包括再包装的过程。

（2）配装。当单个用户配送数量不能达到车辆的有效载运负荷时，进行配装操作，记录配装信息，产生配装单据。

（3）配送运输。包括车辆调度、驾驶员调度、配送线路等的管理。

（4）送达服务。更好地为客户服务，圆满地实现到达货物的移交，并完成结算，系统将对卸货地点、卸货方式等信息进行个性配置。

（5）客户管理。客户管理包括客户基础信息维护、客户配送线路分析、客户个性分析、客户信誉等级管理等。此模块给销售管理系统中的客户资料管理共享信息，与销售管理无缝结合。

（6）运输管理。包括车辆管理、驾驶员管理等信息。

（7）配送报表。配送报表包括客户配送信息报表、车辆基本情况报表、驾驶员基本情况报表、客户配送明细表、车辆配送明细表、驾驶员业绩表等。

（8）配送基础资料管理。配送基础资料管理将管理以下信息：客户配送方式、配送取消原因、配送退货原因等。

（9）配送系统管理。配送系统管理仅限系统管理员或其授权人使用，将对操作员进行授权管理。

四、物流配送中心信息系统的作用

物流配送中心信息系统的作用主要有如下几点：

（1）进行业务管理。主要用于物流配送中心的入库、出库、残损管理，输入进货、发货商品的数量，打印商品单据，便于仓库保管人员正确进行商品的确认。

（2）查询统计。主要用于物流配送中心的入库、出库、残损及库存信息的查询统计，可按相应的商品编号、分类、供应商、用户进行查询和统计。

（3）进行盘点管理。主要用于物流配送中心的盘点清单制成、盘点清单打印、盘点数据输入或手持电脑输入、盘点商品确认、盘点结束确认、盘点利润统计、盘点商品查询、浏览统计。

（4）进行库存结构分析。主要用于物流配送中心的库存商品的入库、出库、退货、残损的统计及各种商品库存量、品种结构等。

（5）库存商品管理。主要用于物流配送中心的库存商品上下限报警，对库存商品数量高于库存上限或低于下限的商品信息提示；对库存停滞商品进行报警，对某一段时间内有入库但没有出库的商品进行信息提示；对商品缺货进行报警，对在出库时库存商品为零但又未及时订货的商品进行信息提示。

（6）进行保质期报警与查询。主要用于物流配送中心的库存商品的保质截止期已超过本日的商品进行信息提示；将逾保质期的商品报警，对库存商品的保质期在本日的某一时间段内到期的商品进行信息提示；对商品保质期查询，对库存商品的保质截止期在某一时间段内到期的商品进行信息提示。

（7）进行货位调整与查询。主要用于物流配送中心的库存商品的货位号进行调整。货位调整查询，以库存商品按货位号进行统计。

（8）进行账目管理。主要用于物流配送中心统计某一时间段的单一商品明细帐。

（9）进行条码打印。主要用于物流配送中心的商品自编条码打印、商品原有条码打印、收银台密码条码打印等。

物流配送产生于 20 世纪 60 年代，物流配送的发展引起了西方国家的物流革命，带动了第三产业的飞跃，促进了第一、二产业的发展，日益成为企业经营中的关键点。随着市场经济的发展和竞争的加剧，市场上出现多品种、小批量、产品多样化、消费多样化的趋势，配送就是为适应这种情况而产生的服务观念。配送在物流活动中具有重要的地位和作用，是物流的基本功能之一。它体现了物流的最终效应——直接为客户服务，满足客户的各种需要。可以说，物流成果主要是通过物流配送来实现的，如果没有配送，就会大大削弱物流的经济效益和社会效益。

复习思考题

1. 如何理解物流配送中心的功能？
2. 物流配送业务模式的种类有哪些？有何特点？
3. 如何理解配送对物流的意义？
4. 物流配送作业流程有哪些主要环节？
5. 物流配送中心的信息流程模式有哪些？并画出作业流程简图？
6. 描述与配送中心运作有关的几个信息系统所需的软件和硬件设备。

【实训项目】

物流配送管理信息系统的应用

1. 实验目的

让学生了解"配送管理"的一般操作程序，能够尽快地进入企业工作流程，并融入企业经营管理文化之中；掌握物资配送信息处理技术，包括配送业务操作、配送中心管理、配送运输管理、配送商务管理等方面的技术。培养学生协同商务和信息技术处理的能力。同时，通过实践教学活动，拓宽学生的知识领域，锻炼学生的实践技能，培养科学严谨、求真务实的工作作风；通过实验培养学生的动手能力，把所学理论知识应用于实践中，运用理论知识解决实际操作中问题的能力。

2. 实验设备及软件

实验设备：服务器、交换机和PC机组成局域网络。

软件环境：服务器采用Microsoft Windows 2000 Server操作系统；数据库管理系统采用SQL Server 2000；学生客户端采用Windows XP操作系统、IE5.0以上浏览器；物流配送管理模拟系统软件。

3. 实训内容

要求学生充分进行客户需求、配送中心管理、配送运输管理、配送商务管理、配送作业操作、车辆调度处理等流程的实际演练，理解物流各个环节的操作原理和逻辑关系。

4. 实训安排

(1) 学生上机完成软件操作内容；

(2) 实验结束后，学生对模拟操作进行总结，编写出实验报告。实验报告包括如下内容：实验的目的和要求、实验步骤、实验结论；本次实验取得的主要收获和体会。

【课后案例】

沃尔玛的物流配送体系

沃尔玛诞生于1945年的美国。在它创立之初，由于地处偏僻小镇，几乎没有哪个分销商愿意为它送货，于是不得不自己向制造商订货，然后再联系货车送货，效率非常低。在这种情况下，沃尔玛的创始人山姆沃尔顿决定建立自己的配送组织。

1970年，沃尔玛的第一家配送中心在美国阿肯色州的一个小城市本顿维尔建立，这个配送中心供货给4个州的32个商场，集中处理公司所销商品的40%。沃尔玛配送中心的运作流程是：供应商将商品的价格标签和UPC条形码（统一产品码）贴好，运到沃尔玛的配送中心；配送中心根据每个商店的需要，对商品就地筛选，重新打包，从"配区"运到"送区"。

在物流方面，沃尔玛尽可能降低成本。为了做到这一点，沃尔玛为自己提出了一些挑战。其中的一个挑战就是要建立一个"无缝点对点"的物流系统，能够为商店和顾客提供最迅速的服务。这种"无缝"的意思指的是，使整个供应链达到一种非常顺畅的链接。沃尔玛所指的供应链是指产品从工厂到商店的货架，这种产品的物流应当是尽可能平滑。

但是，沃尔玛真正的挑战是能够提供顾客所需要的服务。物流业务要求比较复杂，如有的时候可能会有一些产品出现破损，因此在包装方面就需要有一些对产品特别的运销能力。因此，对沃尔玛来说，能够提供的产品的种类与质量是非常重要的。沃尔玛似乎已经能够寻求到这种高质量与多品种结合，而且对于商场来说，它的成本也是最低的。

物流的循环没有结束，也没有开始，它实际上是循环的过程，是一个圆圈。在这个循环过程当中，任何一点都可以作为开始，而且循环涉及每一点，沃尔玛就从顾客这一点开始谈。（因为顾客是第一位，因此，沃尔玛就从这里开始。）顾客到一个商店之中，他们买了一些产品，比如说给孩子买尿布。如果物流循环是比较成功的，那么在他买了之后，这个系统就开始自动地进行供货。这个系统当中的可变性使得这些卖方和买方（工厂与商场）可以对这些顾客所买的东西和订单进行及时的补货，这个系统应当是与配送中心联系在一起的。这个配送中心应当从供货商那里就可以直接拿到货。这个配送中心实际上是一个中枢，有供货方的产品，然后提供给商场。这个供货商应当只提供给配送中心，如果提供给每个商店的话，那就太困难了，因此这个配送中心可以为供货商减少很多成本，他只需要送到配送中心这一个地方就可以了。

沃尔玛有的时候是采用空运，有的时候采用轮船运输，还有一些采用卡车进行公路运输。在中国，沃尔玛百分之百采用公路运输，就是卡车把产品运到商场，然后卸货，然后自动放到店的系统当中。在沃尔玛的物流当中，非常重要的一点，就是沃尔玛必须要确保商店所得到的产品是与发货单上完全一致的产品，因此沃尔玛整个的过程都要确保是精确的，没有任何错误。这样，商店把整个卡车当中的货品卸下来就可以了，而不用把每个产品检查一遍。因为他们相信过来的产品是没有任何失误的，这样就可以节省很多的时间。沃尔玛在这方面已经形成了一种非常精确的传统，这有助于降低成本，而这些商店在接受货物以后就直接放到货架上，来卖给消费者，这就是沃尔玛物流的整个循环过程。

沃尔玛进行物流业务的指导原则，不管是在美国还是世界上其他地方，都是百分之百一致和完整的物流体系。不管物流的项目是大项目还是小项目，沃尔玛都必须把所有的物流过程集中到一个伞形结构之下。在供应链中，每一个供应者都是这个链当中的一个环节，沃尔玛都必须使整个供应链是一个非常平稳、光滑的过程，一个顺畅的过程。这样，沃尔的运输、配送以及对于订单与购买的处理等所有的过程，都是一个完整的网络当中的一部分。这样的优势就可以大大降低成本。在沃尔玛的供应链当中，能够做到这一点，就可以把所有环节上可以节省的钱都节省下来。这样，整个链条、整个环节就可以节省不少钱。

沃尔玛进行全天候的运作，而且是每天12小时，每周7天地运作。沃尔玛的产品卖得非常多，物流的支持是非常必要的，必须确保这些产品是在不断地流向沃尔玛的商店，而没有任何停止的过程。沃尔玛必须采用一些包括零售技术在内的最尖端的技术，采用更加先进的、现代化的技术，可以提高效率、节省成本。目前在美国沃尔玛有30家配送中心。这些配送中心分别服务于18个州2 500家商店。刚才讲到，美国的商店有各种不同的种类，有一些超级市场，有一些一般的日常用品商场，还有一些山姆会员店。沃尔玛有一些区域配送中心，是一些比较大的配送中心，但同时沃尔玛也有一些比较小的可用于进口产品和副食品等的各类配送中心。所有这些不同种类的配送中心，都是沃尔玛整个网络当中的一员。

沃尔玛之所以能够取得成功，是因为沃尔玛有一个补货系统。每一个商店都有这样的系统，包括在中国的商店。它使得沃尔玛在任何一个时间点都可以知道，现在这个商店当中有多少货品，有多少货品正在运输过程当中，有多少是在配送中心，等等。同时它也使沃尔玛可以了解，沃尔玛某种货品上周卖了多少，去年卖了多少，而且可以预测沃尔玛将来可以卖多少这种货品。沃尔玛之所以能够了解这么细，就是因为沃尔玛有UPC统一的货品代码。商场当中所有的产品都要有一个统一的产品代码叫UPC代码。沃尔玛所有的货品都有一个统一的产品代码，这是非常重要的，在中国叫EAN数码。沃尔玛之所以认为所有这种代码都是非常必要的，是因为可以对它进行扫描和阅读。在沃尔玛的所有商场当中，都不需要用纸张来处理订单。沃尔玛这个自动补货系统，可以自动向商场经理来订货，这样就可以非常及时地对商场进行帮助。经理们在商场当中走一走，然后看一看这些商品，选到其中一种商品，对它扫描一下，就知道现在商场当中有多少这种货品，有多少订货，而且知道有多少这种产品正在运输到商店的过程当中，会在什么时间到，所有关于这种商品的信息都可以通过扫描这种产品代码得到，不需要其他的人再进行任何复杂的汇报。在商场当中，商场的经理拥有这样的自由度——他可以不听从这些物流系统对他的建议。虽然系统的建议很多，但是经理还可以订更多的货；或是系统建议的数额太大，经理有一些自主权来减少一些。在美国，这个系统每天提供的这种信息，都下载到沃尔玛的世界各地的办公室当中，世界各地的这些信息又都可以传送到沃尔玛的总部当中。只要有两个人进行订单，沃尔玛就通过这种电子方式来和供货商进行联系。

沃尔玛还有一个非常好的系统，可以使得供货商们直接进入到沃尔玛的系统，沃尔玛将此称为零售链接。任何一个供货商可以进入这个系统当中来了解他们的产品卖得怎么样，昨天、今天、上一周、上个月和去年卖得怎么样。他们可以知道这种商品卖了多少，而且他们可以在12小时之内就进行更新。供货商们可以在沃尔玛公司每一个店当中，及时了解到有关情况。在中国，沃尔玛有300多家供货商，在深圳他们也可以进入沃尔玛的零售链接当中，可以了解他们的商品卖得如何。在中国，沃尔玛没有数以千计的商店，而在美国沃尔玛则有数以千计的商店。通过零售链接，供货商们就可以了解卖的情况，来决定生产的状况。根据沃尔玛每天卖的情况，他们可以对将来卖货进行预测，以决定他们的生产情况，这样他们产品的成本也可以降低，从而使整个过程是一个无缝的过程。

由于沃尔玛的商店众多，每个商店的需求各不相同，这个商店也许需要这样一些种类的商品，那个商店则有可能需要另外一些种类的商品，沃尔玛的配送中心根据商店的需要，把产品分类放入不同的箱子当中。这样，员工就可以在传送带上取到自己所负责的商店所需的商品。那么在传送的时候，他们怎么知道应该取哪个箱子呢？传送带上有一些信号灯，有红的、绿的，还有黄的，员工可以根据信号灯的提示来确定箱子应被送往的商店，来拿取这些箱子。这样，所有的商店都可以在各自所属的箱子中拿到需要的商品。在配送中心内，货物成箱地被送上激光制导的传送带，在传送过程中，激光扫描货箱上的条形码，全速运行时，只见纸箱、木箱在传送带上飞驰，红色的激光四处闪射，将货物送到正确的卡车上，传送带每天能处理20万箱货物，配送的准确率超过99%。

20世纪80年代初，沃尔玛配送中心的电子数据交换系统已经逐渐成熟。到了20世纪90年代初，它购买了一颗专用卫星，用来传送公司的数据及其信息。这种以卫星技术为基础的数据交换系统的配送中心，将自己与供应商及各个店面实现了有效链接。

由于沃尔玛采用了这项先进技术，配送成本只占其销售额的3%，其竞争对手的配送成本则占到销售额的5%，仅此一项，沃尔玛每年就可以比竞争对手节省下近8亿美元的商品配送成本。20世纪80年代后期，沃尔玛从下订单到货物到达各个店面需要30天，现在由于采用了这项先进技术，这个时间只需要2～3天，大大提高了物流的速度和效益。从配送中心的设计上看，沃尔玛的每个配送中心都非常大，平均占地面积大约有11万平方米，相当于23个足球场。一个配送中心负责一定区域内多家商场的送货，从配送中心到各家商场的路程一般不会超过一大行程，以保证送货的及时性。配进中心一般不设在城市里，而是在郊区，这样有利于降低用地成本。沃尔玛的配送中心虽然面积很大，但它只有一层，之所以这样设计，主要是考虑到货物流通的顺畅性。有了这样的设计，沃尔玛就能让产品从一个门进，从另一个门出。如果产品不在同一层就会出现许多障碍，如电梯或其他物体的阻碍，产品流通就无法顺利进行。

沃尔玛配送中心的一端是装货月台，可供30辆卡车同时装货，另一端是卸货月台，可同时停放135辆大卡车。每个配送中心有600～800名员工，24小时连续作业；每天有160辆货车开来卸货，150辆车装好货物开出。在沃尔玛的配送中心，大多数商品停留的时间不会超过48小时，但某些产品也有一定数量的库存，这些产品包括化妆品、软饮料、尿布等各种日用品，配送中心根据这些商品库存量的多少进行自动补货。到现在，沃尔玛在美国已有30多家配送中心，分别供货给美国18个州的3 000多家商场。沃尔玛的供应商可以把产品直接送到众多的商店中，也可以把产品集中送到配送中心，两相比较，显然集中送到配送中心可以使供应商节省很多钱。所以在沃尔玛销售的商品中，有87%左右是经过配送中心的，而沃尔玛的竞争对手仅能达到50%的水平。

由于配送中心能降低物流成本50%左右，使得沃尔玛能比其他零售商向顾客提供更廉价的商品，这正是沃尔玛迅速成长的关键所在。配送中心的立体图和平面图见图9－17和图9－18。

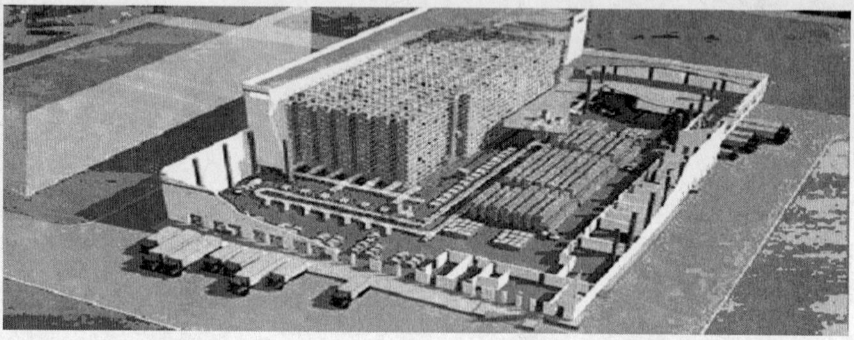

图9－17　配送中心立体图

讨论题

1. 如何理解沃尔玛建立的“无缝点对点”的物流系统？
2. 沃尔玛物流运作特点是什么？
3. 沃尔玛物流的运作实践给人哪些启示？
4. 沃尔玛补货系统特色是什么？
5. 总结沃尔玛配送中心运作模式。

6. 沃尔玛在运输方面的策略是什么？

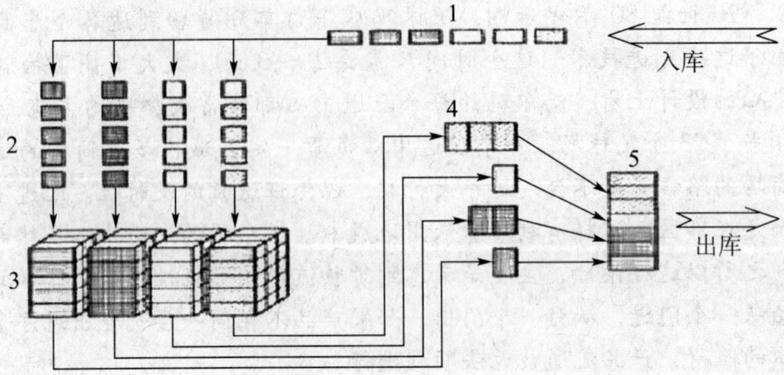

图 9－18　配送中心平面图

第十章　物流管理信息系统分析与开发方法

【学习目标】

知识目标：

◆ 了解物流管理信息系统分析方法；
◆ 掌握物流管理信息系统功能需求分析方法；
◆ 掌握物流管理信息系统体系结构；
◆ 掌握物流管理信息系统开发方法；
◆ 掌握物流配送企业物流管理信息系统的解决方案。

能力目标：

- 能根据某个公司提出的业务流程写出功能需求分析报告；
- 能根据不同的公司要求绘出物流管理信息结构图；
- 能选择一种比较合理的开发方法与程序员交流。

【引导案例】

近铁运通 KWE 全国物流信息系统

KWE 是全球 20 强物流企业，在全球 50 个国家共 120 个城市设有 176 家办事机构。1996 年进入中国，在全国设有 40 多个分公司，主要为 Epson、Toshiba、Canon、SHARP、ISUZU 等日系客户和 Intel、HP 等高科技企业提供全国范围的仓储和运输配送服务。为了加速国内物流的发展，为客户提供更好的服务，KWE 从 2004 年年初启动了其全国各物流中心的 WMS/TMS 系统推广计划，并在企业总部建立了集成的物流管理平台、信息门户和 EDI 中心。FLUX 作为供应商全面负责了整套物流信息系统的建设，总部管理平台、信息门户和 EDI 中心已经建设完成，WMS/TMS 已经在全国 17 个物流中心实施和推广。

1. KWE 在实施 FLUX 系统前的业务运作状况

（1）需要建立统一、规范的业务操作流程，作业单据不统一。

（2）客户花费大量的时间进行业务数据在 Excel 中的处理，操作效率低下，数据准确性难以保证。

（3）库存准确率难以保证，由于 SKU 数量超过了 1 万种，每次库存盘点都有较大偏差。

（4）上架作业和拣货作业依靠现场管理人员的经验，作业效率难以得到提升。

（5）仓库和总部管理人员无法实时地了解库存动态和运输动态。

（6）提供给客户的报表各式各样，由各客户手工编制。

（7）与客户在费用和核算上完全依靠手工编制的报表，给总部客服人员造成较大压力。

（8）每次与客户进行EDI接口都需要IT部门大量的开发工作。

2. FLUX在实施过程中解决的关键问题

（1）流程重组。系统的成功实施有赖于建立一套标准规范的作业流程。在实施过程中，实施团队通过对仓库各类产品作业特点的认真分析，结合系统制定了统一的操作流程，并通过管理人员强有力的推进使流程得以贯彻实施。

（2）队伍建设。系统不但要成功上线，更重要的是要保证长久稳定的运行，为此需要一个拥有专业技能的实施和支持团队。实施过程中分别针对系统管理员、QA、系统操作员和现场操作人员进行了严格和持续的培训。

（3）人员效率。实施系统的一个重要价值在于对于人员效率的提升。通过流程优化、数据自动处理、单据合理化设计、系统人性化设计等措施使管理人员从简单重复的劳动中解放出来，可以将更多精力放在加强管理和提升服务上。

3. 通过成功实施完整的物流信息系统为KWE创造了可观的价值

（1）由于错发订单而导致的客户投诉率低于0.1%。

（2）通过作业路径、作业方法的指导和优化，降低物流作业成本可至40%。

（3）信息系统的有力支持降低对作业人员的经验要求，劳动力成本可节约20%。

（4）库存准确率高达99.5%以上。

（5）充分利用仓库内的有效空间，空间利用率提高20%。

（6）库存动态和订单交付情况在线查询，改善企业形象和客户满意度，提高客户的忠诚度。

（案例来源：中国物流与采购网）

讨论题

1. 完整的物流信息系统对近铁运通KWE公司的竞争力提升体现在哪些方面？
2. 标准规范的作业流程对成功实施物流信息系统的意义？

物流信息系统分析是信息系统开发的重要阶段，其基本任务是开发商与用户一起，在系统规划阶段得到的数据基础上，充分理解用户的需求，进行认真的调查分析研究，形成新的系统逻辑方案，从而解决物流信息系统“做什么”的问题。系统分析阶段的工作成果是物流信息系统分析说明书，这是系统开发工作中最重要的文件。

第一节　物流管理信息系统分析

一、物流管理信息系统分析应注意的问题

在进行系统分析时，要注意以下几个问题：

1. 要在充分理解用户需求的基础上进行系统分析

物流信息系统开发是为物流企业用户使用的，系统是为用户设计的，因此必须充分体现用户需求。实践证明，凡是充分体现用户需求的信息系统在投入使用后大多数都是成功的，凡是不能充分体现用户需求的信息系统在投入使用后大多数都是失败的。需求分析是

系统开发的重要环节，必须引起高度重视。

在物流信息系统开发的实践中，要充分理解用户需求是一件十分困难的事情。主要原因是：

第一，许多用户缺乏计算机信息系统的使用知识，开始并不清楚物流信息系统能给企业带来什么，能做什么，不能做什么，无法一下子准确地表达自己的需求，大多数需求是在以后慢慢提出来的，并且是不断变化的，这就给开发人员进行系统分析带来困难。

第二，系统开发人员不熟悉业务流程，对用户管理运作不了解，很难准确理解用户的需求，对用户提出的需求常常理解不到位，这也给系统分析带来困难。

第三，新的计算机硬件不断出现，其功能不断创新，这也给用户和开发人员对物流信息系统的需求理解带来一定的困难，从而影响系统分析。

2. 系统分析要由开发人员和用户共同进行

物流信息系统是为物流企业用户开发的，使用对象是用户，为了充分体现用户对系统的需求，必须由开发人员和用户来共同进行系统分析。这种共同进行系统分析主要体现在开发人员与用户的协作交流沟通上。但有时开发人员与用户的交流沟通十分困难，因为用户不懂信息系统开发知识，而开发人员又不懂得用户的业务流程。解决的办法是在两者之间架一座桥梁，这座桥梁就是系统分析员。一个称职的系统分析员，不但具备坚实的信息系统开发知识，了解信息系统的发展方向，而且还要具备扎实的管理科学知识，通晓物流企业的业务流程。同用户打交道，交流沟通业务需求，又能同系统开发人员打交道，交流沟通信息系统开发期望。因此，系统分析员在这里扮演了一个类似海军陆战队员的复合人才。

3. 系统分析是在原信息系统基础上进行的

这里有两种情况，一种是有的物流企业原信息系统是传统手工操作信息系统，另一种是有的物流企业原有的计算机信息系统已经过时，需要重新开发。不管是哪一种情况，系统分析都必须在原信息系统的基础上进行，不能一切都推倒重来。拟建的新系统要源于原系统，又要高于原系统。使新系统功能更强大、效率更高、使用更方便。

二、物流信息系统的任务

国内外物流专家的研究和实践证明，物流价值主要体现在降低企业仓储、搬卸成本，降低企业运营成本，提高顾客服务价值，减少呆料、滞料的出现，使电子商务得以实现，使供应链得以畅通，提高企业的竞争能力等方面。这不仅是物流价值的源泉，更使得物流价值与企业经营业绩真正联系起来。随着全球互联网的发展，物流信息系统的建立和使用可以说是企业实现物流价值，提高竞争力的关键，因此，它也就是物流信息系统的主要任务和目标。由于其投入相对较少，又能显著提高企业物流运营效率和管理水平，所以在新经济时代必须建立物流信息系统。具体任务如下：

（1）对各种物流文档资料的收发、储存和管理，并高效率、低成本地完成各种信息处理业务。物流活动中的各种原始记录，包括各种合同、文件、客户、供应商、生产厂商以及内部业务管理的多种票据等信息，它们是经营管理的凭证和依据。信息系统可以对其很好地收集、储存、加工、传输和管理。并大大提高信息处理效率，减轻劳动强度，从而提高工作效率和效益，同时又可促进管理人员整体素质的提高，改进管理质量和服务水平。

（2）在物流信息技术协助下，实现订发货系统化管理以及货物在运输中的实时管理；库存管理与分析以及与财务系统集成等，实现企业物流一体化的运作。

（3）利用现代通讯网络技术，实现供应链中各系统互联，即通过存有大批定期订货信息，自动交付物流费用，联机通讯信息及银行进款的搜集，与其他企业建立信息系统和相互交流信息达到供应链一体化的目标。

（4）利用系统的信息系统和各种管理模型，辅助高层管理人员进行各种决策。

面对激烈的竞争，企业管理者必须学习和运用现代管理理论和方法，运用现代化的管理手段来实施管理，其中，涉及许多决策，比如资金的运用，货物的进、出，合理运输方式与最佳运输路线的选择，新型服务项目的策划，以及企业效益的预测、评估等都可以借助数学模型定量分析，以提高决策的效率和可靠性。

三、系统调查

系统调查是系统分析的前提和基础，由于新系统要源于原系统，又要高于原系统。因此，在进行系统分析前首先必须对原系统进行全面、深入的调查。

1. 系统调查的目的

主要是搞清楚原系统的工作现状，有哪些长处，存在什么问题，调查的目的是为新系统的逻辑设计打下基础。

2. 系统调查的内容

（1）企业组织机构及其职能。物流企业的组织机构一般是根据企业经营目标设置的。在调查时又必须清楚企业部门设置及行政隶属关系，画出企业组织机构图。熟识每个部门的业务范围及人员职责分工情况，画出功能结构图。

（2）企业业务流程调查。要详细调查物流企业的业务流程，从哪里开始，流向什么地方，到哪里结束，每一条信息的来龙去脉必须一清二楚，要画出业务流程信息流程图。

（3）数据调查。对物流企业业务流程涉及的各项数据，如订单、运单、发货单、验收单、付款单、收款单、报表等进行收集、分类、整理、填写数据调查表。

（4）其他有关调查。如企业外部情况调查，合作伙伴调查，上、下游企业调查等。

3. 系统调查的方式

系统调查是一项十分艰苦的工作，为了调查清楚企业有关情况，需付出很大的劳动。在系统调查中调查方式的选择十分重要，一般有以下几种调查方式：

（1）发调查表进行调查。就是事先根据调查目的拟定调查表格，调查时发给每个被调查者填写并要求在一定的时间内收回调查表的一种调查方式。

（2）收集查询资料。就是到物流企业收集查询有关数据凭证资料，如各种单据、报表、账簿等。

（3）参加业务实践。是指对不熟悉的业务流程亲自到现场参加实践以熟悉了解其业务情况，这种调查方式对开发人员来说尤为重要。

（4）开调查会。开调查会又叫开座谈会，就是召集有关人员了解不熟悉的业务流程和有关情况。

（5）个别访问。就是向在物流业务操作第一线业务人员了解情况。

四、物流业务流程分析

1. 订单处理业务流程分析

订单处理业务流程分析包括检查订单是否有效、确认订单、提请信用部门审查客户的资信情况；提请会计记录有关往来账目；根据客户需要，进行服务的合理策划与设计；货物托运信息与各个分包商联系，委派任务。

2. 仓储管理业务流程分析

入库业务流程包括以下内容：根据货主的正式入库凭证，开入库单交仓库收货员，准备收货；收货人接货、搬运、分标记、验收入库、堆码、做好验收记录；仓库收货员与送货员办理交接手续；根据验收记录，仓库保管员在仓库入库单上签收，一联是作为备查，一联是交给货主；仓库管理员根据入库单登入库账，并制卡交仓库保管员挂在货物上。

3. 运输管理业务流程分析

运输管理业务流程分析包括以下内容：货主提出托运申请；调度根据车辆动态决定是否接受委托；汇总托运信息；借助地理信息系统编制车辆运输计划；生成调度命令下达司机；司机根据调度命令提货、运输、交货；填制有关单据并上报；运输业务统计。

五、物流管理分析

1. 订单管理分析

订单管理分析有采购订单管理与销售订单管理两类。

（1）采购订单管理。包括制作订单、向供货方下达定单、安排运输、选择存放仓库、通知仓库接货、单证处理。

（2）销售订单管理。包括接收订单、订单处理、通知仓库备货、运输安排、单证处理。

2. 运输管理分析

运输管理分析包括以下几个方面：

（1）运输方式选择。包括运输方案设计、方案比较、分析、选择等。

（2）运输服务商选择。包括服务商评价标准、运输服务商初选、比较、选择等。

（3）运输路线选择。包括建立运输路线选择模型、运输路线数据的收集、建立地理信息系统、根据运输任务设定最佳运输路线等。

（4）运输计划编制。包括运输设备资料库、建立驾驶人员资料库、运输任务汇总、运输任务与运输能力的匹配、生成运输计划等。

（5）运输能力配置。包括运输市场规划、运输价格分析、运输投资效益计算等。

（6）运输调度。包括调度指令、车辆船舶跟踪等。

（7）运输统计分析。包括运输统计报表、运输成本分析等。

3. 仓储管理分析

仓储管理分析包括以下几个方面：

（1）入库管理。包括接受入库申请、入库准备、入库验收、安排储位、装卸、搬运等。

（2）库存盘点。包括定期清点库存物资、盘盈、盘亏统计、过期物资清理。

（3）库存物资保管、养护。包括定期检查库存物资，按规定实施保管、养护等。

（4）出库管理。包括接受出库申请、出库准备、安排装卸、搬运等。

（5）储位管理。包括储位编码、储位指派、储位监控、储位使用等。

（6）库存控制。包括库存控制策略的制定、实施、分类、库存编制等。

（7）库存统计分析。包括库存统计报表、库存成本分析等。

4. 配送管理分析

配送管理分析包括以下几个方面：

（1）配送情况选址。包括配送中心选址模型、方法研究、客户分布、需求量、配送中心规划等。

（2）作业流程设计。包括进货作业流程设计、储存作业流程设计、出货作业流程设计等。

（3）客户订单处理。包括客户订单确认、存货查询、单据处理。

（4）分拣作业处理。包括拣货设备配置、拣货信息处理、拣货效率分析、改进。

（5）进货作业管理。包括进货计划、货物编号、进货标识、货物验收等。

（6）发货作业管理。包括分货、发货检查、包装等。

（7）送货与运货处理。包括了解送货要求、确定送货路线、安排送货车辆、控制送货成本等。

（8）其他辅助作业管理。包括流通加工管理，即接受加工指令、准备加工设备、安排加工作业、加工业务统计等；装卸搬运管理，即设计装卸搬运系统，配置装卸搬运机械，制定装卸搬运作业流程，安排装卸搬运作业，装卸搬运统计等；包装管理，即包装方案，配置包装机械，配置包装计划，安排包装作业，包装成本核算等。

5. 货物跟踪分析

货物跟踪分析包括以下三个方面：

（1）货物动态信息收集。包括信息源、信息结构等。

（2）货物动态信息整理。包括货物动态信息检查、分类、汇总、编制供发布、查询的货物动态信息。

（3）货物动态信息查询。包括为客户提供货物动态信息查询、为自身业务提供货物动态信息查询等。

6. 统计分析

统计分析包括以下四个方面：

（1）业务量统计分析。包括运输业务统计分析、仓储业务统计分析、配送业务统计分析、其他业务统计分析等。

（2）服务质量统计分析。包括服务质量指标设计、服务质量信息收集、服务质量指标计算等。

（3）效益统计分析。包括成本测算、成本分析、收入统计、利润计算等。

（4）其他指标统计分析。包括设备完好率统计分析、设备利用率统计分析、劳动生产率统计分析等。

7. 客户关系管理分析

客户关系管理分析包括以下几个方面：

（1）客户档案管理。包括客户资料收集、整理、分析、编号、汇总。

（2）客户合同管理。包括合同档案管理、合同执行跟踪、特殊情况记录等。

（3）客户分析。包括客户需求分析、客户变动分析等。

（4）客户投诉处理。包括客户投诉处理、客户投诉问题的解决、客户投诉案例记录等。

（5）服务标准制定。包括服务标准指标、计算等。

（6）服务质量管理。包括服务质量指标设计、服务质量统计分析、服务质量考核。

8. 物流服务方案设计、改进

物流服务方案设计、改进包括以下几个方面：

（1）市场调研。包括物流市场调查、物流市场预测。

（2）客户需求分析。包括客户需求调查、需求分析。

（3）物流服务方案设计。包括服务项目、服务目标等。

（4）物流服务方案评估。包括从物流成本降低率、服务质量指标、客户满意度等方面进行评估。

（5）物流服务方案改进。包括物流服务评估结果、服务改进等。

9. 物流系统设计、优化

物流系统设计、优化包括以下几个方面：

（1）物流系统分析。包括运输系统分析、仓储系统分析、配送系统分析、装卸搬运系统分析、包装系统分析、流通加工系统分析。

（2）物流系统设计。包括运输系统设计、仓储系统设计、配送系统设计、装卸搬运系统设计、包装系统设计、流通加工系统设计。

（3）物流系统评估。包括运输系统评估、仓储系统评估、配送系统评估、装卸搬运系统评估、包装系统评估、流通加工系统评估。

（4）物流系统优化。包括运输系统优化、仓储系统优化、配送系统优化、装卸搬运系统优化、包装系统优化、流通加工系统优化。

六、物流管理信息系统功能需求分析

（1）订单处理。订单处理包括订单输入、修改、编辑、状态查明、打印；客户信用检验；配送中心、仓库、工厂存货检查；订单确认、取消；订单定价、买价、折扣计算；订单汇总、分类、生成运输/出库/配送任务单；订单处理跟踪、偏差报告生成。

（2）仓库管理。仓库管理包括入库处理、出库处理、内驳处理、中转处理、交接清单打印、库存盘点、库存查询。

（3）运输管理。运输管理包括托运、定舱管理、运输单证处理、发运管理、运费管理、配送管理、车辆调度、行车单生成、修改、发运管理、签收管理。

（4）货物跟踪管理。货物跟踪管理包括地理信息系统、全球定位系统、电子数据交换、货物动态编辑、查询。

（5）业务统计分析。业务统计分析包括业务量统计、分货种统计、分地区统计、分客户统计、分供应商统计、成本统计、运输成本统计、单位运输成本统计、仓储成本统计、成本变动分析。

(6) 客户关系管理。客户关系管理包括客户档案管理，客户合同管理，客户动态管理信息，客户结构分析，客户信誉评估，客户贡献值评估，客户服务质量管理，客户意见收集、汇总，缺货频率统计、分析，供应比率统计、分析，订货完成率统计、分析，准时送达率统计、分析，送达速度统计、分析，作业灵活性分析，货损、货差率统计、分析，物流成本降低率统计、分析。

第二节 物流管理信息系统体系结构

由于物流（主要指社会物流）系统是一个复杂的大系统，涉及政府不同层次的多个管理部门、多个环节的物流企业及货物的供需双方。在物流信息系统规划过程中，一方面，必须处理好物流信息系统所涉及各行业现有的信息系统规划及各类不同层次标准；另一方面，必须为物流信息系统整体的递进开发提供一个规范化的框架及标准，使整个系统具有标准性、开放性及相当的柔性，确保各类参与者在物流信息平台的构筑中保持规范性前提下具有某种灵活性。目前，国内外还没有一套完善的物流系统规划的范例可以借鉴，对物流信息系统的体系结构没有明确的文献资料可供参考，深圳市把物流业当作经济发展的三大支柱产业之一，是国内第一次对物流信息平台发展进行规划的例子。上海同济大学杨东援等在"深圳市'十五'及2015年现代物流业发展规划"课题基础上，对物流信息系统的体系结构进行了探讨，提出了体系结构分析的技术路线，并在此基础上，提出物流信息系统的体系结构。

一、物流信息系统体系结构设计内容和原则

体系结构是从系统工程角度体现系统中各子系统中各要素的相互作用和层次结构，描述了系统中各要素之间的信息传递、实现的相互依赖关系等。物流信息系统体系结构是指在参与者功能与需求分析基础上，定义了物流信息系统的一个总体建设框架，主要包括如下内容：

(1) 与用户服务相关的各种功能。

(2) 具备相应功能的子系统。

(3) 子系统间的信息流与数据接口（包括通信协议与数据标准化定义）。

(4) 子系统间为实现数据交换的通信需求。

同时，在体系结构设计中，应遵循如下原则：

(1) 具有开放性、模块化及适应性等特点。

(2) 满足各系统间的数据交换，数据交换的方法必须确保数据的完整性及安全性。

(3) 数据交换只需通过通用的数据定义、信息格式及通信协议。这样可以确保不同部门开发各自独立的系统具有互操作性。

(4) 具有与现有系统及近期通信技术兼容的特点。

(5) 尽可能兼容已有的技术及已开发的系统。

(6) 在物流信息技术上，让政府与企业在竞争的市场中具有广泛的选择。

二、物流信息系统顶层结构

物流信息系统涉及营运货运车辆管理、内外贸流通领域管理的交叉学科。从体系结构上看，由智能运输系统/营运货车管理系统与现代贸易/流通管理（电子商务及传统商务）两大体系结构组成，如图10－1所示。

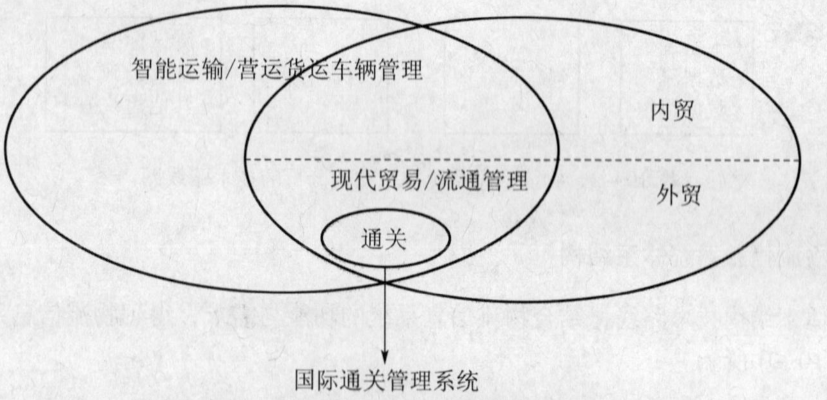

图10－1　物流信息系统体系结构设计的顶层框架分析图

国际通关体系结构是两个体系结构的细化部分，是一种更加详细的补充，通过这样的补充可以得到体系结构分析的充分信息，再通过信息的整合即可得到体系结构。构成顶层框架的体系结构具体描述如下。

1. 智能运输系统/营运货运管理系统结构

智能运输系统体系结构是描述组成运输系统的各个子系统及相互间的信息关系、相互依赖关系等。深圳市对智能运输系统进行了专门研究，《深圳市智能运输系统发展战略及规划研究》通过了课题鉴定，形成了深圳市智能运输系统的体系结构。智能运输系统/营运货车管理系统是智能运输系统（ITS）的一部分，其体系结构中主要对智能运输系统（ITS）用户服务概念及其相应的子系统进行细化；并定义了在营运货车管理系统中某些方面更加详细的概念［如营运业务操作与电子数据交换（EDI）信息需求］。

2. 现代贸易/流通管理系统体系结构

现代贸易系统的体系结构是描述在信息化、网络化条件下的电子商务总体框架结构，涉及商流、资金流、物流及信息流在各个子系统中的功能与接口标准。现代贸易/流通管理系统体系结构是对现代贸易系统体系结构在流通领域的进一步细化，并定义了相关子系统的更加细化的标准及业务内容，目前，电子商务正处于发展的阶段，法律与制度有相对滞后的一面，没有一个统一的体系结构，但在各个应用领域，都在制定各种标准及相应的体系结构。

3. 国际通关系统体系结构

国际通关系统包括运载工具及货物出入不同国境时的报关管理，从运载工具的角度，其体系结构是智能运输系统（ITS）的一个子系统；从贸易的角度，是现代贸易的一个子系统，因而其体系结构可以是ITS与现代贸易系统体系结构的“无缝整合”。

从以上分析，可得深圳市物流信息系统体系结构分析的技术路线如图10－2所示。

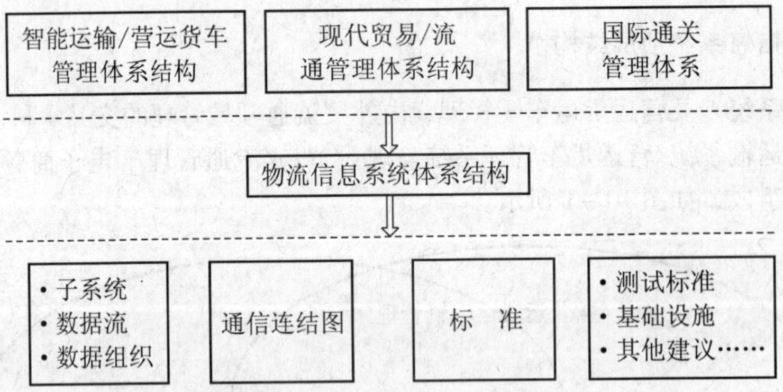

图 10－2　物流信息系统体系结构分析的技术路线图

三、物流信息系统体系结构

根据体系结构技术路线，结合物流信息系统的功能与需求，得到物流信息系统的体系结构如图 10－3 所示。

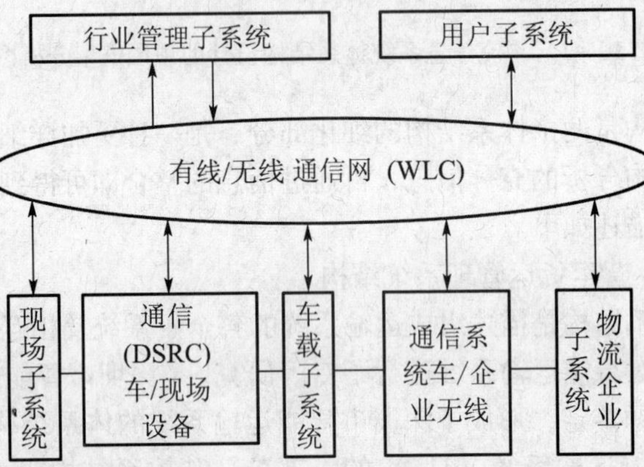

图 10－3　物流信息系统的体系结构图

（一）体系结构的系统分解

体系结构的组成由五大子系统构成，各个子系统主要是从完成特定的功能划分的。具体如下：

1. 行业管理子系统

行业管理子系统主要是从政府相关部门及物流枢纽行业管理的角度来定义的。该系统主要是作各种物流模式下为物流企业提供信息支撑，具体如下：

（1）交通管理与控制系统。对运行车辆的安全与许可进行管理与控制，并提供交通管理与交通状况信息。

（2）交通事故紧急求援管理系统。对交通事故提供紧急报警、求援服务并进行管理。

（3）车辆收费管理系统。车辆通关或经过收费道路时，进行电子收费管理。

（4）车队与货运运政管理系统。货运企业、货运车辆等运政管理及相应货代、船代、仓储（货运场站等）等行业管理。

（5）营运货运车辆管理系统。提供货运车辆跟踪、监控管理。

（6）船舶交通管理系统。提供船舶海上引航及出入港引航等海上交通安全管理。

（7）机场货运综合管理系统。提供机场货运管理、货物跟踪等服务。

（8）火车车辆跟踪与识别系统。对火车及车辆提供到站跟踪、调度、识别等服务。

（9）铁路货运综合管理系统。提供铁路货运管理、跟踪等服务。

（10）港口综合管理系统。提供港口货运、仓储、船舶等管理功能。

（11）规划国土管理信息系统。对物流业发展用地进行规划，提供通用GIS地图等相关商务机构、机关、企事业单位位置等信息。

（12）商品综合信息系统。提供商品、企业（制造业、批发业、零售业）等信息，并支撑电子商务发展。

（13）银行结算系统。提供政府与企业、企业间金融结算、信用等服务，支撑电子商务发展。

（14）税务综合管理系统。提供税务征收等相关业务功能，支撑电子商务发展。

（15）保险综合管理系统。提供物流活动中参与相关业务功能，支撑电子商务发展。

（16）出入境检验检疫系统。对出入境商品、动植物、食品等提供检验检疫。

（17）海关报关清关系统。对出入境货物、运载工具进行报关管理、关税征收。

2. 现场子系统

现场子系统是分布于道路、仓库及站场，用于信息采集、车辆及货物管理，并提供与行业管理子系统与物流企业子系统间的信息交流的物理设施、管理系统等。

3. 车载子系统

车载子系统是由安装于车上的信息接收、发送及采集设备组成，主要用于与如下系统的通信：

（1）与现场系统的通信：如通过专用短程通信系统（DSRC：the Dedicated Short-Range Communication）与路边的信标（Beacon）完成车辆收费，通过传感器（Sensor）检测车辆潜在的安全问题。

（2）与行业管理子系统的通信：如通过车载GPS接收机实现与车辆管理中心的实时联系。

（3）与物流企业子系统的通信：如车载扫描系统用于扫描条码信息，在车载电脑通过无线数据通信网络传至物流企业子系统的主机、车辆调度中心。

4. 物流企业子系统

不同的物流模式下的物流企业子系统，通过整合相应系统组成，完成供应链中的物流系统功能。一般有如下子系统：

（1）订单管理系统：提供物流服务订单、接单管理功能。

（2）库存管理系统：具有物流中心的物流企业对货物进行仓储管理、流通加工管理等功能。

（3）车辆调度管理系统：对运输车辆进行跟踪、计划与临时调度管理。

（4）财务结算系统：对物流活动中的资金流进行管理，如保险、税收等。

（5）报关系统（国际物流模式）：对出入境货物、运载工具进行报关管理。

（6）综合信息发布系统：为用户提供货物跟踪、物流服务等信息。

(7) 物流配送系统：配送中心根据发货单对货物进行分拣、配送等管理功能。

5. 用户子系统

用户子系统是提供给用户进行查询部分，用户系统有一般用户及联盟企业（制造商与大的需方）两类别。

(1) 信息查询系统：提供一般远程用户物流服务委托、信息查询及货物跟踪等服务。

(2) 制造商信息及查询系统：从供应链的角度，物流企业信息系统必须与制造商信息系统进行整合，并为制造商提供各类、各层次的信息共享服务；制造商信息与查询系统提供供应方的各种信息，为物流企业的业务及决策支持提供信息共享。

(3) 需方的信息及查询系统：通过需方信息及查询系统，物流企业信息系统与大的、稳定的需方客户进行信息系统的整合，并为需方提供各类各层次信息服务；同时，从需方得到最新的需求信息，为物流配送提供服务。

（二）网络系统构架

计算机网络体系构架是指通讯系统的整体设计。它为网络硬件、软件、协议、存取控制和拓扑提供标准。网络体系构架广泛采用（ISO）提出的开放系统互联（OSI）参考模型。从网络互联角度，网络体系构架的关键要素是协议和拓扑。

(1) 局域网及其拓扑结构。在众多局域网中，以太网（Ethernet）具有良好的性能价格比，使用广泛，几乎所有厂家产品都可连入以太网。因此，优先选择以太网作为主要联网技术，必要时在配送中心及其子中心和连锁店均可建立以太网。

系统建网初期，配送中心局域网可选用快速以太网：100base-T，随着网络技术发展和业务量的需求，为提高网络传输速度，在不改变以太网节点设备的同时，采用动态以太网交换技术，使用网络交换设备，以提高网络带宽。这样，网络拓扑结构呈现为总线型和星型相结合的结构。

(2) 网络协议。网络协议实现各种 O. S 的网络连接及数据通讯。TCP/TP 是当今应用最广泛，适合任何硬件平台的通用网络通信协议。

(3) 局域网互联（广域网连接）。局域网覆盖地理范围较小，当配送中心本身建立多个局域网时，可通过建主干网把它们互连起来，互联网性能不能低于以太网，且要支持 TCP/IP 协议，有利于提高网络安全性和管理维护。由于局域网互联不只限于配送中心内部，还有可能和其他配送中心、连锁店及其供货厂家等多种网络连接，因此，是一个广域网连接。在分析几种广域网常用的远程桥、路由器、路由桥和网关等之后，路由器工作在网络层，支持多路径选择和多种协议，可将不同传输介质、不同网络协议的异构网互联。它可隔离广播信息，用路由互联的各网仍为独立网络，边界清楚，便于管理，有很好的隔离性能和很好的流量控制功能和网络安全措施，是实现局域网远程互连的理想设备。因此，构架广域网络多选用专用协议路由器，它具有多个异步和同步口可实现远程工作站访问配送中心网，又可实现远程网互联。广域网互联有拨号线连接、专线连接、公用分组交换数据网连接等方法。当需要上网交易，开展电子商务业务时，亦可方便地连接 Internet，进行网上交易、结算等。网络体系架构见图 10 - 4。

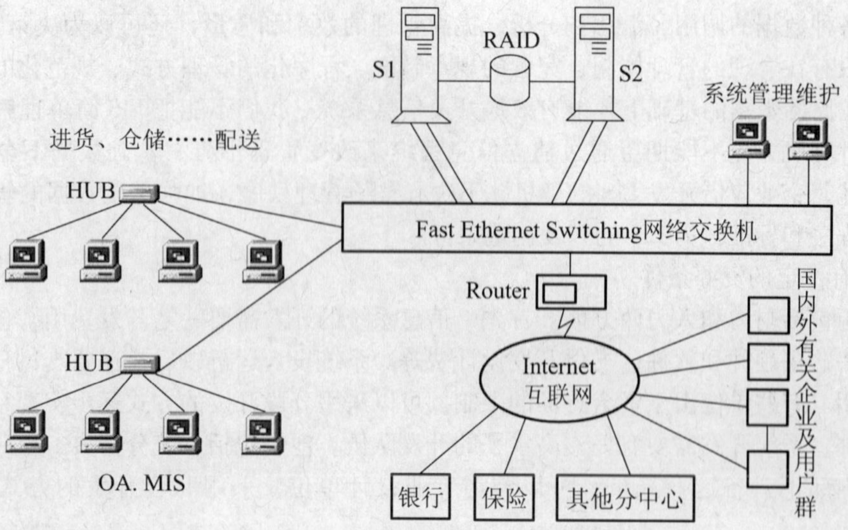

图 10－4 网络体系架构

第三节 物流管理信息系统的开发方法

物流信息系统的开发是一项非常复杂的系统工程，为了保证系统开发顺利有效地进行，不但要有切实可行的开发方案，而且还要有科学的开发方法。

一、信息系统开发的基本条件

信息系统作为管理现代化的重要手段，不仅可以促进管理方法的进步和人员素质的提高，同时给组织带来可观的经济效益。但建立信息系统是一项复杂的系统工程，影响系统成败的因素很多，有来自技术方面、资金方面、方法方面的，也有来自人员方面的，在信息系统推广应用的几十年中，失败的例子是相当多的。总结成功的经验和失败的教训，我们可以知道一个组织要建立信息系统并达到预期的效果，必须具备以下条件：

1. 领导重视，管理人员积极性高

企业最高领导的重视和亲自参加，是成功建立 LIS 的首要条件。LIS 的开发时间长、投资大、涉及面广，包括组织机构的调整、人员的培训、资金的筹措甚至是管理方法和流程的改变，这些重大问题只有最高领导才有权做决定，因此，只有他们亲自参与才能解决这些问题。实际情况是有些最高领导没有需求和整体的思路，也无暇关心系统的开发工作，要么委托计算中心主任去管或干脆全权委托开发单位负责，这些做法都是不妥的，都会使系统开发面临困境，甚至导致系统开发半途而废。

管理人员主要是指系统将来的操作者和使用者。他们的业务水平和对系统开发的态度直接影响系统的使用效果和生命力，他们应与开发人员积极配合，介绍管理流程、提出功能需求。实际情况是很多管理人员不懂计算机技术，有畏惧心理，有些管理人员还担心信息系统的建立会削弱本部门的地位和自身的权力，所以，他们对系统的开发往往有消极抵触情绪。

2. 有科学管理的基础

计算机的运用与管理水平的提高是相辅相成、互相促进的。LIS 可以帮助企业迅速地完成对各种数据的调用、汇总和分析，提高管理的效率和质量，还可以为决策提供依据。同时，只有在合理的管理体制、完善的规章制度、程序化的管理方式、规范化的管理标准及准确的原始数据的基础上才能有效地开发信息系统。我们不能把LIS简单理解为传统的管理加计算机，更不能期望通过建立信息系统来改变管理不善、基础数据不全的落后现状。因此，企业应借开发LIS的契机，下决心整顿管理秩序，加强基础数据的管理，规范管理的程序和标准，为LIS的开发创造条件。

3. 有一定的资源条件

资源包括财力和人力两方面。首先，信息系统的开发需要一笔开发费用，包括建造装修机房，购买硬件和软件，支付开发设计费等。系统投入运行以后，还要支付日常的各种运行费用。有些单位由于资金方面的限制，可以采用分段开发的方式逐步实现系统功能。

另外，系统开发需要有一支高水平的开发队伍。他们包括系统分析员、程序员等，如果组织内部不具备这些人员，可以聘请专业设计单位，采用联合开发的方式进行系统开发。

二、信息系统开发的特点

信息系统开发的结果是一套软件产品，软件产品的生产具有以下特点：

（1）技术含量高。信息系统的开发涉及多门学科。对设计人员来说除了具有广博的知识、丰富的经验，更重要的是要有创新意识。不同的组织有不同的业务范围、组织机构和管理特点。信息系统的开发不能照搬老系统的管理模式，也不是简单地用计算机代替手工操作，建立信息系统的目的是建立一套高效、有序、合理、先进的信息系统，全面提高管理的效率和质量，从而提高组织的竞争力。系统的开发既包括先进技术的运用，又包括先进管理思想和方法的运用。所以信息系统是高科技产品，创新是它的生命力。

（2）过程复杂。信息系统的服务对象是一个管理和控制系统。管理和控制系统本身就是一个复杂系统，信息系统的开发不仅要了解这个复杂系统，还要了解系统的环境，这就决定了系统的复杂性。另外，系统开发阶段有大量的不同身份的人员参加，他们之间的分工合作也增加了系统开发的复杂性。

（3）质量要求高。信息系统一旦建立起来，所有的部门和各级管理人员就会对它有强烈的依赖，设计过程的一个小小错误，也许会在运行中给组织造成巨大的损失。硬件产品的质量可以用产品标准来衡量，信息产品的质量可以从下面几个方面去考虑：①用户的满意程度；②系统功能的先进性、有效性、完备性；③系统的经济性；④系统所提供信息的准确性、有效性和实用性；⑤开发过程的规范性。

三、信息系统的开发方法

在具备了必要的条件以后，选择合适的开发方法也至关重要。早期信息系统的失败有相当大一部分原因是由于不适当的开发方法所致。比如，当时人们不知道如何对一个大型组织实施调查才可以全面掌握其业务流程及信息需求，如何进行系统划分才可以使各子系统协调工作。20世纪60年代末由约当、康斯坦丁等人率先提出了结构化系统开发的概念，把系统化、结构化、工程化的系统开发思想运用到了软件开发中来，建立了独特的系统分析设计理论，避免了系统开发中的随意性和盲目性。这种方法被广为流传，迄今为止它仍然是众多开发方法中应用最广、最成熟的一种方法。当然，随着信息技术的发展、开发环境的变化，这种方法也显现出了一些缺点。为了克服这些缺点，人们又提出了原型法、面向对象的开发方法、计算机辅助开发方法等。目前，对系统开发方法的研究已成为信息系统的一个重要研究方向。下面我们介绍几种最常用的方法。

（一）结构化系统开发方法

1. 结构化系统开发方法的基本思想

结构化系统的开发方法的基本思想是采用结构化方法，严格划分工作阶段，面向用户，采用标准化、规范化的图表工具。

（1）采用结构化方法。首先把整个系统作为研究对象，明确系统的目标、系统的功能；然后，自顶向下地把整个系统划分为若干子系统，每个子系统再根据功能要求划分为若干模块。为了便于设计、实施和维护，要求模块之间联系尽可能少。采用这种方法可以把握全局，优化整体结构设计。

（2）严格划分工作阶段。该方法把系统开发划分为若干个先后衔接的阶段，每个阶段有明确的任务，前一个阶段结束前要审核该阶段的文档，并把它作为下一个阶段工作的依据。严格按阶段工作的好处是工作基础扎实，可以避免因返工造成的浪费。

（3）面向用户。信息系统的成败很大程度上取决于系统是否符合用户需求，用户的满意程度是衡量系统质量的首要标准。因此，在系统开发中要求专业人员一切从用户利益出发，尽量满足用户需求。具体来说，要求系统分析设计人员深入调查研究，虚心听取各方面的意见，与用户加强联系，在技术上保证质量。然而，在实际工作中用户与专业人员之间客观存在着一些矛盾。比如，由于双方缺乏共同语言，或用户工作繁忙，沟通就比较困难；由于双方对系统的要求和标准不同，产生意见分歧的情况也常有发生，专业人员往往注重技术性能，而用户希望操作方便。这些矛盾能否协调好，直接关系到系统的成败。

（4）采用标准化、规范化的图表工具。在系统开发的全过程，运用大量的图表工具来记录阶段性成果。如用组织结构图记录调查结果；用数据流程图、数据字典描述逻辑模型；用结构图描述物理模型等。运用标准化的图表工具可以成为专业人员和用户之间的共同语言，不仅直观形象地表达设计思想，还避免了用语言表达可能产生的二义性。但是，目前图表工具并没有一个国际或国内的标准，我们在实际工作中尽量采用较为流行的图例。比如，决定用圆圈表示外部实体，则所有的外部实体都必须用圆圈来表示。

2. 结构化系统开发方法的生命周期

结构化系统开发方法把系统开发过程分为系统规划、系统分析、系统设计、系统实施、系统运行和维护五个阶段。这五个阶段紧密衔接，首尾相连，所以也被称为系统开发的生命周期。生命周期各阶段的主要工作如下：

（1）系统规划。首先由用户提出系统开发请求，然后组织调查小组对现行系统进行初步调查，了解系统的概况，在此基础上进行可行性分析，提出初步方案，交系统开发领导小组讨论，如果项目可行，则进入下一阶段工作。

（2）系统分析。系统分析员对组织进行详细调查，分析业务流程和数据流程，提出新系统的逻辑模型，完成系统分析报告，交系统开发领导小组讨论，如果通过，则进入系统设计阶段工作。

（3）系统设计。根据系统的逻辑模型，考虑实现的可能性，进行物理模型的设计，这其中包括模块的分解、数据库的设计、代码的设计、输入输出设计等，完成系统设计报告，交系统开发领导小组讨论，如果通过，则进入系统实施阶段工作。

（4）系统实施。包括程序设计，软硬件的安装调试，人员培训，试运行，系统转换。

（5）系统运行与维护。系统投入运行之后，主要是日常维护的工作，如遇系统功能的改变，还要对系统进行修改，使之满足实际的要求。当系统的环境发生较大的变化，用户提出新的开发请求，则重新开始新一轮的生命周期。

3. 结构化系统开发方法的优点

（1）该方法强调系统的观点，先自顶向下地分析设计，再自下而上的实施完成，从而保证了系统的完整性与子系统之间的协调。

（2）严格区分工作阶段，每个阶段都要严格审核，可以及早发现问题，避免不必要的返工和工作过程的混乱。

（3）重视调查研究，便于全面了解用户需求。

4. 结构化系统开发方法的局限性

（1）该方法的运用是假设用户需求在调查研究阶段全部可以确定，而且在开发过程中基本保持不变，这种假设在今天这样的环境中是很难做到的。特别是对于一些决策领域的应用，因为决策问题可能是半结构化的，信息需求和求解过程不能预先确定下来，这时，用下面要介绍的原型法会更有效。

（2）设计者必须花费大量的时间来进行调查，并完成许多图表和说明书，而各阶段的图表文档又不能自然过渡和转换，所以开发周期往往要一年以上。等系统交付使用时，可能环境已经发生变化，新系统已经过时了。

（二）原型法

结构化系统开发要求系统开发人员和用户在开发初期就对整个系统的功能有全面和深刻的认识，并制定出每一个阶段的工作计划，期初定下的目标和范围在后面不需做很大的改变，这种方法适用于用户需求明确，研制人员对系统熟悉、经验丰富，系统寿命长等情况。

但在实际开发过程中，特别是计算机迅速普及的今天，软硬件价格下跌，开发费用上升，如用结构化系统开发方法，研制周期长，费用大；另外，由于环境变化快，系统的需求也在经常变化，很难在一开始就把需求固定下来；再者开发人员与用户的沟通也很难做到。上述各种情况说明，结构化系统开发方法缺乏灵活性，特别对预先不能明确定义需求的情况应该采用其他的开发方法。这就产生了原型法。

原型法的基本思想是在初步了解用户需求的基础上，构造一个初步模型——原型。研制人员通过原型，提炼用户需求，提出修改方案，再去修改原型，经反复提炼与修改，直到得到最后的系统。

1. 原型法的开发步骤

（1）确定用户的基本需求。对现行系统进行初步调查，收集有关数据资料，如主要的输出报表等，从而发现用户的基本需求，包括系统的主要功能、数据库结构和基本输入输出界面，估算系统开发成本。在这个阶段，开发人员不需要花大力气对系统作全面系统的了解。

（2）开发初步原型。建立一个符合用户基本需求的初步原型，开发人员可以利用一些开发工具和高层次开发语言来快速生成原型（比如：Visual FoxPro，Power Builder 和 MIS

开发工具），成为下一步工作的依据。

（3）利用原型提炼用户需求。这个阶段是关键。用户通过亲自使用原型，了解系统已有的功能，发现不完善之处，对功能和输入输出界面提出意见，设计人员要一一记录下来，并以此引导用户发表意见和建议，在反复讨论过程中进一步提炼用户需求，形成修改计划。

④修正和改进原型。开发人员根据用户的意见对初始原型进行修改、完善，然后再试用、评价、修改、完善，直到满意为止。

2. 原型法的优点

（1）在对用户需求不能完全确定时，原型法最适用。

（2）可以缩短开发周期。

（3）有原型做讨论对象，使开发人员与用户易于交流，开发出的系统更能满足用户需求。

3. 原型法的局限性

（1）原型法更适合较小的系统开发，对于大型系统必须分为几个部分，各部分分别建立原型，如果不事先进行结构化的分析，是很难对大型系统进行划分的。

（2）必须有一个功能强大的软件作支撑。

（三）面向对象的开发方法

面向对象的系统开发方法是从 20 世纪 80 年代各种面向对象的程序设计方法逐步发展而来的。面向对象开发方法的基本思想：认为客观世界是由各种各样的对象及其相互关系组成的，在开发系统的过程中首先认识应用领域的各种对象以及他们之间的相互关系，把具有相同或相似特性的对象中的具有共性和相对不变的特性抽象出来，定义为类，由于类反映了事物的本质，因而不容易受环境变化的影响。在类的基础上可以定义具有个性化的各种对象，对象具有属性和与之相关联的事件、方法。各种对象通过事件和方法相互联系、相互作用，构成应用系统。这种以对象为中心的分析问题、解决问题的过程与人们认识世界的过程基本一致，用这种方法可以更准确地描述现实世界。

1. 面向对象开发方法的步骤

（1）面向对象分析（OOA）。与用户交流，明确用户需求，确定类和对象；确定结构；标识主题，也就是确定系统的概貌；定义属性；定义方法。

（2）面向对象设计（OOD）。整理、修正 OOA 阶段的分析结果，改正错误，合理分类；设计数据库的结构；确定系统的结构。

（3）面向对象编程（OOP）。将 OOD 阶段得到的模型利用程序设计得以实现。程序设计一般采用面向对象的程序设计语言，这样可以更好地实现系统。

2. 面向对象开发方法的优点

（1）这种方法从现实系统的描述到最后的软件结构都是以对象为中心的，各阶段模型可以自然过渡，从而减少了系统开发过程的复杂性，缩短了开发周期。

（2）由于系统是由基于各种类的对象“组装”而成的，类的封装性、继承性、多态性决定了所开发的系统可重用性和可维护性好，一旦用户需求发生变化，利用继承性可以方便地改进系统功能，所以系统可以维持较长的寿命。

3. 面向对象开发方法的局限性

对于大型系统开发，如果不先采用自顶向下方法进行总体规划，直接自下而上地采用面向对象的方法开发系统，同样会造成系统结构的不合理。因此，如果在实际的系统开发中把结构化方法与面向对象的方法有机结合起来会收到更好的效果。

（四）购买软件包

目前市场上有许多商品化的软件包可供用户选择，比如：库存控制、人力资源管理、工资计算、财会系统、图书馆系统、POS系统、房地产管理和物业管理软件等。如果这种预先设计、预先编写、预先测试的软件包可以满足用户的需求，那么采用购买软件包的方法来建立信息系统会带来更好的效益。

1. 购买软件包的开发步骤

（1）系统分析。调查，确定用户需求；选择软件包开发商；评估软件包；选择软件包。

（2）系统设计。按要求修改软件包设计；重新设计组织的业务流程。

（3）安装调试。安装软件包；交付各类文档资料；培训用户。

（4）运行维护。纠正运行中发现的问题软件包的更新。

2. 利用软件包的优点

由于绝大部分的设计工作在系统开发之前已由开发商完成，比起规范化的生命周期方法来说，可以大大缩短开发周期。另外，由于商品化软件在投放市场之前都经过反复测试，又经过权威部门的技术评审，所以可靠性比较强，技术服务也比较好，采用这种开发还可以节约大笔开发费用。

3. 利用软件包的缺点

由于一般的软件包都是针对某一单独的应用而开发的，所以，软件包更适合于满足组织中的一些通用的信息需求。而满足一个实际系统的全部需求的商品化软件包是没有的。即使有通用性、灵活性都很好的系统出售，它也最多能满足用户70%的功能需求。

4. 选择软件包需要考虑的问题

（1）软件包的功能。可以满足哪些功能需求？需修改的部分占多少？

（2）灵活性。软件是否允许修改和扩充？开发商是否愿意修改？

（3）友好性。软件是否易于操作，提供的信息是否符合使用要求，包括内容和形式。

（4）运行环境。需要什么软硬件环境支持？

（5）系统转换的难度。现行系统转换成软件包系统难度大不大？

（6）可维护性。系统是否易于修改？开发商是否提供软件升级？

（7）文档资料。随软件包是否提供文档资料？文档资料是否完备、可用？

（8）费用。软件包的价格是多少？年维护与运行费用大约需要多少？

（9）寿命。软件的技术是否先进？估计能使用多长时间？

第四节　物流企业如何实施物流信息化

目前，中国物流企业的物流信息化总体还处于起步阶段，发展水平还很低。其中既有中国经济发展水平的影响，也有经济体制方面的束缚，更有现代信息技术应用较低的约束，使得中国物流企业面临市场规模、组织形式、竞争方式、物流效率和经济效益等诸多问题的障碍和制约。根据中国仓储协会调查，2000年我国的物流企业中，只有39%拥有物流管理信息系统，绝大多数物流企业尚不具备运用现代信息技术处理物流信息的能力。

在拥有信息系统的物流企业中，其业务功能也很不完善，远未达到利用信息系统整合企业内外各种信息资源和有效信息的使用能力。特别是在广大的中小物流企业中，不少企业不知道什么是物流信息化，有的企业还没有电脑，还是靠传统落后的手工操作方式进行物流作业和物流管理，有电脑的企业也以为物流信息化就是计算机化，买了电脑，在网上开设了网站，就实现了物流信息化。这些问题充分说明我国物流企业的物流信息化程度还很低，在某种程度上已成为制约中国物流企业发展和竞争力提高的瓶颈。如何解决这些问题？物流企业如何实施物流信息化？笔者认为可从以下几个方面入手。

一、按步骤实施物流信息化建设

物流信息化建设是一项非常复杂的系统工程，是一个过程，必须分阶段按步骤实施。对于一个传统的物流企业而言，物流信息化建设可考虑分三步走。

1. 明确信息化建设的目标

物流信息化建设首先要有一个明确具体切实可行的目标，即通过物流信息化建设为物流企业解决什么问题，达到哪些要求。要根据物流企业自身的人力、物力、财力和物流业务发展的需求来制定物流信息化建设目标，不同的物流企业因企业具体情况不同应有不同的物流信息化建设目标，不要一味攀比和互相模仿，人家达到什么样的物流信息化水平，我也跟着达到什么样的水平。更不要一味追求技术先进、设备优良，搞一步到位，忽视企业的经济实力和实用、可靠，是否有局限性等，盲目提出一些超前和不切实际的目标。制定物流信息化建设目标，应由企业主要负责人亲自主持各部门共同参与负责研究提出。目标明确后，要有企业主要负责人组织领导实施，信息化建设是典型的“一把手”工程，没有企业主要负责人的亲自参与和主持，物流信息化是难以成功的。

2. 广泛使用物流信息技术

物流信息化的建设过程是物流信息技术在物流企业的广泛使用的过程，没有物流信息技术的广泛使用，不能称其为物流信息化。物流企业的各个部门和全体员工都要具备使用物流信息技术的基本能力，要对物流企业各部门的员工进行物流信息化知识和物流信息技术的基本培训，通过培训使员工掌握物流信息化的基本知识和物流信息技术的基本技能，使员工有一种成功感和自豪感。要购买必要的物流信息设备产品，装备物流企业的各个部门和物流作业的各个环节。要构建物流企业的局域网，建立物流信息平台，实现物流初级信息资源共享。建立物流企业网址，设计初级网页，使客户能够在互联网上看到企业的门面，了解企业的基本情况和主要业务。经常在互联网上搜集、整理、加工各种信息资源，整合企业内外各种信息资源，实现物流信息的有效利用，为企业物流管理和决策提供有效的信息支持。

3. 实现物流作业的数字化、自动化

物流信息化的核心是信息资源共享，数字化和自动化是物流信息化的主要特征。要建立各部门的信息系统，如办公自动化系统、财务信息系统、运输信息系统、仓储信息系统、配送信息系统等。购置现代自动化物流设备，装备物流活动各个环节。全面使用条码技术、无线射频技术、地理信息系统技术、全球定位技术、快速反应技术、电子数据交换技术等现代物流信息技术的操作和应用，逐步淘汰传统手工物流作业方式，实现物流作业的数字化、自动化。

二、选择适当的物流信息化建设模式

物流企业实施物流信息化有四种模式，不同的物流企业可根据自身的不同情况从中选择一种实施。

1. 自我开发信息系统模式

自我开发信息系统要求物流企业要有既懂物流管理又懂信息技术的 IT 人员。这些 IT 人员一般都熟悉企业情况，了解企业物流运作环境和物流业务流程，懂得企业需要什么样的信息系统，只要加强与各部门的密切配合，完全可以选择自我开发信息系统模式进行开发，信息系统开发的成本通常也较低。但对广大的中小物流企业而言，由于缺乏 IT 人员，不易选择自我开发的模式。要引进和留住 IT 人员，其直接费用和间接费用都较高。即使引进了 IT 人员，也有一个熟悉企业情况，了解企业物流运作的业务流程的过程，还必须与企业各部门密切配合。在时间、进度和信息系统质量上都很难得到保证。

2. 与 IT 公司合作开发模式

现在 IT 市场各种 IT 公司很多，可以与 IT 公司合作开发信息系统。但 IT 公司的技术人员一般不懂物流，对企业环境不熟悉，不了解企业的物流运作和业务流程，要花一定的时间与他们沟通。物流企业的业务人员必须与 IT 公司的技术人员进行密切配合，使 IT 公司的技术人员尽快熟悉企业物流运作和业务流程，了解企业的信息化需求，才能使信息系统开发成功。否则，开发的信息系统的质量很难得到保证。

3. 交给专业物流软件公司模式

专业物流软件公司中的系统分析人员一般都熟悉物流，了解物流业务流程和物流运作情况，有的物流系统分析人员还曾是物流企业的优秀主管或经理。懂得物流企业需要什么样的信息系统，交给专业物流软件公司一般软件质量都能够得到保证，并且省事省时，但一般软件的价格都较高。

4. 信息化项目外包模式

将物流企业整个信息化项目外包给专业的信息化外包公司。信息化项目外包是企业未来信息化建设的发展趋势，也符合国际惯例。物流企业将信息化项目外包后，可以集中精力专注物流业务，省去了许多信息化建设中的 IT 技术麻烦，而专业信息化外包公司也可以充分发挥自己的 IT 技术优势，把信息化项目做优做精。

三、信息化建设注意问题

在上述四种模式中，除第一种自我开发信息系统模式外，其余三种模式都有一个选择合作伙伴的问题。物流信息化建设关系到物流企业的长远发展，是企业的一项重大工程，必须慎重选择合作伙伴。在选择物流信息化建设合作伙伴时，一般应注意以下几个问题：

1. 选择知名度较高的 IT 公司

知名度较高的 IT 公司，代表了他们在 IT 行业有较强的技术优势，是 IT 公司实力的一种表现。选择信息化建设合作伙伴首先要考虑选择知名度较高的 IT 公司。特别是在物流界有一定影响和知名度的 IT 公司，这些 IT 公司都具有较强的研发和技术能力，特别重要的是具有物流系统分析的设计人员，一般质量都能得到保证。但有的 IT 公司知名度较高，宣传也做得很好，都是刚从其他行业转到物流行业，往往以过去的成功经验来开发物流信息系统，其质量并不能得到保证。选择这些 IT 公司，有时要承担很大的风险，弄不好就要蒙受重大的经济损失。

2. 选择价格适当的 IT 公司

物流信息化建设是一个花钱的项目，少则几十万元，多则成百上千万元。在选择物流信息化建设伙伴时必须特别关注价格的选择，一定要货比三家，进行价格比较，选择质量好、价格适当、企业能够承受的 IT 公司。一分钱一分货，质量高往往价格也高，不要盲目追求技术先进、设备优良、一步到位，一定要量力而行。

3. 选择服务周到的 IT 公司

物流信息化建设项目的售后服务十分重要，一个讲信誉，服务周到的 IT 公司会使物流企业在以后的操作使用中减少许多麻烦，使企业没有后顾之忧。反之，会给物流企业在今后的使用过程中带来很多的麻烦，甚至使物流企业的信息化建设失败，给企业造成重大经济损失。因此，物流企业必须选择讲信誉、售后服务周到、有一定的保质期和终身维护的 IT 公司。

复习思考题

1. 物流管理信息系统分析应注意哪些问题？
2. 物流管理信息系统的主要任务是什么？
3. 物流管理分析如何入手？
4. 物流管理信息系统功能需求分析包含哪些内容？
5. 管理信息系统的开发方法常用的有哪些？
6. 物流企业如何实施物流信息化？

【实训项目】

物流信息系统分析与开发方法的应用

1. 实验目的

了解程序开发人员设计软件一般操作流程；掌握物流信息系统分析与开发的方法；通过实践教学活动，拓宽学生的知识领域，锻炼学生的实践技能，培养科学严谨、求真务实的工作作风。

2. 实训内容

参观物流软件公司，与公司的系统分析员和程序设计师面对面接触；学生直接参加企业中的物流业务编程过程；熟悉企业物流业务，综合应用以前学过的知识。

3. 实训安排

（1）学生进行分组，每个小组设计一个主题。

（2）参观结束后，学生对过程进行总结，编写总结。实验报告包括如下内容：实验的目的和要求，实验步骤，实验结论；本次实验取得的主要收获和体会。

【课后案例】

神龙公司基于 EDI 和 Internet 的信息组织模式

神龙公司的管理信息存在一些影响供应链运作效率的问题。生产计划中所需的关键数据（如制造明细表、订货信息、库存状态、缺货报警、运输安排、在途物资等）只有部分集成和共享，决策者在进行生产计划安排时无法快速获取有效数据。公司内部各部门信息系统在联网、系统接口、共享方面以及与公司外部联系等方面存在较大难度，缺乏统一性和协调性。现行的新车销售系统侧重于资金流的管理和售后服务的跟踪，而对于公司外部信息，如用户数据的搜集、分析和处理等功能不够完善，缺少快速有效的顾客信息反馈机制，故而使供应部门、生产部门无法充分地获取来自市场的反馈信息。因此，供应、生产和需求缺乏必要的沟通，公司内部与外部之间的信息共享不够，难以真正按市场需求安排生产。

另外，神龙公司与其他合作企业之间的信息交流尚未建立规范体系，无共同遵守的工作准则。如神龙公司与雪铁龙公司的业务往来是通过 EDI 进行数据交换，双方规定必须严格遵守文件的标准格式，任一方擅自改动格式都将导致对方的系统无法正常工作。1992 年 2 月雪铁龙公司更改了发货合同的格式，而未提前与神龙公司做好技术上的准备，从而导致神龙公司的翻译软件无法工作，无法获取数据。

因此，从神龙公司在供应链中所处的核心企业的角度来看，该公司的管理信息系统既要接受来自不同体系的信息，又要对之进行处理，用以计划、组织和控制本企业的行为，然后将现有的状态反馈给不同的企业成员，因此，神龙公司的管理信息必须高度集成，为通过供应链管理实现企业经营目标提供可靠保证。为此，要从以下几个方面考虑采取新的措施：

(1) 信息必须规范化，有统一的名称、明确的定义、标准的格式和字段要求，信息之间的关系也必须明确定义。

(2) 信息的处理程序必须规范化，处理信息要遵守一定的规程，不因人而异。

(3) 信息的采集、处理和报告有专人负责，责任明确，没有冗余的信息采集处理工作，保证信息的及时性、准确性和完整性。

(4) 各种管理信息来自统一的数据库，既能为企业各有关部门的管理人员所共享，又有使用权限和安全保密措施。各部门按照统一数据库提供的信息和处理管理事务的准则进行管理决策，实现企业的总体经营目标。

1. 解决问题的途径

在激烈的市场竞争中，神龙公司认识到应以自身为核心，与供应商、供应商的供应商乃至一切向前的关系，与用户、用户的用户乃至一切向后的关系组建一个链网结构，建立战略合作伙伴关系，委托链网上的每一个个体完成一部分业务工作，那么神龙公司则可轻装上阵，集中精力和各种资源，通过技术程序重新设计，做好本企业能创造特殊价值的、比竞争对手更擅长的关键性业务工作，从而极大地提高神龙公司的竞争力，取得期望的经济效益。

这就是神龙公司采用供应链管理模式的初衷。神龙公司作为供应链上的核心企业，发挥着信息处理中心的作用，向供应商产生层层需求信息，供应商向神龙公司反馈供应信息，由分销商产生需求信息，再向分销商提供供货信息。只有通过改变原有的企业信息系统模型，建立面向供应链管理的企业信息系统，才能保证供应链生产计划同步化和实现企业之间的信息共享，这也是实施供应链管理模式的前提和保证。

（1）组织结构重组，职能部门集成。神龙公司需围绕核心业务对物流实施集成化管理，对组织实行业务流程重组，实现职能部门的优化集成，避免不同部门条块分割或职能相互渗透。根据神龙公司的核心业务活动流程，从职能方面可以划分为产品开发与设计、供应、生产作业、销售、财务结算、信息组织等 6 大部分。物料供应部门与供应商的管理部门集成、销售商务部门与销售商管理部门的集成有利于对供应商、经销商的管理和考核。生产作业部门与设备能源部门的集成有利于生产能力和设备能力的协调，而信息组织部门与财务结算部门则宜相对独立，这样，也便于物流、信息流、资金流的管理，协调公司内部各职能部门之间的合作关系。

（2）生产计划和控制系统的集成从供应链中节点企业的供需关系分析，神龙公司采取订单驱动其他企业的活动，如供应部门围绕订单而动，生产部门围绕制造订单而动，销售部门围绕商业订单而动，这就是订单驱动原理。

（3）建立 EDI 和 Internet 相融合的信息组织模式将 EDI、Internet 和企业的信息系统集成起来能提高企业的经营管理水平。如：法国雪铁龙汽车集团与美国通用电气公司建立了长期合作伙伴关系，雪铁龙通过 EDI 与供应商实现了订单、发票、发货信息电子文件传输方式。欧洲汽车行业都遵守统一的商业操作模式，采用 GALIA 标准的报文形式和传输方式。在 EDI 传输系统中，通过翻译软件正向与反向的翻译功能实现 GALIA 报文与企业内局域网数据模式的相互转换。到 2000 年雪铁龙与欧洲各汽车行业将从 GALIA 标准过渡到 EDIFACT 标准，EDIFACT 是美、日等国家目前使用的标准，这将促使全球 EDI 报文的标准化。

神龙公司于 1997 年底建立了 GEIS 专线，1998 年 4 月份开始在进口件采购业务中使用 EDI 技术，采用 GALIA 标准与雪铁龙公司进行要货令、发票、发货通知等数据交换，2000 年将与雪铁龙公司一起升级采用 EDIFACT 标准。

神龙公司采用基于局域网和 Internet/EDI 的企业信息组织方式。其基本原理是先将企业各部门的信息系统组成局域网 LAN，在 LAN 的基础上组建企业级广域网 WAN（相当于 Intranet），再和其他相关的企业和单位连接。根据合作企业的实力，采用不同的连接方式，例如，与雪铁龙公司通过 EDI，与国内供应商主要通过 Internet 连接。

2. 效果

采用 EDI 技术是神龙公司 KD 件按件供应的前提。如果不采用 EDI 技术，雪铁龙与神龙公司对一千余种零件需将要货令、发货、发票信息手工维护到自己的系统中，不仅周期长，且无法保证准确性。采用 EDI 技术则使工作变得得心应手。神龙公司发出要货令电子文件，2 小时之内雪铁龙便可在它的终端上接收，经翻译后转化为其系统的数据文件而直接使用。通过系统的分析，可以迅速地检查各种差异，并通过 Internet 及时反馈给神龙公司，有效地保障了工作质量。

采用 EDI 技术大大减少了纸质单据的传递，据估算，每月发货对应的发票、发货通知、装箱单等纸质文件（一式六份）就重达几百公斤，而所有信息通过 EDI 技术进行交换，大大减少了纸质单据的传递工作量，节省了信息传递的时间。在神龙和雪铁龙的国际贸易中采用EDI技术，使订单、发货通知、发票等大量的数据、文件信息传递变得可靠和通畅，减少了低效工作和非增值活动，并使双方快速获得信息，更方便地进行交流和联系，提高了相互的服务水平。

随着网络技术的发展，神龙公司供应链管理采用基于Internet/EDI的运作模式成为必然。对于大部分国内的供应商或分销商来说，最经济、最实用的方式就是通过建立Internet来达到电子商务、同步作业、资源共享的目的。

管理信息集成决不是简单的数量叠加，而是管理水平和人员素质在质量上的飞跃。信息集成和规范化管理是相辅相成的，规范化管理是供应链运行的结果，也是其运行的条件。应当按照统一的程序和准则进行管理，既不因人而异，随心所欲，也要机动灵活，适应变化的环境。

以神龙公司为核心企业，与供应商、分销商用户形成网链状供应链，实行基于供应链的集成化管理信息，有重要的实用价值。仅从缩短提前期、降低库存、加快资金流转、提高响应市场应变能力这些方面来看，就已发挥了巨大作用。

讨论题

1. 神龙公司决定使用EDI技术的原因是什么?

2. 结合神龙公司、联华超市的成功经验，你认为EDI系统能给企业带来哪些收益?你认为还有什么地方需要改进?

第十一章　物流管理信息系统设计与实施、维护

【学习目标】

知识目标：

◆ 了解物流管理信息系统总体结构设计；
◆ 掌握物流管理信息系统环境配置设计及详细设计内容；
◆ 掌握物流管理信息系统的实施任务；
◆ 了解物流信息化的发展与未来。

能力目标：

• 能理解已经实施了的物流信息系统必须进行的步骤；
• 能实施不同物流公司的信息系统后期服务；
• 能够应用所学的知识检测，维护物流信息系统的一般故障。

【引导案例】

咸宁纸业如何改善内部物流管理

咸宁纸业有限公司是一家纸板生产企业，为本地区的300多家纸箱厂提供纸板产品。产品100%按单据要求生产，每天交易客户大约130户。300多家客户里面，40%的客户1～3天下一次订单。现有运输车辆26辆，每天运输大约150车次，由于订单量不稳定，在日产量接近40万平方米的时候，生产运转、仓储等方面就会捉襟见肘，在运输方面还要临时高价请外部车辆来满足运输需求。

这种情况公司已经持续好几年了，直到新来了一位总经理陈曲对此提出质疑。陈曲先后在广东和浙江工作，他说如果在广东，这样的企业资源可以再增加20%的产量，而且场地与运输不会紧张，当然，区域经济条件不一样，比如广东单一订单的规模比较大，而咸宁的单一订单规模比较小等。

陈曲新官上任两周内召开了5次会议，基本都拖到晚上10点多，大家都感觉到很大压力。最后提出要改造信息系统，现在的信息系统就是生产线数控系统的延伸，加上记账的功能。由于各部门的需求不断提出来，一直在不停地修改，但是各部门都不满意，成为大家推卸责任的借口。

这也是公司IT部门的经理张松江最苦恼的地方，这次陈总说服董事会，把系统改造的任务交给张松江。两周会议的结论是陈总任项目组长，张松江具体负责，但是张松江怀疑公司的痼疾能否在这次真正得到解决。

项目组最后决定，项目范围为理顺内部物流，在计划环节上做好控制。通过调研，项目组确定了目前的业务特点与流程。

（1）客户白天通过传真下达订单，8 名订单处理人员将订单信息逐条录入系统，并负责核对。时间为8：00～18：30，正常延时到20：00。

（2）计划人员根据打印出的订单数据进行拼料编排，这项工作一般从11：00 开始，那时已经接到近10 万平方米的订单，有一定的规模来进行规格互拼（套裁），17：00 第一批订单的数据根据编排的结果可以发给生产线生产，22：00 全部编排结束，19：00 开始正式生产（2 条生产线）。次日7：00～13：00 生产线任务依次完成，生产出来的产品按照为各个运输区域设定的仓位入库。

（3）客户订单正常是次日开始送货，10%左右的订单按照约定在第三天交货。运输计划人员根据产品入库情况安排装车计划，当天夜里开始装车，保证全部车辆可以在6：30出发，在客户8：00 上班前赶到。以早晨、中午、下午为时间边界，客户需求的交付时间比例分别为40%、30%和30%，但是客户最需要的早晨收货能满足的只有30%，有10%的缺口。

需要解决的问题是：

（1）在35 万平方米以上的时候，由于仓库周转空间变小，已经安排装车的订单经常找不到货（确定的仓位容积饱和后，占用过道或者其他仓位）。

（2）订单的状况难以准确查询，配货装车效率低下（一辆车可装载的数量越多越好，送货地址越少越好，一天往返趟数越多越好）。

（资料来源：比特网）

讨论题

1. 如何通过内部流程的改善来提高储运管理水平，以更低的成本满足客户对送货准时性的需求？

2. 这些变革措施在系统中如何实现，是重新建设一个系统，还是在老的生产数控系统上做扩展？后续的需求应该如何界定？

系统分析报告批准后，就可以开始系统设计了。系统设计又称新系统的物理设计，就是根据系统分析报告确定的新系统的逻辑模型建立新系统的物理模型。也就是根据系统分析确定的新系统的逻辑功能的要求，考虑实际条件，进行各种具体设计，确定系统的实施方案，具体解决新系统应该“怎么做”的问题。

第一节　物流管理信息系统设计

物流管理信息系统设计是物流信息系统开发过程中的一个重要阶段，是根据系统分析的结果，在系统分析报告获得专家、领导评审通过后进行的，主要包括系统总体结构设计和系统详细设计。

一、物流管理信息系统总体结构设计

物流管理信息系统总体结构设计是根据系统分析的要求对新系统总体结构形式进行设计的。

系统设计的指导思想是结构化的设计思想，就是用一组标准的准则和图表工具，确定

系统有哪些模块，用什么方式联系在一起，从而构成最优的系统结构。在这个基础上再进行各种输入、输出、处理和数据存储等的详细设计。

系统的总体设计，又称概要设计，根据系统分析报告确定的系统目标、功能和逻辑模型，为系统设计一个基本结构，从总体上解决如何在计算机系统上实现新系统的问题。总体设计不涉及物理设计细节，而是把着眼点放在系统结构和业务流程上。总体设计包括：

（1）确定系统的输出内容、输出方式以及介质等。

（2）根据系统输出内容，确定系统数据的发生、采集、介质和输入形式。

（3）根据系统的规模、数据量、性能要求和技术条件等，确定数据组织和存储形式、存储介质。

（4）运用结构化的设计方法，对新系统进行划分，即按功能划分子系统，明确子系统的子目标和子功能，按层次结构划分功能模块，画出系统结构图。

（5）根据系统的要求和资源条件，为信息选择计算机系统的硬件和软件。

（6）制定新系统的引进计划，以确保系统详细设计和系统实施能按计划、有条不紊地进行。

二、物流管理信息系统环境配置设计

物流管理信息系统的环境配置设计主要包括计算机处理方式设计、系统软硬件配置设计、网络系统设计、数据库管理系统选择等。

（1）计算机处理方式设计。根据物流企业的业务特点、系统功能、性能价格比等因素，选择批处理、联机实时处理、联机成批处理、分布式处理等方式。

（2）系统软硬件配置设计。主要根据物流企业的财力和信息系统需求来配置计算机软硬件。一般对硬件配置的要求是：技术成熟可靠的系列机型，处理速度快，数据存储量大，有良好的兼容性、可扩充性和可维护性，有较好的性能价格比，售后技术服务好，操作方便。不要盲目追求先进、新潮、一步到位。软件配置包括操作系统、应用软件包、开发工具等。

（3）网络系统设计。计算机网络系统设计主要包括中小型机方案与微机网络方案的设计、网络拓扑结构、网络模式、网络互联、网络协议、网络操作系统、网络通信介质等的选择。

（4）数据库管理系统选择。根据物流企业业务特点和系统需求来选择大型数据库管理系统和普通数据库管理系统。

三、物流管理信息系统的详细设计

详细设计，就是在系统总体设计的基础上，对系统的各个组成部分进行详细的、具体的物理设计，使系统总体设计阶段设计的蓝图逐步具体化，以便付诸实施。详细设计包括的内容是代码设计、输入设计、输出设计、数据库设计、处理过程设计、系统安全可靠性设计、编制程序设计说明书等。

1. 代码设计

对被处理的各种数据进行统一的分类编码，确定代码对象及编码方式，并为代码化对象设置具体代码，编制代码表以及规定代码管理方法等。代码设计十分重要，它的任务是设计一套适合物流信息系统开发和运行的科学的代码系统。

（1）代码设计原则。代码设计应遵循唯一性、规范性、扩充性的原则。

① 唯一性。在物流信息系统中的每个客观实体只能用一个代码，代码的唯一性十分重要，如果我们不进行唯一标识，计算机就无法区别，如企业职工姓名有时就有同音同字同姓名的，但却是两个完全不同的人，姓名无法区别这两个人，但代码却可以严格把两个同姓名的人区别开来，因此，职工就可以编制职工代码。

② 规范性。唯一性是代码的首要原则，但不能强调代码的唯一性而使代码杂乱无章，还必须讲究规范化、标准化。凡有国际标准的，必须使用国际标准编码，凡有国家或行业标准的，也必须使用国家或行业标准编码。这样才能保证代码的通用、规范、标准。

③ 扩充性。代码设计要预留一定的位置，以适应发展变化的需要。否则，当事物发生变化把原设计推倒重来就要造成很大的浪费。

（2）代码的种类。代码的种类一般有顺序码、区间码、助忆码、缩写码。

① 顺序码，又叫系列码。是一种用连续数字或字母代表编码对象的代码。其优点是代码简短、使用方便、易于管理、易扩充。但没有逻辑基础，不能说明客观实体特征，新加的代码只能列在后面，删除数据造成空码。

②区间码。是将数据项分成若干组，每一区间代表一个组，码中数字的值和位置都代表一种定义。其优点是信息处理比较可靠，排序、分类、检查易于操作，但维修较困难。

③助忆码。是用文字、数字、字母或文字数字字母结合起来进行编制的代码，特点是通过联想帮助记忆。其优点是帮助记忆，但太长的助忆码占用计算机容量太多。

④缩写码。是把惯用的缩写字直接用作代码，如 kg 代表公斤，cm 代表厘米，m 代表米等。

（3）物流信息系统中代码应用。物流信息系统中代码应用极其广泛，常见的物流代码有客户代码、作业代码、货物代码、储位代码、车辆代码、装箱代码、区域代码、货位代码、货架代码、网点代码、货物状态代码、费用类别代码、订单类别代码。

2. 输入设计

输入设计主要是考虑用什么样的方式和格式向系统输入数据。包括输入方式的设计、输入格式的设计以及正确性校验。

（1）输入方式设计。输入方式设计主要有键盘输入、光电输入、磁盘输入、网络传递输入等。键盘输入，包括联机键盘输入和脱机键盘输入。光电输入，是通过光电设备对实际数据进行采集并将其转换成数字信息的一种数据输入方式，最常见的有条码输入、传真器输入、扫描仪输入等。磁盘输入，是指通过软盘或光盘输入数据文件。网络传送输入，是使用网络传送方式输入数据。

（2）输入格式设计。输入格式要与原始单据格式相类似，要与物流企业实际单据相符。主要有简列式、表格式和商品编辑方式等。输入数据的正确性校验，在输入数据中出现差错是难免的，但系统中的主要数据出现差错带来的后果是严重的。因此，必须对输入的数据进行校验。

数据差错主要有下列几种：

①数据本身的错误，是指由于原始数据写错，而并非输入过程中出现的差错。

②数据多余或不足，是指数据重复、散失、遗漏带来的差错，这一般是在数据收集过

程中产生的。

③数据过时延误，是指数据本身没有差错，但已经过时，是时间延误带来的差错。

④数据输入差错，是指数据在系统输入过程产生的差错。

（3）数据差错的校验方法。数据差错的校验方法有如下几种：

①重复校验法。是将同一数据先后输入两次，由系统自动对比校验，如果出现差错，系统会自动显示差错数据。

②视觉校验法。是指在数据输入中，系统同时显示输入数据，然后输入人员凭视觉将原始单据上的数据与系统显示数据对比校验，找出差错数据。

③控制总数校验法。是先用手工汇总数据总值，数据输入后同样汇总，两个汇总数据进行对比校验，找出差错。

④格式校验法。是校验输入数据的格式与原始单据的格式是否相符，如果两者不相符，即出现串行串栏数据差错。

⑤逻辑校验法。是数据输入人员凭逻辑常识校验数据是否有自相矛盾的差错。

⑥界限校验法。是校验输入的数据是否有超过规定范围的差错。

⑦平衡校验法。是校验数据之间的平衡关系。如纵栏之和是否等于纵栏合计数据，横行之和是否等于横行合计数据等。

3. 输出设计

输出设计是物流管理信息系统非常重要的设计，用户并不关心系统如何工作，关心的是系统输出结果，系统输出的方式通常有打印输出、屏幕输出、绘图仪输出、电子邮件输出、链接网页、自动传真、专门设备输出等。

4. 数据库设计

数据存储详细设计：数据存储的设计，就是对文件（或数据库）的设计。对文件的设计，就是文件记录的格式、文件容量计算、物理空间的分配、文件的生成、维护以及管理等的设计。

5. 处理过程设计

处理过程设计，就是对系统中各功能模块进行具体的物理设计，包括处理过程的描述，绘制处理流程图，与处理流程图相对应的输入、输出、文件的设计。

6. 系统安全可靠性设计

系统的安全可靠性是指系统对自然灾害、人为破坏、操作失误或发生故障的承受能力。物流信息系统的安全可靠性十分重要，必须从系统的坚固性和系统的脆弱性两方面进行周密的核心设计，以保证系统的安全可靠。

常用的方法主要有利用计算机系统技术的方法和利用软件的方法。利用计算机系统技术的方法主要是利用计算机的备份、硬盘镜像存储、防病毒设备、防火墙技术等方法保证系统的安全可靠。利用软件的方法主要是利用软件的容错性，设置操作权限、设置密钥、入网口令、密码、设置监视系统运行的黑盒子等方法保证系统的安全可靠。

7. 编制程序设计说明书

程序设计说明书是程序员编写程序的依据，应当简明扼要、准确、规范化地表达处理过程的内容和要求。

程序设计说明书的内容包括：

（1）程序说明：程序名称、所属系统名称、系统名称、计算机硬件和软件配置、使用的计算机语言、程序的功能、处理过程、处理方法等。

（2）输入、输出数据和文件的定义：文件名称、数据项目规定、文件介质、输入输出设备、输入输出项目名称以及条件和要求、模块间的接口关系等。

（3）处理概要：绘制概要流程图、编号处理的概要说明等。

第二节　物流管理信息系统实施、运行与维护

系统实施是指将系统设计阶段的成果在计算机上实现，将纸上的设计方案转换成实实在在的物流信息系统的工作过程。其主要任务是：购置、安装计算机网络系统；建立数据库系统；编写程序与调试；整理基础数据，培训操作人员；投入切换和进行试运行。

一、物流管理信息系统实施

1. 购置安装计算机网络系统

根据系统设计的要求，经专家领导评审批准后，请熟悉计算机和网络设备的工作人员到市场进行调查，拿出设备采购方案，以投标的方式选择硬件供应商，货到付款后，请供应商安装调试即可运行。

建立数据库系统，按照系统设计的要求，请熟悉数据库技术的人员建立数据库系统。

2. 编写程序和调试

编写程序是利用计算机程序语言来实现系统设计的每个具体细节，编程要做到可靠、规范、可读、可维护。

程序调试是用人工或自动方法来执行和评价系统是否满足规定的需求，校验期望的结果与真正结果之间有无差别。目的是检查系统是否有错误，通过查找、分析，纠正排除错误。

程序调试在系统开发中十分重要，关系到物流信息系统的开发质量，如果系统质量不过关，在今后的正式运行中将会给系统带来严重后果。

程序调试方法主要有试探法、回溯法、对分查找法、归纳法、演绎法等。

3. 整理基础数据和培训操作人员

按照系统分析规定的内容，整理和组织系统所需要的基础数据，整理物流信息系统的基础数据主要包括下列几方面的内容：

（1）基础数据统计工作必须严谨、科学，具体方法要程序化、规范化。

（2）计量工具、计量方法、数据采集渠道和程序都应固定，以保证系统运行有稳定可靠的数据来源。

（3）用报表的数据必须标准化、规范化。

4. 投入切换和进行试运行

系统切换是指系统开发完成后新旧系统之间的转换，一般有三种形式：

（1）直接切换。直接切换是指新的物流信息系统调试证明无误后，立即启用新系统，终止旧系统运行。其特点是新旧系统转换迅速快捷，人力、物力都较节省，但容易出现新旧系统切换不适应的问题，风险较大。一般适用于基础数据不复杂、难度不大、不太重要

的小型的物流信息系统运行和切换。

（2）并行切换。并行切换是指新的物流信息系统开发成功后，新旧信息系统并行工作一段时间再进行切换。其特点是安全、可靠。但新旧系统并行运行会给人力、物力、财力带来一些浪费。一般适用于较复杂的大型物流信息系统运行切换。

（3）分段切换。分段切换是指新的物流信息系统开发成功后，一部分一部分地运行，分段切换代替旧系统。特点是较安全可靠，费用也不太大，但对系统的设计和实施要求较高，否则无法分段切换。一般适用于较大系统的切换。

二、物流管理信息系统运行与维护

物流信息系统经过系统调试切换无误后，系统就进入了正式运行状况，系统正式运行后要进行运行情况记录，一般包括下列几个方面的内容。

1. 系统运行工作数量

系统运行工作数量主要包括物流信息系统投入正式使用运行后的具体使用情况，如使用时间、数据位置、系统存储情况、使用频率、数据积累总量等。

2. 系统运行工作效率

系统运行工作效率是指物流信息系统投入正式使用运行后完成的工作量与所耗费的人力、物力的比较。如单位时间内处理物流作业信息。

3. 系统运行工作质量

系统运行工作质量是指物流信息系统正式投入使用后的工作效果。如系统使用人员感到满意，减轻了工作量，减少了差错事故，等等。

4. 系统运行工作故障

系统运行工作故障是指物流信息系统正式投入使用后所发生的故障情况，如数据出现错误、死机等。

5. 系统维护

系统维护主要包括如下几个方面：

（1）数据维护。物流信息系统在正式运行中可能会出现数据文件的差错，或者物流业务的改变，要求系统建立新的数据文件时，就需要对系统的数据文件进行修改维护和建立新的数据文件。

（2）程序维护。物流信息系统在正式运行过程中可能会出现程序错误，需要改进一部分程序，或者随着物流业务发展，用户提出了新的更高的要求。这时就需要对部分程序进行修改维护。

（3）代码维护。随着物流业务的发展，系统中的代码可能不适应新的物流业务发展需要，这就需要进行代码维护，制定新的代码体系或修改旧的代码体系。

（4）硬件维护。物流信息系统中的硬件在经过一段时间的运行也会发生故障，特别是一些小故障的出现是正常的，这就需要经常对机器进行日常的维护和管理，要有专人进行维护或请厂家维修，以保证系统的正常运行。

第三节　物流信息化的发展与未来

现代信息技术在物流领域的广泛运用，促进了现代物流的快速发展。物流信息化是现代物流的重要标志，是现代物流企业的理想平台。

一、物流信息化对现代物流企业的影响

物流信息化产生于物流信息技术。物流信息技术的飞速发展，物流信息设备和产品的日新月异，物流信息技术在物流领域的广泛渗透和应用，已经对整个物流企业产生重大影响，其表现主要在以下几个方面。

1. 物流信息化拓宽了物流企业的生存发展空间

由于物流信息技术在物流领域的广泛应用，使物流市场和物流企业逐步实现信息化、数字化和网络化。有效合理地配置使用各种资源，方便物流企业进入其他地区、其他行业或其他企业的市场，甚至冲出国门，走向全球，从而大大地拓宽了物流企业的生存发展空间，有利于物流企业适应经济全球化的发展需要。

2. 物流信息化有利于物流企业的规模扩张

物流企业由于市场空间的扩大，往往会带来经营规模的扩张，而物流企业经营规模的扩张又常常会带来自身的组织成本及管理费用增加，从而减弱组织的管理控制能力。物流企业只有通过信息化、数字化、网络化才能消灭由于经营规模扩张所带来的空间距离，降低组织成本和管理费用，从而形成物流企业的规模竞争优势，提高物流企业的市场竞争实力。

3. 物流信息化为物流企业赢得了时间竞争优势

物流信息技术的强大功能不仅在物流企业内可加速物流信息的处理、存储、传递、使用和反馈，大大提高物流作业效率，而且使企业间的不同信息系统互相联网和整合，使物流供应链成员之间沟通交流信息更为方便、快捷，消灭了时间上的距离，为物流企业建立一个有效的快速反应系统，从而赢得时间的竞争优势。

4. 物流信息化为物流企业走向世界提供了有利条件

物流企业要冲出国门，走向世界，开展国际物流，就必须以物流信息化作为信息交流平台。在国际物流条件下，企业的经营管理是准时管理、精细化管理和柔性化管理。而所有这些管理，都需要现代技术的支持，都需要有一个信息化支撑平台。如准时管理，就需要资金流、物流、信息流合而为一，需要一体化的全球链管理，需要基于物流信息化平台的支持，需要有能支持多功能集成的网络与物流信息化平台。现代物流是当代计算机技术与物流信息技术的运用，是先进物流思想的真实体现。

二、物流信息化建设的观念定位

在信息化浪潮一浪高过一浪的今天，物流企业都纷纷地进行物流信息化建设。其中，有的物流企业获得成功，取得了很好的经济效益。有的物流企业却事与愿违地以失败告终。为什么同样的事情会有截然不同的结果？其实物流信息化建设的观念定位是重要因素，物流信息化建设必须有一个正确的观念定位才能获得成功。

1. 物流信息化不等于物流计算机化

不少人狭隘地把物流信息化理解为物流计算机化，以为买些计算机，利用计算机来处理物流作业就实现了物流信息化。这是一种片面的误解，是典型的重硬轻软的信息化误区。在我国的许多中小物流企业这种现象很普遍，买了不少计算机，企业也上了网，开设了网站。但计算机只是种摆设，只是用来处理一些简单事务的工具，网站除了主页无任何实质性内容，常年挂在那里无人点击访问。花了大笔钱建设起来的物流信息化工程却是没有物流信息运行的“裸机”、“裸网”。

其实，物流信息化建设是个系统工程，代表着一种开放的物流管理思想和观念。物流信息化是物流企业根据物流信息的重要性显著提高这个核心，对企业的经营管理和业务流程进行改造、改组和重新定向，从而达到一个比传统物流时期前所未有的，更高级、更有组织、更高效率、更好效益的物流新水平。物流信息化的根本目的是通过运用现代信息技术来提高物流效率，增强物流企业的核心竞争力，提高物流企业的经济效益。

2. 物流信息化不能迅速改变经营状况

不少物流企业在经营管理上出现问题，都希望通过物流信息化来解决问题，迅速改变经营状况。经营状况好的物流企业，也希望通过物流信息化来寻找企业新的发展目标，在短时间内实现企业新的发展高峰。然而，物流信息化并不是救命稻草，不可能立竿见影，迅速帮助企业解决问题，马上改善企业的经营状况。

因为物流企业在经营管理上存在的问题，是由企业经营管理多方面的原因造成的，寄希望于物流信息化在短时间内迅速解决这些问题是不现实的，也是不可能的。对经营管理问题多的企业而言，物流信息化可以帮助解决一些问题，改变企业的经营状况，但这种解决问题是通过提高企业综合竞争力来实现的，是一种渐进过程。对经营状况好的企业而言，物流信息化可以帮助企业持续发展，是锦上添花，也是一种渐进过程。物流信息化并不解决经营层面的问题，只是物流信息不畅造成的风险和问题可以通过物流信息化来进行规避，而大部分风险和问题需通过其他经营管理方法来解决。物流信息化的效果需要一定的时间才能显现，希望在短时间内迅速解决经营管理问题是不现实的。

3. 物流信息化不能“包治百病”

我国的物流企业在物流管理上存在许多痼疾，特别是一些传统物流企业在物流管理、物流作业上的问题很多，不少物流企业把物流信息化当作“包治百病”的灵丹妙药，希望通过实施物流信息化建设把企业的痼疾一次性解决。

其实，物流信息化并不是“包治百病”的灵丹妙药，仅仅是一种提升企业竞争力的途径，只能帮助企业强身健体，激烈的市场竞争最终靠的还是企业的综合竞争力。通过物流信息化建设来提升物流企业综合竞争力已经被证明是物流企业实现可持续发展目标的必备条件，但物流信息化并不能全面治愈物流企业的痼疾，更不能对传统物流企业的所有问题一次性解决。

4. 物流信息化不能一蹴而就

不少物流企业在物流信息化建设中追求一步到位，步入了物流信息化建设一蹴而就的误区。其实物流信息化在建设过程中是不可能一步到位的，原因是当今物流信息技术发展日新月异，新的物流信息技术和设备不断涌现。即使购置的是当前市场上最先进的物流信息设备，过不了多久，更先进的物流信息设备又面世了，原来购置的最先进的物流信息设备可能就是落后的了，物流信息技术和设备是永远不可能一步到位的。

另外，物流企业的经营情况随市场的变化而变化，原来装备的物流信息设备适应物流市场需要，随着物流市场的发展变化，企业的经营也将发生变化，原来装备的物流信息设备可能会被淘汰。不少物流企业在物流信息化建设中一味追求技术先进、设备优良，常常提出一些超前和不切实际的需求，以为功能越先进越好，在造型上一味追求先进，而忽略了实用、可靠、是否有局限性等。结果经过辛辛苦苦建立起来的信息系统形同虚设，也造成巨大的经济浪费。

5. 物流信息化管理是根本

要从本质上深刻认识物流信息化建设项目是物流企业一个管理变革系统工程，物流企业推进物流信息化仅仅是管理的一种手段、工具和方法，目的是促使物流企业提高管理水平，物流信息化可以为管理提供一个很好的平台，物流企业可以在物流信息化这个平台上做很多事情，但也可能什么事都做不成。因此，物流信息化只为物流企业提供了一个管理工具和管理平台，成功与否关键还在于企业管理。

物流信息化是否能对物流企业发挥作用，物流企业花了大量经费搞物流信息化建设，是否物有所值，是否能对企业发展带来好处。这些不能凭 IT 服务厂家的吹嘘，也不能靠物流企业少数人的一面之词，它需要一个独立的机构对整个物流信息化建设的投入与效益进行有效评估，需要进行事后审计，以总结物流信息化建设的成功经验和吸取失败的教训。

三、对物流信息化发展的建议

1. 选择合适的物流信息化解决方案

物流信息化要集成和整合物流企业内外的各种信息资源，选择合适的信息化解决方案是关键。

目前，物流企业集成和整合内外信息资源通常使用企业资源计划（ERP），并通过因特网或 EDI 与企业外部系统相连。物流企业在选择 ERP 系统时，要考虑以下因素：

（1）ERP 的功能。要符合物流企业发展需求，有实用价值，真正对企业发展有利，不要贪大求洋。

（2）ERP 的价格要适当。信息化建设项目是花钱的大工程，要货比三家，选择价格适当的 IT 厂商，使物流企业能够承受得起。

（3）循序渐进，不能一步到位。同为 ERP 在实施过程中有一个逐步消化的问题，可以先上简单的系统，等企业适应了再上复杂的系统。

（4）实施周期。ERP 的实施周期通常较长，少则几个月，多则几年，在实施过程中对企业管理和业务肯定带来很多不便，物流企业要充分考虑实施周期和企业的业务情况来选择适合的 ERP 产品。

（5）ERP 厂商的知名度。知名度代表 ERP 厂商的技术实力，知名度较高的成熟 ERP 系统将给物流企业以后的使用减少很多麻烦。要特别注意选择在物流界有影响的知名厂商，因为这些厂商的系统分析和设计人不少是以前物流界的行家里手，他们了解物流运作情况，知道物流企业需要什么样的 ERP 系统。

（6）采用主流的技术方案。系统能及时升级，保证物流企业的 ERP 系统永远走在技术前沿，还要考虑与国际接轨等。

2. 进行与物流信息化相适应的管理创新

物流信息化建设不仅仅是技术创新，与此同步必须进行管理创新。

物流信息化与物流企业管理创新息息相关，两者紧密联系，缺一不可。管理创新重要的是要进行物流企业组织结构创新，企业组织结构创新是管理创新的基础。不能简单地认为物流信息化是在原有组织结构下进行的计算机化和网络化，如果是在原有组织结构下进行简单的计算机化，只能是使用计算机代替手工操作，而现有管理体制中的问题、矛盾、混乱依然本质性存在。因此，物流企业在物流信息化建设过程中，必须根据物流信息化的要求对组织结构进行重新设计。

组织结构创新首先是组织结构扁平化创新。物流信息化要求的组织是以信息为基础，其组织结构应该是扁平的，扁平化的组织结构管理层次少，组织能力强，组织管理柔性化，使组织反应快捷灵敏。其次是组织管理集中化创新。原有组织结构由于企业规模扩大，管理组织逐步由集权走向分权，组织结构由职能式转向事业部式或矩阵式。这种组织结构虽然解决了管理控制问题，但却造成了事业部之间职能重复，资源浪费，规模效益降低。

物流信息化条件下的组织管理集中化与原有职能制下的集中控制有本质不同，原有职能制下的集中控制是以牺牲分散化决策为代价，导致灵活性快速反应的丧失。而信息化下的组织管理集中化是以计算机分散处理能力为基础，企业信息系统能帮助下层组织进行决策，高层组织可随时得到基层组织的信息反馈，随时实施控制决策权。物流企业可以通过信息化平台将主要业务进行集中管理，基层组织可以从繁琐的事务工作中解脱出来而关注主要业务，从而提高工作效率。

复习思考题

1. 物流管理信息系统总体结构设计包含哪些内容？
2. 物流管理信息系统实施的主要任务是什么？
3. 物流管理信息系统运行与维护包括哪几个方面的内容？
4. 物流信息化对现代物流企业有何影响？

【实训项目】

物流管理信息系统运行与维护的认知

1. 实训内容

参观某物流企业的物流管理信息系统运行与维护过程。

2. 实训目的

掌握物流管理信息系统环境配置设计及详细设计内容；了解物流管理信息系统运行故障的检测与维护方法。

3. 实训方式

参观某物流企业在物流信息系统出现故障后及时处理的全过程。

4. 实训要求

在熟悉物流管理信息系统基础知识的基础上，联系不同种类的物流企业参观；留心观察，详细记录，收集物流信息的业务流程与不同岗位的工作内容。

5. 实训操作与规范

有组织地到“某物流企业”进行活动；注意保持现场秩序，听从现场指挥，注意操作安全；在学校的物流实训实验室进行模拟实践，将学生分组，模拟完成物流信息故障的各个环节。

【课后案例】

佛山物流的非常之道

一、专业造就优质

一个企业如果没有特点，就没有竞争力，杂而全不如专而精。

多年来，佛山物流都锁定食品物流这一块来经营，为多家企业提供了先进一流的物流一体化服务，积累了丰富的经验。其中最为成功的一个案例，就是为海天调味品公司提供仓储配送业务。从2002年开始，佛山物流承接了海天调味品公司的仓储配送业务。目前，佛山物流是海天味业唯一为其提供物流一体化服务的合作伙伴。海天调味品公司的产成品从生产线下来，直接通过大型拖车进入佛山物流仓库。佛山物流拥有按国际标准建造的钢结构现代化物流仓库，配备完善的仓储配送设施和先进无污染的林德叉车。仓储管理通过光缆专线连接两个公司的信息系统，实现同步联网运作。佛山物流通过信息系统跟踪货物库存信息、出入库管理、业务过程管理、运输监控，并能自动生成各种数据报表，与海天调味品公司实行实时信息共享，满足了海天调味品公司“安全、及时、准确”的配送要求。确保产品最优流入、保管、流出仓库。通过佛山物流仓储配送服务，海天可以集中发展主业，将精力集中于生产上，增强了企业在该行业中的核心竞争力；通过佛山物流先进的物流管理信息系统，海天调味品公司可以快速、正确、简便地下单，确保配送计划、库存计划等的顺利完成；同时，也可以为海天节约费用，减少在人力、技术、设备等方面的投入。通过这一案例，也提升了佛山物流在食品物流领域的知名度。

“进入物流行业的初期，也就是1993年到1997年，我们创业是最困难的。首先是人们观念的问题，外国企业对本土的物流业没信心，而国内企业对物流的需求意识不强，由于物流市场处于萌芽状态，企业对于物流外包的态度尚未转变。所以即使当时我们投入大量的精力来进行市场推广，效果仍不理想，公司经营举步艰难。自2000年以后，物流开始热起来，佛山物流也发展快了。”回想当初的创业之路，佛山物流的何总仍然记忆犹新。

二、服务，超越客户的期待

佛山物流市场总监梁一峰先生认为，在产品逐渐趋向无差异化的情形下，最佳做法就是突显服务的差异。因此，物流服务对于物流公司来说至关重要，也正是佛山物流安身立命之所在。

进入 21 世纪，全球化贸易流通速度更快，限制更少，企业面对的压力也更大。消费者成为最重要的企业生存决定者，面对这种消费主权趋势，企业与其不断改变策略或以投机性的眼光来作弹性的因时变化，不如以人性化的一面为客户提供超乎期待的满意。

佛山物流一直倡导为客户提供非常专业、非常到家的最优质的一体化服务，而不是单纯的仓储、运输服务。

2001 年佛山物流通过 ISO9001 质量管理体系认证，这是对他们优质服务的一种肯定。“优质的管理，优质的服务质量，优质的服务态度，这是我们对客户的承诺。”该公司有一套很完整的管理细则和操作规范，并根据每一个客户个性化的要求，制定服务方针。有时候是由于客户的责任造成误会，他们也会主动去解决问题，不会去推卸，不会去找理由。他们不但关注直接客户的服务，而且也关注客户的客户，这对直接客户的业务会起到很关键的作用，也因为这一点，客户都对佛山物流非常满意，他们的业务量也就多了起来。佛山物流的市场总监梁先生告诉记者：“物流业是一个服务业，一个公司能否生存发展，关键看他的服务质量。我们公司一直以诚信为本作为工作原则，不会因为一件小事或者是意想不到的事情而影响我们最初的承诺。与客户的关系建立在互惠互利、双赢的基础上。每一个生意我们都想长期做下去，而不是打一枪换一个地方。除了建立互惠互利、双赢的关系以外，我们还希望与客户建立战略上的合作伙伴关系，双方能够荣辱与共。我们希望客户成功，希望供应链上的每一个环节都能够发展，这样就能给我们带来成功。”

三、信息化铺就成功之路

现代化的物流企业离不开先进的信息系统的支持，物流信息的自动化处理是物流企业发展到一定规模的必然选择。佛山物流从传统的货运公司转化为现代物流企业的过程，也就是公司信息化建设的过程。1999 年，佛山物流已经拥有自己的网站（www.56com.net），并不断对其进行跟踪升级；2000 年应用了 GPS 及 GIS 技术，提高对货物和司机的实时监控和管理调度能力，同时根据企业运作对系统的实际需求，开发了一套物流信息系统，实现在线交易、资源配置，以及物流业务的网上实时追踪、监控和查询，率先印证了信息化对物流业的价值。目前，佛山物流业务不断发展，管理水平不断提高。这就促使企业必须在物流运作规范的基础上，在更高层次、更高要求的基础上完善信息化建设，为介入供应链管理的全过程提供保证。2002 年 6 月，他们又基于互联网新技术，致力开发 B/S 结构的物流信息系统，实现仓储管理信息、业务流程管理、信息互换平台、客户关系管理等功能，为客户提供畅通、快捷的“一站式”服务的物流管理信息系统，这套新系统将在 2003 年 9 月份正式启用。

目前，佛山物流正在建设一个新的现代化的仓库，以满足不同客户对于货物存放的不同要求。新仓库的面积将达到 11 000 平方米，共分两层，全部按照现代化仓库的标准来设计。针对食品、医药等特殊物品的要求，上层仓库将设计成恒温仓库；根据现有货源的特点，新仓库的一部分将设计成立体仓库，进行现代化分类管理。同时这个仓库也是一个多功能的仓库，设施都引进最先进的，配置有自动消防系统、无污染的装卸设备，除此之外，整个仓库都利用电子监控器进行监控管理。据了解，这个新仓库投资很大，除去土地费用，其他的投资要超过 1500 万元人民币。预计 2003 年底之前将会投入使用，到时这将会是本地区最先进的仓库。现在很多物流公司都是租用外面的仓库，而不是自己投资建设仓库。佛山物流却背道而驰，问及其中原因，何总告诉我们：“一是目前我们的仓库远远无法满足现有业务的需求；二是我们认为仓库是一个物流企业的核心功能部分，搞物流没有仓库是不行的。虽然在外租用的仓库投资少、风险小，但是外面的这些仓库档次都很低，无法满足客户的要求。我们希望为客户提供最满意的服务，所以我们决定自己建造一个现代化高档的仓库。从眼前来看，这样的投资很大、风险也不小。但是从长远来说，一定会为我们赢得更多的客户，从而带动公司整个进出口业务运输、国内运输等方方面面业务的发展。我们的目标是在2～3年内仓库面积达到5万平方米，把我们的仓储业务做到在佛山最大。”

要说佛山物流的最大优势是什么？那就是他们具备了国际贸易与国际货代的资格，目前国内具备这两种资格的物流公司可以说是凤毛麟角。物流从广义上来说，是一个全世界范围内的流动，而不仅仅限于国内。要想将业务做大，首先就要完善功能。佛山物流注意到，整个珠三角大部分的业务都是做海外贸易的，往国外运输货物。如果他们也能做，那无疑对公司未来的发展是非常有利的。于是，在2001年9月份公司开始筹办鸿运贸易公司和国际货代公司两个分公司，到2002年开始实际运作。经过一段时间的磨合，这两个分公司已经和佛山物流融合得很好了。遇到进出口方面的业务，佛山物流利用国际贸易与国际货代的资格，已经能够帮助厂家运送到码头、报关等各方面事务一条龙全部操办。现在，佛山物流可以国际国内物流都一起做了。功能上的齐备，也为公司带来了巨大的经济效益。2003年上半年，单进出口方面的业务额就超过了700万美元。

四、以人为本，个人魅力创造优秀团队

佛山物流的何志坚总经理可以说是公司的“拓荒牛”，从1992年公司组建开始，他就一直摸爬滚打到今天，对于佛山物流有着很深的感情。但当记者试图让他谈谈自己时，他笑着说：“其实我们没有什么功劳，功劳是集团领导的，是底下员工的。我只是为他们看门口的。”其实，何总是一个非常热爱学习的人，也是注重掌握行业信息、行业动态的人。早在1999年，国内几乎还很少人了解什么是物流的时候，何总就提出公司应该朝物流方向发展，建立现代物流公司。事实证明，这一建议是非常正确的，也使得佛山物流走在了行业的前端。他除了自己爱学习以外，还要求自己的员工不断学习。他经常对员工说：“无论你的学历多高，学习过的知识就都是过去的知识了，一定要学会在社会上重新开始学习。根据你的专业知识不断地学习，才能不断进步。实践，总结，再实践，这样才能有提高。”

在他的影响下，佛山物流一直都注重对企业员工的培养，新入职员工岗前培训率达到了100%。根据个人需要提供7天到3个月的各项培训，并提供定期的专业培训，促进员工不断进步。因为物流业是实践性很强的行业，流程环节复杂，相关岗位众多，操作性极强，所以根据企业发展需要，还采用企业内部培训和外部培训两种方式相结合，与时俱进地不断提高人才的素质，推动物流人才的职业化。

佛山物流的用人策略就是要使员工个人成长与企业发展实现同步，随着企业的发展，为每一个员工提供广阔的发展空间，既满足业务快速增长对人才的需要，又保持相对稳定的人才结构，达到人尽其才、才尽其用、人得其事、事尽其功的效果，使企业团队发挥最大的作用。但要使企业与员工融为一体，就要使每个员工都有归宿感、成就感和驾驭工作的权力感。在这方面，佛山物流采取了激励法：一是精神激励，通过满足员工的自尊、自我发展和自我实现的需要，在较高层次上调动员工的工作积极性；二是物质激励，精神激励通常要借助一定的物质载体，与物质激励相辅相成，缺一不可。因此我们通过建立激励性薪酬体系，将员工的收入与业绩挂钩，促进内部良性竞争，激发出每个员工的内在潜力。

目前，公司本科以上学历的占所有员工的25%左右。整体的文化层次比较高，年纪也比较年轻。物流行业的工作性质，决定了他们工作时间的不固定性，加班已是家常便饭。有时候周末也没有时间休息，要坚守在工作岗位上。但是公司上下没有怨言，都把工作当作自己的事业来看待，都很敬业。

正是由于通过这一系列科学有效的方法来培养激励员工，同时也是由于企业拥有一批高素质的物流专业人才，年轻而富有朝气，兢兢业业，乐于奉献，才使得整个公司充满活力，发展速度惊人，取得了今天的成绩。

五、迎接挑战，开始新的飞跃

目前，整个珠三角的物流业都面临着巨大的挑战与机遇。南海物流园的建立、广佛地铁的动工、CEPA后港资物流公司的介入，这些对于佛山物流来说都是不能忽视的机遇和挑战。何总告诉记者："佛山物流已被确定为集团的三大支柱之一，虽然这两年还处于培育阶段，软硬件方面都还处在投入阶段。但是我们设想在珠三角，特别是在大佛山要成为最好、最大的物流公司，在国内也要做到领先。现在，我们正朝着这个目标在前进。相信通过集团公司的支持和各位员工的辛勤劳动，三年以后一定能实现这一目标。

讨论题

1. 如何理解信息化为佛山物流铺就成功之路？
2. 大佛山要成为最好、最大的物流公司还需要哪些努力？

参考文献

[1] 王之泰．现代物流管理［M］．北京：中国工人出版社，2000.
[2] 吴玉惠，余晓红，黄铮．物业管理信息管理系统［M］．南京：东南大学出版社，2000.
[3] 宋华，胡左浩．现代物流与供应链管理［M］．北京：经济管理出版社，2000.
[4] 杨东援，刘兴景，戴禾，等．物流信息管理系统体系结构分析［J］．物流技术，2001（2）．
[5] 真虹．综合物流与信息管理［M］．上海：上海科学技术文献出版社，2002.
[6] 黄梯云．信息管理系统［M］．北京：经济科学出版社，2000.
[7] 葛世伦，代逸生．企业信息管理系统开发的理论和方法［M］．北京：清华大学出版社，1998.
[8] 陈佳．信息管理系统开发方法教程［M］．北京：清华大学出版社，1998.
[9] 欧阳文霞．物流信息技术［M］．北京：人民交通出版社，2001.
[10] 赵刚．物流信息管理系统［M］．成都：四川人民出版社，2002.
[11] 张宗成．现代物流信息化［M］．广州：中山大学出版社，2001.
[12] 姚忠．电子贸易技术——EDI. 北京：电子工业出版社，1998.
[13] 龚炳铮．EDI与电子商务［M］．北京：清华大学出版社，1999.
[14] 吴洪庆，段成华．一种物流信息管理系统体系结构的探讨［J］．计算机应用研究，2002.
[15] 金真，王小丽．物流信息管理．北京：电子工业出版社，2008.
[16] 金锡万．物流信息管理系统［M］．南京：东南大学出版社，2006.
[17] 方轮．物流信息技术与应用［M］．广州：华南理工大学出版社，2006.